選択的夫婦別氏制

これまでとこれから

滝沢聿代 著
Takizawa Itsuyo

三省堂

はしがき

本書はⅠⅡの二部構成としており、Ⅰ部には最も最近に書き下ろした論稿を置いた。Ⅱ部には、同じテーマでこれまでに発表した論文を、執筆の年代順に編集している。

夫婦別氏制の実現が停滞している中で、何か啓蒙的な仕事でもできたらと、問題の全体像をなるべく広い範囲の読者に届けるつもりで執筆したのが冒頭の論文である。国際弁護士の林陽子先生から、国連の女性差別撤廃条約関係のご論文を頂戴したことも、大きなきっかけであった。しかし、単独での出版はなかなか難しかったため、本書のような体裁で、Ⅱ部を追加することにより、民法学としての考察を深めつつ、資料的な意義を加えることができればと考えた。当面の問題を総合的に論じて頂くための手がかりとなれば幸いである。

夫婦別姓が日本社会のホット・イシューであった時代から、すでに一つのジェネレーションを超える歳月が流れている。それだけにこのテーマは、法学界でも論じ尽くされたように見え、あらゆる情報や資料が山積している。しかし、どうしても必要な立法という課題はまだ遂げられず、いつ、どのように実現されるのか、必ずしも定かではない。千差万別の議論を取りまとめて、具体的な法改正への道筋を明らかにする仕事が必要ではないのか、このように考えて、これまでに私が書いてきた考察を基に、問題の大まかな展望を示したものがⅠに掲げた論稿である。もちろん、関連の多数の文献からも多くを学ばせていただいた。氏というささやかとも思われる問題が、社会を動揺させる力をもっているのだとすれば、仮に法改正が実現した暁であっても、夫婦別氏制の背後にあった歴史や文化との相克を、社会全体の教養として、わかり易いかたちで記録しておくことは有意義であろう、そのようにも考えた。

本書に示している立法案は、申すまでもなく一つの私案にすぎない。立法の表現、工夫には、細部においてもさまざまな可能性が含まれており、法の世界の常としても、これが絶対という解はない。私自身の立論にも、執筆の時期により多少のぶれが生じている部分はある。現実の立法が、ここに示した基本的な考え方から、どのような逸脱を遂げるとしても、それが社会に受容されて夫婦別氏を実現するのであれば、可としつつ、その定着を見極めて行きたい。

折しも、原稿の整理を終えた段階で、最高裁が夫婦別氏を求める訴訟の上告を大法廷に送ったとの報道に接している。夫婦別氏の順調な進展を祈りつつ、本書の存在がそこに役立ち得ることを願っている。

出版にご理解を頂いた三省堂と編集担当の鷲尾徹氏、木村好一氏のお力添えに心から感謝を申し上げます。また、原稿の見直しにご協力頂いた増田剛弁護士にもお礼申し上げます。

＊　＊

なお、本書の校正を行っていた一二月一六日、最高裁大法廷から夫婦同氏を合憲とする判決が出された。そこで、本書ではⅠ部の末尾に判決へのコメントを記し、資料として判決全文を収録している。

二〇一五年一二月二〇日

滝　沢　聿　代

目　次

Ⅰ

Ⅱ

装丁＝萩原　睦（志岐デザイン事務所）
組版＝木精舎

I

選択的夫婦別氏制の考え方(1)

一　夫婦別氏という課題

1　結婚と氏

人の苗字は姓名の姓であるが、英語ならばファミリーネーム（family name）であるから、単純に個人の呼称であるというよりは、やはり一定範囲の家族の呼称という面を看過できないであろう。わが国では、社会生活上苗字は姓と呼ばれることが一般的であるけれども、法律上は氏（うじ）とされており、結婚した夫婦が同じ氏を名乗ることになるのは、民法七五〇条によってそのように定められているからである。すなわち夫婦同氏ということであり、これは日本では長いこと疑われることのない社会規範でもあった。

しかし、近年になって夫婦別氏（夫婦別姓）が盛んに語られるようになったことは、広く知られているところである。法律学、とりわけ民法学の分野でも多くの議論がなされ、氏に関しては、夫婦別氏の導入に絡んで、これまでに多くの文献、資料が蓄積されている。立法のための活動は、一九九六年に法制審議会の議を経た正規の改正要綱が発表されるまでにはなったが、その実現は頓挫したままの状況にある。家族法の改革に固有の難しさがあることは考えられる。しかし、そこで提案された内容の適否という問題も当然含まれるであろう。論点をもう一度整理し直す必要がありそうである。

ともあれ、なぜ夫婦別氏が必要なのか。また、なぜ夫婦別氏は実現しないのであろうか。あの活発で情熱的な別姓の主張はその後どうなったのであろうか、一時の流行にすぎなかったのか、それとも今も本当に必要な制度であるのか。これらをもう一度考え直してみることは、日本社会と日本法の最も重要な課題の一つと言えよう。法的な問題であるから、論じる際には氏という用語を用いるのが本来である。しかし、民法学のみならず、社会問題という面も視野に含めながら、以下では、苗字や姓という用語も適宜おり交ぜて、この問題のこれまでとこれからを考えてみることにしたい。

夫婦の氏という問題には、いくつかの押さえるべき大事な論点がある。氏の制度の歴史的背景、戸籍制度との関係、氏名権という概念、諸外国における氏の制度との比較等々であり、民法学の分野では、個別的にまた総合的に、それぞれの論点について必要な指摘がなされ、有意義な主張が展開されてきた。しかし、夫婦別姓に関しては、問題提起以来長い時間が経過し、あまりに多彩な考察がなされすぎた上に、あるべき解決が立法という創造的な対応になるため、何でもありの自由な議論がかえって混迷を導くことにもなったようである。必要なことは、今ある社会の状況を明確に把握し、現実的で実現しやすい夫婦別氏制への道筋を探ることであろう。言うまでもなく、課題は正式な民法の条文を持つことであり、事実上別氏が社会に受け容れられていれば済む、というものではない。本書が試みたいと考える仕事も、まさにそこにあり、検討の過程では、夫婦別氏制の有用性もおのずと再確認できるはずと考えている。

また、「家」や「戸籍」など歴史上の遺物のように感じられそうな要素が、いかに個人や社会を縛っているかを、改めて認識させられるかもしれない。いずれにしても、民主主義の社会では、法の枠組みを作るのは他ならぬ当事者の市民であるとも言えるであろう。ここでは、氏というテーマを通して、どんな社会が望ましいか、どんな立法が受け入れられ易いかをリアルに実感しながら、法によって将来の社会を創造するという試みを具体化してみたい。これにより、別氏制の実現を働きかけて行くことも可能ではなかろうか。あるいはまた、将来のある日、どのようなかたちかで夫婦別氏の立法が実現した際には、その重要性を十分理解しつつ受け容れ、過去と未来をつなぐ氏の文化を、よりよく定着させるために役立つような考察を期したい。

2　夫婦別姓の主張

結婚した夫婦でも、別々に各自の旧姓を名乗ることが法的に認められるべきではないか。このような夫婦別姓という考え方が一般社会で語られるようになったのは、概ね一九八〇年代からであった。第二次大戦後の復興と経済成長がいわゆる高度成長となり、国際化の大きな進展を伴って、ほぼ頂点に達したのがこの時期である。職場で働く女性も増加の一途を辿り、それとともに女性が氏名のもつ社会的な意義を自覚するようになったのは、自然の成り行きと言えよう。この時期に先立つ一九七六年の民法改正では、結婚に際して氏を変えた配偶者は、離婚した後でも正式に婚姻中の氏を継続できるとされ、その趣旨の条文が民法に追加されている。

それまでは、離婚すれば復氏することが民法の原則であったから、離婚したことを隠す必要からも、婚姻中の氏を事実上継続することはしばしば行われていた。結婚によって姓を変えるのはほとんどが妻であろうから、この法改正が何よりも働く女性のために必要と見られたことは明らかである。この先に求められるのは、当然夫婦別氏となるであろう。そもそも職場で働いている最中に、離婚して姓が突然に変ることは不都合であるとするならば、結婚によって従来からの氏名を変えなければならないことも同じではなかろうか。氏名といっても、ここで問題になるのは社会生活に必須の氏または姓の方であり、名については固有の議論があるけれども、ここでは切り離して氏だけを考察することになる。

日本では、この苗字というものは、何よりも「家」と家族のシンボルであると考えられており、結婚して夫の苗字を名乗れば当然に夫の「家」の家族になる、と考えるのが長い伝統であった。したがって、結婚して夫の氏を名乗った妻が、夫の親の支配を受けるような境遇になることを嫌うために、夫婦別姓の結婚を望むという事情があることも看過できない。職業生活においてキャリアを築いたために自分の苗字が大切になるという例は、必ずしも多くはないかもしれない。むしろ一般の女性は、私人としての生活の中で自由と独立を求め、「家」の束縛がない人生を求めて、夫婦別氏にたどり着いたとも考えられる。日本社会の中でひそかに熟成されたこのような自由の思想とも言うべき夫婦別姓は、一九八六年、一九八七年に相次いで出版された、井上治代著『女の「姓」(なまえ)を返して』(創元社)、星野澄子『夫婦別姓時代——氏名とわたしの自然な関係』(青木書店)のような書物に結実している(2)。その先に、子どもを他家に取りこまれたくないと考える、少子化時代の親の希望が絡んでくるのも自然であろう。

さらにこの時期は、後述する国連の女子差別撤廃条約を日本が批准した一九八五年とも重なっている。また、前年の一九八四年には、外国人と結婚した者の氏の変更に関する規定が、国際私法の領域で盛んに議論された末に、ようやく戸籍法に取り込まれるという注目すべき変革もあった(3)。それまでは、日本の戸籍実務は外国人の氏にはまったく無関心であったため、外国人と結婚した日本人には夫婦別姓の選択肢しかなかったのである。外国人の氏が日本の戸籍に記載され得るようになったことは、時代がごく自然にそれを許容した結果であったとも考えられる。

続いて一九八八年には、国立大学の女性教授が、職場での通姓として旧姓を使って活動することを求めた訴訟も提起されている。社会全体に別姓への機運が高まったことが十分看取されると言えよう。こうした状況に呼応するように、一九八九年には、別姓で婚姻届を提出し、当然ながら受理されなかった一夫婦が、岐阜家裁にこの不受理処分の取消しを求めて提訴するという注目すべき事件も見られた。家裁では却下の審判がなされている。この背景には、法務省内に設置されている法制審議会・民法部会（身分法小委員会）において、夫婦別氏を導入するための民法改正が検討されるであろうという刺激的なニュースが、すでに社会一般に広がっていた事情がもちろんあると考えられる。

3 法改正への動き

一九九一年に始まった法務省による「婚姻及び離婚制度の見直し審議」は、一九九二年に発表された中間報告（婚姻及び離婚制度の見直し審議に関する中間報告・論点整理）を経て、一九九四年には「民法改正要綱試案」としてまとめられている。ここでは、夫婦別氏のあり方については、ＡＢＣの三案が提示され、検討が加えられた(4)。原則は夫婦同氏とし例外的に別氏を認める（Ａ案）、原則を夫婦別氏とし希望すれば同氏も認める（Ｂ案）、現行法どおりの夫婦同氏とし「呼称」の変更としてのみ別氏を認める（Ｃ案）の三案である。いずれも十分可能な案であるだけに、選択はきわめて難しく、その先には、別氏夫婦の子どもの氏について、どの時点で氏を決めるのか、子の氏の統一が必要かどうかなど、新たに議論すべき細かい問題が多々生じることになる。

一九九六年の法制審議会において最終的な決定を見た「民法の一部を改正する法律案要綱」は、夫婦が同氏、別氏のいずれでも自由に選べるとする選択的夫婦別氏制の導入を目ざしている。斬新な改革案であり、これに前後するマスコミの報道が、一般社会の関心をいやがうえにも高めたのは当然であった。この法改正が実現すれば、結婚の際には、夫婦の話し合いだけで同姓となるか、別姓となるかを自由に決めることができ、別氏夫婦は、子供が生れた場合にどちらの氏を名のらせるかを予め決めておけばよいことになる(5)。しかしながら、改革案は国会に提出されるまでには至らなかった。政府与党内における審議の場で政治的な力が加わり、当時の自民党政権の中に強力な反対勢力が形成されて、要綱は廃案となり、国会で論じられることもなく葬られてしまったのである。日本社会の伝統という厚い壁があることを、改革派は改めて認識し直さなければならなかった。

その後、提案者である法制審議会や法務省においては、急進的とも見られた改革原案を見直し、夫婦の氏を原則的に同氏とし、例外的に別氏も認めるという方向に軌道修正することが試みられている。当初からこのような方向が目ざされていたら、もう少し議論が進んだのではなかろうか。さらには簡単に別姓を認めないように、この例外の権利を行使する場合には家庭裁判所の許可が必要であるとする案も検討されるに至った。しかし、それほど別姓になるのが難しいのであれば、法改正をする意味は大きく失われることになるであろう。それならば、いっそのこと通姓（戸籍とは別に事実上使用する姓）として結婚前の氏を名乗り続ければよいのではないか。そこで、民法によって決まる氏とは別に、通姓というかたちでの別姓を広く認めるという改正案も考えられた。通姓を法的な氏として承認するという考え方は、それ自体矛盾とも言えそうである。しかし、外国法にも氏の使用権を認めるという考え方はあり、通姓の法的な承認と似ている。

いずれにしても、民法における夫婦別氏のあり方の可能性は、このように細部において少しずつ異なる、四つの案のどれかである、として整理される状況にある。すなわち、当初の原案に従って、夫婦が同氏、別氏を自由に選択できるとするもの、原則は同氏であるが、例外的に別氏でもよいとするものが対立し、さらにこの別氏という例外を認める場合には、家庭裁判所の許可を条件とする案が加わる。最後が、通姓として旧姓を使用するものとし、その権利を戸籍法により確認するにとどめようという考え方となる。別氏が原則という案は、理論的にはあり得ても、日本社会にはあまり現実的ではないと言えよう。

ところが、このように柔軟になった法改正案も、国会での審議という段階になると、保守的な改革案であれば実現できる、というような事情ではないことが見えてくる。そもそも国会内には、夫婦別氏という発想自体にアレルギーを持つ人たちが少なからずあり、そちらからの批判的な発言に出会うと、前向きな取り組みそのものに懐疑的な空気が蔓延してくるようである。(6) もちろん推進派も少なくはないのであるが、夫婦や家族に関わる問題であるだけに、激しく戦ってまで勝ち取るべき権利であるのか?というためらいが生じても不思議ではない。しかし国会では、野党を中心に議員立法としての民法改正案の提出がくり返し試みられていたため、二〇〇九年に民主党政権が成立した際には、民法改正への期待は当然高まった。とは言え、政権が取り組むべき重要課題は他にも多いのである。さらには、二〇一一年の東日本大震災が日本中の関心をそこに集中させることにもなった。こうして政治の舞台での解決が回避されている間に、ひところはブームのようにあちこちで語られていた夫婦別姓はいつの間にか沈潜し、昨今では、表立って話題にされることもほとんどなくなっている。法改正を熱っぽく語った人々の情熱は、その後どこに行ってしまったのであろうか。

4　通姓による別姓

もし目新しさや興味本位で新しい氏のあり方が求められていたのであれば、飽きられて従来と同じような夫婦同氏が再び肯定されることは、十分あり得るであろう。社会や職場における氏の現実はどのようになっているであろうか。このように改めて関心を寄せてみると、実は、夫婦別氏は思いのほかの広がりをもって、今日の社会生活に浸透しているように見受けられる。前述のように、法制審議会から要綱試案や改正要綱が発表された時期には、すでに夫婦別姓へ向けた社会全体の盛り上がりも見られたため、公私を問わず、職場単位で、通姓としての旧姓使用に寛大な対応を認める現象が注目されるようになってはいた。この傾向は、立法活動の苦戦と並行するように顕著となり、二〇〇一年には国家公務員の旧姓使用が認められ、パスポートへの通姓の併記もかなり早くから認められていたとされる。さらに、正式なアンケートに依っていないので数字を挙げることはできないが、聞き及ぶ限りでは、結婚による改姓後も職場では旧姓を継続している女性（もちろん男性も含まれる）は、大学教員のみならず、多くの職域で一般化しており、ほとんど抵抗なく受け容れられているようである。社会のさまざまな階層で、結婚後も旧姓を称しつづける風習が認められるため、結婚式場でも、新夫婦が結婚後にいずれの氏を称するかを参列者に明示することは、あまり行われないようである。すなわち、事実上の別氏婚が堂々とまかり通っているのが社会の現実と言えそうである。もちろん、婚姻届においては夫婦のいずれかの、そして依然として多くは夫の氏を名乗る同氏婚が行われているわけで、そうでなければ婚姻届を出す法律婚は、認められないのが現行法である。

夫婦別氏を実現する法改正がさまざまな困難にぶつかっている状況の中で、このように、通姓というかたちでの問題解決が、ごく自然に社会に広がっていることは驚くに値しない。また、この現象を抜きにして別姓問題を語ることもできないであろう。通姓とは、つまり法律上の氏とは別に、普段の日常生活で使う氏を持つということで、作家のペンネームや芸能人の芸名にも当たるわけである。従来も、婚姻届を出していない内縁の妻が、日常生活において夫の姓で呼ばれたり、離婚後にもそれまでの配偶者の氏を事実上継続したりする場合はごく普通に見られた。後者については、その通姓を届出によって正式な法律上の氏とすることができるようになり、一九七六年に法改正がなされていることは前述した。現行法では民法七六七条二項にそれが条文化されている。(7) この延長線上に、夫の氏を名乗って婚姻届をしながら、職場をはじめとする社会生活の中では、通称名として旧姓を使い続けるという対応が考えられる。もちろん、婚姻届を出さずに事実婚を続けて、夫婦別姓を貫徹するというより徹底した別姓主義もあるが、大方は可能な範囲で望むところに近い状況を実現できる、この通姓による別姓に落着くようである。

要するに、法改正によって夫婦別氏が実現しないのであれば、通姓という手段でそれを実施すればよい、というのが日本社会の叡智ということになろう。もともと日本の家族法は、協議離婚制度に典型的に見られるように、法的な拘束がかなり緩やかな体質をもっている。日本人一般も、問題が生じた場合には、法を改正しようと考える代わりに、法の枠外での自由を求める方向にどうしても傾きやすい。通姓の使用は、芸名やペンネームによって人に知られる職業においてはごく普通の現象であり、前述のように、何らかの理由で一般人がこれを利用する場合も決して稀ではなかった。離婚後に夫の氏を継続使用することや、内縁の妻が夫の氏を通姓として名のる等のほかにも、氏が珍奇や難解であったりした場合に、社会生活上の不都合を避けるためなど、個別の事情による通姓の使用ももちろん見られたわけである。

これらに対して、離婚の場合のように民法改正が実現することになれば、単なる通姓であったものを正式な法律上の氏とする道が開ける。その他にも、通姓一般に関しては、後述する戸籍法一〇七条一項に、「やむを得ない事由」があれば、家庭裁判所の許可を得て氏を変更できるとする規定があるため、このルートから通姓を法律上のものとする道があることを見落とし得ない。ただし、夫婦別氏を実現するためにこの条文を使うことは、当面はまず不可能であろう。公の秩序に鑑みて、家庭裁判所が許可を与えることは考えられないからである。他には、通姓の使用に関する規定はまったく見られないため、その利用は社会一般の承認によって事実上行われているわけで、慣習あるいは慣習法に当たると解される。何らかの事情でこのような通姓使用の当否が訴訟で争われ、裁判所がそれを積極的に肯定することになれば、慣習は判例法となって法的効力がより強くなるわけである。

このように、日本法における夫婦別氏への動きの中で、通姓の役割はきわめて重要であり、この問題を抜きに議論は成り立たないと言うべき状況である。なぜなら、法改正の立ち遅れは、このような通姓の自由が代替となってカヴァーされている、と見られるからである。(8) それはいわば、法をあまり好まないとされる日本人の社会における、特殊日本的な法現象である。それでも、通姓の使用が法的に大きな意義を生じたのは、一九九三年の関口礼子氏（以下SR氏と表記）に関わる裁判例を通してであった。裁判所（控訴審）が公の場における通姓の使用を積極的に支持したことによって、通姓が法的にもある程度承認を得たと言うことができるであろう。以下では、まずこのSR氏の訴訟を振り返って概観しておきたい。また、この夫婦別氏の問題において、裁判所がどのような役割を果たしているかも、あわせて見ておくことにしたい。

(1) 夫婦別姓のあるべき新制度をこの用語で呼ぶことは、後述する一九九六年の改正要綱に由来すると見られ、夫婦が同氏、別氏を自由に選べることを本来の趣旨としている。これに対して私案の立場は一貫して同氏優先であり、本稿でこの用語を用いることにはやや抵抗もある。しかし、別氏婚の要望があれば、最終的には容れられるべきであることは言うまでもなく、将来的な展望も含めて、この新鮮な選択的夫婦別氏制を表題とした。

(2) その後も、井戸田博史・「家」に探る苗字となまえ(雄山閣出版、一九八六年)、福島瑞穂他・楽しくやろう夫婦別姓――これからの結婚必携(明石書店、一九八九年)、澤田省三・夫婦別氏論と戸籍問題(ぎょうせい、一九九〇年)、榊原富士子・女性と戸籍――夫婦別姓時代に向けて(明石書店、一九九二年)、二宮周平・家族法改正を考える(日本評論社、一九九三年)、富田哲・夫婦別姓の法的変遷――ドイツにおける立法化(八朔社、一九九八年)等、類書の出版が続いている。

(3) 戸籍法一〇七条に二項から四項までの規定が追加され、日本人同士の婚姻の場合と同様に夫婦同氏や、離婚後の復氏が認められるようになった。

(4) 詳細は、床谷文雄「選択的夫婦別氏制度案の検討」ジュリスト一〇五九号四五頁以下参照。

(5) 氏に関する改正要綱の解説としては、二宮周平「夫婦別姓(選択的夫婦別氏制度)」ジュリスト一三三六号一〇頁以下参照。

(6) 法改正をめぐる国会での対応などは、インターネットのWikipedia(ウィキペディア)夫婦別姓の項目下で、適切なまとめを見ることができる。また、関連判例の紹介や、年表等も詳細であり、本稿でもしばしば参照している。

(7) 民法七六七条一、二項の条文は本書四〇頁に引用している。

(8) 二〇一五年の現状において通姓がどの程度法的効果を持ちうるかに関しては、関口礼子「いそげ夫婦別氏選択制」書斎の窓六四一号四九頁以下に詳しい。もとより当事者の多大な努力があってのことである。

二　夫婦別氏と裁判所

1　大学教員SR氏の訴訟

法制審議会による夫婦別姓の法律案と前後してクローズアップされ、当時注目を浴びたこの事件は、東京地裁平成五年一一月一九日判決である(1)。職場で旧姓の使用を認められない女性の大学教員が、国を相手取って氏名権の侵害による不法行為を主張し、侵害の差止め請求と損害賠償請求の訴えを提起したが、敗訴してしまった。原告のSR氏は、昭和五七年四月に国立大学である図書館情報大学助教授に就任し、その後教授に昇進して、訴訟当時も同大学に勤務する国家公務員であった。したがって、大学とその設置者である国が被告として訴えの相手方となっている。原告は、昭和四一年に結婚して夫の氏を名乗ったのであるが、実生活においては結婚後も旧姓Sを使用し、SRとして研究、教育活動を含めた社会生活を行ってきた。図書館情報大学への就職に際しては、旧姓の使用について予め承諾を得ていたにもかかわらず、大学当局との関係では、就任当初から旧姓の使用に厳しい状況があり、原告の希望が容れられることは少なかった。

大学事務局も一応は配慮を試みており、文部科学省（当時は文部省）に問い合わせる等して、原告の氏名表記に関する取扱基準を定めたりしたが、戸籍名の使用やその併記が必要な場合が多く、原告の希望どおりSRという表記が認められるのは研究成果の発表に限られるような事情であった。旧姓使用をめぐるこのような対立の中で、原告と大学事務局との不和が生じたことは自然である。SR氏は、人事面で不利益な取り扱いを受けることもあったし、研究用の物品購入費、アルバイターの謝金、出張費等々の決裁がなされないため、自ら立替支払いせざるを得なくなり、給与の支払を供託されるまでに至った。そこで、本件訴訟が提起されたのであるが、裁判のためには法的な理論構成が問題となる。原告は、通姓として名乗ってきた旧姓の使用を継続する権利があると主張し、これを氏名保持権と名づけてその保護を訴えた。

すなわち原告SR氏は、結婚後ももっぱら旧姓を継続して使用する権利があることを認めさせたいのであり、その主張はほとんど夫婦別姓の実現を訴えているに等しいと言える。もちろん本訴が提起された社会的背景には、法制審議会による先の「婚姻及び離婚制度の見直し審議」において中間報告が準備されているという事情があった。別姓問題が社会にクローズアップされ、大方の関心の的になりつつある状況だったのである。早くからこの問題に自覚的に取り組み、女性の権利のために闘ってきた原告としては、見込まれる将来の法改正の可能性に向けて、世論を喚起する目的もあっての提訴であったことは、衆目の認めるところである。

しかし、一審判決は原告の主張をまったく否定するものとなった。裁判所は「個人の同一性を識別する機能において戸籍名より優れたものは存在しないものというべきであるから」と一方的に明言し、「公務員の同一性を把握する方法としてその氏名を戸籍名で取り扱うことはきわめて合理的なことというべきである」と単純に割り切っている。したがって、原告の氏名保持権を保護するために、大学行政権がその裁量権の範囲内で適切な措置を採ることがなかったとしても、被告大学の行為を違法ということはできないし、原告に与えた経済的不利益や精神的苦痛に対して損害賠償を支払う理由もないという判断である。もっとも、他方で裁判所は通姓に対しても理解を示し、「個人の人格の象徴となる可能性を有する」ことも認めている。判旨のこのような側面が結論に生かされなかったのは、戸籍名を無視するかたちで氏名保持権の主張を展開した原告の立場と、戸籍名を全面的に前に出した判決の立場の齟齬が大きすぎたということであろう。言い換えれば、訴訟の進め方が適切でなかったということにもなろうが、夫婦別姓の実践は原告の信念でもあり、止むを得ないところであった。この判決に対しては原告側が控訴し、控訴審では、双方が歩み寄るかたちでの和解により終結をみている。

東京高裁における和解の内容は、原告側が損害賠償の請求を放棄し、被告大学は可能な限り原告の通姓使用に譲歩して協力するというものである。したがって、大学において氏名表記が必要となるあらゆる場合を具体的に想定した上で、通姓、戸籍名、両者の併記のいずれとするかを列記した和解調書が作成されている。大まかに言えば、原告にとっては、それまで研究業績の発表に限って通姓使用が認められたにすぎなかったところを、大学内の教育活動一般を通姓で行うことができるようになったことが大きな進展であった。とは言え、限りなく多様な氏名表記の必要性に対して、個別の基準を立てることはきわめて難しい。なぜなら、通姓による活動を広く認めれば認めるほど、本人の実体は通姓によって代表されることになり、それだけ戸籍名は形骸化する。結局はここでも、二つの姓を併記するというかたちで妥協を図っている場面が多く見られるのである。

いずれにしても、このように通姓ないしは旧姓使用の正当性が裁判で主張されることによって、判決理由の中で、あるいは和解という解決方法の中で、さらには判決に対してコメントした学説の立場から、人格権としての氏名権という考え方が明確にされたことは、訴訟の大きな成果であった。すなわち、そのように通姓を保護すべきであるのは、そこに氏名を名乗る人の人格権が伴うからである、という理解が一般的に確認されたわけである。通姓を名乗る権利が人格権として保護されるのであれば、より重要な戸籍名にこそ、人格権として保護されるべき氏名権があることは当然であろう。戸籍名を選ぶ権利が求められる所以である。

古くから、自己の氏名を侵害（冒用）されない利益を保護するという目的で、人格権としての氏名権が援用されることはあったけれども、いかなる氏名を称するかという面の自由が人格権として注目されることは少なかった。個人がその希望する氏名を名乗れることは、まさにその人の人格権の問題と解されなければならない。にもかかわらず、とりわけ氏の変更を求める申立てに対しては、裁判所はしばしば、特定の氏に愛着を示す個人の心情を「家」の名への執着と見て警戒し、「氏は単なる個人の呼称であるにすぎない」と切り捨ててきた事情もある。

それは後述するように、日本の氏が過去において「家」の名として機能していたことと深い関係がある。廃止されなければならない封建的な「家」制度であったから、国民一般が「家」の名であった「氏」に執着し、その存続を願うことに対して裁判所は冷淡にならざるを得なかった。氏をめぐる訴訟において、裁判所はやむを得ず「氏は単なる個人の呼称」であると強調しつつ、氏に関する要求を拒否し、氏を軽く見る風潮を助長してきたのである。(2) しかし、夫婦別姓の導入は、帰するところ氏名に反映されている個人の人格権の尊重に他ならないことを、ここでまず確認しておかなければならない。氏の軽視から氏の尊重へ、この転換を図ることが、夫婦別氏における日本法の真の課題であると言ってもよいであろう。

2 人格権としての氏名権

そのような前提に立って、法における人格権の意義をもう少し検討しておきたい。法によって保護される社会生活上の利益は、権利の体系として民法の規定の中に位置づけられている。それらは大きく分ければ、財産法上の権利と身分法上の権利で成り立っており、所有権、抵当権、債権などの典型的な権利は前者に含まれている。家族関係に関わる後者の権利は、親権、夫権、子供の権利などと名づけられているけれども、それぞれの中身は必ずしも十分明確にはされていない。しかも、身分法上の権利には義務の面が含まれることも多く、財産法上の権利とは大きな違いが見られる。人格権とは、保護されるべき人の人格的な利益を指すのであるが、その内容は広範で多様なものとなるため、身分法上の権利により近いと考えられる。このような人格権の概念が確立されたのは一九世紀以降と言われており、人権の発達に伴って、財産法上の権利よりはずっと遅れて重要性が認識されるようになったものである。細かく分ければ、自由権、身体権、名誉権、肖像権などを挙げることができ、氏名権もかなり古くからそこに加えられるようになっていた。(3)

氏名権が人格権として保護されるべきことは、ドイツ法などの研究からまず学説によって指摘され、これを判例が追認するかたちで定着してきた。最近では、最高裁昭和六三年二月一六日判決（民集四二巻二号二七頁）が、在日韓国人の氏名の読み方の問題を通して、氏名権の意義を論じた著名な判決となっている。(4) 韓国人である原告は、NHKのテレビニュースで自己の氏名が日本語読みで紹介されたことが個人の人格と民族の主体性を害するとして、謝罪と損害賠償を請求するとともに、今後自分を含めた韓国人、朝鮮人の氏名を母国語音による読み方で呼ぶことを請求して訴えを提起した。一、二審の判決は原告の請求のすべてについて、訴えの利益がないとして一部を却下し、他の部分については請求を認めず棄却したので、上告がなされたのである。最高裁判決もまた、原告の請求を実質的に認めるものではなかった。しかし、判旨は結論を導く過程の中で、氏名が人格権として尊重されるべきことを丁寧に論じている。すなわち、「氏名は、社会的にみれば、個人を他人から識別し特定する機能を有するものであるが、同時にその個人からみれば、人が個人として尊重される基礎であり、その個人の人格の象徴であって、人格権の一内容を構成するものというべきである（から、）」と述べている。

したがって、「人は、他人からその氏名を正確に呼称されることについて、不法行為法上の保護を受けうる人格的な利益を有するものというべきである。」このような論理によって、判決は、氏名を母国語によって正しく呼称されたいとする原告の主張に基本的な理解を示したのである。この考え方は、単に呼称（呼び方）の問題に止まらず、必然的に氏名それ自体を変更するかしないかにも関わってくるので、夫婦別氏の問題を考える場合の基礎ともなると言えよう。この昭和六三年の最高裁判決は、しかしながら、被告（NHK）の行為には、不法行為による損害賠償を認めるほどの違法性がないとも論じた。その理由は、次のように説かれている。「社会的にある程度氏名の知れた外国人の氏名をテレビ放送などにおいて呼称する場合には、民族語音によらない慣用的な方法が存在し、かつ、右の慣用的な方法が社会一般の認識として是認されたものであるときには、氏名の有する社会的な側面を重視し、我が国における大部分の視聴者の理解を容易にする目的で、右の慣用的な方法によって呼称することは、たとえ当該個人の明示的な意思に反したとしても、違法性のない行為として容認されるものというべきである。」

すなわち判決は、人の氏名は人格権の一内容として保護されなければならないが、同時に氏名には社会的な側面もあり、社会一般の認識として是認されるような慣用的な扱いがなされることは止むを得ない、と論じるのである。ここでの問題は、人の氏名の読み方に関わるものであった。しかし、議論を敷衍してみれば、氏の取得変更についても同様の考え方が当てはまるであろう、と認めざるを得ない。個人の氏名のかけがえのなさに着目し、夫婦別氏が必要と主張する人々の存在は、そうした考え方に違和感を覚え、望ましくないとみる半数近い社会の人々との間で、コンフリクトに直面しているのが現状である。こうして本判決の論理は、別姓の主張に対しても、「氏名には社会的な側面もあり、社会一般の認識として是認されるような慣用的な扱いがなされることは止むを得ない」と繰り返して、現行の夫婦同氏制度に軍配を上げるかもしれない。裁判所のそのような判断を否定することは難しいであろう。

もちろん、外国人の漢字名の読み方は、判決当時とは事情も異なり、日本語読みが当然という風潮は徐々に後退しているようである。その点では、最高裁昭和六三年判決が一般社会に与えた啓蒙的な影響力を高く評価すべきかもしれない。同様にして、夫婦の氏についても、社会一般の意識が別氏容認に傾くとともに、裁判所としても、もはや社会通念だけを理由として、この人格権に基づく個人の氏の尊重を拒否できない時期が来ることは十分予想できる。その方向を目ざす自覚的な運動は、訴訟というかたちでも、すでに今日までにかなりの実績を残してきた。先に見てきたSR訴訟とはやや異なる形式によって、夫婦別氏を法制度として認めるべきであると、真正面から主張した以下のような裁判例も見られるのである。

3 夫婦別姓訴訟

ストレートに夫婦別氏の立法化を求めたごく最近の訴訟として、まず東京地裁平成二五年五月二九日判決（判例時報二一九六号六七頁、判例タイムズ一三九三号八一頁）を取り上げよう。結婚後も自己の氏を変えずに、旧姓を通姓として使用している、あるいは止むを得ず婚姻届の提出を断念して、事実婚を実践している等の五人の男女が、まさに人格権の問題として夫婦別氏制度の導入を求めるために、原告として訴えを提起している。被告となる相手方は国であり、法務大臣がその代表者である。原告の主張は、夫婦同氏を定める民法七五〇条の規定は、憲法一三条、二四条一項、二項に違反するものであり、昭和六〇年にわが国も批准している国連の「女子差別撤廃条約」の一六条一項(b)(g)にも違反することが明白であると論じる。(5) そうであれば、国会は当然もっと早くに民法七五〇条を改正し、夫婦別氏制度の導入を図るべきであったのに、正当な理由なく立法措置を怠ってきた国会議員の不作為は、国家賠償法一条一項に規定されている公務員の不法行為に該当する。したがって、国は被害者である原告らに損害賠償を支払うべきであるとして、五人のそれぞれが、一〇〇万円ないし一五〇万円の慰謝料請求をしている。

裁判でこのような主張を展開する場合に、どのような法律構成によって論を進めるかは難しい問題となるが、いずれにしても立法の不作為を責めるのであれば、法改正がなされないことの違法性を指摘しなければならない。しかし、この事件では、原告の主張が条文を挙げて正面から憲法違反を強調しているために、かえって反論しやすかったとも見得る。なぜなら、憲法に違反するか否かという微妙な線引きは、社会通念を踏まえるとどちらに振れてもおかしくはない、難しい解釈的判断となるからである。被告となった国は、憲法一三条の幸福追求権の保障が、直ちに国民に夫婦別姓の選択を保障するものではないし、憲法二四条は、家族の中でも一四条の法の下の平等が行われることを目ざすものであるけれども、もちろん夫婦別姓の立法化を保障してはいない、と反論している。さらには、別氏制度を立法化しなかったからといって、国会議員が直ちに利害関係人に損害賠償を支払う義務があるとも言えず、国家賠償法は国民にそのような権利を保障してはいないとも主張している。

判決はこうした被告側の主張を全面的に支持し、原告を敗訴させるものであった。しかし、その後に原告の控訴を棄却した東京高裁平成二六年三月二八日判決は、ついに上告審の最高裁において大法廷の審議に付されることになり、今や注目の的となっている。(6) その結果はもちろんまだ予断を許さないが、いずれにしても、ごく最近の最高裁が非嫡出子の相続分差別を憲法違反と判断したことは看過できない新しい事情である。すなわち、最高裁平成二五年九月四日の決定（民集六七巻六号一三二〇頁、判例時報二一九七号一〇頁）は、非嫡出子の相続分を嫡出子のそれの二分の一とする民法の規定について、憲法の平等原則に違反し無効であるという原告の主張を容れ、非嫡出子側を救済している。長年指摘されてきた問題点であったが、大法廷は一五人の裁判官全員一致でこの結論を導いた。非嫡出子の相続分を差別する規定は、立法当時の諸外国の制度の影響を受けたものであるが、今日それらの外国法はいずれも事実婚と非嫡出子の平等保護に舵を切っており、わが国もこれに倣うべきであると説いたのである。それから数ヶ月のうちに、問題の差別規定であった民法九〇〇条四号ただし書きは正式に削除され、立法的手当ても完了した。夫婦別氏の導入についても、まったく同様の議論は当てはまるのであり、法改正への曙光が見えてきたと言えるであろう。

一九九六年発表の法制審議会民法部会による家族法の改正要綱では、選択的夫婦別氏制の導入とともに、非嫡出子の相続分の不平等を撤廃する規定も盛り込まれており、二つはいわばセットになって法改正を待っていたという事情であった。どちらも、第二次大戦後の家族法改正を経て生き延びてきた日本社会の通念を表現していたのであるが、時代とともに人々の生き方が変わり、従来どおりの価値観を維持できなくなった点で共通している。しかし、同じ自由な家族関係を志向する課題であるとはいえ、非嫡出子の相続分の問題は、不利益が具体的な財産的損害として目に見えるために分かり易く、議論し易い面はあると言えよう。これに対して夫婦の氏の問題は、社会制度としての側面を伴うだけでなく、きわめて微妙な個々人の心理的要素に関わるものでもあるため、判断がより難しくなることはやむを得ないようである。

夫婦別姓が正当な要求であることを、裁判によって訴えるという試みには、上記の東京地裁平成二五年判決とは異なるタイプの訴訟も見られる。あえて別姓による婚姻届を提出して不受理となり、行政の対応に不服申立てを試みるというものであって、著名な岐阜家裁平成元年六月二三日審判（家裁月報四一巻九号一一六頁）は、先のSR訴訟の提訴とほぼ同時期に不服申立てがなされている。あえて夫婦の氏を定めず、別姓を選択する旨の記載を付して某市の市長宛に婚姻届出がなされた事例に関わる。もちろん、そのような届出は受理されないので、当事者は家庭裁判所に、不受理処分の取消と受理を命じる審判を求めたのであった。理由は、民法七五〇条が憲法一三条、二四条一項に違反するというものであったが、家裁は、「国民感情、及び社会的慣習を根拠として制定されたといわれる民法七五〇条は、現在においてもなお合理性を有するものであって」と論じ、憲法違反は簡単に否定された。しかし、すでに四半世紀以上前の判断ではある。

改めて確認してみると、本件当事者の提出した婚姻届は、夫婦の氏以外にも、父母の氏名や続柄等に未記入の項目が多く見られ、それぞれに異議が述べられていて、少なからず過激な主張となっている。議論を別姓だけに絞って、真摯な主張を積み重ねて行くことが必要ではなかったか。いずれにしても、法制審議会の民法改正案が提案されようとするまさにその時期を狙って、出るべくして出された法改正への要求であった。

別姓婚姻届の不受理に関しては、その後東京家裁平成一八年四月二五日審判も、不受理取消しの申立てを却下しており、さらに二〇一一年（平成二三年）には東京地裁に処分取消が提訴されて、原告敗訴となったケースがある。後者は、別姓による婚姻届の不受理に対し、その処分の取消を求めて行政事件訴訟法による訴えが提起されたものである。本来は家裁の審判を求めるべき内容でありながら、当事者は、家庭裁判所への不服申立てではなく、あえて通常の訴訟を求め、公開の法廷で民法七五〇条の憲法違反を争うことを目ざしたのであるが、こちらは最高裁でも原告敗訴となっている。(7) 争点が手続き的な問題となるため、試み自体に無理があったと解される。

このように、夫婦別姓を求める裁判が、技術的にも難しいものにならざるを得ないのは、氏名権そのものが本来法制度に由来する（制度的自由とも言われる）ことと、その侵害による損害が精神的なもので、個人の感情（被害意識）に大きくかかっていることによると言える。にもかかわらず、敢えてこの難しさに挑戦し、夫婦別氏制への道を切り開こうと辛抱強い努力を重ねる革新的な先達があることも、これらの訴訟を通じて想起しておくべきであろう。

別姓訴訟と並んで、同じ家族法改正の問題として、他に民法七三三条の再婚禁止期間の規定が論じられていることも看過できない。ここでは、女性だけが離婚後六ヶ月間は再婚できないとされていることの不平等が批判の焦点である。もちろんこの条文は、再婚後に子が出生した場合に、前婚、後婚いずれの婚姻によるものであるかを確定し、父を決めるために置かれたものである。しかし、期間が長すぎる（学説の多数は最大一〇〇日間で十分と論じている）ことや、医学の進歩によって妊娠の有無を明確にすることは容易となっているので、もはや合理性を欠く規定であり、女性差別に帰するという主張は大方の賛同を得ている。ここでも、ごく最近の裁判例が見られ、夫婦別姓訴訟と同様の議論によって原告が敗訴した。

岡山地裁平成二四年一〇月一八日判決（判例時報二一八一号一二四頁）がそれであり、原告は離婚後に再婚するに当たって、婚姻届が遅れたのは民法のこの規定のせいであり、必要以上に長い待婚期間のために精神的苦痛を蒙ったと主張し、慰謝料請求がなされた。判旨は、民法七三三条は憲法一四条の法の下の平等に反し、憲法二四条一項の家庭における両性の平等にも反するという主張を、「その立法目的には合理性が認められる」「憲法に違反するものではないと解する余地も十分にあるというべきである」と斥けている。この事例も、国会議員の立法不作為を指摘して、国家賠償法一条一項の損害賠償を請求するかたちで争われたのであるが、その不作為は違法ではないとして、請求は棄却された。ところがこの判決を支持した控訴審の広島高裁岡山支部判決は上告され、夫婦別姓訴訟と同じ日に最高裁

大法廷に回付されている。(8)

改めて振り返るならば、最高裁大法廷が全員一致で民法の規定を無効とし、その後速やかに同条文の削除が実現した非嫡出子の相続分への対応が、いかに斬新かつ有意義であったかがよく分かる。「なせばなる」を実感させられるのであるが、新たな立法ではなく、現存する規定の削除だけで済んだため、解決し易い問題であったことも確かである。また裁判所は、個別の事件に即して解決を導くことが仕事であるから、議論そのものが観念的にならざるを得ない夫婦別姓の主張というような事例は、とりわけ成功に結びつき難いとも見得る。いずれにしても、民法七三二条、七五〇条などが憲法違反となるのであれば、新たな立法をどうするかは焦眉の急となるであろう。しかし、ここではまず後者の氏の問題を取り上げるだけに止めたい。

4　家族法の現代化

このように、民法を改正して夫婦別氏制度を導入することは、広い意味での家族法の現代化の一環として、非嫡出子への対応の平等化、再婚禁止期間の廃止または短縮、離婚要件の緩和等々とともに、法改正が期待されている日本民法の喫緊の課題なのである。国連の女子差別撤廃委員会からもたびたび法改正の必要が勧告されてきた。したがって、一九九六年二月に法制審議会が民法改正要綱を取りまとめて、これらの課題を一気に刷新しようと試みたことは、将来の方向を示唆する意味ではまことに適切であった。(9) そこには、婚姻年齢を男女同一として一八歳にすること、その前提として成年年齢を一八歳に引き下げること、判例が認めてきた破綻離婚の基準を条文上のものとする、なども含まれていた。しかし、これらの重要な変化が一挙に日本の家族生活ないしは日本社会を襲うのであれば、そのショックは、たとえ精神的なものであったとしても、第二次世界大戦後の家族法改革に等しいほど大きなものとなったのではなかろうか。当時の法制審議会としては、勇み足が過ぎたように感じられ、法改正が流れたのは、やむを得ない成り行きであったようにも思われる。

とりわけ夫婦別氏については、この時の改正要綱は、当初から成案がまとまっていたわけではなかった。まず原則別氏を提案しながら、別氏を例外的にだけ認める案にも揺らぎ、結局は夫婦同氏、夫婦別氏を対等な選択に委ねるものとして法案をまとめている。また、別氏夫婦の子供の氏を統一するかしないかについても、直前の要綱試案の時点まで、多彩な議論がなされた。大方の意向を集約するという言い方は聞こえがよいけれども、実は選択肢が多ければ多いほど意見が多出し、混乱を生じることは目に見えている。社会一般の家族観を一八〇度転換させるようなこの夫婦別氏の問題に取り組むには、立法者に確信と準備が足りなかったと言うべきかもしれない。しかしながら、当時から十数年の歳月を経て改めて眺めてみると、民法改正要綱に盛り込まれている改革は、どれもすでに成立していて何ら差し支えなく、むしろその方が望ましいと言えるような内容のものばかりである。ここから、実効性ある法改正のための手続のあり方を学んでおくことは、将来の課題解決のためにも不可欠と考えられる。

一つには、単に改革の可能性を提示するというだけの観念論であってはならない、ということが教訓となるように思われる。法改正は、社会がそれを必要としているからなされるのであり、立法者は、なぜそれが求められているのかを社会一般に対して明確に説明するとともに、当該の立法案がベストと考えられる理由をも示すことができなければならない。そのためには、市民の法意識に付かず離れず、行き過ぎない距離を保ってリードする姿勢が必要となるわけである。理想主義に傾きすぎたために、むしろ混乱を生んだとも見うる先の要綱試案と改正要綱であったけれども、もちろんそれによって世論の関心を高めた功績は、積極的に評価されてよいであろう。

一件の裁判例が発端となって、ついに最高裁の判断が、懸案であった非嫡出子の相続分の平等化を実現させたように、夫婦別氏の導入、再婚禁止期間の短縮などの課題についても、一つ一つに適切な法改正の時期があってしかるべきであろう。訴訟の提起を契機として、まず司法の立場から、個別の事例に対する慎重な判断が望まれることも確かである。もちろん、民法の規定が違憲無効とならないうちに、適切な法改正が行われることが本来ではあるけれども、目に見え難いかたちで少しずつ変化する家族の感覚、社会の法意識を、先取りして法改正することはかなり難しいようである。夫婦別氏は、当面は訴訟を通して、同氏を強制されることの具体的な不利益をより明確に立証し、通姓としての旧姓使用の権利を、できるだけ拡大して行くかたちで主張されることが、最も適当であるかと考えられる。

現在係争中の案件が、最高裁の判断によって適切な解決に導かれるならば、非嫡出子の相続分の改定に勢いを得て、夫婦別氏が急速に実現の流れに向かうことも、十分あり得る成り行きであろう。そうなると、別氏制への法改正を推し進めたいという本稿の当面の目的は、行き場を失うことにもなるのであるが、大きな社会意識の変化を伴うはずのその改革を、どう納得して受け入れるかについて、それなりの案内は必要であろうし、一つの法文化の変遷の記録としての意義も看過できないはずである。また、立法案自体に未だ十分な詰めがなされていない部分を補えるかとも考えられる。

5　夫婦別氏の難しさ

これまでに概観したように、民法家族法の現代化の課題は、いわば山積している状況である。周知のように、性転換した男性が、民法七七二条の嫡出推定によって嫡出子を持つことができるか、などの特殊な問題も、すでに平成二五年一二月一〇日最高裁決定によって肯定的な判断を見た(10)。その結果、民法の条文に新たな規定が追加されることは、あってもよいはずであるが、立法までには至っていない。人口受精などの生殖医療の領域でも、わが国の立法の立ち遅れは長く指摘されてきたところである。いかにも法を好まない国の家族法、と言えそうな状況の中ではあるが、夫婦別氏制度の導入には、独自の難しさもあると見られるので、ここではその辺りを整理しておきたい。

まず、核心となる氏名権自体がそもそも薄弱な権利であることは、先にも指摘してきた。それでも、特定の個人の氏名が他人によって冒用されたような場合には、その被害者を救済することは、伝統的な法的思考によく馴染み、損害賠償請求のような訴訟の提起も容易である。(11)これに対して、夫婦がいかなる氏を称するかの問題は、法と社会によって公認される制度があってはじめて権利の有無が生じることになるため、単純に個人の利益だけを考慮すれば済むとは言い難い。また、離婚後の再婚禁止期間や非嫡出子の相続分の問題では、当事者となる利害関係人の数はわずかであるけれども、夫婦別姓には社会のすべての人が直接関わりを持ち得る。それ故、社会環境自体に与える影響が大きく、その制度を希望する何人かの人があるというだけでは、人々を納得させることが難しいであろう。夫婦が同じ氏を名乗って同じ家（家庭）に属することは、長い間疑われることのなかった日本社会の慣習であり、人々の意識の底に当然のように滲み込んで、心の安定を生むより所ともなっているのである。その価値観を覆すためには、それなりの十分な説得力が必要であり、それをきちんと明示することが立法というものの重要な課題となるのである。

このように、夫婦別氏を実現する法改正がいわば行き止まりの状況にある中で、先にも述べてきた通姓というかたちでの問題解決は、ますます社会に広がりつつある。これをどう評価しどう扱うかも、もう一つの難しい問題である。過去には、離婚後においても別れた配偶者の氏を事実上継続したりする場合が、通姓使用の典型例の一つであった。これはすでに、届出によって正式な法律上の氏とすることができるように、法改正が実現している。この例と同じようなかたちで、夫ないし妻の氏を名乗って婚姻届をしながら、職場をはじめとする社会生活の中では、旧姓を使い続けることが一般化しているのである。

しかし、これを法的な解決にするために、民法に離婚の場合の七六七条二項と同様の新たな規定を設け、婚姻によって氏を変えた夫婦の一方も、戸籍法による届出をすれば旧姓を使用することができる、と条文化するならば、それはもう夫婦別氏の導入に他ならない。つまり、民法七五〇条で普通の同氏婚をしながら、戸籍法という裏口から、配偶者の一方だけが氏を変更するわけである。この場合には、戸籍は同氏同戸籍であり、単に呼称上の氏が変るだけである（戸籍上の同氏はまだ生きている）、という説明で済ませることができるわけである。しかし、戸籍法をよく知る実務家は、それで納得できるかもしれないが、市民一般にはその意義はとても理解されないであろう。氏と家族の関係を明示することを民法が放棄することになるからである。簡単のようでありながら、この案の実現が難しいのは当然と考えられる。

他方では、結婚生活の中で旧姓を通姓として使用する人が実際にある以上、社会はこれを無視することができない。これまでにも必要に応じて、通姓への配慮は一定程度なされてきたわけであり、前述したSR訴訟の原告もその恩恵を蒙っていなかったわけではない。また、この訴訟に呼応するようなかたちで、企業や行政関係の職場でも、通姓使用に寛大な対応がなされるようになり、柔軟な通姓社会が広がってきた。戸籍名を最も重要視してきたパスポートでさえ、括弧書きで通姓を併記することが広く認められるようになっている。もちろん、別姓制度を望む人々がこれで満足できるはずはなく、社会生活全般を考えれば、通姓の許容はきわめて限られた範囲での別姓の自由でしかない。それでも、法改正が行き詰った時期には、最後に検討されたのが、このような通姓使用を法制度として一般的に公認することにより、夫婦別氏を実現するという案であった。さきの戸籍法による対応がそれに当たる。しかし、立法技術としての当否は別としても、別姓に反対する人々にとっては、こうしたかたちで別氏が広がること自体がやはり脅威であり、不安の種ともなるようである。

こうして、安直で便宜な解決策と見られた通姓公認による別氏案は、法改正推進派には批判され、反対派からも抵抗を受けて、結局夫婦別氏を法制度にのせる改革は、沈滞したまま今日に至ってしまった。ここにも日本法の特殊性が見えている。なぜなら、この通姓に準ずるような解決は、本格的な法改正の前段階として、西欧諸国では比較的容易に、早い時期から法文にも取り込まれている。たとえば旧西ドイツ法では、夫の氏を婚氏とする夫婦同氏制を採用しながら、自分の氏が婚氏にならない妻に対しては、ハイフンによって旧姓を付加する権利を早くから条文で認めていた。フランスは公式には夫婦別姓の国であり、多くの場合妻が夫の氏を名乗っているのはいわば慣習法によるもので、妻は夫の氏に対する使用権があると論じられていた。すなわちフランスでは、夫婦同氏が日本での通姓の使用と同じレベルにある。その上で、この使用権のレベルに限定しながらも、別氏の夫婦が平等に自己の氏を子に伝え得るような法改正まで、早くから実現させている。使用権という曖昧な権利ではあるとしても、法としての正式な承認を得ている場合と、まったく事実上の対応にすぎない日本の通姓に対する扱いとは、似ているようでありながら、決して同じではない。そこには、社会現象を法規範に取り込まなければ気が済まない西欧法と、法的には見て見ぬふりをしていたい、日本法の対応との違いが明らかである。

すなわち日本法は、とりわけ家族法の分野において、法の介入を嫌う体質をもっており、問題を当事者の合意や事実上の解決に委ねておく傾向が顕著である。日本は非法（non-droit）の国であるという言い方もあるように、日本人が法や訴訟を好まない体質を持っていることは古くから指摘されてきた。いわば和合志向であり、世界地図では東海の小島に位置づけられ、ほぼ同一民族による国家形成が長く続き、稲作農業を中心とする平和な村社会が続いてきたこと、またその先にあった鎖国の影響などが原因をなすと考えられる。いずれにしても、こうした国民的な体質の中で、夫婦別氏の問題は解決されなければならないのである。

通姓による別姓の広がりは、何と言っても、それに利益を見出す人たちが現実に否定できない数で存在することの証明に他ならない。しかし、法の外という安易さのため、深く考えることなしに試みられている面もあろう。ドイツでもフランスでも、本格的な改革の前哨となった二重氏による対応は、長くは続かない限られた範囲のものでしかなかった。通姓をどう生かすかを含めて、日本社会にとって最善である適切な法改正を選択することが課題となっているのである。そこへの道を探るためには、過去に遡って、わが国の氏の特徴を明確にすることから始めるべきではなかろうか。以下には、日本法の氏の歴史とその特徴を探ってみたい。

(1) 判決全文は、判例時報一四八六号二一頁、判例タイムズ八三五号五八頁参照。解説として、滝沢聿代「大学教員の通姓(旧姓)を名のる権利」ジュリスト一〇五九号一九二頁〔本書三九二頁収録〕参照。

(2) 戸籍法一〇七条一項は、やむを得ない事由により、家庭裁判所の許可を得て氏を変更することを認めているが、伝統ある「家」の名を残すため、というような事由はこのような論理でことごとく否定されている。

(3) 三島宗彦・人格権の保護(有斐閣、一九六五年)六頁以下参照。

(4) 斉藤博「氏名を正確に呼称される利益」ジュリスト昭和六三年度重要判例解説七四頁以下参照。

(5) 「女子差別撤廃条約」の一六条一項は、婚姻及び家族関係に係るすべての事項について、女子に対する差別を撤廃することを目ざし、(b)では「自由に配偶者を選択し及び自由かつ完全な合意のみにより婚姻をする同一の権利」、(g)では「夫及び妻の同一の個人的権利(姓および職業を選択する権利を含む)」を指定している。

(6) 二〇一五年二月一八日朝日新聞夕刊の報道による。

(7) 最高裁決定平成二五年九月一〇日(東京地判平成二三年二月二四日、東京高判平成二三年一一月二四日訟務月報五九巻一〇号二七一九頁)参照。最高裁の決定理由は、上告の対象となる事件ではないとのみ判示したものである。

(8) 広島高裁岡山支部平成二五年四月二六日判決の上告と大法廷回付は、前註(6)の新聞報道の事例と同日になされている。

(9) 特集「家族法改正を考える——平成八年改正要綱から一〇余年を経て」ジュリスト一三三六号二頁以下に主要な論点の解説が見られる。

(10) 最決平成二五年一二月一〇日判例時報二二一〇号二七頁参照。

(11) 他人の氏名を詐称すれば本人の人格権を侵害することになり、不法行為が成立する。夫婦別姓訴訟は、同じ人格権の侵害でも、このような氏名冒用の事例より複雑である。

三　氏と戸籍の歴史

1　民法成立以前から明治民法へ

日本の現行民法典は一八九八年（明治三一年）の施行である。したがって、民法は一二〇年に近い歴史を重ねたたいへん古い法律ということになる。この民法は、相当数の枝条文を含めつつ、一条から一〇四四条までの法規定で成り立っており、それらが五つの編に区分されて編集されている。一般には、前半の総則、物権、債権編が財産法、後半の親族、相続編が家族法（古くは身分法）と呼ばれる。ここで問題となっている夫婦の氏については、家族法に条文が置かれているのであるから、民法としては、第四編親族と題されている部分にだけ注目すれば足りることになる。

重要なことは、この第四編と第五編相続を含めた家族法に関わる部分が一九四七年（昭和二二年）に大改正を経たという事情である。すなわち、家族法は第二次大戦後に抜本的に新しく改訂されているのであり、その点が財産法とは大きく異なっている。それはよく知られているように、明治民法[(1)]の家族法の骨格をなしていた「家」制度が廃止されたからであって、この時期に制定された新しい日本国憲法による民主化の結果である。今日ではあまりにも当然の歴史的事実として、語られることすらほとんどないのであるが、戦後の新憲法がもたらした平和主義、民主主義、個人主義の三つの柱は、日本社会に激動の変革をもたらし、その中で日本人の家族生活も大きな変化を蒙ったのであった。わが国の氏の問題が、この変動を抜きに論じ得ないことを、まず確認しておかなければならない。しかし、ここではテーマを夫婦の氏だけに絞りたい。

夫婦の氏という問題は、男と女がある限りと言わないまでも、結婚制度のはじまりに遡るほど古いものであるに違いない。とは言え、日本でも、社会生活の中で人々が氏を使うようになるのは、かなり後の時代になってからであり、始めは名だけが必要とされていたことは、よく知られている。江戸時代に苗字を使うことを許されなかった平民は、明治三年の太政官布告によってはじめて公式に苗字を名乗ることを認められた。しかし、苗字の使用は庶民の社会に簡単には広まらなかったため、明治八年にもう一度太政官布告が出されて、苗字の義務化が進められている。その中で、夫婦の氏はどう扱われたのであろうか。ごく普通の推測として、未婚の女性は、父の苗字や屋号に付随するものと見られ、誰それの娘と呼ばれるであろうと考えられる。さらに結婚後は、夫の社会的地位に付随するものとして、誰それの妻と呼ばれることも自然であったはずである。法以前の事実上のあり方はさまざまで、時代により、その場その場の環境に応じた扱いがなされてきたといえよう。しかし、制度としての夫婦の氏は、法の規定なしには考えられない。実際、近代法が形成されて行く過程の中で、その必要性はすぐに自覚されるようになり、わが国でも明治九年に出された太政官指令がこれに言及している。そこで、夫婦別氏が原則と定められたことは大へん興味深い。

すなわち、そこでは妻は婚姻後も「所生の氏」すなわち実家の氏を名乗るものとされたのである。この解決が、氏は出自の証であるという基本に則っていることは、改めて考えれば必然性がある。出生して最初に決まる子の帰属関係を表すのが氏であって、後に論じるように、氏名不変の原則が尊重される場合には、その原点となるのは当然この出生時に獲得された氏名ということになる。呼称秩序が未だよく定まらない時代にあって、原則を夫婦別氏に求めた当時の立法者の感覚は、優れたものと評価できるであろう。上層階級においては、血統を重んじるという要請もあったようである。もちろん、父の氏を称している妻は、実生活では夫と同居生活を送り、夫に帰属するものとして、しばしばその苗字や屋号で呼ばれることもあったに違いない。そうした場合には、法的な氏に対する通姓としての夫婦同氏が行われたと解することができよう。ここに夫婦別氏と夫婦同氏の始原的なかたちが見られるのであるが、前者の方がより基本的であることをここでも確認できる。

2 夫婦同氏の成立

これに対して夫婦同氏はより人為的であり、日本では、「家」の形成に独自の意義が与えられることによって、制度化が進んだものである。実際、わが国の夫婦同氏が確立したのは、一八九八年の明治民法によってであり、そこでの家族法の特色は、まさにわが国独特の「家」制度にあった。それに先立つ一八九〇年（明治二三年）成立の旧民法も夫婦同氏を採用しており、明治初年から徐々に、「家」制度の実態が社会に浸透していた状況を知ることができる。また、「家」の起源が封建時代の武家と藩とにつながることも十分推測できる。藩は行政区画でもあり、明治期には廃藩置県によって、新たな国家体制に吸収され、消滅するのであるけれども、そこで行われた私生活の面における思想や生活様式は、武家文化として民衆の模範となり、日本文化の中核をなしつつ時代を超えて伝播された。こうして「家」においては、家名としての苗字を尊びつつ、それを中心に親子、夫婦、親族の集団生活が営まれ、また家産の蓄積がなされることになった。

しかし、そのような時代でも、妻が実家の「家」に帰属し続けるべきか、それとも婚家に取り込まれるのかは、それほど一律の結論を許さなかったようである。つまり、夫婦別氏か、同氏かの相克は最後まで残ったのであり、明治政府の中でも議論が分かれたとされている。(2) 最終的に日本法が夫婦同氏制度を採用したのは、「家」制度が民法典に導入された結果としてであった。夫婦の氏は、父母の「家」から夫又は妻の「家」へというように、配偶者が「家」に出入りすることによって、取得変更されることになったのである。外国法と比べてみると、夫婦同氏を定めるドイツ法は、婚氏（Ehename）という考え方を採っており、結婚によって夫婦の新たな結合が生じることを、氏の同一によって象徴的に制度化しようと目ざしている。キリスト教的な夫婦の一体性を背景として、理論体系を尊ぶドイツ的な感覚が生み出した一つの創造と捉えることができよう。対するフランス法では、夫婦別氏が法的に貫徹されており、これは明らかに人民を個人のレベルで捉えようとするフランス革命の遺産であった。

明治民法の制定当時、日本法の起草者は、独仏のどちらの制度を参考にすることもできたのであるが、単純に選択し模倣すればよいというものではない。その背後にあるものの考え方をどう捉え、吸収できるかが問題であろう。そうした抽象的な考察は、当時の民法の起草者たちには難しい課題であったし、何よりも生活の実態があっての家族法である。民衆の生活に密着する風習の存在があってはじめて、夫婦同氏が選択の対象となり得たであろう。ドイツ法の理論に導かれた婚氏制度と違って、「家」を背景とした日本法の夫婦同氏は、日本的な集団主義の産物に他ならず、いわば「家」制度のくびきを伴ったものである。そこには、単純に夫婦親子が同じ氏を称するというだけではない負荷があることを、見落とすことはできない。

3 「家」の思想

したがって、わが国の夫婦同氏を論じるに際しては、「家」制度との関わりを抜きにはできないのであり、氏の制度が担った日本的な思想を十分確認しておくことが必要となる。端的に言えば、明治民法における「家」は、封建的な家父長的大家族制度の具体化であった。フランスの民法学者ボアソナードの起草による旧民法であったけれども、家族関係の部分だけは日本の法律家の手によって作成されていた。にもかかわらず、この旧民法に対しては、フランス的な個人主義の反映が見られるという批判が強く、民法典の施行を延期すべきであるという主張の台頭を見るに至った。即時施行派と延期派の間で、激しい民法典論争が展開されたことはよく知られている(3)。その結果、延期派が勝利したのであるから、その支持する家族国家の理念がますます注目され、民法典の「家」は独特の家族的同族団体であるとともに、やがて、イデオロギー的天皇制家族国家の基礎とも意識されることになった。こうして明治民法の「家」制度は、立法化されてから、第二次大戦後の新憲法によってその体制が崩壊するまで、日本人の精神構造に深い影響を及ぼしたのである。問題となっている氏は、まさにその「家」制度の重要な一要素をなすものであった。

ここで、明治民法における「家」と氏のあり方を概観しておこう。明治民法とは、旧民法が施行延期とされた後に、新たに現行民法典の起草者によって立法化された親族法・相続法の部分、すなわち明治三一年の家族法を指す用語である。そこでは、大家族制度を前提とする「家」は、統率者である戸主とその配偶者および親族の集団である家族から成り、「戸主及び家族はその家の氏を称す」（旧民七四六条）と規定されていた。民法における氏は「家」の名なのであり、個人はすべて各自の「家」に帰属することによって、戸籍を介して行政的にも把握されることになる。氏の取得変更も「家」の出入りとして表現された。たとえば、「子は父の家に入る」「父の知れざる子は母の家に入る」「父母共に知れざる子は一家を創立する」（旧民七三三条一～三項）というようになる。しかも、このような「家」の組織はそのまま戸籍によって帳簿化され、「家」への出入りが戸籍への出入りに重なるという二重の体制化が行われていた。すなわち、「家」は戸籍そのものでもあったのである。

さらに、「家」の名である氏を取得すると、それには「家」のメンバーであることに伴う身分的拘束が生じた。強力な戸主権の統率下に入るからである。戸主は家族を扶養する義務がある代わりに、家族員の婚姻等の身分行為に同意し、居所を指定する権利をも有した。氏が基本的には名と同様の個人の呼称にすぎないことは、今日では一般に認められているところであるが、歴史的に見ると、日本の氏は「家」の重みや身分的拘束のしがらみとともに、戸籍の記憶とも切り離し得ないものであった。氏が戸籍の編成基準として重要な役割を果たしている事情は今日でも変わらない。このような伝統の残滓が社会の意識にある限り、氏の制度の改革には、それなりの心理的な抵抗があり得ることを、予め了解しておく必要がある。

4　「家」制度の廃止と氏

右に述べたような、家父長的集団主義の象徴であったわが国の氏が、より近代的な婚姻家族の呼称として定着するためには、「家」の廃止というかたちでの根本的な民法の変革を要したのであり、それを実現させたのが昭和二一年に成立した日本国憲法であった。民主主義を実現するための新憲法が家父長的な「家」制度と抵触することは自明であり、明治民法の第四編、五編は昭和二二年に全面的な改正を経て、新しい家族法が誕生した。(4)それは、個人の尊厳と両性の本質的平等をうたった憲法二四条の具体化であり、憲法一三条、一四条が標榜する個人主義と法の下の平等という路線に沿った改革でもあった。その結果、「家」とともに、戸主権、家督相続、隠居制度などが民法から消去され、夫婦と未成年の子を中心とする近代家族としての家庭が、家族法の基本的な単位となったのである。

それから七〇年に及ぶ歳月を経た今日、現行民法の示す近代家族の像は、まったく自明のあり方として社会に定着し、さらに現代の家族は単身家族へと解体する様相までも示すようになった。しかし、「家」の消滅に至るまでの変動の歴史には、決して軽んじたり無視したりすることのできない重さがある。実際、戸主や家督相続がなくなった新民法の世界は、当時の市民生活に少なからぬ混乱をもたらしたため、活発な啓蒙活動の展開が不可欠であった。老親の面倒を見るのが家督相続人の長男だけではなく、兄弟姉妹は均分相続の権利を有しているなどは、「家」からの解放に伴う新しい生き方のモラルなしには、受け入れがたいものであったからである。家父長的な大家族制度の消滅は、歴史の流れから見れば必然のものであったけれども、日本の場合は、第二次大戦の敗戦、戦禍と窮乏、占領を伴う戦後の政治体制の混乱などと、期を一にする大きな変革であった。新しい思想と民主主義の法規範が一気に導入されたために、戦後社会の復興は独自の革命的な意義を有したのである。

このような背景の中で、「家」の名前を離れた新しい氏が現行民法の中に制度化された。時代の宿命として、明治民法の刷新を担う役割を負った先達の民法学者は、我妻栄、川島武宜、唄孝一等であったが、「家」の廃止それ自体には特に異論はなく、立法者の間でも既定の方針であったとされている。もちろん、占領政策の指導者であったGHQが民主化に向けて強力なリーダーシップを取ったことはよく知られている。しかし、武士の家族に典型的なかたちで行われ、その影響が必然的に庶民の生活にも及んでいた家父長制家族の実態は、民法の規定に取り込まれる際に、理念型に整理されて規範化されたために、実生活の多様さとは必ずしもよく調和していなかった。つまり、明治民法が当時の家族生活を適切に導いていたとはとても言えない状況があった。一例を挙げれば、家長による戸主権行使の横暴は、しばしばフランス法経由で導入された権利濫用の法理を使って、裁判所によって抑止されており、近い将来における「家」制度の廃止は、すでに自明の方向と見られていたのである。

「家」が取り去られた後の家族法に何が来るべきであったかについては、ドイツ法、フランス法の家族のあり方が参考にされ得たであろう。ドイツ法が婚氏制度によって把握した夫婦の合一体とそれに付属する子という小集団こそが新しい家であり、旧「家」と区別して「家庭」と呼ばれるべき家族法の新単位であった。先にも触れたように、新憲法二四条の路線に沿って、新しい家族のあり方が条文化されたのであり、それは当時の民法学者の叡智を込めた歴史的な事業であった。では、これらの事情と氏はどのような関係にあったであろうか。まず、制度としての「家」がもはや存在しないのであれば、氏は「家」の名であることを止めざるを得ない。その点は自明であった。それならば、新しい「家庭」の名前になるべきであったのか。そのような理解に行くことがむしろ自然であったようにも思われるが、現実にはもう少し複雑な議論がなされている。

問題はとりわけ、明治民法の「家」が戸籍制度と密着した存在であったことと絡んでいる。大家族制度である「家」は、形式的には戸籍簿によって掌握されるようになっており、一人の戸主の下で同一の「家」に帰属する家族員は、一つの戸籍に記入されて、特殊な例外的場合を除いて同じ氏を称することとされていた。したがって、「家」の廃止は当然に戸籍の編成替えを必要としたのであり、現に新しい小家族（家庭）を単位とする二世代戸籍に組みなおされている。しかし、その現行法の下でも、氏が戸籍編成の単位であることには変わりはなく、氏の性質がそのように説かれることがあっても差し支えはないであろう。また、もちろん氏は「家庭」の名であるという理解も示されており、決して間違ってはいない。ただ、法改正の過程では、「家」の解体とともに、家族員はすべてそれぞれ独立した個人となるのであるから、氏は名とともに最も基本的な社会の単位である「個人」の呼称となる、という理論的把握も見られることが注目される。その先にあるのは夫婦別氏に他ならないからである。さらに付け加えるならば、人間がまったく孤立して一人で存在することはあり得ず、生物学的には出生をもたらす親の存在、法的には子に命名し、社会組織に組み入れる役割を果たす親の存在がある。すなわち、親との血統的な繋がりを無視することはできないのであり、氏を純粋に個人の名称とし、夫婦別氏を採用したとしても、氏が親の血統を継ぐものとなることは免れないのが通常である。

5 「家」の名から「個人」の呼称へ

こうして「家」の廃止とともに、家名であった氏を純粋に個人の名称と捉え直し、同時に「家」を編成単位とした戸籍簿に代えて、個人単位の身分登録制度を創設するという考え方が、選択肢として議論の俎上に上ってきた。「家」の解体を徹底させれば次の対応は、理論的にはここに到達するべきことも当時から認識されていた。しかし、伝統に鑑みて、家族をまったく無視した制度には飛躍し難かったであろう。また家族法は、個人だけではなく、家族という集団の存在にも目配りしなければならない課題を担っている。

したがって、氏をどのように把握するかは、立法者が新しい家族をどのように理論構成するかと密接に関連することにもなろう。大家族制度を廃止した立法者が注目したのは、夫婦と未成年の子を単位とする近代家族であったから、「家」の名であった氏がこの新たな「家庭」の名と目されることには必然性がある。他方で、戸籍の編成単位も、旧制度の「家」から「家庭」の実質をなす夫婦と未婚の子の集団に移行し、二世代戸籍の原則が採用された。それとともに、「家庭」の名である氏が同時に「戸籍」の編成単位であるという現象も、旧法以来の伝統を承継するかたちで、今日まで継続されている。

もっとも、民法中に「家」制度に代わる新たな家族の規範を置くことと、戸籍に代わる身分登録制度を個人単位のものとすることは、本来的に両立しないというわけではない。西欧社会の法に親しんだ学者には、個人単位の身分証書制度は比較的身近なものであったとも見られる。しかし、実際に具体化されたのは、「家」制度の延長としての家族単位の身分登録であったし、そこに旧制度以来の原理が再活用されてきたのは、便宜故であることはもちろんであるが、後述するように制度それ自体に長所もあったからである。したがって、現行法の戸籍は、あるべくして作り出された日本法独自の制度であり、背景にはよくも悪くも過去の「家」主義の歴史の影を色濃く残しているのである。氏の制度に関しても例外ではない。後に「家滅びて氏あり」と批判されているとおり、現行法の氏は、旧法下での生活の実態を生かして制度化されているため、これをまさに旧「家」の亡霊と見ることもできるのである。しかし、だからと言って立法者の不手際を責めるのは、見当違いというべきであろう。以下には、現行法の氏の成り立ちを検討しておきたい。

そもそも、法改正とはどのような課題をはたす仕事であろうか。既存の法規と社会の現実に明らかな齟齬が生じるとか、将来のあるべき社会像が明確になった場合に、現状を変えるために、法に必要な手直しを加えることと解してよいであろう。そのような場合には、手がかりとして、諸外国の法のあり方を比較法的に研究した成果や、理論的な考察の成果が参照されるわけである。当然、各種の手段や方向が立法案として用意され得る。重要なことは、そこから何をどのように選ぶかである。仮に理論的にベストと考えられる改正案があり得たとしても、社会の現実によく適応できない法であるならば採用は難しい。人々の現実の生活を動かすのが法であるから、昨日の規範とあまりかけ離れることなく、自然に明日の社会に移行できることが望ましいはずである。その点を考慮するならば、よき改革者はまた、慎重な保守派であることも必要であろうと考えられる。明治民法の改正作業に当たった立法者も、結局はこうした現実主義的な考え方を採ることによって、改革に成功し得たのであった。

戦後の民法改正時においては、「家」制度の廃止そのものは、すでに実社会の中で進行しつつあったのであり、硬直な民法の規定をなくすことに立法担当者も抵抗は少なかった。その後に生じる新しい家族のあり方については、西欧社会の近代家族の法が参考にされ得たであろう。たとえば均分相続は、平等主義の理論から否定しがたい結論であり、実生活において抵抗があっても、貫徹されざるを得なかったであろう。では、氏の問題はどう扱われたのであろうか。後に詳論するように夫婦の氏のあり方は、各国の歴史と思想の違いに応じて多様であり、ドイツ法の夫婦同氏に対してフランス法は夫婦別氏である。アメリカ法では州による違いが見られ、アジアと言っても中国、韓国の別氏制に対して日本は同氏を堅持したのであった。ここから絶対の原則を導くことは難しい。夫婦別氏の方がより基本的であるとしても、これを最善とするだけの根拠は見出し難いといえよう。

こうした状況の中で、実生活の便宜を優先するかたちでの立法が行われた。要するに、従来の氏のあり方をできるだけ維持する保守的な改革が目ざされたのである。同じ「家」に属する者として夫婦は当然同氏であったから、新法もそれを選択した。ここではドイツ法の婚氏制度による夫婦同氏が参照されたに違いない。しかし、ドイツ法の論理は離婚した配偶者が婚氏を失うことはない、というものであったが、日本の場合は、離婚して「家」を出た配偶者がその「家」の名を称し続けることは、社会的に納得されないであろう。離婚復氏は伝統であり、実際、離婚した後には、分籍・独立せずに結婚前の戸籍に戻るケースが多かった。このように新しい家族法の夫婦同氏は、「家」制度の伝統を引きずったものであったが、「家」そのものはなくなったのであるから、これに代わる近代家族、すなわち夫婦と未成年の子で成り立つ小さい家、「家庭」の一体性を示す同氏が制度化されたと考えられる。したがって、子供の氏は必然的に親と同じになる。後に触れるように、夫婦別氏制の下では、子の氏を夫婦のいずれの氏とするかが、重要な問題となる。その議論が不要となる点で、夫婦同氏は簡便であるが、家族集団が家族法の中心となり、個人の自由に対する配慮が難しくなる傾向はあるといえよう。また、伝統に対する人々の記憶と相まって、この「家庭」という小集団が、実は「家」の雰囲気を色濃くとどめていることも否定できないであろう。

6　現行民法の氏の規定

こうして、昭和二二年の民法改正によって、親族編には氏に関する以下の条文が規定され、その後の改正を取り込みつつ、今日まで継続されて現行法となっている。

（夫婦の氏）
民法七五〇条　夫婦は、婚姻の際に定めるところに従い、夫又は妻の氏を称する。

（離婚による復氏等）
民法七六七条　①婚姻によって氏を改めた夫又は妻は、協議上の離婚によって婚姻前の氏に復する。
②前項の規定により婚姻前の氏に復した夫又は妻は、離婚の日から三箇月以内に戸籍法の定めるところにより届け出ることによって、離婚の際に称していた氏を称することができる。（昭和五一年の改正による。）

（離婚による復氏の際の権利の承継）
民法七六九条　①婚姻によって氏を改めた夫又は妻が、第八百九十七条第一項の権利を承継した後、協議上の離婚をしたときは、当事者その他の関係人の協議で、その権利を承継すべき者を定めなければならない。
②前項の協議が調わないとき、又は協議することができないときは、同項の権利を承継すべき者は、

家庭裁判所がこれを定める。

（子の氏）

民法七九〇条　①嫡出である子は、父母の氏を称する。ただし、子の出生前に父母が離婚したときは、離婚の際における父母の氏を称する。

②嫡出でない子は、母の氏を称する。

（子の氏の変更）

民法七九一条　①子が父又は母と氏を異にする場合には、子は、家庭裁判所の許可を得て、戸籍法の定めるところにより届け出ることによって、その父又は母の氏を称することができる。

②父又は母が氏を改めたことにより子が父母と氏を異にする場合には、子は、父母の婚姻中に限り、前項の許可を得ないで、戸籍法の定めるところにより届け出ることによって、その父母の氏を称することができる。（昭和六二年の改正による。）

③子が十五歳未満であるときは、その法定代理人が、これに代わって、前二項の行為をすることができる。

④前三項の規定により氏を改めた未成年の子は、成年に達した時から一年以内に戸籍法の定めるところにより届け出ることによって、従前の氏に復することができる。

（養子の氏）

民法八一〇条　養子は、養親の氏を称する。ただし、婚姻によって氏を改めた者については、婚姻の際に定めた氏を称すべき間は、この限りでない。（昭和六二年の改正による。）

（離縁による復氏等）

民法八一六条　①養子は、離縁によって縁組前の氏に復する。ただし、配偶者とともに養子をした養親の一方のみと離縁した場合は、この限りでない。
②縁組の日から七年を経過した後に前項の規定により縁組前の氏に復した者は、離縁の日から三箇月以内に戸籍法の定めるところにより届け出ることによって、離縁の際に称していた氏を称することができる。（昭和六二年の改正による。）

（離縁による復氏の際の権利の承継）
民法八一七条　第七百六十九条の規定は、離縁について準用する。

（祭祀に関する権利の承継）
民法八九七条　①系譜、祭具及び墳墓の所有権は、前条の規定にかかわらず、慣習に従って祖先の祭祀を主宰すべき者が承継する。ただし、被相続人の指定に従って祖先の祭祀を主宰すべき者があるときは、その者が承継する。
②前項本文において慣習が明らかでないときは、同項の権利を承継すべき者は、家庭裁判所が定める。

7　戸籍法の規定

民法の他に、戸籍法にも氏の変更に関わる重要な規定が見られることを見落とし得ない。氏は伝統的に戸籍の編成単位とされており、同じ氏の者だけが同一の戸籍に記載される。したがって、民法の規定とは別に、単に戸籍の管理上の必要からも、氏に関する規定が必要となり得る。諸般の事情により、氏の変更が必要となる場合には、手続き的な観点からそれが可能とされる場合もある。先にも言及したように、日本人の身分登録は、伝統的に戸籍によって管理されており、「家」制度の廃止によってもこれを改める格別の理由はないとされた。西欧型の個人単位の身分登録に置き換える案が出なかったわけではないが、大家族の「家」に代えて少人数の「家庭」を家族法の単位に置き換えたのが新法の改革であったから、戸籍もその路線に沿って手直しされればよかったのであり、戸籍の編成原理まで変更する必要はなかった。

現行の制度の長所は、単位家族の各自の身分事項を一覧的に把握できることである。戸籍への出入りを追跡することによって、人の身分関係に広範囲の検索機能が発揮されるため、この日本式の戸籍は、外国の身分証書制度などには見られない優れた行政的管理能力を有していると、たびたび指摘されている。家族法の改正、氏の制度の変革を考えるに当たって、このような日本法独自の戸籍制度を維持することは、少なくとも当面は不可欠の前提と見ておかなければならない。戸籍制度の一般論については、後にもう一度触れることになろうが、当面ここで取り上げる氏の制度との関係では、次の規定が重要な意義をもっていることを確認しておきたい。

戸籍法一〇七条〔氏の変更〕

①やむを得ない事由によって氏を変更しようとするときは、戸籍の筆頭に記載した者及びその配偶者は、家庭裁判所の許可を得て、その旨を届け出なければならない。

②外国人と婚姻をした者がその氏を配偶者の称している氏に変更しようとするときは、その者は、その婚姻の日から六箇月以内に限り、家庭裁判所の許可を得ないで、その旨を届け出ることができる。

③前項の規定によって氏を変更した者が離婚、婚姻の取消し又は配偶者の死亡の日以後にその氏を変更の際に称していた氏に変更しようとするときは、その者は、その日から三箇月以内に限り、家庭裁判所の許可を得ないで、その旨を届け出ることができる。

④第一項の規定は、父又は母が外国人である者（戸籍の筆頭に記載した者又はその配偶者を除く。）でその氏をその父又は母の称している氏に変更しようとするものに準用する。

氏の取得変更の原則を規定しているのは民法であり、戸籍法は身分登録の届出を取り扱う手続法にすぎないけれども、前述したように戸籍編成の原理が氏を中心とするものであるため、戸籍法には氏に関する規定が他にもたびたび登場する。たとえば、戸籍に氏名を記入する順序について、戸籍法一四条一項は、「夫婦が、夫の氏を称するときは夫、妻の氏を称するときは妻」「配偶者」「子」の順序によるとし、二項は、「子の間では、出生の前後による。」としている。子については以下の規定が見られる。すなわち、戸籍法一八条一項、「父母の氏を称する子は、父母の戸籍に入る。」、同二項、「前項の場合を除く外、父の氏を称する子は、父の戸籍に入り、母の氏を称する子は、母の戸籍に入る。」、同三項は、「養子は、養親の戸籍に入る。」となる。戸籍の編成単位は、父母と未婚の子から成る小家族であり、その二世代集団を一つの氏によって纏めることが、戸籍編成の基本である。

こうして、氏は戸籍の出入りに重要な基準をなしていることが分かる。この結果として、戸籍編成の実務の上からは、鈴木と鈴木のように同じ呼称の氏であっても、戸籍が別であれば氏は異なると解されることになり、そこから「氏の同一性」という不必要に煩雑な議論も生じている。この点は、呼称上の氏について言及する際に改めて触れたい。

8　現行法の氏の特徴

このように条文を列挙した上で、戸籍法を含めた現行の氏の規定から、日本法の氏に対する考え方を整理してみると、重要なポイントを以下のようにまとめることができるであろう。

何よりも、現行の氏の制度は、「家」の名であった伝統を背景に、旧制度の下での氏の取得変更のあり方を、そのまま承継しているという前提がある。新憲法と相容れない非民主的な「家」制度の廃止こそが、新しい家族法の課題であったから、このような法改正のスタンスについては、「家滅びて氏あり」という表現で、改正当時にも厳しい批判がなされた。しかし、市民の実生活から乖離した新しい法を強行するには、余程の強力な説得力と強制力を示さなければならない。無理や無駄は回避すべきであろう。「家」制度は確かに不適切な要素を含んでいたけれども、その中に見られた家族生活の倫理には、尊重されてよいものもあったはずである。また「家」の不都合な実態は廃棄され、残された氏はもはやその形骸にすぎない。氏に関する立法が、過去の実生活に妥協するところに活路を見出したのは、立法者の叡智であったと評価してもよいであろう。民法改正のリーダーであった我妻栄は、「立法は妥協である。」と述べている。このことの延長として、旧制度時代と同様に、わが国の氏は今日でも戸籍と密着し、戸籍の編成基準として特殊な機能を果たしていることが、もう一つの重要な特徴となる。

問題の中心である民法七五〇条については、夫婦同氏が「家」への出入りという考え方を背景とするために、同氏の理論的な根拠が、慣習という以上には明確にされていない。後述するようにドイツ法は、婚氏という理念によって夫婦の一体性を表現する趣旨で、夫婦同氏制を採用した。そのために離婚した配偶者も当然に婚氏を継続できるとしており、氏に対する当事者の権利性が強調されている。大家族制度であった「家」を背景とするわが国の夫婦同氏は、民法七六二条一項が規定するように、離婚復氏を原則とすることによって、氏の血統性にも配慮した柔軟なものとなったと見てよいであろう。その現実的な不都合を後から救済したのが、上記の民法七六七条二項であり、ドイツ法のような婚氏への権利が導入されることになった。

子の氏はどうであろうか。子が出生時に親の氏を取得して親子同氏が実現することは、夫婦同氏を採用する以上問題のない結論となる。したがって、氏には、親の生物学的資質と同様に、親から子に伝達されるべき一要素になるという特質が見られる、と言えよう。非嫡出子が母の氏を承継することは、世界共通の現象であり、母子関係の生物学的緊密性の故である。子の氏に関しては、民法七九一条が日本的な特徴を示している。主として共同生活をする親子のために、子が父母と氏を異にする場合には、子の氏の変更を柔軟に認めて、同氏による家族生活ないし家族関係の円満に配慮していることである。

フランス法には氏不変の原則という考え方が見られることはすでに触れた。社会の安定や行政の便宜という観点からは、氏名の変更が容易になされないことが望ましく、この考え方からも夫婦別氏は導かれ得る。しかし、日本民法が条文で確認したのは、伝統に従い、氏を中心とする親子集団の家族生活を尊重することであり、そのために子の氏の変更をきわめて柔軟に認めた点が注目される。変更は、家庭裁判所の許可を得て行う場合と、単に届出だけで変更できる場合とがあり、前者は新たに同氏の親子が誕生する場合、後者はもともと同氏の親子について氏の変更があった場合の手続き的な対応である。ここからは、政策的に方針が確定されさえすれば、氏を変更することは必ずしもタブーではなく、日本法はむしろ柔軟な氏の変更へと道を開くための先例を持っていると確認することができる。先に取り上げた戸籍法一〇七条は、まさにこの考え方を拡張して一般的な氏の変更に応用したものといえる。養子の氏については、嫡出子の氏の考え方、婚姻と離婚の場合の氏の考え方に準じることができるので、ここではあまり立ち入らないことにする(5)。

最後に、系図、墓、仏壇等の祭祀財産は、慣習に従って相続されるとする民法八九七条一項に触れておく必要があろう。直接氏とは関係のない規定でありながら、それが微妙に氏の変更に影響を及ぼすのは、慣習が、家の氏を名乗る者に祭祀財産を受け継がせることを求めるからである。同条は、祭祀財産の相続に関する規定であるけれども、この条文こそは、先祖の祭りを尊び、「家」の承継を重視した旧法の伝統の生き残りである。墳墓について所有権を有し、祖先の祭祀を主宰する者は、慣習に従えばまさに「跡取り」であり、その「家」の氏を称する者であることが期待されるであろう。したがって、結婚して妻の氏を称した夫が、妻の出自にかかる祭祀の主宰者となることは自然であるけれども、離婚後にもこれが継続されることは慣習に反するはずである。しかし、裁判例には、祭祀の承継のために氏の変更の許可を求める申立てがかなり散見されるが、ほとんど棄却されている。氏を異にする者が祭祀を行っても差し支えない、とするのが裁判所の建前とされるからである(6)。ここには建前論と現実との齟齬が見られる。

もちろん、上述の場合の夫については、望むならば民法七六七条二項によって離婚前の氏を継続する道が開かれている。しかし、これは言うまでもなく夫自身の個人的な必要のためであり、離婚復氏を回避したからといって、離婚前の身分関係が復活するわけではない。離婚後は、一度は復氏するのが民法七六七条一項の規定であるから、夫の身分上の氏はもはや旧に戻ることはない。離婚により戸籍の変更がなされることは、すなわち民法上の氏の変更を意味する。ただ、戸籍法は便宜的、例外的な氏の変更を認めるので、これを望む場合には、身分関係の変更とは別に旧氏の継続が認められ、呼称だけが離婚前の氏に変わると考えるのである。戸籍法のこの対応は、学説、実務によって特別に、呼称上の氏の変更と位置づけられている。この辺りが、日本法における氏の議論の最も分かり難い特殊な部分である。もう少し立ち入った説明が必要ではなかろうか。

9　民法上の氏と呼称上の氏

民法上の氏とは戸籍の編成単位となっている氏を指し、呼称上の氏とは通常の呼び方に従った氏の区別を指す。呼称としては同じである鈴木の氏であっても、法律上は、戸籍が別であれば民法上の氏が異なるとされる。氏の同一性という議論がここに生じ、同じ戸籍に入れるかどうかをめぐって氏の異同が常に検討される。このような考え方は、氏と戸籍と家族としての身分関係とが密着していた明治民法の伝統が生き残っているだけで、区別することにそれほど重要な意義があるわけではない(7)。しかし、同じ鈴木という姓を持つ男女であっても、民法七五〇条によって婚姻をする場合には、どちらの氏により同氏となるのかを決めなければならず、それは戸籍編成の必要上からである。夫の氏を称してもよいとした妻は、結婚後もその氏には何も変化は生じなくても、戸籍編成に際して夫が筆頭者となることにより、妻は夫の氏を称したことになる。これが民法上の氏の変更である。これに対して戸籍の編成に関わりなく氏が変わる場合は、呼称上の氏の変更となる。実際に氏の異同が問題となるのは、まさに呼称如何のレベルにおいてであるのに、こちらはより重要性が低いと見られており、それは戸籍の異同が重視されるためである。

とりわけ看過できないのは、戸籍筆頭者の制度である。夫婦の戸籍の最初に名前を出す筆頭者は、理論的にはくじ引きとか旧姓の五十音順などであってもまったく差し支えない。にもかかわらず、これを氏の変更にかからせたため、現行の戸籍法は旧「家」制度の考え方を無用に引きずっている。たとえば、民法七五〇条は、夫婦の氏の選択については完全に男女を平等に扱う規定であるから、憲法二四条にも違反しないとしばしば論じられている。しかし、多くの場合、妻の氏を称する婚姻は、旧来の入夫婚姻（婿入り婚）と見られてきたのが実際のところであった。形式的には、この戸籍筆頭者の制度だけがそのような考え方を正当化するにすぎないのであるが。立法の手抜きの結果とも言えるこの形式の残存は、慣習を生きている国民の旧時代の意識と微妙に平仄を合わせて、氏を「家」の亡霊としてきたと考えられる。

このように、日本法の氏を論じる場合には、その背景にある「家」制度と戸籍のむすびつきの伝統を顧みないわけには行かない。将来的には、伝統的な戸籍実務を離れて、氏の変更を、純粋に呼称の面からだけ議論できるようにすることが必要と考えられるが、当面は、戸籍実務に混乱をもたらさないことも不可欠である。そこで、戸籍制度の歴史の概略を辿っておくことも有意義であろう。

10　戸籍制度の歴史

戸籍制度は大まかに言えば政治の歴史と同じくらい古いものであり、日本では、律令制を取り入れた大化の改新よりさらに古くに遡るようである(8)。もとより、中国文化の影響の下で形成されたと考えられるが、当初は限られた行政区域を単位とするものであった。全国的な戸籍制度のはじまりは、明治四年の太政官布告によって公布された戸籍法によるとされる。壬申戸籍と呼ばれるこの旧戸籍法は、その編成のスタイルがまさに「家」制度そのものであり、戸主を筆頭に、尊属、戸主配偶者、卑属、その配偶者、兄弟姉妹、その他の傍系親族の順に記入されていた。戸籍は行政単位である戸長の管理下にあり、届出義務を通して、戸主は家族員の行動に対する統制権を持ったため、それが明治民法七四九条、七五〇条に見られる戸主の居所指定権や家族員の身分行為に対する同意権へと発展したことは自然であった。

このように、明治民法の家族法の基礎は、形式的にはこの戸籍制度にあったことを知ることができる。民衆の家族生活は戸籍法の支配を受けながら、他方で、理念として明治民法が目ざした武家の家族道徳をいわば指導原理としつつ、独自の日本的な家族文化を形成したと考えられる。もちろん、民法典の理念であった「家」制度と市民の実際の家族生活との間には齟齬も生じており、一般的には親子の自然な絆や人情が人々を動かしていたであろう。そうであればこそ、戦後の民法改正に際しては、立法者は「家」制度を廃止することをためらう必要がなかった。

しかし、このように長い伝統となってきた戸籍と民法上の家族との結びつきは、新民法が「家」を廃止した後も、慣習あるいは習俗というかたちで、日本人の家族関係に影響を及ぼし続けてきた。制度的には、先にも見たように、戸籍の編成原理が「家」制度の形骸を引きずっていることが大きいけれども、その下で培われた長年の思考形式は、人々の意識に深く根づいて実生活を左右する。個人単位の身分登録制度を導入した上で、家族の再編を図るのでなければ、そのような「家」の残滓との決別は難しかったであろう。しかし、それが実現可能であったとしても、斬新な変革を選択しなかったことは、立法者の叡智であったとここでは見てきた。恐らく完全な制度というものはないはずであり、進歩は漸進的でよいのである。このように考えて、昭和二二年の家族法改正を積極的に評価し、新法が果してきた役割は、すでに現代家族の中に十分根づいて、新たな展開を求めていることを確認したい。

夫婦別氏の問題に立ち戻るならば、これまで見てきたような背景の中で、日本社会はとりわけ、家族が一つの氏にまとまって親密に生活するというかたちに意義を見出してきたこと、それが強固な伝統となっていることに注目しなければならない。法の上でも実生活においても、夫婦と未成年の親子を中心とする近代家族への解体は進み、その先にある個の時代へと家族は崩壊して行くかもしれない。しかし、そのような家族の現状にあっても「家」的な生活意識は存続し得る。今日でもなお、妻の氏を名乗る入夫婚姻はあり得るし、後継ぎのない「家」の消滅もある。人々の意識と言葉がそれらを生みだすのである。課題は、このような伝統社会の中で、いかなる理念によって別氏制を導入するのかである。その核心の議論に立ち入る前に、世界の家族と法を広く概観し、同じ問題がどのように解決されてきたかを検討しておく必要があろう。

(1) 一八九八年成立の現行民法の前には、ボアソナードの起草による民法典が別にあり旧民法と呼ばれたため、それと区別する趣旨で、昭和二二年の改正前の家族法は明治民法と呼ばれている。

(2) 初期の明治政府は、妻は「所生の氏」を称することが古来からの慣行にも適うと解したが、庶民の生活の実態はむしろ夫婦同氏の意識に近いものがあったとされる。井戸田博史・「家」に探る苗字となまえ（第一章註(2)に既出）一五二頁以下参照。

(3) ボアソナードやフランス法学派の梅謙次郎などは、旧民法を即時施行すべきであるとしたが、イギリス法学派が延期派であり、政治家を巻き込んだ論争の結果、明治二五年の帝国議会で延期が議決された。延期派の学者穂積八束による論文「民法出テ忠孝亡ブ」の影響などもあった。その後、旧民法を修正するかたちで現行民法の編纂が行われた。小柳春一郎「民法典の誕生」広中俊雄＝星野英一編・民法典の百年Ⅰ（有斐閣、一九九八年）一三頁以下参照。

(4) この過程を詳細に研究した書物として、我妻栄編・戦後における民法改正の経過（日本評論社、一九五六年）、和田幹彦・家制度の廃止（信山社、二〇一〇年）等がある。

(5) 配偶者とともにする縁組もあるため、別氏夫婦の縁組においては複雑な面も生じる。後出Ⅱ部の「民法改正要綱試案の問題点」〔本書三五二頁収録〕、「選択的夫婦別氏制とその課題」〔本書四〇二頁収録〕でこの問題に触れている。

（6） 戸籍法一〇七条一項や民法七九一条一項によって家庭裁判所の許可が求められるのであるが、裁判官の寛大な裁量により許可された例も中には見られる。家名承継の目的などでも同様である。能見善久＝加藤新太郎編・判例民法9（第一法規、二〇〇九年）二七八頁参照。

（7） この区別を廃止すべきであるとする学説は多いが、法制度が家族法上の身分と戸籍と氏を密接に関連づけているために、現状では説明の必要上やむを得ないと見られる。

（8） 谷口知平・戸籍法（法律学全集新版）（有斐閣、一九七四年）一頁以下参照。

四　諸外国における夫婦の氏

夫婦別氏が論じられるようになって以来、外国の氏のあり方を比較研究する試みは数多くなされてきた。また、一九九二年に出された家族法改正のための中間報告が、すでに夫婦別氏の実現をも目ざしていたため、法務省による調査資料もあって公開されている。今や少しでも関心を持つならば、世界諸国の夫婦の氏のあり方を一望することは容易である[(1)]。それぞれの国に歴史的事情とそれなりの理論があって、独自の制度形成がなされていると知ることができるであろう。まずは、日本の民法に大きな影響を与えてきたフランス法およびドイツ法のあり方から見て行きたい。

1　フランス法

フランスでは、一八〇四年に立派なナポレオン民法典が成立したけれども、そこには氏に関する規定がほとんど見られず、氏は一般的に慣習法に委ねられているという理解であった。たとえば、嫡出子は父の氏を称するという、最も基本的な原則がそうである。非嫡出子については、古くは父の捜索（認知請求）が禁じられたこともあって、親子関係の確定そのものが困難であった。しかし今日では、出生による子の差別や男女による差別はまったく見られず、氏の伝承、取得のいずれの面でも平等が貫徹されている。民法典の規定によれば、親子関係が確定された場合には、届け出によって、父母の合意により父の氏、母の氏のいずれでも子に伝えることができるし、父母の氏を自由に結合させて伝えることもできる。届け出がなく、戸籍吏が子の氏を決める場合には、先に親子関係の確定した方の氏を与え、同時であった場合には父の氏を与えるとされている(2)。

もちろん、夫婦の氏を含めて、民法典以前にも氏の慣習法は概ね確立していたであろう。ただ、そこにフランス革命という激動の時代が介在したために、フランスの氏には独自のニュアンスが加えられることになった。いわゆる氏不変の原則というものであり、革命期の共和暦二年実月六日の法律と共和暦一一年芽月一一日の法律とがそれを規定している。革命期の混乱の中では、届出だけで自由に氏名変更できるとするデクレも現れたのであるが、取り締まりに困難を生じたことは想像に難くない。共和暦二年実月六日法は、その反動で、氏名変更をした者もすべて旧氏名に復し、出生証書に記載された氏名のみを使用することを厳格に義務づけている。その後、共和暦一一年芽月一一日法は、きわめて厳格な制限を付けながら、法律上の氏の変更に道を開いた。この体制の上に一八〇四年民法典の編纂が行われたのであるから、氏名について民法典が多く触れなかったこともうなずける。

夫婦は、結婚後にも、それぞれの出生証書に記載されている氏名を継続する義務があるわけで、必然的に夫婦別氏が法的な制度ということになった。しかし、フランス革命の国であっても、その背後にはローマの法文化に遡る長い家父長制家族の伝統があるわけで、慣習法は結婚した妻が夫の氏を称することを当然と見ていた。そこで学説は、これを夫の氏の使用権と理論構成し、妻が婚姻前の氏と夫の氏とを併用することは法的にも認められていた。子はもちろん父の氏を取得するとされている。

民法典には夫婦の氏に関する以下のような規定が二つだけ見られる。まず、民法二六四条は、離婚の効果として夫婦各自は、配偶者の氏の使用権を失うという原則を確認している。また、別居の効果に関しては、民法三〇〇条が、夫婦は原則として互いの氏の使用権を失わないとしつつ、夫婦の利益のために必要であれば、判決によってその使用を禁じることができると規定している。これらの条文は、二〇〇四年の法改正によって男女平等のかたちに規定し直されており、夫の氏が優位となる伝統的な慣習法のすがたを窺うことはできない。しかし、改正前の旧規定には、妻の氏の権利を保護する趣旨が明白であった。

フランス法もまた、夫婦の氏に関する男女平等を求めて試行錯誤を重ねてきたのであり、その成果はとりわけ、夫婦の各自が子にその氏を伝える権利を持つと認めた点に顕著である。すなわち、嫡出子は父の氏を称するという慣習法は、伝統として残存する部分も見られはするが、さまざまな局面で、子が父母の氏をできるだけ自由かつ平等に称することができるような方向に改良が重ねられてきた。この点に関しては、子の氏との関連において改めて触れたい。

夫婦の氏に立ち戻るならば、慣習法では使用権というかたちであれ妻は夫の氏を称するのであって、特に目新しいところはない。一部の地域においては、夫が妻の氏を自己の氏に付加して称する慣習もあるなど、日本法の妻の氏を名乗る婚姻に通じるような側面も見られる。しかし、この背後には、前述した革命期の氏不変の原則が生きており、結果としてフランス法の下での妻は、正規の自己の氏と慣習法に基づく夫の氏の両者を、使い分ける権利が認められたことになる。そうであれば、重要な契約書などに妻が出生証書の固有の氏で署名し、必要に応じてこの氏で独自の職業活動を営むことなどに障害はない。フランスの社会とて、実質的には夫婦同氏が一般的であったと言ってもよいであろうが、ただ、時代の流れとともに一度夫婦別氏の要請が生じた際には、革命期の個人主義の伝統が、新しい方向への道を容易に開く結果となったのである。氏そのものは本来柔軟な性質のものであり、同氏であろうと別氏であろうと、両者の併用であろうと、社会がそれを納得して制度と認めるのであれば許容される。こうでなければならない、という絶対のルールはないのである。

2　ドイツ法

ドイツの氏はどうであろうか。同じヨーロッパで隣り合う独仏の大国は、独自の法文化によって、それぞれが日本の近代法の形成に深い影響を及ぼしてきた。日本の民法典もフランスのナポレオン法典を承継しながら、他方で、それより一世紀後に成立しているドイツ民法典（ＢＧＢ）の草案に倣って編纂されており、独仏法混淆の産物となっている。法の世界のみならず、文化の各領域においても、フランスとドイツが独自の個性を展開していることは周知のところである。しかし、法の歴史から見れば、どちらも古代ローマ法、ゲルマン法の影響下にあって、必要に応じてそれらの法技術を吸収しつつ、同じような課題を克服してきたのだと言えるであろう。家族に関して言えば、家長の家権力と夫の夫権に特徴づけられる家父長的家族からの解放が一貫して目ざされてきた。

すなわち、ドイツ法においても、民法典の成立期には、妻が夫の氏を取得するという慣習法は確立されており、制定当時のドイツ民法典一三五五条はこれを、「妻は夫の家族氏（Familienname）を取得する。」というかたちで条文化している。妻が自己の婚姻前の氏を夫の氏に付加して二重氏を名乗ることを許すかどうかも検討されており、当初の立法では実現しなかったこの解決は、後に妻の氏の権利の尊重として規定に書き加えられた。西欧の二重氏は、男女平等を実現するための必須の手段として、早くから活発に利用されている。とりわけ、夫婦それぞれの氏を子に伝える権利という側面では、子が二重氏のかたちで父母の氏のいずれをも使用できるとすることがドイツ法、フランス法に共通の解決となっている。二重氏は、ヨーロッパの氏に固有の便宜的な対応であるが、その使われ方が、氏に対する今日的な要請をよく反映していることは興味深い。

さて、ドイツ民法一三五五条は、後に一九五七年六月一八日の男女同権法が制定されると、平等の実現のために、根本的な改革が求められることになり、徹底した検討が試みられた。しかし、当初の改正は、夫の氏を家族氏とする原則は維持しつつ、妻が戸籍吏に意思表示することによって、自己の出生氏を夫の氏に付加することができる、とするに留まった。一九七〇年代になると、西欧社会に家族法現代化の潮流が顕著となり、その流れの中でドイツ法のこの規定は、一九七六年に再び改正されている。新たな民法一三五五条は、まず一項において「夫婦は共通の婚氏(Ehename)を称する」とし、伝統的な夫婦同氏をここでも維持した。ただし、家族氏という用語を止めて、婚氏という言葉に置き換え、妻の氏も婚氏になり得るとした点が注目される。ドイツ法の夫婦同氏は、婚姻共同体の一体性という理論に基づいており、それ故の「婚氏」という用語ではあるけれども、背景には家父長制家族の歴史があることは否定できない。ただ、婚姻によって取得された氏は、配偶者に認められた当然の権利であるから、離婚によって奪われることはない。離婚復氏を求めないところにドイツ法の考え方の理論的一貫性がある。次いで民法一三五五条二項は、夫婦は婚姻の際の意思表示により、「夫又は妻の出生氏を婚氏として決定する」として、夫の氏の優越を少なくとも理論的に否定した。

立法時の規定は、男女同権法との抵触を到底免れないものであったが、一九七六年の改正によっても、「決定がなされない場合には夫の氏が婚氏である」という例外的措置は依然として条文中に残されており、憲法違反という批判の焦点となっていた(3)。しかし、一九九三年の法改正は、ついに「夫婦が婚氏を定めない場合は、各自が自己の出生氏を名乗る」ものとし、夫婦別氏の導入に踏み切っている。長い固定観念に基づいた伝統を払拭することが、如何に難しいかを知らしめられるのであるが、それを克服して行こうとする強い意思に、法に対する敬意を汲み取ることができるであろう。

3　フランス法・ドイツ法における子の氏

夫婦の氏は、それと密接に絡む子の氏の取得変更の問題を抜きには語れない。要するに家庭における夫婦、親子は一体であり、それを通して現代家族の氏の姿はどうあるべきかが、最終的な検討課題になるからである。フランス法は前述したように、「嫡出子は父の氏を称する」という原則によって、父の優位を氏の伝統としており、その克服に長い時間を必要とした。他方では、氏の個人主義を貫徹することにより、夫婦別氏を許容している。そこでは一つの氏による家族のまとまりという形式的基盤が欠けており、これが革命の遺産であることは先にも触れた。したがって、フランス法の氏においては、団体性よりもむしろ伝承性がより重要ということになるが、そのような前提にもかかわらず、可能な限りで家族の氏の統一への配慮はなされている。

　氏はもちろん人の呼称であることが第一の機能であるけれども、加えて伝承により血統を示すという要素もあることを見落とし得ない。そこでフランス法では、自己の氏を子に伝える権利というレベルで、平等の問題がシビアに論じられることになった。夫婦財産制に平等を持ち込むための法律であった一九八五年一二月二三日の法律は、四三条で子の氏にも言及しており、何人も父母の氏で、自己に伝承されなかったものを、使用権に基づいて正規の氏に付加することができる、と規定している。もちろんこの時期には、嫡出子に母の氏が付加されることが通常であったであろう。しかし、まず通姓に近いかたちの二重氏の導入によって、平等への最大の配慮がなされたことになる。

　この先には、父母の氏が平等に子に伝えられるものとなる改革が必須であった。その立法案の検討は、二〇〇一年二月八日の国民議会で取り上げられ、翌年正式に民法典の規定となり、さらに二度の改良を経た。現行法である民法三一一－二一条の規定は、法的な親子関係成立の先後を基準とし、最初に親子関係の確定した親の氏を採るとしたが、通常の嫡出子に関しては、父母のいずれかの氏あるいは二つを結合した二重氏のいずれを子に取得させるかにつき、父母が合意で決めるとした。合意がなされず、親子関係の確定も同時である場合には、子は父の氏を採るとされ、慣習法の伝統がわずかに残されていることも興味深い。

　また、子はすべて同じ氏を称するとされており、二重氏を称する親は、いずれの氏がその次の世代に承継されるべきかを届け出ることができる。二重氏をそのまま子に伝えて行けば、氏は限りなく長くなって行かざるを得ない。二重氏は伝統的な氏の美学に反するとの批判があることは注目しておくべきであろう。その氏の美学は、男女平等の原則の前に譲歩しているのが、フランス法の現状と見ることができる。

ドイツ法では、夫婦の婚氏が子の氏となることは、当然の結論である。機能の面から言えば、一つの氏の下での家族の和合を目ざすことができ、そのこと自体に異論はないであろう。あえて付け加えれば、氏は帰属のシンボルとなる故に、子は親の氏を称するという説明にもなるはずである。この限りで、ドイツ法の夫婦同氏、親子同氏には、わが国の現状とも重なるものがある。ただし、ドイツ法の婚氏は、夫婦のどちらかの氏というよりも、婚姻によって新たに設定された夫婦の氏という論理であり、これを解体して夫婦別氏を導くことには抵抗が大きいはずであるが、婚氏の克服は不可避であった。夫婦が婚氏の決定を望まず、婚姻後も各自の出生氏を称する場合に、子の氏をどうするかは、いわば二次的な問題である。

結論から見れば、別氏夫婦の子の氏は、フランス法における解決と大差はない。夫の氏、妻の氏　夫婦の二重氏のいずれかを、夫婦の合意によって自由に選択させることになる。既存の制度に従うかわりに、当事者である夫婦の意思決定が重要な役割を果たすのであり、家族ないし社会の単位としての個人がクローズアップされる。家族法の将来は、このように様々な場面において、個人の意思に密接に寄り添って行く方向にあると見るべきであろう。なお、理論志向のドイツ法であれば、このような制度決定がなされるに当たっては、きわめて多彩かつ緻密な議論が展開されており、多くの文献にその紹介が見られる(4)。

こうして独仏の家族法における氏の扱いを概観してみると、全体の様相は、必ずしも日本法と大きく異なるものではない。夫婦同氏による一体性への希求はいずれにもあり、加えて子の氏を親子同氏とすることによって帰属の表象が図られ、同時に家族の統一という象徴性も期待されていることがわかる。そのような枠組みは、人間性に基づく要請として、どの国にも共通のものが認められるようである。しかし、氏にはまた国家社会と結びついた公共的な要素もあり、そこには国や民族の歴史が介入することになる。氏のあり方が細部において多様性を示すのはそのためである。そうした中で、氏における男女の平等、自己の氏の継続を望む個人の自由と人格の尊重は、抑えることのできない人間社会の潮流となった。各国はそれぞれの法的理論の枠組みの中で、試行錯誤を繰り返しながら、新たな制度作りに模索を続けてきたと見ることができる。

独仏法の展開が示すところは、概ね世界的な潮流と捉えても差し支えないであろうが、なお西欧の他の国々の事情も概観しておきたい。先にも取り上げたように、わが国でも、夫婦別氏を含めた家族法改正の要綱が一九九六年に出されているため、その準備として諸外国の夫婦の氏のあり方については、法務省からも詳細な調査結果が発表されている。比較法という学問的な見地から考えると、国による違いをもっと系統的に解明し、有意義な理論を引き出すことができればと期待されるのであるが、当面は平面的な例示が見られるだけの状況である。それでもなるべくグループ分けしながら、各国の特徴を掴んでおくことにしたい。ただし、資料として必ずしも最新の文献に接しえないため、ごく大まかに基本的な特徴を把握するのみである。

4　他のヨーロッパ法

まず、歴史の古いイギリス法である。ここでは、伝統的に氏に関する法律の規定がないため、同氏も別氏も夫婦の氏を合わせた複合氏も自由に行われるとされる。そもそも、コモン・ローと呼ばれるイギリスの慣習法では、氏の使用を個人の自由に委ねるのが伝統であり、フランス法の氏不変の原則のような考え方はなく、詐害の意図がない限り、自己の氏名を自由に変更できるとされてきた。したがって、夫婦別姓の当否という問題はそもそも起こり得ないようでもあるが、そのような社会でも普遍的な人間性の発露は見られ、一般には妻が夫の氏を名乗ることが広く行われているようである。ただ、それが法的な強制ではないのであれば、別氏の必要性が感じられた場合には、自由に希望の方向に赴くことができるのであり、社会的にも自然にそれが受容されると見ることができる。

イギリス法が持ち込まれているアメリカの各州においても、大体は同じ傾向が見られるようである。すなわち、州による相違はあるとしても、基本的には婚姻による法律上の氏の変更はなく、イギリスと同様に、同氏、別氏、複合氏が任意に行われていると見得る。スウェーデン、デンマークも法改正により同様の状況となっているようである。

氏に対する規制が比較的強いと見られる国もあり、たとえばオーストリア法では、夫の氏の優先が生きており、夫婦のいずれの氏でもよいが夫婦同氏は原則とされていて、決定がなければ夫の氏による同氏となる。この場合にも自己の氏を後置して二重氏とする余地はある。隣国ドイツの影響が強いと解すれば容易に納得できるところである。オランダ法もこれに近い考え方であり、同じくドイツ法圏と見ることができる。スイスも夫の氏の優先と同氏の原則を採る点でドイツ式である。ただし、これらドイツ系の三国についても、二〇一三年まではすべてが夫婦別姓を認める法改正を行っている。

これに対して、スペイン、イタリアなどはフランスと同じラテン系の国であって、どちらも共に別氏が基本とされている。スペインでは、名に加えて父方および母方の祖父の姓、場合により祖母の姓をも氏として名乗るようであり、必然的に別氏となる。ポルトガルもこれに準じるようである。イタリアも別氏が基本であるが、必ずしもフランス法の影響ということではなく、血統や出自を大切にする文化の下では別氏が中心に据えられるためと見るべきであろう。これらの国々でも、もちろん妻が夫の氏を付加するかたちで二重氏を名乗ることは広く行われており、西欧の氏の形態からそれが容易に実行され得るために、この特徴あるスタイルが広がることは自然と考えられる。

スラブ圏という独自の文化も存在する。ロシアやポーランドの氏名は、名と氏の間に父親の名から導かれる父称という中間名が置かれ、独特のかたちを示している。血統を重視する命名法と言えようが、そのために中間名が機能する結果として、夫婦の氏そのものは同氏に傾くと見受けられる。もちろん近代の一時期に同氏が一般性を持ったことは人間社会に共通の現象であり、その後現代社会は別氏制の受容へと進んだのであった。今日のロシア法、ポーランド法はいずれも、夫婦同氏、別氏、複合氏の自由な選択を認めている。旧ソヴィエト連邦に典型的に見られるように、社会主義国家であった諸国では、革命志向の結果、伝統に捉われない大胆な法改正が容易に行われ得たという事情がある。これらの諸国がそのよい面を引き継いで、氏における自由主義を維持していることは当然の成り行きと言えよう。

ここに概観した西欧法の氏に見られる大きな特徴は、ハイフンによる結合によって二重氏が容易に形成され得ることであり、氏に関する法制の間隙を調整する機能を果たしていることである。ただ、子に氏を伝えるに際しては、二重氏の自由な伝承を認めると、限りなく長い氏が出現するために、コントロールが必要となる。そのため、本来の氏に付加された氏は法的効果の弱い暫定的な役割を果たすだけとならざるを得ない。

5　中国法と韓国法

アジア法として最初に注目すべきであるのは、中国法およびそれと系統を同じくする台湾法であって、言うまでもなく、それが日本法に及ぼしてきた歴史的な事情による。また、韓国法は隣国として緊密な文化的連帯をもちながら、最近の法改正によって、独自に大胆な家族法改革を推し進めてきた経緯から、日本法が学ぶべきものは多いのではないかと考えられる。まず、これらの国の状況を検討してみよう。

中国法のより古い部分をカヴァーしている台湾法では、現行法は夫婦同氏、別氏の自由な選択を認めているけれども、伝統的には別氏であったとされる。結婚して改氏することは親に対する不敬と見られたからとされるが、氏の血統性が尊重される社会であったことが分かる。そうした状況の下では、たとえ夫の氏を称したとしても、夫婦同氏になること自体が、近代家族にウエイトが置かれているだけに、より近代的であるとも言えるであろう。また中国法には、香港や台湾で二〇世紀後半まで広く行われていたとされる、冠姓という形式が見られる。つまりハイフンのない二重氏であり、氏が一つの文字でできている国では、受容され易いことは理解できる。その場合の付加された冠となる氏については、西欧法の付加氏（二重氏）と同じ考え方を当てはめることができそうである。しかし、台湾法では一九八五年民法において冠姓が義務づけられたとされており、独仏法などとは必ずしも一様ではない。慣習法に由来する特殊な氏のあり方と位置づけるべきであろう。

社会主義国家となった中国の氏については、先にソヴィエト連邦法で触れたと同様に、大胆な改革志向を看取することができる。その結果、非常に早い時期から、氏における男女の平等が追求され、自己の姓名を使用する権利を尊重するための夫婦別氏が行われるとともに、夫婦同氏や複合氏を使用する権利も合わせて認められてきた。子供の氏は、一九八〇年の婚姻法においては、両親のいずれかの氏を選んで承継させると規定されているが、二〇〇一年の改正では、条文の文言もまったく夫婦平等の表現となった。ただ、それにもかかわらず、漢民族の伝統で、ほとんどの場合に父の氏が使われるとされていることは興味深い。伝統のもたらす感傷や社会的な圧力を、理論によって割り切る強さが、社会主義の政治的な力であると解される。

韓国法はどうであろうか。もとより、中国法の影響下にあるという意味では、日本法と同様の枠組みの中にあると言えよう。しかし、韓国の家族法は、儒教文化の深い影響の下で、朝鮮法の独自性が生み出した独特の古い伝統的要素とともに成り立っている。それらを克服しつつ、家族の現代的な課題に応えて改革を進めている韓国法のあり様は、日韓の国民性の相違をも浮き彫りにするようなところがあり、きわめて興味深い。

夫婦の氏に関しては、韓国は伝統的に夫婦別氏である。民法にも戸籍法にも氏の取得変更に関する条文が見られないことは、韓国法が日本の旧制度であった「家」や「戸主」の制度を維持し続けていることに鑑みると、ほとんど理解できない感がある(5)。出生や婚姻、離婚等の届出については、当然氏名の記載が必要であるが、韓国法は姓名としており、あらゆる届出において当事者の姓名の記載だけが求められている。すなわち、韓国の家は日本のそれのように「家の名」を持たないのである。それは何よりも韓国が血統を重んじる伝統に支配されていることから来ると考えられ、法的にも氏に当たる「姓」の上により大きな「本」と呼ばれる血族集団が想定されている。そこから同姓同本の者同士は婚姻できないというような習俗が生まれ、民法に規定されるまでに強い社会的規範となっている事情があった。言うならば、韓国は完全な血統社会であり、そこから出生時に取得した氏が終生変わらないという、氏不変の原則が行われていることになる。

したがって、夫婦の氏の問題に関する限り、韓国法には日本におけるような立法的課題はないと言えるのであるが、同じ制度が別の桎梏を生み出して、韓国社会の民主化の障害となっていた。それが同姓同本婚姻禁止の原則であり、近親婚を禁止する中国の伝統に遡るとされる。倫理的、優生学的に近親婚が回避されることは普遍的な人間社会の法であるから、同姓者が集団をなして居住した古い時代にはそれなりの妥当性があった。しかし、人口が増大し、人の移動が激しい現代社会においては、この同姓同本は歴史を背景とした単なる観念として、婚姻の自由を不当に束縛する桎梏となる。改正前の韓国民法八〇九条は、「同姓同本である血族の間では婚姻をすることができない（一項）。男系血族の配偶者、夫の血族及びその他八親等以内の姻戚である者、又はこのような姻戚であった者の間では婚姻をすることができない（二項）。」という規定であり、血統が尊重される社会の典型であることがよく分かる。これを廃止する、と言わないまでも、合理的な範囲に制限することは、韓国法の大きな課題であったけれども、儒教社会の伝統を維持しようとする守旧派の勢力もあり、日本法の夫婦別氏に匹敵するような論争の展開が不可避であった。

すなわち、禁婚の範囲があまりに広すぎることと、二項の適用対象が男系血族に限られていることの不平等が問題となるのであり、一九九七年七月六日の憲法裁判所の決定は、最終的にこの規定が憲法違反であるとして、無効と確認した。韓国法はその後、二〇〇五年三月三一日の民法改正によって、この違憲条文を次のように改めている。すなわち、八〇九条一項は、「八親等以内の血族（親養子の縁組前の血族を含む）の間では、婚姻をすることができない。」とされ、禁婚の範囲が制限された。また、二項の近親婚禁止規定も父系血族と母系血族を区別しないかたちとなった。(6)

6 その他のアジア法

法務省の資料からは、中東、東、東南アジア諸国の氏の状況も窺うことができる。たとえば、トルコは夫婦同氏の国であったけれども、二〇〇一年の法改正により、女性の複合氏や別氏が認められるようになった。サウジアラビアでは氏による出自の確認が重視され、氏不変の原則が厳格に行われているとされる。結婚は言うまでもなく、養子縁組によっても氏の変更は生じない。子は父の氏を称する原則であり、男女平等の観点から、ここには今後の課題が残されていると言えよう。父系名を名乗るとされるベトナムもこれに近い状況である。インド、フィリピン、タイなどは夫婦同氏の国と見られる。しかし、フィリピン語では西欧的な複合氏が可能であるため、女性は旧姓をミドルネームとするようである。インドの氏は地域や文化による多様性が大きく、法律による統一も見られないとされるが、そこにはイギリス法のコモン・ローの影響も見られるのではなかろうか。夫の氏による夫婦同氏を法定していたタイでは、二〇〇三年に憲法裁判所がこの条文を違憲とし、二年後に法改正が行われたとされる。新法は夫婦が合意によりいずれかの氏を選んで同氏となるとする一方、旧姓による別氏も可としたことが注目される。

こうした状況の中で、夫婦の氏に法改正の手が及ばず、別氏を希望する多くの声があるにもかかわらず、そこへの道がまったく開かれていないのは日本法だけである、という指摘ももちろんなされている。確かに、夫婦別氏の導入については多くの議論がなされてきたけれども、具体的な法改正にはこれまでに見るべき進捗がない。この背景には、当然ながら日本法と日本社会の独自性が深く絡んでいるはずである。日本人は一般的に法を好まない体質であると言われてきた事情や、日本の民法典が条文もかなり簡略で、条数も比較的少ないこと、とりわけ家族間の問題に関しては、法による解決よりも話し合いや合意による方法が選ばれてきたこと、などが想起されるであろう。法は確かにわれわれの得意な分野ではないようである。その上に、現行民法七五〇条の規定に立ち戻って見ると、「夫婦は、婚姻の際に定めるところに従い、夫又は妻の氏を称する。」というのであるから、同氏制ではあるとしても、形式的には男女の平等が貫かれており、簡単に憲法違反とは論じ難い事情もある。

のみならず、別氏の議論が進行してきた最近一〇年の間に、通姓による事実上の夫婦別姓は拡大の一途を辿ってきた。あらゆる職域で、結婚後も氏の変更をせずに働き続けることが、ごく自然に受容されており、結婚式でも、新夫婦がどちらの氏を名乗るのかを明らかにしないことが慣行のようである。また、国立大学教員による旧姓使用の訴訟が導いた裁判所の支援もあって、国の研究費の申請やパスポートの取得に際し旧姓を使用ないし併記し得る等の、重要な政策的変更も生じている。法を好まない日本社会であればこその法外の問題解決であり、その観点から見れば、別姓問題はすでに解消済みとの声さえ聞かれる。

言うまでもなく、だからといって法改正が必要ないということにはならない。アジアの諸国に先駆けて近代民法を成立させ得た歴史に対する面目としても、二一世紀のあるべき夫婦の氏を立法化して、日本法学の存在を示さなければならないであろう。どのような方策でそれを実現できるかは、次章で論じることにしたい。その前に、世界における夫婦の氏の潮流を、ここまで平等に近づけてきた影の推進力として、国連の活動に触れておかなければならない。

7　女子差別撤廃条約と氏

国連は、国連憲章に基づいて平和と民主主義を探求する活動の中で、完全な男女平等を実現することの必要性と重要性に早くから注目しており、一九六七年の国連総会においては、「女子に対する差別の撤廃に関する宣言」が採択されている。その上に立って、経済社会理事会に人権委員会と婦人の地位委員会が設置され、基本的人権の尊重と男女平等の実現を目ざして、調査、啓蒙活動が続けられていた。しかし、目的達成のためには、法的拘束力を伴った、実効性ある対応が不可欠であると考えられるようになり、女子差別撤廃条約が企画された。一九七五年は国連の定めた「国際女性年」に当たり、これを機に、草案の作成、審議が進み、一九七九年の国連総会において条約として採択されている。条約を批准してその傘下に入れば、男女平等の具体的な推進が直ちに求められ、法的な整備もなされなければならない。日本社会や法の状況に鑑みれば、日本政府としては、早急な参加、協力にはためらいもあったけれども、課題そのものは無視できない重要性をもっていた。日本はもちろん条約には賛成、署名しており、一九八五年にはこれを批准して、国内法と同様に誠実に遵守する義務を負うことになった。

一九七二年に成立していた「勤労婦人福祉法」が、この条約の明確な指針の下で、「雇用の分野における男女の均等な機会及び待遇の確保に関する法律」として再出発したことは、センセーショナルな出来事であった。旧法の改正というよりは、実質的な男女平等法の成立に等しい内容のものとなったからである。通称では雇用機会均等法と呼ばれて、この法律は改正を重ねるたびに男女平等の具体化を推し進め、今日ではタクシー運転手や電車の車掌が女性であることに社会が違和感を覚えないような状況を生み出している。国籍法の分野では、父系優先主義から父母両系主義への改正が簡単に実現したのも条約のおかげである。また、小中学校の義務教育課程において、家庭科の履修が男女の区別なく義務づけられたことも、当然のことのように思われるが、女子差別撤廃条約の恩恵と言わざるを得ない。このように本条約は、世界中の批准国の市民社会に対して強力な民主化への指導力をもたらしたのであるから、多くの国々の氏のあり方にも、当然決定的な影響を与えたはずである。これまでに概観してきた世界の氏の革新の背景に、それが窺われると見て差し支えないであろう。

8　日本法の氏と条約

では、日本の氏の問題との関連はどう捉えることができるであろうか。条約は、第一条において、直接と間接を問わず、性に基づくあらゆる区別、排除、制限を差別として禁じ、政治、経済、社会、文化のすべての領域において女性が自由と基本的人権を享受できることを目ざしている。そのために採られるべき手段は、法律、規則、慣習、慣行のすべてを対象として、男女の実質的な平等を実現するために、必要な修正、廃止を求めるものとなっている。そうであれば、現行の民法七五〇条の作り出している現実が、この条約によって差別的と評価されることは免れ得ないであろう(7)。すでに見てきたように、民法七五〇条の規定は、「夫婦は、婚姻の際に定めるところに従い、夫又は妻の氏を称する。」というものであるから、形式的平等は貫かれており、それこそが今日まであらゆる批判に耐えて、この規定が生き延びてきた所以でもある。しかし、現実を見れば、婚姻の際に改姓する女性は九七パーセント以上とされており、社会慣行によって女性が改姓をいわば強いられていることは否めない。

いわゆる「妻の氏を名乗る婚姻」は、日本の伝統によれば「家」の戸主である者、あるいはそのように予定されている者が女性である場合に、男性配偶者の方がその「家」に入るという入夫婚姻であった。例外的なケースであったため、「家」の制約がなくなった状況の下では、むしろ多数者の路線の方に同調者が増えることは理解できる。また、もともと温和な性向の日本人の気質からも、女性がアグレッシブに自己主張して、自己の氏を貫徹しようと意図することは少ないのかもしれない。実際、夫婦別姓の主張は、主としては見識をもった少数派の女性の知的な活動によるものであった。こうした社会的背景の下で、条約一六条が、「婚姻及び家族関係に係るすべての事項について、女子に対する差別を撤廃するためのすべての適当な措置をとるものとす（る）」と明示し、状況の改善を迫っているのである。

そこでは、姓及び職業を選択する権利を含めて、夫及び妻が同一の個人的権利を確保するべきことが強調されており、日本の現実と少なからず抵触することを、日本政府ももちろん認めざるを得ないわけである。もとより、課題は夫婦の氏のみに限られない。すでに最高裁が違憲判決を出している非嫡出子の相続差別の解消は言うまでもなく、再婚禁止期間の廃止または短縮、加えて婚姻年齢を男女等しく一八歳とする改革なども、勧告によって指摘されている必須の改善項目である。非嫡出子の相続差別は、「それ自体が母である女性に対する差別に他ならない」と言われてきたが、前述した最高裁の違憲判決によって法改正への道が完結し、大きな課題の一つが克服された。また再婚禁止期間の規定は、かつては存在意義のあった制度が医学と社会の進歩によって無意味になった例であり、こちらも早急な法改正という対応が望まれている。

このように見れば、一九九六年に法制審議会が家族法改正の要綱をまとめたことは、画期的であるとともに、時宜に適った適切な企画であったと評価することができる。ただ、惜しむらくは時期が少しばかり早過ぎ、またやや性急に過ぎたのではなかろうか。当時の要綱の内容は、学説中心の発想であって、抽象的、論理的な考察の成果がまとめられ、斬新な試案が提示されてはいるが、実社会とのすり合わせが手薄であった。失敗の原因はそこにあったかもしれない。立法は生きている人間社会を動かすものであるから、できるだけ抵抗が少なく、人々が納得してそれに準じて行ける規範が示されなければならないであろう。理念と現実の間にあって、たとえわずかずつの進歩であっても軽んじることなく、忍耐強い対応を試みるプロセスが必要と考えられる。家族法の関係と一口に言っても、これまでに挙げた諸例は、それぞれに背景となる事情を異にしている。同種の改革であっても、必ずしも同時の対応が必然であるわけではなく、一つ一つの実情に合わせた法改正が、個別になされてもよいはずである。

とりわけ夫婦の氏の問題に関しては、これまでに見てきたような、日本ならではの特殊事情が絡んでいるため、別氏制の導入という法改正には、特別の抵抗があると見られる。他方、先の女子差別撤廃条約は、男女の実質的な平等を確保するために、あらゆる手段を採ることを求めており、その指示も具体的かつ厳格である。条約の解釈に指針を示すために、女子差別撤廃委員会により一九九四年に採択された一般勧告二一号は、以下のようなものであった。「各パートナーは、共同体における個性およびアイデンティティを保持し、社会の他の構成員と自己を区別するために、自己の姓を選択する権利を有するべきである。法もしくは慣習により、婚姻もしくはその解消に際して自己の姓の変更を強制される場合には、女性はこれらの権利を否定されている。(8)」

この勧告の趣旨は、もはや女性だけに関わる問題ではない。「自己の姓を選択する権利」は仮に女性がそれを貫徹できるのであれば、男性配偶者に不利益が及ぶのが夫婦同氏制である。学説は、氏における人格権の保護という要請に応えなければならないと論じている。すなわち、夫の氏を強いられるという不都合から女性を救うことを目ざした結果は、問題がもっと普遍的な、自己の氏を自由に決定できる権利の尊重であることを明らかにしたとも言えるであろう。

9　夫婦別氏への道筋

こうした状況であれば、条約を批准した日本政府が真摯に立ち向かうべき課題が、立法による夫婦別氏の導入であることは、もはや既定の路線としなければならない。政府は国連の女子差別撤廃委員会に数年ごとに報告書を提出しており、委員会の審査を受け、勧告も受け取っている。その内容は、当然ながら、選択的夫婦別氏制度の採用のために、法改正がなされるべきであるという指摘を含んでいるのであるが、国内の事情はとてもこれに即応できるような状況にはない。したがって、苦慮しつつも、民法七五〇条が形式的にはまったく男女の平等を貫いていることを強調し、勧告が指示するような別氏制度への立法案が、少なくとも学界や法務省のレベルでは検討され、纏まりつつあることを報告して、今日まで凌いできたことになる。また、とりわけ氏の問題に関しては、日本の戸籍制度が氏を基準として編成されているために、別氏制度の導入が社会的混乱をもたらす恐れがあるという点も、政府の釈明事由の一つであった。最近ではもちろん、通姓による別氏の慣行が、民法の規定を緩和していることを指摘できるであろう。

では、法改正はなぜなされないのであろうか。最大の疑問はそこに帰着するであろう。折しもここ数年、民法改正については、債権法の全面改正というテーマを掲げて、法学界を挙げての取り組みがなされてきた。確かに、家族法改正はすでに一九九六年の改正要綱があるため、改めて案を練るまでもなく、国会の壁を通過できればよいだけとも言える状況である。しかし、法案があることと法改正が実現することの間には、埋められるべき大きな距離が存在する。市民社会を動かすためには、まず、素人の代表である国会議員を動かさなければならない。夫婦の氏に関する限り、そこにある障害は、改正のための法技術という以上に、むしろ精神的な抵抗感であると見るべきではなかろうか。すなわち、戸籍制度と融合し、社会生活の基盤をなしてきた「家」制度は、もはや記憶にしかすぎないにもかかわらず、季節や風土と同じように、国民の思考や行動様式の中に定着して、簡単には払拭できない拠り所となっているにちがいない。夫婦同氏はそのような社会通念のシンボルとも言えるのである。

なぜ、別氏制の導入が必要であるのか、どのようなテクニックにより戸籍の処理が可能であるか等については、学説、実務の議論が積み重ねられて、結論への道筋は見えてきている。そうであれば、残されている課題は、熱意をもって社会の抵抗を説得しようという明確な意思とその試み、更には、少しでも社会に受け入れられ易い立法案を求めるために、細部にわたる詰めがなされることであろう。折に触れ、この問題を再考するきっかけも必要であるに違いない。ここでの議論もそのための一端として、有意義な役割を果たすことができればと、期するものである。

先には、国連の女子差別撤廃条約が世界各国の夫婦の氏に与えた影響を概観したのであるが、もちろんそれぞれの国の法改正は、条約のプレッシャーによるばかりではない。時代の影響とともに、社会や女性の側からのポジティヴな要請があってのことでもあろう。しかし、そこに条約が果たした後押しの力は軽視できない。こうした状況の下で、先進国としての日本の立法が、これほど停滞していることを、どう理解するべきであるかには、法律学一般の問題としても、解明されるべきところは多いはずである。その中でも、最も注目に値するのは、法を好まない国民性という、長く指摘されてきた日本的な特性ではなかろうか。

日本の民法典は、一二〇年にも及ぶ歴史を重ねているけれども、それ以前には近代法の基盤がまったく見られず、いわば仏独からの輸入の民法典を、日本人とその社会に馴染ませてきたのであった。日本は、地理的には西欧から離れた島国であり、侵略にさらされることも少なかった上に、一国同一民族に近い闘争の必要性のない社会であった。また、稲作農業社会の必然としても、和をもって尊しとする穏やかな気風が培われたと見ることができる。争いが少なく、議論を好まず、いわば以心伝心の文化が日本的な特質とも指摘されてきた。(9) 法による解決が求められるような類の問題は、もともと少なかったのである。そうであれば、法に秀でていないことは、必ずしも卑下すべき性質の事柄ではないとしたい。しかも、氏は家族の和という国民性の根に関わる問題である。それでもなお、法治国家であるからには、求められている立法の課題は果たされなければならないであろう。では、障害をどう克服して夫婦別氏を民法に取り込むのか、次にはその具体的な方法を探ってみたい。

(1) フリー百科事典『ウィキペディア（Wikipedia）』・夫婦別姓、南野聡「諸外国における氏制度の調査結果について」戸籍五八四号一頁以下等参照。
(2) フランス民法三一一-二一条一項が規定するところである。
(3) 連邦憲法裁判所一九九一年三月五日の決定によりこの規定は無効とされ、暫定的に夫婦別氏を認める措置が取られたので、緊急な法改正が不可避となった。床谷文雄「ドイツにおける夫婦の氏の新展開――ＳＰＤ九一年改正草案」民商法雑誌一〇五巻三号四一四頁以下参照。
(4) 富田哲「夫婦別姓の法的変遷――ドイツにおける立法化」福島大学叢書学術研究シリーズ7（八朔社、一九九八年）が全体を概括している。
(5) もっとも民法上の「家」は純粋に戸籍を意味するにすぎないとされている。高翔龍・現代韓国法入門（信山社、一九九八年）一五一頁以下参照。

（6）高翔龍・韓国社会と法（信山社、二〇一二年）四五頁以下参照。

（7）林陽子「女性差別撤廃条約から見た民法七五〇条——夫婦同氏制度」芹田健太郎先生古稀記念・普遍的国際社会への法の挑戦（信山社、二〇一三年）四一頁以下参照。

（8）条約関係の資料は、前註（7）の林陽子論文に拠っている。

（9）こうした考察は、川島武宜・日本社会の家族的構成（日本評論社、一九五〇年）、A・T・ヴォン・メーレン編＝日米法学会訳・日本の法(上)(中)(下)（東京大学出版会、一九六五年）などに顕著なかたちで示され、第二次大戦後の法学研究のベースとなった。

五　夫婦別氏の立法案

1　立法の基礎づけ

夫婦別氏の導入は、現代社会の必須の要請であり、今や日本にとっては国際的課題でもある。国内では、過去三〇年以上にわたり、多くの論文やコメントが書かれてきたのであるが、いずれにおいても、まず改革の必要性が確認されるところから始まる必要があった。繰り返すならば、何よりも職業を持って自立した活動をする女性が、結婚とともにその人格のシンボルとも言える氏の変更を余儀なくされることが不都合であり、これを克服しなければならない、という問題となる。結婚した女性の間に通姓の使用が一般化してきたという昨今の状況が、まさにその例証に他ならない。しかも、単に職業上の必要というだけではなく、自立した個の時代であれば、氏が自由な自己のシンボルと受け止められることにもなる、とも見なければならない。

先にも触れたように、離婚後に女性が復氏を義務づけられ、長く使い慣れた氏を変えなければならないことは、本人にとって大きな不利益であると、法も社会も十分に認めて法改正がなされた。その延長と考えても、結婚前の職業活動について、同じ対応が必要であろうと考えることは容易である。そこで、離婚の場合と同じ形式で、婚姻届出の後、配偶者の一方（主としては妻）に戸籍法上の届け出をさせて、氏の変更を認めることが考えられる。実際、そのような改正案も見られることはすでに触れた。しかし、事柄はそれほど単純ではなく、別れる場合と結びつく場合では、戸籍の扱いにも社会の意識にも一八〇度の違いが生じる。離婚後の氏は、婚姻が解体した先にある個人の問題であるのに対して、夫婦別氏は、夫婦・親子による一つの結合体を作るという婚姻制度の核心に関わる。何よりも、一つの家族に氏が二つあることには、日本の伝統文化が抵抗を示すのであり、本来は戸籍の編成方法から再検討しなければならない問題であった(1)。

これに対して、婚姻届の後で、改めて旧姓を使うという戸籍上の届出をさせ、実質的に別氏を認めるという先の案によれば、現行の氏と戸籍のシステムを変えずに、いわば最短距離で例外的夫婦別氏を導入することができる。通姓をそのまま法律上の氏と認めるに近く、抵抗が少ないかもしれないが、夫婦同氏の原則を否定する重大な結果を生じることは同じである。言い換えれば、裏口から民法の原則を回避することになる。そうであれば、民法七五〇条そのものに手を加えることが、法のあるべき手続きであろう。ましてや子の氏のあり方にも言及しなければならないのである。

さて、氏が別々でも家族の一体性に変わりはない、という別氏肯定派と、別氏導入に家族崩壊の危機を感じて、家族の一体性は外部に向けても表示されるべきであるとする同氏派の、いずれにも相応の説得力はある。両者の間の落差を、どのように埋めるかが、まさに立法技術の問題となるのではなかろうか。こうして、氏を取り扱うに際しては、その国の一つの文化である氏がどのような特性をもつのか、という考察に立ち戻らざるを得ない。別氏制の国においては、家族が一つの氏にまとまることは、当初から期待されていないのである。そこには、もっと別の価値観、別のルールが氏のあり方を支配しているのであって、単純な比較や選択を許さない歴史的な背景がある。こうして、日本の氏を深いところで支配してきた「家」制度の歴史と伝統が、改めてクローズアップされる。

もちろん、法的には現行家族法が成立した昭和二二年の民法改正以来、「家」はもはや存在せず、あってはならない非民主的な制度として、否定され、無視され、排除されてきた。にもかかわらず、現行民法の中の氏は、「家」制度の中での生活意識をそのまま生かすかたちで条文化されたものであるために、当時いみじくも批判されたように、「家」の亡霊としての「氏」というような側面があることを否定できない。とは言え、社会生活に無用の混乱を持ち込まずに、現実を見据えてなされた当時の立法を、妥協の産物ではあるとしても、むしろ優れた取り組みとここでは評価してきた。後々に生じた矛盾は時代に応じて、適宜再調整されればよいのである。立法はそもそも一度だけの完全なものでなどあり得ないのであるから。かくして、今こそ修正の時が来ていることになる。

法改正のためには、「家」の伝統以外にも、併せて押さえておくべきわが国の氏の基本的特色があるはずであった。たとえば氏の血統性はどうであろうか。明治民法によって「家」制度が法的に整備される以前には、日本社会でも氏が血統を示す指標として尊重された時期があったことを、これまでにも確認した。嫁した女性も婚家の中で実家の氏を称し続けることが自然と見られていたのである。すなわち、日本にも夫婦別氏の時代はあったというわけである。先にも見てきたように、子に命名するのは親であるから、それに帰属する子は必然的に親の氏を取得することになる。したがって、氏は第一次的には血統の証明となるのであり、これは父の氏であれ母の氏であれ違いはない。

その上に、夫婦の一体性や家族の結合の証明として、しばしば同氏が導入される。こちらはより人為的なものであり、制度化するためには法の強制力が必要とされる。ドイツ民法に見られた婚氏制度、日本法の「家」制度による同氏はその典型的なものである。その他トルコ、インド、フィリピン、タイなどで夫婦同氏が制度化されており、それぞれの思想的な背景は必ずしも明らかではないが、ドイツ法の伝播といった事情も当然考えられるであろう。明治民法においてさえ、ドイツ法の夫婦の氏のあり方は、立法の正当化の根拠として、十分意識されていたわけである。いずれにしても、夫婦同氏制が解体された後では、改めて氏の血統性が浮上することになり、それが別氏制の根底を支えることになる。

その他に、数万とも言われる日本の氏の数の多さ、種類の多様性を考慮に入れる必要があろう。そこでは、立法により新しい氏の創作を認めてさらなる混迷を生むことが、氏の文化という観点から決して望ましいものではないことを確認できるはずである。また、現行民法七九一条が、子の氏の変更に柔軟に道を開いているところからは、わが国の氏が必ずしも氏不変の原則に馴染むものではなく、むしろ英米法的な氏の自由主義に傾き易い特徴をもっていると捉えることを可能にするであろう。これらの前提に立って、条文の具体化を考えなければならないが、その前に、戸籍に対する対応も明確にしておかなければならない。

2 「家」と戸籍の克服

わが国の「家」制度は、第二次大戦の間を通じて旧天皇制の基盤を支え、戦争遂行勢力の精神的なより所ともなっていたことを概観した。国民にとっては、敗戦による解放までの間、「家」という桎梏を背負った時代があったことは確かである。ただ、家族の実生活の細部においては、明治民法が制度化したような内容が強行されたわけではなく、人間的に自然な庶民の生活が営まれていた事情はあり、民法がすべてというわけではなかった。ともあれ、そうした歴史の重荷は今や遠く、日本社会の現実は、家族を超えたところで、個人が自立と自由を享受している状況とも見受けられる。残る遺産が「家」の名である氏と戸籍制度である。しかし、求められているのは、それを個人の氏と個籍に解体することではない。社会の最後の砦である家族の保護は必要であり、結局、課題は「夫婦別氏」の部分的な導入による、氏と戸籍のわずかな修正にすぎないのである。

その解決が難しいのは、恐らく、氏というものの制度的性格と、そこから来る観念性のゆえであろう。いかなる氏を称するかというような、いわば生活の形式に関しては、作られた社会規範がそのまま機能することが自然である。伝統となった社会意識は、余程のエネルギーが投入されないと、容易く変更されたりしない。とりわけ、別氏制の導入に対する反論の中で繰り返されてきたように、わが国の氏は「家」が「戸籍」によって行政単位として把握されていた時代の残滓を伴っている。そのため、氏の制度の変更は、戸籍制度の変更を不可避的に伴うと予想され、問題を複雑にし、不安を与えることにもなる。

それでも、戦後の民法改正と「家」の廃止以来すでに七〇年に近い歳月を経ている。その間の日本社会の変貌の激しさは改めて指摘するまでもない。科学の進歩や事物の変化というよりも、注目すべきは人間の変化ではなかろうか。人々は自由と自立を求め、孤独を恐れず、とりわけ若い世代は自己の可能性を追い求め、自己実現に賭けることを専らとしているように見える。婚姻と氏の関係などは、むしろ周辺の問題であると彼らは言うのではなかろうか。実際、夫婦別氏に関しても、必要と感じるならば事実上のかたちで、すなわち通姓としてそれを実行するのに何らためらいはないようである。職場でも通姓の自由はむしろ謳歌されている。

しかし、法の規定がある以上、思いがけないかたちで旧制度の桎梏に出会うことは避けられず、戸籍の確認が必要とされる場面では常にその問題が浮上する。法改正をして別氏の導入をと叫ばれるのは、この不都合を払拭するためであり、それは人権の基礎を制度化するという国家的な課題である。人々が、法の外にある通姓の自由ではなく、法が認める別姓の自由を享受できることが必要なのである。それを実現することは、まさに法治国家の仕事であろう。

夫婦別氏は日本社会の伝統と真っ向から対立する。それは「家」の名の下での家族の一体性という伝統を否定し、人々の心に残る過去への郷愁を名実ともに破壊する改革だからである。いかなる法技術によってこの問題を克服し、改革を実現できるであろうか。通姓の使用を黙認し、あるいは氏は単なる呼称にすぎないと軽んじることで課題を先送りしてきたのは、あるべき理論構成が難しかったからと考えられる。

それでも、法改正が立ち遅れを見てきた間に、この分野の研究の深化には十二分なものがあった。世界中の氏のあり方が研究され、比較法的情報資料は山積している。婚氏の解体を進めてきたドイツ法の歩みも十分研究された。フランス法においては、氏不変の原則が基礎にあるため、夫婦別氏は容易に実現された代わりに、子に母の氏を伝える可能性を開くことが難しかったけれども、忍耐強い法改正によって、ついに氏における男女平等が完成した事情も辿られてきた。こうして、いざわが国の夫婦別氏を法制化しようとすると、情報過剰のためにあらゆる立法案の可能性が浮上してしまうのであるが、必要な選択は賢明になされなければならない。

まず、戸籍そのものを解体して、家族単位の編成から個籍にするという究極の案があった。昭和二二年の民法改正当時から議論されており、そこから夫婦別氏の導入に至る道は容易である。西欧諸国の多くが個人単位の出生証書によって身分管理を行っているのに対して、家族集団ごとに身分登録を行う日本式には独自のものがあり、「家」の伝統と密着していることは見てきたとおりである。したがって、廃止されるべき「家」の解体を戸籍の側から遂げるという考え方は当然あり得る。

しかし、単なる行政手段である形式的な戸籍に、そこまでの大改革を加える労力が必要であろうか、という疑問は否めない。しかも、わが国の戸籍制度は非常に優れた情報機能をもっており、戸籍の出入りを記録し、検索することによって得られる身分関係の追及力は、個人単位の身分登録制度のはるかに及ばないところであるとされる。未知の制度に対する期待、しがらみを捨てて得られる自由にも、確かに大きな価値はある。しかしながら、戦後の改革期と異なる現在は、もはやそのような変革を志向すべき時ではないであろう。また、仮にそれがベストの制度であったとしても、社会全体を一気にそれに融合させるのはそう簡単なことではない。理想的に設計されたはずの制度が、現実との齟齬を生じる恐れも十分ある。法改正、とりわけ民法改正は、そのようなリスクを負う改革であってはならない。

それ故、ここで立法案を考える場合には、現実に対して最小限の譲歩を求めながら、最も抵抗の少ない規範を作ることが課題となるのである。

すなわち、夫婦同氏の原則や戸籍の仕組みをできるだけ変えずに、現状を尊重するところから始めたい。核心は例外の導入であり、氏における人格権の尊重と人権の尊重が、不可避的に要求する夫婦別氏を、それを望む当事者に対して可能にすることである。そうなれば、夫婦同氏と別氏は並存せざるを得ず、戸籍もこれを受容するべく手直しされることにならざるを得ない。以下は、この単純な改革の具体化を、細部にわたって確認する作業となってくる。

3 選択的夫婦別氏制

夫婦別氏については、すでに見てきたように、法制審議会の改正要綱が作成されており、戦後の法改正に際して議論された戸籍の解体ではなく、より現実的な、民法七五〇条の改正案が提示されている。その民法七五〇条の新規定案は、「夫婦は婚姻に際して、夫又は妻の氏を称するか、若しくはそれぞれが婚姻前の氏を称する」というもので、選択的夫婦別氏制と呼ばれている。民法がこのように改められると、結婚に際しては、夫婦どちらの氏を名乗るのか、それとも別々の氏にするのかを当事者が自由に決めることになり、同氏でも別氏でも自由というメッセージに従うことになる。珍しいので、新しい別氏夫婦になろうというカップルも相当数現れるかと予測される。その時を待ちわびていた通姓による別氏組や、事実婚を選択していたその予備軍からは、いずれにしても歓迎されるはずである。しかし、伝統的な同氏に意義を見出す層も少なからず残り、突然の価値観の変動に割り切れない思いを味わうことはあろう。個別の状況に合わせて、適切な氏のかたちを選べる制度は、とても優れているようにも見得る。しかしながら、この案は政治の世界の通念には受け入れられず、国会で審議されることもなく廃案とされた。なぜであろうか。

今日までは、夫婦は同氏であるべきものという前提で、社会は成り立っていた。しかし、社会に出て働く女性が増えるにつれて、結婚してもどうしても氏を変えたくないという人々の要望が顕著になった。その数は全体の七、八パーセントとも言われ、別氏制が喧伝されている割には多い数ではない[2]。わがままとして握りつぶされたり、通姓でよかろうと軽んじられたりしても仕方ないか、という数ではある。大まかに見れば、別氏制が論じられ、その必要性が強調されている法学界と、現行制度によって直接不利益を蒙っている少数者を除く一般社会にとっては、家族が同じ一つの氏によって纏まることは当然の約束であり、その根拠や当否を問う必要性すらないのである。伝統とは本来そのようなものであろう。

これに対して、先に法制審議会から提案された選択的夫婦別氏制は、選択の自由を強調したことによって、氏における社会規範としての性質を大きく失わせたと見ることができる。人々は氏を自由に選び称する意思を尊重されたいと望んではいるが、社会制度としての規律も必要と考えるのである。氏の社会規範が明確であればこそ、それに対して異議申し立てをして、個人的な選択を主張する必要も生じることになる。これに対して、過度の自由を許容した改正要綱の提案は、いかなる氏を称するべきかに関する立案者の見識のなさを示すようにも見受けられる。

確かに、対案となるはずの例外的夫婦別氏制[3]の下では、一般社会は当然原則である同氏制に傾き、ただ先の八パーセントに当たる確信的な夫婦別氏論者だけが別氏を選ぶという結果になることも予想される。その状況は、せっかくの別氏制度の恩恵を受けようとする若い人々の意思を阻喪させるであろう。同氏優先の原則では別氏を選び難い、という批判があったことも確かである。歓迎されて受容されるのであれば、改正要綱の案でもよかったはずである。しかし、廃案という結果は、立案者に反省を迫るものであった。社会は今なお夫婦同氏の規範で成り立っており、それを変えるための説得の手段は十分尽されていない。民主的でない「家」制度はもちろん否定されるべきであるとしても、その抜け殻として残る氏のルールは、「家」の廃止と矛盾しつつ、今なお風俗文化として過去への郷愁を許している。嫁に行く、婿を取るというような表現とともに、家族の一体性のシンボルとしての氏は、それなりに社会規範の根底を支えているはずである。共通の氏により家族の統一を期待できることは、外国法でも一般的に肯定されている。

指摘されているような、通姓による夫婦別氏の広がりは、結局は事実上のものにすぎず、仮のすがたであるが故に許容されているにすぎない。法を変える際には、それが身近な問題であればあるほど人々の抵抗感に配慮しなければならないであろうが、氏は人格と結びつき、人の精神にきわめて深い影響を及ぼす要素である。結婚によって氏を変えたくない女性が増えたことは、日本社会の発展の当然の帰結であり、夫婦別氏は時代の要請である。「家」の廃止の後に来るべき必然の改革であったことを、改めて確認しなければならない。多くの国がそれぞれの社会の心情的抵抗を克服して、氏の新たな規範を築いてきた。日本社会だけがそれをできない、ということはもちろんないのであるから、次の課題は、具体的にどのような条文を作ればよいかである。

4　例外としての夫婦別氏

まず、一二〇年におよぶ民法典の歴史に敬意を払うことを考えたい。民法上の「家」がもはや存在しないことは確かである。ただ、「家」という家族感覚は、夫婦と子供の作る家庭として、さらには同居のあるいは同居外の親族を含めて、同一の氏を集団の和のシンボルとするかたちで、日本人の日常生活に生きていると見ることができる。妻の氏を名乗る婚姻があれば、今なお多くの場合に入夫婚姻と理解されているのではなかろうか。そうではない独自のケースもちろんあるが、ただ旧来の性格付けがあまり意味を持たなくなりつつあるにすぎない。このような人々の生活感覚を表現している現行民法七五〇条をそのまま生かすことが、まず考えられてよいであろう。

民法七五〇条は、「夫婦は、婚姻の際に定めるところに従い、夫又は妻の氏を称する。」という規定である。この条文のどこに問題があるかと言えば、「家」の名であった氏を廃しながら、相変わらず氏が家庭集団の名であることを止めていないところにある。夫婦別氏を導入してはじめて、氏は「個人の呼称」になり得るのであり、それを称する人の人格権に配慮することができる。「家」の名として重要であった氏は、今や人の名として重要にならなければならない。

しかし、「家」の廃止が先立つ課題であった時代には、氏を尊重しようという人々は、「家」意識を引きずる者として警戒されざるを得なかった。たとえば裁判所は、「家」の氏が消滅するのを防ぐ目的で、子供や孫が戸籍法一〇七条の規定に依って氏の変更をすることを、厳しく排除してきた(4)。その理由づけとして、しばしば用いられたのが、氏は「単なる呼称にすぎない」という表現であった。この考え方はしかしながら、「家」意識の払拭が一般化するとともに、逆に個人の呼称としての氏が、決して「単なる呼称」として軽んじられてよいものではないという認識にとって代わられる。氏は、人の人格と深く結びつき、個人の尊厳を表象する人格権の一要素として重要であることは、今日では社会通念となりつつあると見てよいであろう。

すなわち、氏における「家」の否定は、「家」の名として重んじられた氏を、「単なる呼称」として軽視することによってなされるのではない。夫婦同氏を解体して、別氏の自由を導入し、個人の氏の権利をそこに明確に示すことにより、はじめて可能になるのである。それを実現する規定は、次のような条文であろう。

民法七五〇条①「夫婦は、婚姻の際に定めるところに従い、夫又は妻の氏を称する。」
(現行のまま)
②「夫婦が各自の婚姻前の氏を継続する場合には、夫又は妻の氏のうちから、子が出生に際して取得する氏を定めなければならない。」
(新規定として追加する)

これは選択的夫婦別氏制であろうか。結婚に際して夫婦が同氏となるか別氏になるかに関しては、何ら強制も置かれず、選択のための示唆も指針もないので、氏は自由に選択できると言えないこともない。しかし、規定の順序から言えば、原則は同氏であり、別氏が例外という位置づけになる。二項の規定の追加がなぜ必要であるのかを、まさにこれまで論じてきたのであった。二項には、「家庭裁判所の許可を得て」という文言を追加する余地もあることは、先にも触れた(5)。あるいは、少なくとも「やむを得ず各自の婚姻前の氏を継続する場合には」という表現にすることも可能ではあろう。すなわち、なるべくなら別氏を選択しないで欲しいというメッセージを、条文に表現することが考えられるのであるが、望むならば自由に別氏を選べるという前提は、やはり崩すべきではなかろう。なお、夫婦別氏となれば、子の氏の決定に関する規定が不可避の条件となる。

別姓論議が盛んであった時期には、このような法改正では別氏希望者が別氏を選び難く不利であるから、当然改正要綱のような内容の規定にすべきであるという主張も強かった。そこで、前出の要綱どおりの規定が提案されての挫折である。もう一度その条文を眺めてみよう。「夫婦は婚姻に際して、夫又は妻の氏を称するか、若しくはそれぞれが婚姻前の氏を称する。」とされているが、この条文のどこに不都合があるのだろうか。ここでは、夫婦の氏は同氏でも別氏でも差し支えない、同氏は夫の氏を名乗るのも妻の氏にするのも自由であるとして、夫婦の氏を完全に自由な選択に任せている。ただし、第三の新しい氏を選ぶという可能性については、条文はまったく示唆していない。実際、立法当時の案の中には、夫の氏と妻の氏から一字ずつ組み合わせて第三の氏を創設する、という類の意見もまだ残されていたはずであるが、許容範囲外とされたわけである。

すなわち、この条文の提案者も、現存の社会的慣行に準じて改革案を作ることを考えているに違いない。夫婦別氏は、少なくとも事実婚あるいは通姓による旧姓使用を含めれば、当時から必ずしも珍しいものではなかった。そこで、よく見られる形式であればどんな氏のあり方を採用してもよい、という趣旨に帰着したと推測される。そこには、氏のルールに関する指針や理念は何も見られない。ただ、結果としては、日本の氏を限りなく、英米法的な自由意思主義に近づける考え方になると解するべきであろう。

しかし、日本の氏は伝統的にそのようなものではなかった。名を重んじる武家の慣行の上に民法上の「家」制度が築かれ、家名としての氏を少なからず重く見る社会習慣は今もって残り、薄れたとは言え、「家」の亡霊としての氏意識は多かれ少なかれ日本人の生活様式に沁み込んでいる。かつては家名不動の原則があったとも指摘されている(6)。したがって、そこから一定の社会秩序が生れるのは当然と言えよう。立法はその秩序をまず尊重するべきではなかろうか。その上にはじめて導入されるべき新しい改革の必要性を説くことができる。それを実現しているのが、右に挙げた民法七五〇条一項、二項という新条文の提案である。

この規定の仕方は、確かに改革派には不利益という批判が当てはまる。とは言え、社会一般よりも先んじた生き方を求めるのであれば、その理由ないし理念をしっかり提示できるとともに、まず最小限の目的が達成されればよいという寛容さ、言い換えれば欲張らない精神が必要であろう。戦後の新民法施行から半世紀をはるかに越える時間が経過し、家族法改革の最大の課題であった「家」の廃止は、実質的にもほぼ貫徹されたと見てよいであろう。今や、自由で独立した個人の社会が出現しているようであり、しばしば孤独な個人を社会に再編入する試みの必要性が語られている。

それでもなお、「家」の歴史を背負った氏への愛着ないし感傷は残り、親族の連帯、家産の尊重といった日本的情緒が生活を彩っている現実もある。法的な強制や個人の抑圧がないのであれば、生活の中に「家」の伝統が残ることを無下に否定しなくてもよいはずである。言うならば、家の亡霊として残った氏の制度を、不都合のない限り生かして行くことは、過去の歴史に対する敬意でもあろう。生活民法は、昨日まで行われてきたことの上に改革が導入されればよいのであり、それこそがあるべき法の漸進と考えられる。もっと時間が経過した将来には、夫婦同氏と別氏は混在していずれが主流か不明となり、さらには別氏時代が来ることも否定できないかもしれない。しかし、そこに行く過程の極限までは、民法七五〇条一、二項の改正法が十分機能して行くはずである。

5 結婚後の氏の変更

夫婦別氏を許容する民法改正が、上述のように具体化すると、晴れて正式に別氏を名乗る夫婦が誕生する。自己の氏を失わないために事実婚に甘んじてきた夫婦も、勇んで婚姻届を出すことができるであろう。では、同氏により婚姻届をし、通姓による別氏で凌いできた夫婦はどうなるであろうか。法の不遡及と言われて、新法ができてもそれは将来に向かってのみ適用されることが、一般原則とされている。しかし、これまで長く求められ、これだけ法改正の立ち遅れが指摘されてきた当面の問題において、従来の別姓希望者をまったく見殺しにすることは公平ではないであろう。ここで想起されるのが、婚姻の際に氏を改め、離婚によって復氏しなければならなくなった配偶者の救済規定であり、すでに度々言及してきた。

民法七六七条　①婚姻によって氏を改めた夫又は妻は、協議上の離婚によって婚姻前の氏に復する。
②前項の規定により婚姻前の氏に復した夫又は妻は、離婚の日から三箇月以内に戸籍法の定めるところにより届け出ることによって、離婚の際に称していた氏を称することができる。

昭和五一年の法改正によって導入された上記、二項の条文は、長期にわたって使用した氏を、離婚によって失う不利益から離婚配偶者を救済するために、新たに追加された規定である。これに準じて考えるならば、すでに通姓としての旧姓使用を定着させている配偶者については、先の新民法七五〇条に三項を追加し、「改正前の一項の規定により氏を改めた夫又は妻は、改正規定の施行から三ヶ月以内に、戸籍法の定めるところにより届け出ることによって、婚姻前の氏に戻ることができる。」と規定することも考えられなくはない。三ヶ月で短かければ、六ヶ月、一年などの猶予もあり得る。もちろん、旧姓使用の有無にかかわらず、この際新たに別氏を選ぶ自由をすべての既婚者に認めるという考え方もないわけではなく、右の条文がそのような趣旨で活用されることは避け難いであろう。それを阻止するのであれば、「家庭裁判所の許可を得て」という歯止めを加える必要がある。

しかし、婚姻後における変更は過ぎたる自由であると見たい。子の氏の変更の問題も生じるであろうし、既存の秩序を混乱に導くことが危惧される。それでもなお、通姓として旧姓を使い続けてきた人々に、この法改正の恩恵を拒むことはやはりできないであろう。いかなる対応が可能であろうか。すでに指摘してきたように、戸籍法一〇七条の規定は、「やむを得ない事由」と「家庭裁判所の許可」を条件として、一般的な氏の変更に道を開く一つの制度であった。しかし、現行法の民法七五〇条を前提としながら、この条文を使って夫婦別氏への変更を認めることは、いわば法違反に加担することになり肯定し難い。「家庭裁判所の許可」も到底得られないであろう。これに対して、夫婦別氏が法的に承認される新法以後においてであれば、止むを得ず原則に従ってきた同氏の配偶者が、新たに生じた別氏の自由を享受するために、戸籍法上の氏の変更手続きに拠ることは、積極的に肯定されてよいはずである。それを可能にする条文をもう一度確認しておこう。

戸籍法一〇七条［氏の変更］

①やむを得ない事由によって氏を変更しようとするときは、戸籍の筆頭に記載した者及びその配偶者は、家庭裁判所の許可を得て、その旨を届け出なければならない。

ここでは、夫婦同氏が前提となっているので、戸籍の筆頭者とともに、つまり夫婦が二人揃って届出をするとされている。別氏になる場合には、配偶者のうち氏を変える必要のある者だけが届出をすればよいのであるが、婚姻中に同氏から別氏になるのであり、当然配偶者の同意は必要であろう。戸籍の書き換えも不可欠である。したがって、戸籍の筆頭者とともに、という部分も不都合なく適用することができる。つまり、条文に手を入れないまま、新たに夫婦別氏を作るためにも応用できることになる。

条文中の「家庭裁判所の許可を得て」という条件はどうであろうか。すでに見てきたとおり、戸籍法一〇七条には二項以下四項までの規定もあり、そこでは外国人と結婚した者がその氏に変更を希望する場合には、「家庭裁判所の許可を得ないで」届出することが認められている。こちらの方がより簡便な氏の変更であることは言うまでもない。別氏を推進する立場は、当然許可を要しない二項以下の規定に準じればよいと論じるであろう。しかし、ここは家庭裁判所の許可を要件とすることに与したい。後述するような子の氏の問題もあり、裁判所は、当事者の意思とともに通姓使用の実態を見極め、場合によっては子の氏にも配慮しつつ、呼称秩序の維持に目配りすべきものと考えられる。ここには夫婦同氏の原則を尊重するという基本姿勢があり、それは必要なものと考えるのである。

では、新法の下で別氏を選ぶことができるにもかかわらず、あえて同氏の婚姻をした夫婦が、結婚後に改めて別氏になることは認められるであろうか。言うまでもなく氏の選択は一度限りが前提であるけれども、一般論として、「やむを得ない事情」があるならば、戸籍法一〇七条の枠内で同氏夫婦が別氏夫婦に変わる必要性は、まったくないとは言えないであろう。いずれにしてもその可否は、家庭裁判所の判断にまつところであって、上記の立法が実現した暁には、新たに一〇七条に関する解釈問題が生じて来ることは予期しなければならない。裁判官は、社会情勢を慎重に見極めながら、恐らくは、同氏社会に無用の混乱をもたらさないように、別氏への移行をある程度抑止することはあり得ると見たいが、実際に別氏への希望を拒むことは難しいであろう。

最後に、別氏によって婚姻した夫婦が、何らかの事情で後に同氏に変わることを認め得るであろうか、考えておきたい。氏の秩序の基本を夫婦同氏に置くとした場合、必然的に例外には厳しく、原則回帰には寛容な判断がなされることは肯定してよいであろう。同氏に変るためであるならば、「家庭裁判所の許可を得ないで」届出だけの氏の変更を認めてもよいか、と考えられなくもない。私自身もそれに近い判断をした時期があった(7)。しかし、現在では、氏の選択の一回性を尊重して慎重な決定を求めるべきであると考え、同氏への変更自由を否定したいと考える。安易な別氏の選択を阻止する必要があることは言うまでもないであろう。ただし、戸籍法一〇七条一項の一般原則に戻って、「やむを得ない事由によって」「家庭裁判所の許可を得て」夫婦の一人が氏の変更をした結果、夫婦同氏が出現するようなケースは想定できないわけではない。その場合の家庭裁判所の判断が、変更に寛大なものとなるとしても、異論なく肯定されるであろう。

6　夫婦の氏と子の氏

これまでに論じてきたのは、今ある社会の秩序をできるだけ尊重しながら、どうしても必要な夫婦別氏という考え方を民法に取り込んで行くための方法論であった。課題は夫婦の氏であるから、それに着眼して、別氏の導入を集中的に論じることは当然である。しかし、夫婦の氏は少し視野を広げるならば子の氏と密着しており、いわば家庭ないし家族の氏としての側面にも注目して行かなければならないことが分かる。結局、夫婦の氏の問題は、まさに氏それ自体の問題なのであり、人の人格と密着している氏をどのように個人の尊厳に結びつけて制度化するかが問われているのであった。

夫婦別氏の先には、夫婦のそれぞれの氏をどのように子に伝えるのかという新たな問題が控えており、これもまた夫婦別氏の重要な論点なのである。また、実務的にも子の氏をどう扱うかが明確にならないのであれば、夫婦別氏を実施することはできないであろう。フランスのように、制度的に夫婦別氏を実現することが容易であった国には、「嫡出子は父の氏を取る」という伝統的な原則があった。そこで、フランス法の氏における男女平等の課題は、夫婦のどちらの氏も平等に子に伝えることができることであった。

夫婦同氏という制度の下では、子の氏の選択の問題は生じない。子が出生に際して両親の氏を承継することには異論が見られないからである。もっとも、命名権者は誰かという問題を哲学する余地はあり、最終的には子が自分の意思で自分の氏を決めることができるべきであると言えるかもしれない。この考え方は、個人の称する氏名は各人が自由に選べることを基本として、氏の変更を寛大に認めているコモン・ローの考え方にも繋がるようである。しかし、当面の法改正の問題にここまでの議論は必要ないであろう。

民法七五〇条の夫婦同氏を前提としつつ、民法七九〇条一項は、「嫡出である子は、父母の氏を称する。」と規定している。ちなみに、二項は「嫡出でない子は、母の氏を称する。」というものである。これにより、法律婚に限るならば、夫婦と子供が一つの氏の下に家族という団体を成すことが必然となる。この団体を家庭と呼ぶとしても、そこに、かつての「家」におけるのと同様の意識、すなわち氏による結合という家族観が引き継がれていることは否めない。こうしてわれわれは、無意識に歴史のつくった「同氏による家族の形成」という考え方に、慣れ親しんできたのである。もとより、一つの氏による家族の親和という考え方は、世界の法の中でも一般的に認められており、普遍性はある。夫婦別氏はこの心情に真っ向から抵触するものであった。子の氏の問題を取り込むことによって、混迷はさらに深まる。別氏夫婦の子供の氏はどのように決めればよいのか。

ここでも、立法の基本方針に依拠することが適当となるであろう。すなわち、まず従来の慣行をできるだけ尊重することである。氏による家族の統一に限りなく近いかたちを求めれば、別氏夫婦の一人と同じ氏をその子供のすべてに称させることに帰するであろう。個人として、氏の変更に与し得ないと考える夫婦の一方は、個人の尊厳をそのようなかたちで示すことによって、氏が家族の和の必須の条件ではないこと、最終的には個人の選択に委ねられるべきものであることを、子供に示すことができるはずである。そのことと、氏による家族の親和を肯定することとは決して矛盾しない。このような考え方に基づいて出て来る条文が、先にも示した以下の規定である。

民法七五〇条二項　「夫婦が各自の婚姻前の氏を継続する場合には、夫又は妻の氏のうちから、子が出生に際して取得する氏を定めなければならない。」

この条文は、従来の民法七五〇条の夫婦同氏に対して、別氏の例外も認めることを表現している点が最も重要である。しかし、表現の上では、子の氏が統一されることを言う点に重点があり、夫婦別氏の導入を強調しないようにさりげなく配慮していることにもなる。もちろん、別氏が肯定されていることに疑問はなく、こうした規定の仕方の柔らかさも立法を成功させるための一つのテクニックと考えることができる。より理論的な条文を求めるのであれば、前段の別氏の導入だけを二項とし、子の氏の統一を三項とするかたちも有力な対案となるであろう。

しかしながら、問題はこれで終わらない。すでに見てきたように、フランス法では夫婦別氏が容易に認められる一方で、妻が自己の氏をどのように子に伝え得るかが新たな争点となっていた。「嫡出子は父の氏を取得する」がフランスの古くからの慣習法だったからである。氏における男女平等を言うならば、別氏を選択した母にも、子に自分の氏を伝える権利を認めなければならないであろう。現在のフランス法は、この点に関する二〇〇二年と二〇〇三年の法改正を経て、民法典に完全な平等主義を実現させている。嫡出子に与えられる氏は、父の氏または母の氏、若しくは父母の氏を結合した二重氏であり、子の出生届を出す際に父母の合意によって選択される。合意がなされない場合には、子は法的な親子関係が最初に確定された親の氏を取得し、父母について同時に親子関係が確定していて選べない場合には父の氏が与えられる。最後のぎりぎりのところで、父の優位が残されているけれども、慣習法の伝統が生き残ったと見ることができる。

ちなみに、非嫡出子の氏についても同様の考え方が適用されており、この場合には両親との親子関係の確定時期がばらばらになることが多く、一般的には母の氏が子に与えられることになるのは、日本法の場合と同じである。出生届によって親子関係が確定すると考えるのがフランス法であるが、出生証書が戸籍の役割を果すのであるから、日本法の戸籍の届出と共通するものがある。ここでは、子が出生した時点で子の氏の決定がなされていること、および、一度決定された子の氏は、その後に出生した子にも適用されることを確認しておく必要があろう。

問題は、日本法において、別氏夫婦の子の氏をどうするかであった。提案した民法七五〇条の改正案では、婚姻届に夫婦の氏のあり方の記載を義務づけ、同時に子が出生した場合に取得する氏の決定をも義務づけている。新規定を、改正前の氏のあり方にできるだけ近づけるとともに、不安定な要素を極力減らすことが制度を受け入れ易くするであろうと配慮したものである。しかし、フランス法のように、子が出生した時点で子の氏を決めるという考え方も十分成り立つであろう。夫婦が子を持つことを望まない場合や、結果的に子を持たない場合もあることを考えれば、子の出生の時点で子の氏を決める方が合理的とも言える。(8) ここでは、夫婦別氏の制度化を実現させることが何よりも優先すると考え、従来型に近く、それゆえ一般受けされ易いと見得る先の改正案を支持している。

7　子に対する氏の伝承

さて、別氏夫婦の子の氏は、夫の氏でも妻の氏でもよく、自由に選択ができるわけであるが、従来の慣行に照らして考えるなら、戸籍の筆頭者となった者が子にも氏を与えるかたちになるのが自然であろう。当面戸籍制度の大幅な改革は念頭に置いていないので、既存の制度の枠内で、無理なく夫婦別氏が実現されればよく、その意味では「家」制度の名残りである「筆頭者」が、引き続き生かされるとしても差し支えないと考えたい。すなわち、妻が筆頭者となり子に氏を与えるパターンは、従来の妻の氏を名乗る婚姻の亜流にすぎず、ただ、配偶者が氏の変更を免れ、婚姻前の氏を継続できることだけが利点となるわけである。そこに過大な要求を持ち込むことを取りあえずは控えよう。

たとえば、子が出生する度に子の氏の選択、決定を行って、夫婦の双方の氏を自由に伝え得るようにするなどの案も、考えられないわけではない。しかし、基本原則としては、氏の統一による家族の親和という理念を否定する必要はないし、むしろ尊重されるべきであろうと見た。それを超える必要性が確認された場合に限り、氏の独立を優先させるべきものとしたい。次は、どのような場合がそれに当たるかである。

夫婦別氏が制度的に保障されるということは、夫婦各人の氏が個別に尊重されることであるから、それぞれが自己の氏を子に伝える権利はあると見なければならない。氏の選択権は個人にあるので、氏を伝える権利を求めるかどうかも、当事者である夫婦の一方に委ねられることになる。したがって、「氏の統一による家族の親和」を犠牲にしても、氏を伝える権利を行使したい、またそれが子の不利益にはならないという保証があるならば、一つの家族に父の氏を称する子と母の氏を称する子が混在する現象は、当然肯定されなければならないであろう。たとえば、父の家系と母の家系のそれぞれに氏を承継する子孫が必要であるような場合には、その希望があれば、二人の子供が両親のそれぞれの氏を分け持つことが妥当となる。

では、婚姻の時点で子の氏を予め決定したことと、当面の氏の承継の問題はどのように調和されるべきであろうか。理論的に詰めるならば、別氏夫婦の場合には、子の氏は、出生の度に夫婦の氏のそれぞれを交互に与えるなどが適当となるかもしれない。父母のどちらの氏を先に与えるのかについては、合意に依ることが妥当であろうが、それが困難であれば、戸籍の筆頭者（これの決め方自体が問題ではあるが）を優先させるとか、五十音順、くじ引きなどが考えられる。いずれにしても、出生した子の氏が決まらないというような事態は避けなければならない。しかし、そこまで徹底した理論志向は日本法には向かないのではなかろうか。当面の目標は、氏の承継が希望された場合には、少なくとも一人の子の氏を、他方の配偶者の氏に変更できるようにすることである。四人の子がいた場合には、夫婦の氏が二対二となる必要は必ずしもなく、一対三でよいとすることが、氏の統一という基本原則を尊重する考え方となるであろう。このように、日本の氏の慣行、伝統を重んじながら、ぎりぎりの譲歩をして、個人の氏の独立とそれに対する権利を法的に保障することが、立法の課題となるのである。

それを実現する手段としては、やはり、第一に日本法に固有の戸籍法一〇七条に注目することができるであろう。ここには、「やむを得ない事由」による氏の変更が、「家庭裁判所の許可」という条件の下で可能となるように、一般的な窓口が設けられているからである。夫婦別氏の導入を前提とするならば、子による氏の承継を希望する夫婦の一方の求めに応じて、裁判官が適切な許可を付与することは十分可能である。しかし他方で、子の氏の変更に関しては、民法七九一条一項から四項までの規定もある。そこでは、生活の実態に合わせてなるべく親子同氏が実現されることが目ざされ、さらには自由意思に基づく氏の変更の可能性も開かれている。たとえば、父母が縁組により氏を変更した場合には、子も父母の新たな氏と同じ氏に変更できる必要があるわけで、民法七九一条二項は、家庭裁判所の許可を得ずに、単なる届出によってこの種の氏の変更を認めると規定している。戸籍の届出だけによる氏の変更という手段を通じて、子の氏の変更はかなり柔軟に認められていることになる。最終的には氏の選択が個人の意思にかかっていることは、たとえば、成年に達した子のために氏の選択と変更の権利を確認している民法七九一条四項から、典型的にそれを窺うことができる(9)。したがって、この延長上に、別氏夫婦の子の一人が、父又は母の氏を承継するといった新しい変更のパターンができることには、あまり抵抗がないであろう。

戸籍法一〇七条の氏の変更には、同条一項に見られるように家庭裁判所の許可を条件とする場合と、二項以下のようにこの要件なしに単なる届出でよい場合の二つがある。同様に、民法七九一条の子の氏の変更にも、家庭裁判所の許可を要する場合と要しない場合があり、この場合の子の氏については、父母と戸籍を同じくしているか否かによって、許可の有無が異なることになる。当面のケースをいずれの規定に含めるかは一考を要するところであるが、別氏同一戸籍が実現する限り、民法七九一条二項のパターンに含め得るはずである。しかし、改正の行方に慎重を期して、取りあえずは家裁の許可を要するとしておくことにしたい。

最後に、このような解決のあり方を、条文としてどう明記するかの問題が残る。戸籍法一〇七条一項の氏の変更は、基本的には正当な事由のある場合に、裁判官の裁量によって認められるという性質のものであるから、夫婦別氏が認められる時代には、この種の子の氏の変更に対しても、裁判官のセンスによって寛大な道が開かれることは十分期待できる。しかし、正規の子の氏の変更として、民法に明文の記載が置かれる方がより望ましいことは確かである。子の氏の変更である以上、現行の民法七九一条に新しい規定を追加して対応することも十分考えられるであろう。とは言え、やや違和感があるのは、氏の変更の理由が既存のタイプと異なるためと考えられる。

前述したように、民法七九一条は、夫婦同氏を前提として、その延長である親子同氏を作るための規定である。これに対して当面の課題は、夫婦別氏を許容しながら、さらに夫婦の各自が子に自己の氏を伝える権利を持つことを確認しようというものである。前者がどちらかと言えば子のための氏の変更であるのに対して、後者は夫婦各自の人格権の尊重のために必要とされる制度である。したがって、規定はむしろ夫婦の氏の枠組みの中に位置づけられることが適当ではなかろうか。たとえば以下のように、である。

民法七五〇条三項　「前項の規定によって、子に氏を与えなかった配偶者の一人は、子に自己の氏を承継させるために、家庭裁判所の許可を得て、戸籍法の定めるところにより届け出ることによって、子の一人の氏を自己の氏に変更することができる。ただし、子が一五歳以上である場合には、届出は子とともに為されなければならない。」

一般論としても、条文にどれだけの内容を書き込むかは、難しい問題である。正確を期せばいくらでも詳細な詰めが必要となるであろうが、一読して内容の概略を掴めることにも大きなメリットがある。したがって、ある程度以上の細部は、実際の適用における解釈に委ねることも一つの知恵であり、日本民法には伝統的にそうした考え方が顕著である。たとえば、家庭裁判所がいかなる基準で子の氏の変更を可とするのかは、上の条文からは読み取ることができない。しかし、子の意思やその利益に配慮することは当然であろうし、さらには社会情勢も見極めながら、子の氏の統一と父母の氏の承継の必要性との間で、裁判官が適切にバランスを取りつつ、可否の判断をして行くことは可能であろう。

もう一点、検討しておかなければならないのは、夫婦同氏の場合の扱いである。同氏を選び、婚姻により氏を改めた配偶者は、自己の氏の権利を放棄したのであるから、もはや子に氏を伝える権利も持ち得ないと割り切るべきであろうか。そういう考え方もたしかに合理的ではある。しかし、実社会においては、氏を改めつつ、子に自己の氏を伝えたいという必要性もないわけではなかろう。氏を伝える権利がクローズアップされた法改正後には、いっそうそれに対する配慮が求められるようにも考えられる。ただ、幸いにして、戸籍法一〇七条一項による氏の変更がこの種の問題に広く対応できるシステムを提供しているので、家庭裁判所の許可を受けて、子の同意の下にその氏を変更することは、正当な事由があれば認められると見ておきたい。

氏の承継は、相続とも絡んで、直系尊属と孫との間での養子縁組が代替の機能を果たしてきたのが従来の事情であった。父母のいずれかの旧氏を、直接承継できることになれば、より実体に即した法的対応ができるのであり、歓迎すべきことと考えられる。

8 戸籍の再編成

残るのは戸籍の問題である。すでに見てきたとおり、「家」制度の伝統は、一氏一戸籍のルールの下で、家族集団を単位とする身分登録を広く定着させてきた。日本の戸籍簿は、氏を手がかりとするその検索機能によって、正確で便利な、世界に冠たる優れた身分登録制度であるとも言われている。しかし、夫婦別氏の導入は、不可避的にこの戸籍制度に修正と変更を迫ることになるであろう。それでもなお、別氏の許容という改革は実現されなければならないのである。そこでは、戸籍にどのような不都合が生じることになるのか、またいかなる工夫によってそれを克服できるのかを検討しなければならない。いずれにしてもその改革は、民法の条文について述べたように、必要最小限の修正をできるだけ抵抗ないかたちで盛り込む、という対応によって実現されることが望ましいはずであった。

まず、夫婦同氏とともに、一氏一戸籍の原則は維持されなければならない。その上で、例外的に別氏の場合には、二氏一戸籍もあるという考え方が基本となるであろう。しかし、先に見てきたとおり、夫婦の双方が自己の氏を子に伝え得ることを権利と見るのであれば、単純な夫婦別氏のみならず、子の氏にも別氏（二氏）があるケースは相当数生じると考えられる。そうなると、これまでのように氏だけを指針として戸籍を編集し、管理することはもはや無理である。まず、夫婦毎に一戸籍は従来どおりのルールであるが、氏による統括ではなく、法律上の夫婦が戸籍の単位となる、と考えるべきであろう。そこに、この夫婦から生じた子が追加されるのであるが、その範囲をどうするかは、従来もかなり大きな問題であった。夫婦のそれぞれが別々に嫡出子ないし非嫡出子を持つ可能性もあるからである。

言うまでもなく原則は、夫婦の共通の嫡出子を同一戸籍に取り込むことである。しかし、共通の子ではなくても夫婦の一方の子であれば、同氏同戸籍となり、同居して家族生活を享受できるべきであろう。民法七九一条はそのような状況のために、子の氏の変更手続きを定めているのであった。その場合、嫡出子だけではなく、夫婦のいずれかの氏を称している非嫡出子で、親子関係が確立している子を同じ戸籍に取り込み得るかについては、難しい判断もあり得る。現行法の一氏一戸籍の下でも、父の認知を受けて父の氏を称するようになった婚外子が、父の戸籍に入れるかどうかについては議論が多く、家庭裁判所の判断も一様ではない(10)。したがって、戸籍編成の基準は、本来氏だけで割り切れるような問題ではないことは確かである。

そうであれば、当面は、二氏一戸籍を許容しつつ、従来どおりの戸籍管理ができればよいとせざるを得ない(11)。一氏の場合の解決に準じた対応が、二氏の戸籍においても可能になればよいわけである。こうして二つの氏に対処することによって、実務慣行は、徐々に氏の異同を離れて、婚姻関係、親子関係の確定、親権等を補助概念とした判断に重点を移すことになるのではなかろうか。その結果、従来は氏の同一性だけで単純に判断されてきた戸籍編成に、一定の法律関係の有無の判断が介入することになり、手続が複雑になることは認めざるを得ないが、戸籍担当官が扱えないような難しい問題ではもちろんないであろう。いずれはそこからより明晰な戸籍編成の理論が導かれるはずである。また、二氏一戸籍が生じた後にも、氏が補助的に従来のような戸籍の検索機能を果たすことはあり得るはずであって、そこは前向きに肯定されてよいと見たい。

他方、戸籍の編成原理とされたために、身分関係と結合し特殊人工的な概念化が避け難かった氏は、もはや戸籍が異なるごとに氏を異にするといった議論から解放されることにもなる。氏の同一性という議論は、理論上は消滅することになるが、同氏戸籍が残る限りでは、それに従った伝統的な判断形式が依然として役立つであろうし、それで差し支えないであろう。さらには、民法上の氏の変更と呼称上の氏の変更という難解な区別が徐々に不要となり、氏の変更はいずれ後者を中心に概括されることになるかと考えられる。すなわち、観念的な戸籍の介入を逃れることができれば、鈴木、山田、佐藤といったそれぞれの氏は、呼称を同じくする一つの氏でありながら、血統や系統を異にすることによって区別され、より社会的な観察を可能にするであろう。それが氏の文化にとっても望ましいはずであるが、急いで無理な方向転換をする必要はないとしたい。

(1) 現行の戸籍が一氏一戸籍というルールで編成されていることを改める必要があるからである。重要な問題であるが、すでに、房村精一「戸籍の編成と氏(下)」戸籍五九〇号六頁以下などに具体的な対応が検討されている。

(2) 一九八五年頃の数字であり、二〇一四年には別氏希望者は二三・五パーセントという紹介も見られる。顕著な増加と言えよう。別氏制度を導入すべきである、してもよい、という見解はまた別であり、当然もっと多い。

(3) 「家庭裁判所の許可を得た夫婦だけに別氏を称することを認める」という案が最も厳格な例外許容型であり、すでに検討の対象ともなった。

(4) また裁判所は、祭祀承継のために氏を変更することを認めず、氏が異なる者が祭祀を主催することでも差し支えないと論じている。

(5) 前註(3)参照。子の氏の変更に関する民法七九一条一項、一般的な氏の変更を規定する戸籍法一〇七条一項などにこの要件が見られ、政策的なコントロールが必要な場合の法技術となっている。

(6) 谷口知平・戸籍法(法律学全集新版)(有斐閣、一九七四年)二三八頁参照。

(7) 修士論文で夫婦別氏を論じた際には、結局、別氏夫婦のどちらかが「家庭裁判所の許可を得て」氏を変更し、夫婦同氏になることを認める規定を置くとしている(拙稿・成城法学三四号一三七頁参照〔本書二二〇頁収録〕)。子の氏への配慮も必要と考えたためである。

(8) ドイツ法、フランス法等は第一子の出生時に氏を決めるとしており、婚姻時に子の氏を決めさせることは婚姻要件の加重であって憲法問題が絡むという批判もある。決められない場合への対策も必要であるかもしれない。ここではできるだけ単純な規定をと考えている。「子の出生」という表現に抵抗があるならば、より一般的に「子が出生ないし縁組に際して取得する氏」とする余地もあろう。

(9) 現行民法七九一条四項は次のような規定である。「(前三項の規定により)氏を改めた未成年の子は、成年に達した時から一年以内に戸籍法の定めるところにより届け出ることによって、従前の氏に復することができる。」

(10) 父の妻やその嫡出子の感情に配慮する必要があるからである。多くの家裁審判例があり、彼らの被る社会生活上の不利益と非嫡出子の受ける利益を比較検討して許否を決めることが大勢となっている。能見善久＝加藤新太郎・判例民法

9（第一法規、二〇〇九年）二九五頁以下参照。

(11) 別稿「選択的夫婦別氏制――その意義と課題」成城法学四三号一七頁以下参照〔本書三一六頁収録〕では、戸籍の分割による対応を可としたこともある。本文ではなるべく現状に変更を加えないことを目ざし慎重を期した。

六　氏とこれからの社会

1　立法の大切さ

夫婦別氏の導入に伴う戸籍の改革は、問題の最も技術的な領域であり、細部には未知数も多い。本稿でも、ごく基本的な論点だけを押さえて論じてきたが、予想外の難問が生じるかもしれない、とは危惧される。しかし、手続法の問題ではあるから、有能な戸籍実務家であれば、二氏一戸籍の導入によって生じる新たな疑問に、個別の解答を見出すことは十分可能ではないかと推測される。したがって、このような氏の制度の改革に戸籍が大きい障害となるような事情はなく、場合により二つの氏を検索の手掛かりとしながら、時間をかけて戸籍のシステムが改良されて行くであろうと見たい。それよりも私どもは、もっと実体的な側面、すなわち生活に密着した社会のあり様が、別氏の導入によってどう変わるかに注目すべきであろう。

これからの社会に対して、まず強調すべきであるのは、法が尊重される社会でなければならない、ということである。夫婦別氏を実行したい人たちがいるのであれば勝手にそうすればよい、通姓でも事実婚でもよいではないか、そうした考え方で済ませることができないのは、市民社会は法というルールによって規律されなければならないからである。どのような社会が望ましいかを考えて、それを法規範としてルール化することは、直接には法学者や立法担当者の仕事であるけれども、民主主義の国であれば、その内容は、結局は国民ないし社会一般の人々の希望がどこにあるかによって決まる。自由な社会の中で、人々が個性的な生き方を選べるようにするために、法が変わることを歓迎し、少なくとも変化を受け容れようという社会の度量が求められている。それはまた、一人一人の心の問題でもあると言えよう。

もちろん、憲法や外交、政治、経済等々市民社会の重要なテーマは数多く、市民の政治意識が国そのものを動かしているわけである。法という枠組みから見れば、家族や家庭生活の問題もまったく同じであって、あるべき解決を求めて政治に働きかけ、望ましい社会の方向は何であるかに、注意深く関心を寄せていなければならない。しかしながら家族法は、法を好まない日本人にとって、一般的にはごく大まかな人生のルールを提供するだけのものと受け取られがちである。身近な法と言えば、婚姻届、子の出生届、死亡届などであろうか。相続はこれまで、格別のケースを除いてほとんどが法定相続であり、それすらしばしば話し合いによる解決に譲歩させられていた。諸外国では裁判所の介入が不可欠とされている離婚も、多くは協議離婚としてのみ行われてきた。

「家」制度の廃止は大改革であったけれども、戦後民法の均分相続は、一度定着すると、法というよりむしろ慣習のように受け容れられてきたのではなかろうか。しかも、裁判所は普通の人が訪れるような場所ではない、というのが古い日本的感覚であった。そうした環境の中で、日本社会を規律してきた「家」の道徳は、目に見えないかたちで少しずつ解体されながら、なお、生活の節目ごとに浮上しては、人生の拠り所とされてきたはずである。氏の感覚もその一つであり、「家滅びて氏あり」とかつて指摘されたとおり、個人の自由を束縛する「家」は廃棄されたとしても、氏にはなお、古きよき伝統への郷愁を感じさせる情緒的な要素が残っているのである。一つの氏による家族の統一はその典型であろう。それが壊されることへの抵抗は、考えることを拒む逃避となって、夫婦別氏を求める人々に批判の矛先が向けられてきたと言えるかもしれない。

そうではなくて、家族のあり方をもう少し法的に考えて、理論に適った対応をすることが、これからの社会にとってはとりわけ必要と考えられる。一人一人の自由がこれだけ拡大されて、あらゆる可能性が個人の前に開けている社会である。もちろん貧困のような、別の対策を要する問題は残るが、少なくとも法の建前は、個人の自由を極限まで認めてしまっていると言えよう。現代こそ、野放しの自由ではなく、法によってきちんとコントロールされた自由が大切な時代なのである。夫婦の氏に立ち戻るならば、まず婚姻の際に、望めば別氏となることもできるという選択肢の存在が不可欠であった。従来どおりで差し支えない人たちは無理に悩む必要はないであろう。しかし、別氏を希望する人にその道を開く度量と技術が求められている。立法というものを人々がもっと身近に考え、こんな条文があればよいのではないかと工夫しながら、あるべき社会に思いを致すことができたら、とここでは考えてきた。

法を好まない国の氏の改革は、日常生活のレベルの中で、知らず知らずのうちに実現されるようでもある。あれほど活発に議論された夫婦別姓が、ぱったり語られなくなっているのに、実は気がついて見ると、身辺に通姓による夫婦別姓は意外な広がりを示している現実がある。多くの職場で、結婚後にも旧姓を名乗り続けることは、ほとんど抵抗なく受け入れられている社会状況があり、それ以前に、結婚に際しても、結婚する二人がいずれの氏を名乗るのかはあまり注目されないようである。そこに拘ることが必ずしも喜ばれず、また必要でもなくなっているという社会の現実があるからであろう。それこそが過去三〇年間にわたって夫婦別姓が喧伝されてきたことの成果であったと考えられる。(1)

しかし、日本にも民法典に支えられる市民社会がある。それは独自の伝統や法的特徴を示しつつも、法治国家として法改正を重要な課題としていることは言うまでもない。夫婦別氏を立法化することは、これまで述べてきたように、世界の法の流れに添うもので、国際的な義務でもあり、その実現は時間の問題として求められている。通姓による事実上の別姓を黙認することで、この問題をやり過ごすことは到底できないし、大げさに言えば、国民の法に対する信頼度が問われているのである。必要な改正を、どのようなかたちで民法の規定に反映させるかについては、あまりにも多彩な議論がなされ過ぎて、選択が難しくさえなっている。何をどのように目ざすのか、理性と法の論理によって考えるために、その道筋を示すことがここでの第一の課題であった。

2　氏と社会の関わり

これまでに検討してきた法改正は、できるだけ従来の氏の慣行を維持しつつも、夫婦別氏を求める主張に対しては、正規の民法規範によって、正面からこの権利を肯定しようと試みたものである。原則の夫婦同氏に対して、別氏を選択する夫婦がどこまで増えるかは、時代と社会の雰囲気によって変わり得るであろう。立法当初には、もの珍しさから、別氏が選ばれることが多くなることも考えられる。伝統や慣行を考え、氏による家族の統一、融和に十分配慮しながらも、それらを超える別氏への要請があるならば、独自の氏をもつ自由を積極的に肯定して社会に取り込んで行かなければならない。一つの家族に二つの氏があることは、韓国や中国ではごく普通のことであっても、日本的ではない、という抵抗感は十分理解できる。しかし、漢字や氏はそもそもそれらの他国から渡来したものである。伝統的な家族同氏を主流としつつも、周辺では別氏の選択も可能であるのが日本的と納得すれば足りるであろう。グローバルな社会では、人々の生き方についても、諸国の間で様々な共通点が形成されることが自然である。

日本社会で、仮に夫婦別氏の婚姻が主流となったらどうであろうか。それは決してあり得ないことではないであろう。なぜなら氏の出発点は親の血統を示すところにあり、むしろ別氏の方が人間社会の本質的な要請に沿っているとも言えるのである。さらに夫婦別氏は、氏と家系の存続を可能にすることによって、「家」の歴史に対する郷愁を満足させる効果さえ伴う。廃止されるべき古い「家」に拘ることは、長い間否定され続けてきた。しかし、硬直した制度としての「家」は捨てても、家族的な繋がりや、家族の歴史を尊重する人の感情を大切にすることは、市民社会の基盤ともなる。別氏婚が少子化社会の中で独自の役割を果たし、「家」の伝統が、いわば縦の繋がりを発見させるかたちで再評価されることを拒む必要はないであろう。

確かに、過去の夫婦同氏には、まさにその古い「家」を背景として、集団主義的な社会統制に利用されるという人為的な役割があった。そこには個人主義との相克という問題が内在することは、理論的にも明らかである。しかし、伝統への郷愁も含め、夫婦同氏のよい面ももちろんあるのであって、同氏婚がまったくなくなることはないとも考えられる。それぞれの夫婦の価値観と必要性に応じて、同氏の家庭や別氏の家庭が違和感なく許容されているような社会を、将来の人たちは生きるのではなかろうか。そのような複雑さを支えるのは、法と論理に対する信頼である。構造的には、別氏による縦の繋がりと、同氏による横の一体性の交錯の間に、単身個人の氏が併存するような社会を想定することができるであろう。単身社会がどこまで広がるかは、当面の見通しは難しいようである。いずれにしても、法改正に目をつぶって、通姓や事実婚の領域にそれを押しやっている現状よりは、はるかに法的な社会をわれわれは生きることになるのである。

では、同氏婚、別氏婚が併存する社会において、通姓はどのような役割を果たすことになるであろうか。もちろん通姓の自由を拒むことはできないし、通姓の使用が法的な氏の変更のための「正当な事由」になり得ることも、これまでと変わらないはずである。しかし、少なくとも夫婦別氏を求めるためであったならば、真摯な希望は法的な氏の選択に委ねられ、通姓という安易な自己表現は必然的に少なくなると考えられる。通姓の法的な保護がこれまでと同様に寛大であり続けるかどうかも、保証の限りではない。そうなると、婚姻に際しての氏の選択には、かなり重い自己決定の責任が伴うことになるのではなかろうか。この範囲で、大げさに言うならば、窮屈な社会が出現すると言えるかもしれない(2)。しかし、それが法的に生きるという意味であろう。社会生活のさまざまな側面において、同様の自己責任に慣れた人々が主体的に行動することを、これからの社会は求めているとも考えられる。

夫婦別氏がごく当たり前の選択になった暁には、民法七五〇条は、一九九六年の改正要綱のように、同氏、別氏のいずれでも自由に選択できる、つまり原則と例外の区別を置かない、という法文に書き改められる可能性ももちろんあり得よう。そうした状況の下では、日本人の氏の取得変更は、もはやこれを制御するべき根拠も必要性もなくなり、まったく自由になったと理解されるのではなかろうか。そうなると氏そのものが、英米法のコモン・ローの原則に見られたように、個人の意思によって自由に取得、選択、変更できるという意思主義の極限に置かれることにもなる。しかし、これとは逆に、社会が氏不変の原則にメリットを見出し、夫婦別氏が中心の社会となって行く可能性も考えられる。あるいはまた、伝統的な同氏の原則維持に配慮するような保守的なスタンスに回帰することも、あり得ないわけではなかろう。日本法の氏がどこに行くかは未知数であり、社会状況を見極めながら慎重に舵取りをして行くことも法の役割となるのである。

（1）最近の裁判例には、三六年間旧姓を使用して教員を勤めた男性が、申し出に反して新聞の人事異動欄に戸籍名での掲載がなされたことを争って、損害賠償請求の訴訟を提起し、和解によって終結した横浜地裁平成二五年六月三日の事例が見られる。神奈川県教育委員会は旧姓使用取扱要綱を改正し、旧姓による教員異動の新聞発表を認め、県議会がこれを可決したため和解に至った。インターネットの報道であり、このような周辺の動きについては、本稿でも網羅的な検証はなし得ていない。

（2）法改正後も残る通姓の自由がこれを緩和するであろう。通姓を抑えるためには、婚姻後の氏の再選択を寛大にするという手段が考えられるが、ここではむしろ通姓を緩衝材とする方向に与したい。

【追記】

校正の段階にあった二〇一五年一二月一六日、予告されていたように最高裁大法廷から民法七三三条、民法七五〇条に関わる上告審の二つの判決が出された。一二月一七日朝刊の見出しは大きく「夫婦同姓合憲」とされており、本稿でも予断を許さないと書いてはいたものの、拍子抜けの感を免れなかった。これもありだったのかと今さらのように驚き、判決全文を改めて読み直している。

学生時代に教わったリアリズム法学は、裁判官はまず直感（hunch）によって判決の結論を導き、その後に正当化のための理論構成を考えるというものであった。実際には法文や解釈論の制約も大きいため、それらとのフィードバックの過程で結論が形成されるという理解が妥当のようである。しかし、いずれにしても今回の民法七五〇条の判決に関するかぎり、裁判官の主観が強く前面に出ており、とりわけ多数意見においては、その正当化は何でもありの強弁のようでもあって、内容的には極めて平凡な社会通念が語られたに過ぎない。

問題はなぜこれほどまでに合憲の結論が妥当と見られたのかであろう。恐らく裁判官の全員は、民法七五〇条の置かれている状況とその問題点に相当の理解を持って判決に臨まれたはずである。にもかかわらず、違憲無効を出した後の実務的対応に対する不安が法改正に向けた前向きの判断をためらわせたと見ることができる。別氏制の導入について、立法の道筋が十分明らかでないという指摘や、本来的に立法が取り組むべき課題であるという意見は判決理由中にも散見される。制度づくりに対するこうした不安を解消することができなかったのは、一九九六年の民法改正要綱の作成時における不手際であり、その後の真摯な詰めを怠った法学界の責任でもある。

こうした状況の中で、現行制度の不利益を専ら被っている女性の立場からは違憲が主張されて当然であり、三人の女性裁判官と弁護士出身の二裁判官がこれに与された。原告の立場に寄り添う趣旨から、立法不作為を理由とする損害賠償まで肯定する立場も見られる。このような役割分担によっていわば緩和されたかたちで、いかにも体制順応型のこの判決は導かれている。憲法違反はないとする現状肯定の多数意見には注目すべき議論がほとんど見られず、むしろ司法の限界や立法の必要性を指摘する補足意見、憲法違反とする意見や反対意見に実質的論点が示されたことは、本来判決として論じられるべき内容が何であったかを暗黙に語っていると言えよう。夫婦別姓の導入がこんなにも手がかりのない、空疎な要望としかなり得ていないことに改めて驚かされる。

比較してみると、民法七三三条に関する判決（こちらは紙幅の余裕がなく資料添付していない）の方には、はるかに適切に裁判官の理解が及んでいると見られる。多分論点に具体性があるからであろう。民法七七二条二項の嫡出推定の規定と六ヶ月の再婚禁止期間の間に齟齬があることは、早くから指摘されており、六ヶ月を一〇〇日に短縮すべきであるという立法案も周知のところであった（本書三五八頁以下参照）。大法廷判決はこの問題をストレートに憲法違反に直結させている。これにはやや違和感があり、民法七三三条については嫡出推定の規定とは別個に、制度そのものの憲法的意義が論じられるべきであった。そこからは全面廃止が導かれる余地もあり、それが諸外国の立法の動向でもある。実際には、このような認識もすでに八裁判官の補足意見、二裁判官の意見および反対意見において十分明示されており、もう一歩踏み込んだ全面的違憲判決の可能性もあり得たように思われる。しかし、具体的な法改正のイメージがないままに、現存規定の無効を言うべきではないとの抑制が、大法廷の基本的な姿勢にはあったのであろう。こうした配慮を受けることが法制審議会にとって光栄であるかという議論は措くとして、社会の秩序全般に対する司法の責任感には理解と評価が必要であるかと考えられる。

では、学説の立場からの議論はどのように展開できるであろうか。興味深いことに、民法七五〇条を論じる本判決には、この規定の背後に伝統的な家制度があることは、ほとんど注目されていない。家族の氏の統一はむしろ好ましい社会慣行と評価されているけれども、そこには氏が家の名であった歴史がある。夫婦別姓を認めることによってはじめて、家の名は個人の名に転換できるという論点がまず自覚されるべきであろう。個人の呼称のレベルで観察される氏には、人格権としての氏名権の尊重が不可欠であり、それ故に世界のほとんどの国の立法が夫婦別姓への道を開いたのであった。憲法一三条、一四条違反の枠組みの中でこの点の重要性を論じることも可能であるが、より具体的な憲法二四条二項の規定に依れば、民法七五〇条が「個人の尊厳と両性の本質的平等に立脚して」制定されていないことは今日自明である。

こうした事態は、とりわけ女性の社会的活動の広がりによってもたらされ、それ故に女性に実質的な不平等をますます負担させる結果になっているのであり、この点は憲法違反を主張される岡部裁判官の意見中に尽されている。社会は家族の時代から個人の時代に動こうとしているのかもしれず、氏名権の重要性は必然的にそれに伴う。インターネットの時代がそれをさらに増幅するとの指摘は、私にも新たな気づきであった。本判決は、こうした氏の不利益状況が、通称（通姓）の使用によって相当に緩和されていることを合憲の理由の一つとしている。しかし、通称による法の回避を裁判所が積極的に支持することは矛盾であろう。ここでは、法と現実の不整合を正すことが課題とされているのである。司法が家族と社会の安寧を志向するのであれば、婚姻制度が人々を取り込み難くなった現状を放置するのではなく、法律離れの人々をもう一度法の世界に回帰させるための法改正を後押しする必要がある。

もとより、合憲判決であるからもはや問題がないと人々が考えることはないであろう。立法、行政の担当者にも、本判決に示された裁判所の苦渋は伝わっているに違いないし、立法の必要性が理由中に指摘されていることは繰り返すまでもない。他方で、原告となって法改正の実現を求める試みは、今後も継続されてよいはずである。新たな視点としては、法改正のイメージを明確にするべく、通姓使用の法的承認に絞った主張を展開することが、本判決から得られる教訓になるかと考えられる。私個人の立法案とは必ずしも同じではないが、民法七六七条二項が規定する離婚後の婚氏続称に準じる扱いが、今日の婚姻後の氏に必要であると論じることは正当であり、原告の主張により説得力を与えるであろう。

●最高裁大法廷判決・平成二七年一二月一六日
（平成二六年（オ）第一〇二三号　損害賠償請求事件）

主文

本件上告を棄却する。
上告費用は上告人らの負担とする。

理由

上告代理人榊原富士子ほかの上告理由について

第1　事案の概要

1　本件は、上告人らが、夫婦が婚姻の際に定めるところに従い夫又は妻の氏を称すると定める民法七五〇条の規定（以下「本件規定」という。）は憲法一三条、一四条一項、二四条一項及び二項等に違反すると主張し、本件規定を改廃する立法措置をとらないという立法不作為の違法を理由に、被上告人に対し、国家賠償法一条一項に基づき損害賠償を求める事案である。

2　原審の適法に確定した事実関係の概要は、次のとおりである。

(1)　上告人X_1（氏）x_1（名）（戸籍上の氏名は「Ax_1」である。）は、Aaとの婚姻の際、夫の氏を称すると定めたが、通称の氏として「X_1」を使用している。

(2)　上告人$X_2$$x_2$と上告人$X_3$$x_3$は、婚姻の際、夫の氏を称すると定めたが、協議上の離婚をした。同上告人らは、その後、再度婚姻届を提出したが、婚姻後の氏の選択がされていないとして不受理とされた。

(3)　上告人$X_4$$x_4$（戸籍上の氏名は「B$x_4$」である。）は、Bbとの婚姻の際、夫の氏を称すると定めたが、通称の氏として「X_4」を使用している。

(4)　上告人$X_5$$x_5$（戸籍上の氏名は「C$x_5$」である。）は、Ccとの婚姻の際、夫の氏を称すると定めたが、通称の氏として「X_5」を使用している。

第2　上告理由のうち本件規定が憲法一三条に違反する旨をいう部分について

1　論旨は、本件規定が、憲法上の権利として保障される人格権の一内容である「氏の変更を強制されない自由」を不当に侵害し、憲法一三条に違反する旨をいうものである。

2(1)　氏名は、社会的にみれば、個人を他人から識別し特定する機能を有するものであるが、同時に、その個人からみれば、人が個人として尊重される基礎であり、その個人の人格の象徴であって、人格権の一内容を構成するものというべきである（最高裁昭和五八年（オ）第一三一一号同六三年二月一六日第三小法廷判決・民集四二巻二号二七頁参照）。

(2)　しかし、氏は、婚姻及び家族に関する法制度の一部として法律がその具体的な内容を規律しているものであるから、氏に関する上記人格権の内容も、憲法上一義的に捉えられるべきものではなく、憲法の趣旨を踏まえつつ定められる法制度をまって初めて具体的に捉えられるものである。

　したがって、具体的な法制度を離れて、氏が変更されること自体を捉えて直ちに人格権を侵害し、違憲であるか否かを論ずることは相当ではない。

(3) そこで、民法における氏に関する規定を通覧すると、人は、出生の際に、嫡出である子については父母の氏を、嫡出でない子については母の氏を称することによって氏を取得し（民法七九〇条）、婚姻の際に、夫婦の一方は、他方の氏を称することによって氏が改められ（本件規定）、離婚や婚姻の取消しの際に、婚姻によって氏を改めた者は婚姻前の氏に復する（同法七六七条一項、七七一条、七四九条）等と規定されている。また、養子は、縁組の際に、養親の氏を称することによって氏が改められ（同法八一〇条）、離縁や縁組の取消しによって縁組前の氏に復する（同法八一六条一項、八〇八条二項）等と規定されている。

これらの規定は、氏の性質に関し、氏に、名と同様に個人の呼称としての意義があるものの、名とは切り離された存在として、夫婦及びその間の未婚の子や養親子が同一の氏を称するとすることにより、社会の構成要素である家族の呼称としての意義があるとの理解を示しているものといえる。そして、家族は社会の自然かつ基礎的な集団単位であるから、このように個人の呼称の一部である氏をその個人の属する集団を想起させるものとして一つに定めることにも合理性があるといえる。

(4) 本件で問題となっているのは、婚姻という身分関係の変動を自らの意思で選択することに伴って夫婦の一方が氏を改めるという場面であって、自らの意思に関わりなく氏を改めることが強制されるというものではない。

氏は、個人の呼称としての意義があり、名とあいまって社会的に個人を他人から識別し特定する機能を有するものであることからすれば、自らの意思のみによって自由に定めたり、又は改めたりすることを認めることは本来の性質に沿わないものであり、一定の統一された基準に従って定められ、又は改められるとすることが不自然な取扱いとはいえないところ、上記のように、氏に、名とは切り離された存在として社会の構成要素である家族の呼称としての意義があることからすれば、氏が、親子関係など一定の身分関係を反映し、婚姻を含めた身分関係の変動に伴って改められることがあり得ることは、その性質上予定されているといえる。

(5) 以上のような現行の法制度の下における氏の性質等に鑑みると、婚姻の際に「氏の変更を強制されない自由」が憲法上の権利として保障される人格権の一内容であるとはいえない。本件規定は、憲法一三条に違反するものではない。

3 もっとも、上記のように、氏が、名とあいまって、個人を他人から識別し特定する機能を有するほか、人が個人として尊重される基礎であり、その個人の人格を一体として示すものでもあることから、氏を改める者にとって、そのことによりいわゆるアイデンティティの喪失感を抱いたり、従前の氏を使用する中で形成されてきた他人から識別し特定される機能が阻害される不利益や、個人の信用、評価、名誉感情等にも影響が及ぶという不利益が生じたりすることがあることは否定できず、特に、近年、晩婚化が進み、婚姻前の氏を使用する中で社会的な地位や業績が築かれる期間が長くなっていることから、婚姻に伴い氏を改めることにより不利益を被る者が増加してきていることは容易にうかがえるところである。

これらの婚姻前に築いた個人の信用、評価、名誉感情等を婚姻後も維持する利益等は、憲法上の権利として保障される人格権の一内容であるとまではいえないものの、後記のとおり、氏を含めた婚姻及び家族に関する法制度の在り方を検討するに当たって考慮すべき人格的利益であるとはいえるのであり、憲法二四条の認める立法裁量の範囲を超えるものであるか否かの検討に当たって考慮すべき事項であると考えられる。

第3　上告理由のうち本件規定が憲法一四条一項に違反する旨をいう部分について

1　論旨は、本件規定が、九六％以上の夫婦において夫の氏を選択するという性差別を発生させ、ほとんど女性のみに不利益を負わせる効果を有する規定であるから、憲法一四条一項に違反する旨をいうものである。

2　憲法一四条一項は、法の下の平等を定めており、この規定が、事柄の性質に応じた合理的な根拠に基づくものでない限り、法的な差別的取扱いを禁止する趣旨のものであると解すべきことは、当裁判所の判例とするところである（最高裁昭和三七年(オ)第一四七二号同三九年五月二七日大法廷判決・民集一八巻四号六七六頁、最高裁昭和四五年(あ)第一三一〇号同四八年四月四日大法廷判決・刑集二七巻三号二六五頁等）。

そこで検討すると、本件規定は、夫婦が夫又は妻の氏を称するものとしており、夫婦がいずれの氏を称するかを夫婦となろうとする者の間の協議に委ねているのであって、その文言上性別に基づく法的な差別的取扱いを定めているわけではなく、本件規定の定める夫婦同氏制それ自体に男女間の形式的な不平等が存在するわけではない。我が国において、夫婦となろうとする者の間の個々の協議の結果として夫の氏を選択する夫婦が圧倒的多数を占めることが認められるとしても、それが、本件規定の在り方自体から生じた結果であるということはできない。

したがって、本件規定は、憲法一四条一項に違反するものではない。

3　もっとも、氏の選択に関し、これまでは夫の氏を選択する夫婦が圧倒的多数を占めている状況にあることに鑑みると、この現状が、夫婦となろうとする者双方の真に自由な選択の結果によるものかについて留意が求められるところであり、仮に、社会に存する差別的な意識や慣習による影響があるのであれば、その影響を排除して夫婦間に実質的な平等が保たれるように図ることは、憲法一四条一項の趣旨に沿うものであるといえる。そして、この点は、氏を含めた婚姻及び家族に関する法制度の在り方を検討するに当たって考慮すべき事項の一つというべきであり、後記の憲法二四条の認める立法裁量の範囲を超えるものであるか否かの検討に当たっても留意すべきものと考えられる。

第4　上告理由のうち本件規定が憲法二四条に違反する旨をいう部分について

1　論旨は、本件規定が、夫婦となろうとする者の一方が氏を改めることを婚姻届出の要件とすることで、実質的に婚姻の自由を侵害するものであり、また、国会の立法裁量の存在を考慮したとしても、本件規定が個人の尊厳を侵害するものとして、憲法二四条に違反する旨をいうものである。

2(1)　憲法二四条は、一項において「婚姻は、両性の合意のみに基いて成立し、夫婦が同等の権利を有することを基本として、相互の協力により、維持されなければならない。」と規定しているところ、これは、婚姻をするかどうか、いつ誰と婚姻をするかについては、当事者間の自由かつ平等な意思決定に委ねられるべきであるという趣旨を明らかにしたものと解される。

本件規定は、婚姻の効力の一つとして夫婦が夫又は妻の氏を称することを定めたものであり、婚姻をすることについての直接の制約を定めたものではない。仮に、婚姻及び家族に関する法制度の内容に意に沿わないところがあることを理由として婚姻をしないことを選択した者がいるとしても、これをもって、直ちに上記法制度を定めた法律が婚姻をすることについて憲法二四条一項の趣旨に沿わない制約を課したものと評価することはできない。ある法制度の内容により婚姻をすることが事実上制約されることになっていることについては、婚姻及び家族に関する法制度の内容を定めるに当たっての国会の立法裁量の範囲を超えるものであるか否かの検討に当たって考慮すべき事項であると考えられる。

(2) 憲法二四条は、二項において「配偶者の選択、財産権、相続、住居の選定、離婚並びに婚姻及び家族に関するその他の事項に関しては、法律は、個人の尊厳と両性の本質的平等に立脚して、制定されなければならない。」と規定している。

婚姻及び家族に関する事項は、関連する法制度においてその具体的内容が定められていくものであることから、当該法制度の制度設計が重要な意味を持つものであるところ、憲法二四条二項は、具体的な制度の構築を第一次的には国会の合理的な立法裁量に委ねるとともに、その立法に当たっては、同条一項も前提としつつ、個人の尊厳と両性の本質的平等に立脚すべきであるとする要請、指針を示すことによって、その裁量の限界を画したものといえる。

そして、憲法二四条が、本質的に様々な要素を検討して行われるべき立法作用に対してあえて立法上の要請、指針を明示していることからすると、その要請、指針は、単に、憲法上の権利として保障される人格権を不当に侵害するものでなく、かつ、両性の形式的な平等が保たれた内容の法律が制定されればそれで足りるというものではないのであって、憲法上直接保障された権利とまではいえない人格的利益をも尊重すべきこと、両性の実質的な平等が保たれるように図ること、婚姻制度の内容により婚姻をすることが事実上不当に制約されることのないように図ること等についても十分に配慮した法律の制定を求めるものであり、この点でも立法裁量に限定的な指針を与えるものといえる。

3 (1) 他方で、婚姻及び家族に関する事項は、国の伝統や国民感情を含めた社会状況における種々の要因を踏まえつつ、それぞれの時代における夫婦や親子関係についての全体の規律を見据えた総合的な判断によって定められるべきものである。特に、憲法上直接保障された権利とまではいえない人格的利益や実質的平等は、その内容として多様なものが考えられ、それらの実現の在り方は、その時々における社会的条件、国民生活の状況、家族の在り方等との関係において決められるべきものである。

(2) そうすると、憲法上の権利として保障される人格権を不当に侵害して憲法一三条に違反する立法措置や不合理な差別を定めて憲法一四条一項に違反する立法措置を講じてはならないことは当然であるとはいえ、憲法二四条の要請、指針に応えて具体的にどのような立法措置を講ずるかの選択決定が上記(1)のとおり国会の多方面にわたる検討と判断に委ねられているものであることからすれば、婚姻及び家族に関する法制度を定めた法律の規定が憲法一三条、一四条一項に違反しない場合に、更に憲法二四条にも適合するものとして是認されるか否かは、当該法制度の趣旨や同制度を採用することにより生ずる影響につき検討し、当該規定が個人の尊厳と両性の本質的平等の要請に照らして合理性を欠き、国会の立法裁量の範囲を超えるものとみざるを得ないような場合に当たるか否かという観点から判断すべきものとするのが相当である。

4　以上の観点から、本件規定の憲法二四条適合性について検討する。

(1)ア　婚姻に伴い夫婦が同一の氏を称する夫婦同氏制は、旧民法（昭和二二年法律第二二二号による改正前の明治三一年法律第九号）の施行された明治三一年に我が国の法制度として採用され、我が国の社会に定着してきたものである。前記のとおり、氏は、家族の呼称としての意義があるところ、現行の民法の下においても、家族は社会の自然かつ基礎的な集団単位と捉えられ、その呼称を一つに定めることには合理性が認められる。

そして、夫婦が同一の氏を称することは、上記の家族という一つの集団を構成する一員であることを、対外的に公示し、識別する機能を有している。特に、婚姻の重要な効果として夫婦間の子が夫婦の共同親権に服する嫡出子となるということがあるところ、嫡出子であることを示すために子が両親双方と同氏である仕組みを確保することにも一定の意義があると考えられる。また、家族を構成する個人が、同一の氏を称することにより家族という一つの集団を構成する一員であることを実感することに意義を見いだす考え方も理解できるところである。さらに、夫婦同氏制の下においては、子の立場として、いずれの親とも等しく氏を同じくすることによる利益を享受しやすいといえる。

加えて、前記のとおり、本件規定の定める夫婦同氏制それ自体に男女間の形式的な不平等が存在するわけではなく、夫婦がいずれの氏を称するかは、夫婦となろうとする者の間の協議による自由な選択に委ねられている。

イ　これに対して、夫婦同氏制の下においては、婚姻に伴い、夫婦となろうとする者の一方は必ず氏を改めることになるところ、婚姻によって氏を改める者にとって、そのことによりいわゆるアイデンティティの喪失感を抱いたり、婚姻前の氏を使用する中で形成してきた個人の社会的な信用、評価、名誉感情等を維持することが困難になったりするなどの不利益を受ける場合があることは否定できない。そして、氏の選択に関し、夫の氏を選択する夫婦が圧倒的多数を占めている現状からすれば、妻となる女性が上記の不利益を受ける場合が多い状況が生じているものと推認できる。さらには、夫婦となろうとする者のいずれかがこれらの不利益を受けることを避けるために、あえて婚姻をしないという選択をする者が存在することもうかがわれる。

しかし、夫婦同氏制は、婚姻前の氏を通称として使用することまで許さないというものではなく、近時、婚姻前の氏を通称として使用することが社会的に広まっているところ、上記の不利益は、このような氏の通称使用が広まることにより一定程度は緩和され得るものである。

ウ　以上の点を総合的に考慮すると、本件規定の採用した夫婦同氏制が、夫婦が別の氏を称することを認めないものであるとしても、上記のような状況の下で直ちに個人の尊厳と両性の本質的平等の要請に照らして合理性を欠く制度であるとは認めることはできない。したがって、本件規定は、憲法二四条に違反するものではない。

(2)　なお、論旨には、夫婦同氏制を規制と捉えた上、これよりも規制の程度の小さい氏に係る制度（例えば、夫婦別氏を希望する者にこれを可能とするいわゆる選択的夫婦別氏制）を採る余地がある点についての指摘をする部分があるところ、上記(1)の判断は、そのような制度に合理性がないと断ずるものではない。上記のとおり、夫婦同氏制の採用については、嫡出子の仕組みなどの婚姻制度や氏の在り方に対する社会の受け止め方に依拠するところが少なくなく、この点の状況に関する判断を含め、この種の制度の在り方は、国会で論ぜられ、判断されるべき事柄にほかならないというべきである。

第5　その余の上告理由について

論旨は、憲法九八条二項違反及び理由の不備をいうが、その実質は単なる法令違反をいうものであって、民訴法三一二条一項及び二項に規定する事由のいずれにも該当しない。

第6　結論

以上によれば、本件規定を改廃する立法措置をとらない立法不作為は、国家賠償法一条一項の適用上違法の評価を受けるものではない。上告人らの請求を棄却すべきものとした原審の判断は、是認することができる。論旨は採用することができない。

よって、裁判官山浦善樹の反対意見があるほか、裁判官全員一致の意見で、主文のとおり判決する。なお、裁判官寺田逸郎の補足意見、裁判官櫻井龍子、同岡部喜代子、同鬼丸かおる、同木内道祥の各意見がある。

裁判官寺田逸郎の補足意見は、次のとおりである。

岡部裁判官及び木内裁判官の各意見における憲法適合性の議論に鑑み、多数意見の第4の4の記述を敷衍する趣旨で補足的に述べておきたい。

本件で上告人らが主張するのは、氏を同じくする夫婦に加えて氏を異にする夫婦を法律上の存在として認めないのは不合理であるということであり、いわば法律関係のメニューに望ましい選択肢が用意されていないことの不当性を指摘し、現行制度の不備を強調するものであるが、このような主張について憲法適合性審査の中で裁判所が積極的な評価を与えることには、本質的な難しさがある。

(1)　およそ人同士がどうつながりを持って暮らし、生きていくかは、その人たちが自由に決められて然るべき事柄である。憲法上も、このことを一三条によって裏付けることができよう。これに対して、法律制度としてみると、婚姻夫婦のように形の上では二人の間の関係であっても、家族制度の一部として構成され、身近な第三者ばかりでなく広く社会に効果を及ぼすことがあるものとして位置付けられることがむしろ一般的である。現行民法でも、親子関係の成立、相続における地位、日常の生活において生ずる取引上の義務などについて、夫婦となっているかいないかによって違いが生ずるような形で夫婦関係が規定されている。このような法律制度としての性格や、現実に夫婦、親子などからなる家族が広く社会の基本的構成要素となっているという事情などから、法律上の仕組みとしての婚姻夫婦も、その他の家族関係と同様、社会の構成員一般からみてもそう複雑でないものとして捉えることができるよう規格化された形で作られていて、個々の当事者の多様な意思に沿って変容させることに対しては抑制的である。民事上の法律制度として当事者の意思により法律関係を変容させることを許容することに慎重な姿勢がとられているものとしては、他に法人制度（会社制度）や信託制度などがあるが、家族制度は、これらと比べても社会一般に関わる度合いが大きいことが考慮されているのであろう、この姿勢が一層強いように思われる。

(2)　現行民法における婚姻は、上記のとおり、相続関係（八九〇条、九〇〇条等）、日常の生活において生ずる取引関係（七六一条）など、当事者相互の関係にとどまらない意義・効力を有するのであるが、男女間に認められる制度としての婚姻を特徴づけるのは、嫡出子の仕組み（七七二条以下）をおいてほかになく、この仕組みが婚姻制度の効力として有する意味は大きい(注)。現行民法下では夫婦及びその嫡出子が家族関係の基本を成しているとする見方が広く行き渡っているのも、このような構造の捉え方に沿ったものであるといえるであろうし、このように婚姻と結び付いた嫡出子の地位を認めることは、必然的といえないとしても、歴史的にみても社会学的にみても不合理とは断じ難く、憲法二四条との整合性に欠けることもない。そして、夫婦の氏に関する規定は、まさに夫婦それぞれと等しく同じ氏を称するほどのつながりを持った存在として嫡出子が意義づけられていること（七九〇条一項）を反映していると考えられるのであって、このことは多数意見でも触れられているとおりである（ただし、このことだけが氏に関する規定の合理性を根拠づけるわけではないことも、多数意見で示されているとおりである。）。複雑さを避け、規格化するという要請の中で仕組みを構成しようとする場合に、法律上の効果となる柱を想定し、これとの整合性を追求しつつ他の部分を作り上げていくことに何ら不合理はないことを考慮すると、このように作り上げられている夫婦の氏の仕組みを社会の多数が受け入れるときに、その原則としての位置付けの合理性を疑う余地がそれほどあるとは思えない。

(注)　性同一性障害者の性別の取扱いの特例に関する法律に基づき男性への性別の取扱いの変更の審判を受けた者の妻の懐胎子と嫡出推定規定の適用に関する最高裁平成二五年（許）第五号同年一二月一〇日第三小法廷決定・民集六七巻九号一八四七頁における寺田補足意見（一八五二頁以下）参照。嫡出推定・嫡出否認の仕組みは、妻による懐胎出生子は、夫自らが否定しない限り夫を父とするという考え方によるものであり、妻が子をもうけた場合に、夫の意思に反して他の男性からその子が自らを父とする子である旨を認知をもって言い立てられることはないという意義を婚姻が有していることを示している。このように、法律上の婚姻としての効力の核心

部分とすらいえる効果が、まさに社会的広がりを持つものであり、それ故に、法律婚は型にはまったものとならざるを得ないのである。

(3) 家族の法律関係においても、人々が求めるつながりが多様化するにつれて規格化された仕組みを窮屈に受け止める傾向が出てくることはみやすいところであり、そのような傾向を考慮し意向に沿った選択肢を設けることが合理的であるとする意見・反対意見の立場は、その限りでは理解できなくはない。しかし、司法審査という立場から現行の仕組みが不合理といえるかどうかを論ずるにおいては、上記の傾向をそのまま肯定的な結論に導くにはいくつかの難所がある。

上記のとおり、この分野においては、当事者の合意を契機とすることにより制度を複雑にすることについて抑制的な力学が働いているという壁がまずある。我が国でも、夫婦・親子の現実の家族としてのありようは、もともと地域などによって一様でないとの指摘がある中で、法的には夫婦関係、親子関係が規格化されて定められてきていることに留意することが求められよう。諸外国の立法でも柔軟化を図っていく傾向にあるとの指摘があるが、どこまで柔軟化することが相当かは、その社会の受け止め方の評価に関わるところが大きい。次に、選択肢を設けないことが不合理かどうかについては、制度全体との整合性や現実的妥当性を考慮した上で選択肢が定まることとなしには的確な判断をすることは望めないところ、現行制度の嫡出子との結び付きを前提としつつ、氏を異にする夫婦関係をどのように構成するのかには議論の幅を残すことを避けられそうもない。例えば、嫡出子の氏をどのようにするかなどの点で嫡出子の仕組みとの折り合いをどのようにつけるかをめぐっては意見が分かれるところであり（現に、平成八年の婚姻制度に関する法制審議会の答申において、子の氏の在り方をめぐって議論のとりまとめに困難があったようにうかがわれる。）、どのような仕組みを選択肢の対象として検討の俎上に乗せるかについて浮動的な要素を消すことができない。もちろん、現行法の定める嫡出子の仕組みとの結び付きが婚姻制度の在り方として必然的なものとまではいえないことは上記のとおりであり、嫡出子の仕組みと切り離された新たな制度を構想することも考えられるのであるが、このようなことまで考慮に入れた上での判断となると、司法の場における審査の限界をはるかに超える。加えて、氏の合理的な在り方については、その基盤が上記のとおり民法に置かれるとしても、多数意見に示された本質的な性格を踏まえつつ、その社会生活上の意義を勘案して広く検討を行っていくことで相当性を増していくこととなろうが、そのような方向での検討は、司法の枠を超えた社会生活に係る諸事情の見方を問う政策的な性格を強めたものとならざるを得ないであろう。

以上のような多岐にわたる条件の下での総合的な検討を念頭に置くとなると、諸条件につきよほど客観的に明らかといえる状況にある場合にはともかく、そうはいえない状況下においては、選択肢が設けられていないことの不合理を裁判の枠内で見いだすことは困難であり、むしろ、これを国民的議論、すなわち民主主義的なプロセスに委ねることによって合理的な仕組みの在り方を幅広く検討して決めるようにすることこそ、事の性格にふさわしい解決であるように思える。選択肢のありようが特定の少数者の習俗に係るというような、民主主義的プロセスによる公正な検討への期待を妨げるというべき事情も、ここでは見いだすに至らない。離婚における婚氏続称の仕組み（民法七六七条二項）を例に挙げて身分関係の変動に伴って氏を変えない選択肢が現行法に設けられているとの指摘もみられるが、離婚後の氏の合理的な在り方について国会で議論が行われ、その結果、新たに選択肢を加えるこの仕組みが法改正によって設けられたという、その実現までの経緯を見落としてはなるまい。そのことこそが、問題の性格についての上記多数意見の理解の正しさを裏書きしているといえるのではないであろうか。

裁判官岡部喜代子の意見は、次のとおりである。

私は、本件上告を棄却すべきであるとする多数意見の結論には賛成するが、本件規定が憲法に違反するものではないとする説示には同調することができないので、その点に関して意見を述べることとしたい。

1　本件規定の憲法二四条適合性

(1)　本件規定の昭和二二年民法改正時の憲法二四条適合性

多数意見の述べるとおり、氏は個人の呼称としての意義があり、名とあいまって社会的に個人を他から識別し特定する機能を有するものである。そして、夫婦と親子という身分関係は、人間社会の最も基本的な社会関係であると同時に重要な役割を担っているものであり、このような関係を表象するために同一の氏という記号を用いることは一般的には合理的な制度であると考えられる。社会生活の上でその身分関係をある程度判断することができ、夫婦とその間の未成熟子という共同生活上のまとまりを表すことも有益である。

夫婦同氏の制度は、明治民法（昭和二二年法律第二二二号による改正前の明治三一年法律第九号）の下において、多くの場合妻は婚姻により夫の家に入り、家の名称である夫の氏を称することによって実現されていた。昭和二二年法律第二二二号による民法改正時においても、夫婦とその間の未成熟子という家族を念頭に、妻は家庭内において家事育児に携わるという近代的家族生活が標準的な姿として考えられており、夫の氏は婚姻によって変更されず妻の氏が夫と同一になることに問題があるとは考えられなかった。実際の生活の上でも、夫が生計を担い、妻がそれを助けあるいは家事育児を担うという態様が多かったことによって、妻がその氏を変更しても特に問題を生ずることは少なかったといえる。本件規定は、夫婦が家から独立し各自が独立した法主体として協議してどちらの氏を称するかを決定するという形式的平等を規定した点に意義があり、昭和二二年に制定された当時としては合理性のある規定であった。したがって、本件規定は、制定当時においては憲法二四条に適合するものであったといえる。

(2)　本件規定の現時点の憲法二四条適合性

ア　ところが、本件規定の制定後に長期間が経過し、近年女性の社会進出は著しく進んでいる。婚姻前に稼働する女性が増加したばかりではなく、婚姻後に稼働する女性も増加した。その職業も夫の助けを行う家内的な仕事にとどまらず、個人、会社、機関その他との間で独立した法主体として契約等をして稼働する、あるいは事業主体として経済活動を行うなど、社会と広く接触する活動に携わる機会も増加してきた。そうすると、婚姻前の氏から婚姻後の氏に変更することによって、当該個人が同一人であるという個人の識別、特定に困難を引き起こす事態が生じてきたのである。そのために婚姻後も婚姻前の氏によって社会的経済的な場面における生活を継続したいという欲求が高まってきたことは公知の事実である。そして識別困難であることは単に不便であるというだけではない。例えば、婚姻前に営業実績を積み上げた者が婚姻後の氏に変更したことによって外観上その実績による評価を受けることができないおそれがあり、また、婚姻前に特許を取得した者と婚姻後に特許を取得した者とが同一人と認識されないおそれがあり、あるいは論文の連続性が認められないおそれがある等、それが業績、実績、成果などの法的利益に影響を与えかねない状況となることは容易に推察できるところである。氏の第一義的な機能が同一性識別機能であると考えられることからすれば、婚姻によって取得した新しい氏を使用することによって当該個人の同一性識別に支障の及ぶことを避けるために婚姻前の氏使用を希望することには十分な合理的理由があるといわなければならない。このような同一性識別のための婚姻前の氏使用は、女性の社会進出の推進、仕事と家庭の両立策などによって婚姻前から継続する社会生活を送る女性が増加するとともにその合理性と必要性が増しているといえる。現在進行している社会のグローバル化やインターネット等で氏名が検索されることがあるなどの、いわば氏名自体が世界的な広がりを有するようになった社会においては、氏による個人識別性の重要性はより大きいものであって、婚姻前からの氏使用の有用性、必要性は更に高くなっているといわなければならない。我が国が昭和六〇年に批准した「女子に対するあらゆる形態の差別の撤廃に関する条約」に基づき設置された女子差別撤廃委員会からも、平成一五年以降、繰り返し、我が国の民法に夫婦の氏の選択に関する差別的な法規定が含まれていることについて懸念が表明され、その廃止が要請されているところである。

イ　次に、氏は名との複合によって個人識別の記号とされているのであるが、単なる記号にとどまるものではない。氏は身分関係の変動によって変動することから身分関係に内在する血縁ないし家族、民族、出身地等当該個人の背景や属性等を含むものであり、氏を変更した一方はいわゆるアイデンティティを失ったような喪失感を持つに至ることもあり得るといえる。そして、現実に九六％を超える夫婦が夫の氏を称する婚姻をしているところからすると、近時大きなものとなってきた上記の個人識別機能に対する支障、自己喪失感などの負担は、ほぼ妻について生じているといえる。夫の氏を称することは夫婦となろうとする者双方の協議によるものであるが、九六％もの多数が夫の氏を称することは、女性の社会的経済的な立場の弱さ、家庭生活における立場の弱さ、種々の事実上の圧力など様々な要因のもたらすところであるといえるのであって、夫の氏を称することが妻の意思に基づくものであるとしても、その意思決定の過程に現実の不平等と力関係が作用しているのである。そうすると、その点の配慮をしないまま夫婦同氏に例外を設けないことは、多くの場合妻となった者のみが個人の尊厳の基礎である個人識別機能を損ねられ、また、自己喪失感といった負担を負うこととなり、個人の尊厳と両性の本質的平等に立脚した制度とはいえない。

ウ　そして、氏を改めることにより生ずる上記のような個人識別機能への支障、自己喪失感などの負担が大きくなってきているため、現在では、夫婦となろうとする者のいずれかがこれらの不利益を受けることを避けるためにあえて法律上の婚姻をしないという選択をする者を生んでいる。

本件規定は、婚姻の効力の一つとして夫婦が夫又は妻の氏を称することを定めたものである。しかし、婚姻は、戸籍法の定めるところにより、これを届け出ることによってその効力を生ずるとされ（民法七三九条一項）、夫婦が称する氏は婚姻届の必要的記載事項である（戸籍法七四条一号）。したがって、現時点においては、夫婦が称する氏を選択しなければならないことは、婚姻成立に不合理な要件を課したものとして婚姻の自由を制約するものである。

エ　多数意見は、氏が家族という社会の自然かつ基礎的な集団単位の呼称であることにその合理性の根拠を求め、氏が家族を構成する一員であることを公示し識別する機能、またそれを実感することの意義等を強調する。私もそのこと自体に異を唱えるわけではない。しかし、それは全く例外を許さないことの根拠になるものではない。離婚や再婚の増加、非婚化、晩婚化、高齢化などにより家族形態も多様化している現在において、氏が果たす家族の呼称という意義や機能をそれほどまでに重視することはできない。世の中の家族は多数意見の指摘するような夫婦とその間の嫡出子のみを構成員としている場合ばかりではない。民法が夫婦と嫡出子を原則的な家族形態と考えていることまでは了解するとしても、そのような家族以外の形態の家族の出現を法が否定しているわけではない。既に家族と氏の結び付きには例外が存在するのである。また、多数意見は、氏を改めることによって生ずる上記の不利益は婚姻前の氏の通称使用が広まることによって一定程度は緩和され得るとする。しかし、通称は便宜的なもので、使用の許否、許される範囲等が定まっているわけではなく、現在のところ公的な文書には使用できない場合があるという欠陥がある上、通称名と戸籍名との同一性という新たな問題を惹起することになる。そもそも通称使用は婚姻によって変動した氏では当該個人の同一性の識別に支障があることを示す証左なのである。既に婚姻をためらう事態が生じている現在において、上記の不利益が一定程度緩和されているからといって夫婦が別の氏を称することを全く認めないことに合理性が認められるものではない。

オ　以上のとおりであるから、本件規定は、昭和二二年の民法改正後、社会の変化とともにその合理性は徐々に揺らぎ、少なくとも現時点においては、夫婦が別の氏を称することを認めないものである点において、個人の尊厳と両性の本質的平等の要請に照らして合理性を欠き、国会の立法裁量の範囲を超える状態に至っており、憲法二四条に違反するものといわざるを得ない。

2　本件規定を改廃する立法措置をとらない立法不作為の違法について

(1)　上記のとおり、本件規定は、少なくとも現時点においては憲法二四条に違反するものである。もっとも、これまで当裁判所や下級審において本件規定が憲法二四条に適合しない旨の判断がされたこともうかがわれない。また、本件規定については、平成六年に法制審議会民法部会身分法小委員会の審議に基づくものとして法務省民事局参事官室により公表された「婚姻制度等に関する民法改正要綱試案」及びこれを更に検討した上で平成八年に法制審議会が法務大臣に答申した「民法の一部を改正する法律案要綱」においては、いわゆる選択的夫婦別氏制という本件規定の改正案が示されていた。しかし、同改正案は、個人の氏に対する人格的利益を法制度上保護すべき時期が到来しているとの説明が付されているものの、本件規定が違憲であることを前提とした議論がされた結果作成されたものとはうかがわれない。婚姻及び家族に関する事項については、その具体的な制度の構築が第一次的には国会の合理的な立法裁量に委ねられる事柄であることに照らせば、本件規定について違憲の問題が生ずるとの司法判断がされてこなかった状況の下において、本件規定が憲法二四条に違反することが明白であるということは困難である。

(2) 以上によれば、本件規定は憲法二四条に違反するものとなっているものの、これを国家賠償法一条一項の適用の観点からみた場合には、憲法上保障され又は保護されている権利利益を合理的な理由なく制約するものとして憲法の規定に違反することが明白であるにもかかわらず国会が正当な理由なく長期にわたって改廃等の立法措置を怠っていたと評価することはできない。したがって、本件立法不作為は、国家賠償法一条一項の適用上違法の評価を受けるものではなく、本件上告を棄却すべきであると考えるものである。

裁判官櫻井龍子、同鬼丸かおるは、裁判官岡部喜代子の意見に同調する。

裁判官木内道祥の意見は、次のとおりである。

氏名権の人格権的把握、実質的男女平等、婚姻の自由など、家族に関する憲法的課題が夫婦の氏に関してどのように存在するのかという課題を上告人らが提起している。これらはいずれも重要なものであるが、民法七五〇条の憲法適合性という点からは、婚姻における夫婦同氏制は憲法二四条にいう個人の尊厳と両性の本質的平等に違反すると解される。私が多数意見と意見を異にするのはこの点であり、以下、これについて述べる。

1 憲法二四条の趣旨

憲法二四条は、同条一項が、婚姻をするかどうか、いつ誰と婚姻するかについては、当事者間の自由かつ平等な意思決定に委ねられるべきであるとして、婚姻の自由と婚姻における夫婦間の権利の平等を定め、同条二項が、一項を前提として、婚姻の法制度の立法の裁量の限界を画したものである。

本件規定は、婚姻の際に、例外なく、夫婦の片方が従来の氏を維持し、片方が従来の氏を改めるとするものであり、これは、憲法二四条一項にいう婚姻における夫婦の権利の平等を害するものである。もとより、夫婦の権利の平等が憲法上何らの制約を許さないものではないから、問題は、夫婦同氏制度による制約が憲法二四条二項の許容する裁量を超えるか否かである。

2 氏の変更による利益侵害

婚姻適齢は、男一八歳、女一六歳であるが、未成年者であっても婚姻によって成人とみなされることにみられるように、大多数の婚姻の当事者は、既に、従来の社会生活を踏まえた社会的な存在、すなわち、社会に何者かであると認知・認識された存在となっている。

そのような二人が婚姻という結び付きを選択するに際し、その氏を使用し続けることができないことは、その者の社会生活にとって、極めて大きな制約となる。

人の存在が社会的に認識される場合、職業ないし所属とその者の氏、あるいは、居住地とその者の氏の二つの要素で他と区別されるのが通例である。

氏の変更は、本来的な個別認識の表象というべき氏名の中の氏のみの変更にとどまるとはいえ、職業ないし所属と氏、あるいは、居住地と氏による認識を前提とすると、変更の程度は半分にとどまらず、変更前の氏の人物とは別人と思われかねない。

人にとって、その存在の社会的な認識は守られるべき重要な利益であり、それが失われることは、重大な利益侵害である。同氏制度により氏を改めざるを得ない当事者は、このような利益侵害を被ることとなる。

3　夫婦同氏制度の合理性

同氏制度による憲法上の権利利益の制約が許容されるものか否かは、憲法二四条にいう個人の尊厳と両性の本質的平等の要請に照らして合理性を欠き、国会の立法裁量の範囲を超えるか否かの観点から判断されるべきことは多数意見の述べるとおりである。

ここで重要なのは、問題となる合理性とは、夫婦が同氏であることの合理性ではなく、夫婦同氏に例外を許さないことの合理性であり、立法裁量の合理性という場合、単に、夫婦同氏となることに合理性があるということだけでは足りず、夫婦同氏に例外を許さないことに合理性があるといえなければならないことである。

4　身分関係の変動と氏

民法が採用している身分関係の変動に伴って氏が変わるという原則は、それ自体が不合理とはいえないが、この原則は憲法が定めるものではなく、それを婚姻の場合についても維持すること自体が無前提に守られるべき利益とはいえない。

身分関係の変動に伴って氏が変わるという原則が、民法上、一貫しているかといえば、そうではない。離婚の際の氏の続称（婚氏続称）は昭和五一年改正、養子離縁の際の氏の続称は昭和六二年改正により設けられたものであるが、離婚・離縁という身分関係の変動があっても、その選択により、従来の氏を引き続き使用することが認められている。この改正に当たっては、各個人の社会的活動が活発となってくると婚姻前の氏により社会生活における自己の同一性を保持してきた者にとって大きな不利益を被るという夫婦同氏制度の問題を背景とすることは意識されており、それには当面手をつけないとしても、婚姻生活の間に形成された社会的な認識を離婚によって失うことの不利益を救済するという趣旨であった。

5　氏の法律的な意味と効用

昭和二二年改正前の民法は、氏は「家」への出入りに連動するものであり、「家」への出入りに様々な法律効果が結び付いていたが、同年改正により「家」は廃止され、改正後の現行民法は、相続についても親権についても、氏に法律効果を与えていない。現行民法が氏に法律効果を与えているのは、僅かに祭祀に関する権利の承継との関係にとどまる。

そこで、同氏の効用は、家族の一体感など法律効果以外の事柄に求められている。

多数意見は、個人が同一の氏を称することにより家族という一つの集団を構成する一員であることを実感する意義をもって合理性の一つの根拠とするが、この点について、私は、異なる意見を持つ。

家族の中での一員であることの実感、夫婦親子であることの実感は、同氏であることによって生まれているのだろうか、実感のために同氏が必要だろうかと改めて考える必要がある。少なくとも、同氏でないと夫婦親子であることの実感が生まれないとはいえない。

先に、人の社会的認識における呼称は、通例、職業ないし所属と氏、あるいは、居住地と氏としてなされることを述べたが、夫婦親子の間の個別認識は、氏よりも名によってなされる。通常、夫婦親子の間で相手を氏で呼ぶことはない。それは、夫婦親子が同氏だからではなく、ファーストネームで呼ぶのが夫婦親子の関係であるからであり、別氏夫婦が生まれても同様と思われる。

対外的な公示・識別とは、二人が同氏であることにより夫婦であることを社会的に示すこと、夫婦間に未成熟子が生まれた場合、夫婦と未成熟子が同氏であることにより、夫婦親子であることを社会的に示すことである。このような同氏の機能は存在するし、それは不合理というべきものではない。しかし、同氏であることは夫婦の証明にはならないし親子の証明にもならない。夫婦であること、親子であることを示すといっても、第三者がそうではないか、そうかもしれないと受け止める程度にすぎない。

夫婦同氏（ひいては夫婦親子の同氏）が、第三者に夫婦親子ではないかとの印象を与える、夫婦親子との実感に資する可能性があるとはいえる。これが夫婦同氏の持つ利益である。

しかし、問題は、夫婦同氏であることの合理性ではなく、夫婦同氏に例外を許さないことの合理性なのである。

夫婦同氏の持つ利益がこのようなものにとどまり、他方、同氏でない婚姻をした夫婦は破綻しやすくなる、あるいは、夫婦間の子の生育がうまくいかなくなるという根拠はないのであるから、夫婦同氏の効用という点からは、同氏に例外を許さないことに合理性があるということはできない。

6 立法裁量権との関係

婚姻及びそれに伴う氏は、法律によって制度化される以上、当然、立法府に裁量権があるが、この裁量権の範囲は、合理性を持った制度が複数あるときにいずれを選択するかというものである。夫婦同氏に例外を設ける制度には、様々なものがあり得る（平成八年の要綱では一つの提案となったが、その前には複数の案が存在した。）。例外をどのようなものにするかは立法府の裁量の範囲である。

夫婦同氏に例外を許さない点を改めないで、結婚に際して氏を変えざるを得ないことによって重大な不利益を受けることを緩和する選択肢として、多数意見は通称を挙げる。しかし、法制化されない通称は、通称を許容するか否かが相手方の判断によるしかなく、氏を改めた者にとって、いちいち相手方の対応を確認する必要があり、個人の呼称の制度として大きな欠陥がある。他方、通称を法制化するとすれば、全く新たな性格の氏を誕生させることとなる。その当否は別として、法制化がなされないまま夫婦同氏の合理性の根拠となし得ないことは当然である。

したがって、国会の立法裁量権を考慮しても、夫婦同氏制度は、例外を許さないことに合理性があるとはいえず、裁量の範囲を超えるものである。

7　子の育成と夫婦同氏

多数意見は、夫婦同氏により嫡出子であることが示されること、両親と等しく氏を同じくすることが子の利益であるとする。これは、夫婦とその間の未成熟子を想定してのものである。

夫婦とその間の未成熟子を社会の基本的な単位として考えること自体は間違ってはいないが、夫婦にも別れがあり、離婚した父母が婚氏続称を選択しなければ氏を異にすることになる。夫婦同氏によって育成に当たる父母が同氏であることが保障されるのは、初婚が維持されている夫婦間の子だけである。

子の利益の観点からいうのであれば、夫婦が同氏であることが未成熟子の育成にとってどの程度の支えとなるかを考えるべきである。

未成熟子の生育は、社会の持続の観点から重要なものであり、第一義的に父母の権限であるとともに責務であるが、その責務を担うのは夫婦であることもあれば、離婚した父母であることもあり、事実婚ないし未婚の父母であることもある。現に夫婦でない父母であっても、未成熟子の生育は十全に行われる必要があり、他方、夫婦であっても、夫婦間に紛争が生じ、未成熟子の生育に支障が生じることもある。

未成熟子に対する養育の責任と義務という点において、夫婦であるか否か、同氏であるか否かは関わりがないのであり、実質的に子の育成を十全に行うための仕組みを整えることが必要とされているのが今の時代であって、夫婦が同氏であることが未成熟子の育成にとって支えとなるものではない。

8　本件立法不作為の国家賠償法上の違法性の有無について

本件規定は憲法二四条に違反するものであるが、国家賠償法一条一項の違法性については、憲法上保障され又は保護されている権利利益を合理的な理由なく制約するものとして憲法の規定に違反することが明白であるにもかかわらず国会が正当な理由なく長期にわたって改廃等の立法措置を怠っていたと評価することはできず、違法性があるということはできない。

裁判官山浦善樹の反対意見は、次のとおりである。

私は、多数意見と異なり、本件規定は憲法二四条に違反し、本件規定を改廃する立法措置をとらなかった立法不作為は国家賠償法一条一項の適用上違法の評価を受けるべきものであるから、原判決を破棄して損害額の算定のため本件を差し戻すのが相当と考える。以下においてその理由を述べる。

1　本件規定の憲法二四条適合性

本件規定の憲法二四条適合性については、本件規定が同条に違反するものであるとする岡部裁判官の意見に同調する。

2　本件規定を改廃する立法措置をとらない立法不作為の違法について

(1)　社会構造の変化

岡部裁判官の意見にもあるように、戦後、女性の社会進出は顕著となり、婚姻前に稼働する女性が増加したばかりではなく、婚姻後に稼働する女性も増加した。晩婚化も進み、氏を改めることにより生ずる、婚姻前の氏を使用する中で形成されてきた他人から識別し特定される機能が阻害される不利益や、個人の信用、評価、名誉感情等にも影響が及ぶといった不利益は、極めて大きなものとなってきた。

このことは、平成六年に法制審議会民法部会身分法小委員会の審議に基づくものとして法務省民事局参事官室により公表された「婚姻制度等に関する民法改正要綱試案」においても、「…この規定の下での婚姻の実態をみると、圧倒的大多数が夫の氏を称する婚姻をしており、法の建前はともかく、女性が結婚により氏を変更するのが社会的事実となっている。ここに、女性の社会進出が顕著になってきた昭和五〇年代以後、主として社会で活動を営んでいる女性の側から、女性にとっての婚姻による改氏が、その職業活動・社会活動に著しい不利益・不都合をもたらしているとして、（選択的）夫婦別氏制の導入を求める声が芽生えるに至った根拠がある。」として記載がされていたのであり、前記の我が国における社会構造の変化により大きなものとなった不利益は、我が国政府内においても認識されていたのである。

(2) 国内における立法の動き

このような社会構造の変化を受けて、我が国においても、これに対応するために本件規定の改正に向けた様々な検討がされた。

その結果、上記の「婚姻制度等に関する民法改正要綱試案」及びこれを更に検討した上で平成八年に法制審議会が法務大臣に答申した「民法の一部を改正する法律案要綱」においては、いわゆる選択的夫婦別氏制という本件規定の改正案が示された。

上記改正案は、本件規定が違憲であることを前提としたものではない。しかし、上記のとおり、本件規定が主として女性に不利益・不都合をもたらしていることの指摘の他、「我が国において、近時ますます個人の尊厳に対する自覚が高まりをみせている状況を考慮すれば、個人の氏に対する人格的利益を法制度上保護すべき時期が到来しているといって差し支えなかろう。」、「夫婦が別氏を称することが、夫婦・親子関係の本質なり理念に反するものではないことは、既に世界の多くの国において夫婦別氏制が実現していることの一事をとっても明らかである。」との説明が付されており、その背景には、婚姻の際に夫婦の一方が氏を改めることになる本件規定には人格的利益や夫婦間の実質的な平等の点において問題があることが明確に意識されていたことがあるといえるのである。

なお、上記改正案自体は最終的に国会に提出されるには至らなかったものの、その後、同様の民法改正案が国会に累次にわたって提出されてきており、また、国会においても、選択的夫婦別氏制の採用についての質疑が繰り返されてきたものである。

そして、上記の社会構造の変化は、平成八年以降、更に進んだとみられるにもかかわらず、現在においても、本件規定の改廃の措置はとられていない。

(3) 海外の動き

夫婦の氏についての法制度について、海外の動きに目を転じてみても、以下の点を指摘することができる。

前提とする婚姻及び家族に関する法制度が異なるものではあるが、世界の多くの国において、夫婦同氏の他に夫婦別氏が認められている。かつて我が国と同様に夫婦同氏制を採っていたとされるドイツ、タイ、スイス等の多くの国々でも近時別氏制を導入しており、現時点において、例外を許さない夫婦同氏制を採っているのは、我が国以外にほとんど見当たらない。
我が国が昭和六〇年に批准した「女子に対するあらゆる形態の差別の撤廃に関する条約」に基づき設置された女子差別撤廃委員会からは、平成一五年以降、繰り返し、我が国の民法に夫婦の氏の選択に関する差別的な法規定が含まれていることについて懸念が表明され、その廃止が要請されるにまで至っている。

(4) まとめ

以上を総合すれば、少なくとも、法制審議会が法務大臣に「民法の一部を改正する法律案要綱」を答申した平成八年以降相当期間を経過した時点においては、本件規定が憲法の規定に違反することが国会にとっても明白になっていたといえる。また、平成八年には既に改正案が示されていたにもかかわらず、現在に至るまで、選択的夫婦別氏制等を採用するなどの改廃の措置はとられていない。

したがって、本件立法不作為は、現時点においては、憲法上保障され又は保護されている権利利益を合理的な理由なく制約するものとして憲法の規定に違反することが明白であるにもかかわらず国会が正当な理由なく長期にわたって改廃等の立法措置を怠っていたものとして、国家賠償法一条一項の適用上違法の評価を受けるものである。そして、本件立法不作為については、過失の存在も否定することはできない。このような本件立法不作為の結果、上告人らは、精神的苦痛を被ったものというべきであるから、本件においては、上記の違法な本件立法不作為を理由とする国家賠償請求を認容すべきであると考える。

(裁判長裁判官　寺田逸郎　裁判官　櫻井龍子　裁判官　千葉勝美　裁判官　岡部喜代子　裁判官　大谷剛彦　裁判官　大橋正春　裁判官　山浦善樹　裁判官小貫芳信　裁判官　鬼丸かおる　裁判官　木内道祥　裁判官　山本庸幸　裁判官山崎敏充　裁判官　池上政幸　裁判官　大谷直人　裁判官　小池　裕)

Ⅱ

フランスの判例からみた夫婦の氏——夫婦別氏制への展望

序論

氏の概要

昭和二二年の民法改正によって、明治民法が採用していたわが国独特の家族制度である「家」制度が廃止され、新たに憲法二四条の精神に沿った現行の民法第四編、第五編が成立した。個人の自由と尊厳の原理に反する多くの規定を含んでいた明治民法の家族法は、改正前から既に長きにわたって社会経済的基礎を欠くとの批判があり、家は専ら観念的な戸籍簿上の存在にすぎなかったといわれる。しかし、家族制度イデオロギーを浸透させようとする政治力の試みに支えられ、更には扶助共同体としての現実生活上の必要性が、慣習や国民道徳として、社会の中に家を存続させてきたことは否定できない。「家名」の観念は、そうした社会的要請の中核として意識され、強調されてきたものであろう（1）。

明治民法の家は、一定範囲の親族団体をまとめて戸籍に記載し、同一の家に属する者は「家の氏」を取得することによって、同一の氏を称させるという効果を持っていた(2)。従って、明治民法の氏を家の名（呼称）と理解することに異論はみられない。それだけに、改正によって家が廃止された後、民法上の氏はその依って立つ基盤を根底から問い直されなければならなくなったのである。家の氏という観念はなくなり、氏は各人の苗字にすぎなくなったのであるから、単なる個人の呼称であるという説明が一般にはなされている(3)。しかし、氏が名と共に個人の同一性を示す手段として用いられるものであり、その意味で個人の呼称であるという点に注目すれば、明治民法の氏も第一の役割は呼称性にあったといえるであろう。問題は単なる呼称にすぎないであろうかという点にはじまっている。氏を名から区別するものは何であるのか。名は純然たる個人のものであるが、氏は個人のものであると同時に、共通の氏を称する一定範囲の人々の存在を常に前提としているようにみえる。旧法の家の氏という性格づけに代えて、現行法は氏の取得変更を定めるいくつかの規定をおき、この点を解決しようとしている。民法の氏の規定を貫く基本原理は何か。この問題が「氏の性質は何か」というかたちで種々の議論を生み、未だ学説の一致をみていない。

右の理論上の問題とあわせて、氏はもう少し実践的な角度からも論じられている。前述のように、明治民法改正の主目標は家の廃止にあったのであるが、長い問慣習、道徳として国民感情を支配してきた封建的なものを払拭し、わが国社会の急速な民主化を図るという立法事業は、当然のことながら、保守的勢力との妥協や国民感情への譲歩を余儀なくされたのである(4)。その結果、廃止されたはずの家は、新法の氏に関する規定の中に形を変えて存続することになってしまったのではないか。改正法案が発表され、続いて新民法が施行された昭和二二年前後には、多くの解説、批判がこの点を第一の問題点として鋭く追及した(5)。また引き続いて現われた氏に関する諸論文は、いずれも問題意識として家の克服を目ざし、真の民主社会への方向を探るという共通の関心に深く規制されている(6)。しかし、氏の本質論に関する錯雑な学説の中に反映されているとおり、氏における家の克服は、結局のところ「個人の呼称」という性格の強調に終ってしまっているのが現在までの段階であるといえるであろう。そして家を否定する故に氏を否定するというこれまでの議論の傾向のために、現在の日本では、氏に対する個人の正当な利益を保護するという考え方の育つ基盤が失われてしまっている。これは看過できない現行法の大きな問題点であると考えられる(7)。

更に、最近の日本社会の急速な核家族化の現象は、問題の発端であった家そのものをほとんど過去の遺物にしてしまったと言うに十分であり、従来のような意味での氏の議論の根拠もなくなってしまった。改正民法の民主化の理想がそれだけ社会に定着したことは大きく評価されるべきであろう。この時点で、これまでに現われた氏に関する論点を整理し、そこから新たな議論の方向を引き出そうと試みることは、もはや家的なものの否定を意味するのではなく、将来の社会への展望を開くことでなくてはならない。氏は単なる呼称であり、氏の問題は瑣末現象であるという批判は常に一方に存在するのであるが、それにもかかわらず、氏が家と結びついて日本社会の根底を規制してきた長い歴史を考えてみるならば、われわれの意識の中の氏は、社会の体質を決定するのに大きく与っているにちがいないのである(8)。

最後に、氏を論じるもう一つの実践的な手がかりとして、氏の制度における女性の不利益という観点からの現行法への批判をとり上げなければならない。婚姻によって夫婦の一方は必ず氏を改めなければならないという夫婦同氏の原則民法七五〇条と、氏を改めた配偶者は離婚の際必ず復氏するという規定(民法七六七条)(9)が、この場合の批判の中心になっている。これらの規定は強行法規として厳格に適用されるため、婚姻によって氏を改める者の不利益は無視できないものがある(補a)。氏を改めるのはほとんどの場合妻であるが、妻が独立して職業、芸術等の活動に従事しているような場合には、特に別氏による婚姻の自由を認めるべきではないかという立法論は、法制審議会でも将来の課題の一つとして示唆されてきたようである(10)。また、後述するように、妻の独立した社会的活動のために妻の氏を保護するという思想は、世界的に共通の方向でもあるとみうけられる(11)。

考察の方法

以上のように概観してみると、わが国の氏に関して解決を求められている問題は大きく、新たな考察の視点を見出すことが不可欠となっている。にもかかわらず、わが国の氏は、現在民法上規定されると同時に戸籍編成の技術的手段とされており、戸籍法からの制約をもうけている。そのために、氏の異同による戸籍の異同という両者の関連性が様々な解釈、適用上の困難を生み出しており、このことが氏の理論を複雑にしている第一の原因ではないかと考えられる。そこで、本稿においては、氏をできるだけ実体的に観察してゆく手がかりを得たいと考え、その上に立って氏の基本的な性格を検討しつつ、将来の氏に対する展望を試みたいと考えている。

比較法的な考察の対象としてフランス法を選んだのは、フランス革命による個人主義の宣揚という伝統を持つフランスが、この問題にどのような解決を与えているかという関心と共に、具体的にはフランス民法典の夫婦の氏に関する規定がわが国とは全く正反対であって、夫婦同氏の規定はなく、わずかに「離婚に際しては各自が自己の氏の使用を回復する」(12)と定めるだけである点に注目したからである。(補b) フランス法では夫婦同氏はいかなる性格のものと解されているのであろうか。法規を持たないところで、婚姻と氏との関係は実際上どのような問題を生じ、どのような解決がなされているのであろうか。これらの疑問を夫婦の氏に関する判例の中から探ってゆくことが第一の目的である。

次に、できるだけ事案に即して判例を眺めながら、そこから日本民法の夫婦同氏を批判してゆく視点を得たいと考えた。わが国の夫婦同氏は、旧法下では夫婦同家同氏の原則の理論的帰結であったのに対し、家廃止後の今日においては、民法の夫婦同氏の原則は、旧法以来の慣習と近代婚姻法の一般的傾向という以上に説明されていない。しかも、このように家制度の歴史の中から生まれた民法七五〇条は、絶対的性格のままに呼称秩序を定める中心的規定となって、氏の性質についての現行法の解釈論を大きく支配しているのである。広範な氏の問題点を再検討するためにも、第一に七五〇条を議論の出発点とすることが最も適切であると考えられる。もちろん、フランス法自体の理解も十分ではなく、参照した判例の数も少ないのであるが、比較法的考察に基づく夫婦同氏の批判を踏まえた上で、結びとしては、夫婦別氏制の採用を含めた日本法への立法論を提案する方向にしめくくりたいと考えている。

本稿の構成

従って、以下の構成は、まず第一章においてこれまでのわが国の氏に関する学説を整理し、つづいてフランス法の氏一般について論じられるところと比較対照しながら、問題の提起を試みる。次に、第二章においてフランスの判例を紹介し、氏がどのような訴訟のかたちをとってそこに登場しているかをみながら、背後にある氏に対する基本的な理解の仕方を掴みたいと考える。最後の第三章においては、判例から窺い得たところを前提として再びわが国の氏に立ち戻り、夫婦同氏の原則を緩和する方向に沿って民法七五〇条の立法的修正を考えてみたい。このように本稿は夫婦の氏を中心に考察をすすめるものであるが、わが国の氏の問題は現行民法の規定に基づく解釈論のみによっては解決されないのではないかという理解に立ち、立法による新しい氏への展望を求めたために、必然的に大まかな議論が多方面に及ぶという結果になっている。細部の問題点に対する考察を充実させてゆくことは、今後の課題としなければならない。

(1) 古来からのイエナ、家号に代わって氏が「家名」として意識されるようになったのは比較的最近のことであるとされる。川島武宜「人・法人」(民法教材) 一三頁参照。
(2) 民法旧規定七四六条「戸主及ヒ家族ハ其家ノ氏ヲ称ス」参照。この規定は、谷口知平・日本親族法三二頁によれば、次のように説明されている。「戸主及び家族は家の名称たる氏を称する権利を有する。この権利は同時に義務である。蓋し我国は何人も家に属せざるを得ないとする制度を採用し、その属する家の名を称せしめることに於て社会の秩序を維持せんとしているからである。」
(3) たとえば、奥野健一「改正民法概説」法律タイムズ七号一八頁、川島武宜＝来栖三郎＝磯田進・家族法講話三〇頁等参照。

(4) この間の事情については、我妻栄編・戦後における民法改正の経過一一頁以下に詳しい。また、我妻栄「新親族法の解説上」法律時報一九巻一二号三頁以下では、「改革への正道を徐々にではあるが、しっかりと進ませるための必要な妥協」として、改正過程が積極的に評価されている。

(5) とりわけ、民法改正案研究会「民法改正案に対する意見書」法律時報一九巻八号四頁以下の批判が注目される。

(6) たとえば、山主政幸「社会制度としての氏」家族法論集一頁以下は、改正民法の氏を、「旧来の一種の社会機構を、改正法の背後において維持し、あるいは復活しようとする力の支点になりうるもの」と批判しつつ、「制度としての『氏』の社会的機能をみきわめて、その偏向を抑え、また歴史の進展する方向に向けて進展させたい」と結んでいる。

(7) 今日、民法上氏名権が論じられることはほとんどないのは何故であろうか。これに対し、家名意識の強かった旧法下においては、氏を称する権利が専用権であるかどうかが論じられ、他人の氏名の潜称は人格権の侵害として損害賠償義務を生ぜしめるし、その氏名の使用禁止を請求できると説かれているのである。谷口・前掲書一二六頁参照。

(8) 山主・前掲論文家族法論集二二頁は、「氏の問題はもはや単なる呼称の問題ではなく、また単純に法制度の問題であるばかりでなく、実は社会関係の中核的実体に関するものなのである。」と述べて、こうした見方を推し進めてゆこうとする。

(9) 夫婦の氏を定めない婚姻届は受理されないし(民七三九条・戸七四条)、離婚の場合の復氏が強行されていることは、戸籍法一〇七条の氏の変更の申立によって救済を求めた事例のほとんどが却下されている事実に明らかである。唄孝一「離婚と氏」ケース研究昭和二八年一号二頁以下参照。

(10) 座談会「民法改正に関する問題点下」ジュリスト九八号一五頁以下参照。

(11) ソビエト、中国、東欧諸国等の社会主義国がこの問題に徹底した男女平等を実現し、別氏の自由を認めていることは注目に値する。他方、西ドイツ、フランスのような国において、旧来の伝統と妻の氏の利益を保護するという要請との間でいかなる妥協と調和が見出されているかを知ることも一そう興味深い。なお、わが国では、この問題をとり上げた最も新しい論文として、星野澄子「氏にあらわれた婦人の地位－現行法上の諸問題－」村上益子編・婦人論のイデオロギー所収がある。筆者はその中でこれを婦人問題の盲点であるとし、婚姻と女性の氏に関する現状を観察した上で、結論としてはやはり前述の二つの条文を批判し、別氏制への立法的解決を示唆している。

(12) Art. 299 C. civ. al. 2 《Par l'effet du divorce, chacun des époux reprend l'usage de son nom.》なお、この他に、別

居の場合の夫婦の氏に関する三一一条一項の規定があるが、後述する。

補註

（a）周知のようにこの点は、昭和五一年の民法改正により民法七六七条に二項が追加され、離婚の際に称していた氏を離婚後も継続できる方向に道が開かれた結果、この不利益は大幅に緩和された。

（b）一八九三年二月六日の法律に基づく記述であり、一九七五年以降は、これらの規定はそれぞれ民法典二六四条一項、三〇〇条におきかえられている。しかし、内容的には変わっていない。

第一章　問題提起

第一節　学説の整理

氏の法的効果

氏は「単なる個人の呼称」であると言われる場合、啓蒙的な意味であることが多いが、この意味を正確に理解してゆくためには、旧法との対比が不可欠である。明治民法の下では、氏は大きく分けて次のような三つの特色を持ったと考えられる。⑴全て個人はいずれかの家に属するとされ、各人の呼称としての氏は家の氏によって定められた結果、婚姻や離婚により所属する家が変動する毎に氏の変動が生じた。⑵家は共同生活の実体である一方、戸籍簿上の存在として重視され、氏の変動は入籍、復籍等によって直ちに戸籍の記載の上に反映された。⑶家を同じくすることは、相続、扶養等において順位が優先される事由となり、また親権行使の要件になる等の親族法上の効果を伴ったため、氏の異同が実質的に人の身分に影響を及ぼした。(1)

これらのうち、第二点の特色は、戸籍簿が同氏同戸籍の原則をとった限りで現行法にも承継されており、根本的な変化はないといえよう。第三点は、改正過程において氏を実体的効果から切り離すことが目ざされ、その方向から氏における家的なものの否定が試みられたことによって、大きく性格を変えている[(2)]。新民法では氏の異同によって法律関係に差異を生じることはないという建前がとられたのであり、このことは氏を「単なる呼称」にするための不可欠の前提であった。従って、まずこの面からの検討を進めてみたい[(3)]。

戸籍法との関係を別にするならば、現行法において氏が何らかの法的効果を伴うのは、次の二つの場合に限られる。㈠民法七六九条によれば、婚姻によって氏を改めた夫または妻が八九七条一項の権利（祭祀財産の所有権）を承継した後、離婚し復氏した場合には、協議によって改めてその権利の承継者を決めなおさなければならず、協議が成立しなければ家庭裁判所の決定するところとなる。氏に法的効果を認めた唯一の例外ともみうるこの規定は、氏に直接法的効果を付与するものではなく、単に争いを生じた場合の措置にすぎないから、氏と祭祀財産を積極的に結びつける規定とはいえないと説明されている[(4)]。しかし、旧来の家督相続の観念に慣れた国民感情に、新法の氏に関する基本方針を曲げてまで不必要な妥協をはかったものという批判は免れない。またその結果、氏が社会生活の実体を支配することを民法自ら承認してしまったことになり、もう一つの例として、次のような氏の特別法上の効果を認める根拠をつくっているのではないだろうか。

すなわち、㈡恩給法、戦傷病者戦没者遺族等援護法においては、恩給、遺族年金、扶助料等を受ける当事者は、氏を改める婚姻をしたか否かによって受給資格ないし権利を失ったり、その順位に異同を生じたりする[(5)]。これらの規定は、民法上の氏の性格を論じる上では考慮する必要がないとしても、先に指摘した旧法下の氏の第三の特色がここに形を変えてはっきり残存し続けているという意味において、注目されなければならないと考えられる。

氏が実体法上の効果を伴うことは、わが国においては家制度に由来する慣習を法的に肯定する結果になるために、立法の方向と矛盾するとして常に批判されてきた。しかし、氏を氏そのものとして考察し、適切な法的保護への道を開くためにも、氏と実体関係との峻別は遂げられなければならないのである。多くの学説は、氏は個人の呼称となったと論じる場合にも、家の名ではないという面にのみ注目し、こうした一般的な面からの分析を特に区別してとり上げることはしていない。しかし、氏の真の問題点を明らかにするためには、わが国の氏に内在する歴史的特色と共に、その解体の現状を右のようなかたちで整理しておく必要があると考えられる。(6)

氏の変動の理論

さて、「氏の性質は何か」という観点から論じられているのは、旧法との関連でいえば、先にあげた特色の第一点にかかわる問題である。氏の変動が全て家の変動として説明されていた時代には、それを支える家族制度の思想と家名の観念とがあれば、後は専ら家の異同の技術的な問題として氏を処理することができた。しかるに、家がなくなった現在では、親子が同氏であるのはなぜか、夫婦が同氏であるのはなぜかというように、民法の氏の取得変更に関する全ての規定が存在の根拠を問われている。それらは従来は単に家を同じくすることの結果でしかなかった。家が廃されたのに何故家の名である氏はなくならないのか、といった疑問が投じられる所以もここにある。(7) 現行民法の規定を検討するための前提として、立法者のこの点に対する見解を明らかにするために、以下では改正過程に立ち入ってみたい。(8)

まず、氏と戸籍との関連については、初期の段階から、旧「家籍」を「夫婦中心の戸籍」として存続させることが考えられており、(9) これはそのまま現行の戸籍法に実現された。問題は民法上の氏をどう規定するかである。ここでは、廃止された家のかわりに、氏の制度が「現実に即して親族共同生活を規律する」ための依り所とされ、積極的にとり上げられたと指摘されている。(10) そして改正草案の最終段階においてさえ、氏の異同には、扶養義務、婚族関係の終了、離縁による親族関係の終了、親権及び後見の変動等の法律効果が伴うものとされていた(11)。氏に実体法的効果を与え、氏をほとんど家と変らない内容のものにしてしまったこれらの規定は、草案の公表と共に多くの民主的諸団体からの批判、攻撃を受けている(12)。更にはＧＨＱの示唆もあって、結局氏と実体関係が完全にばらばらになるという方向での新民法の氏が成立することになったのであるが、この経過が戦後における家の氏の民主化の中心的側面であった。

他方、「氏を現実の共同生活を抑える依り所にする」という起草者の意図は、これからとり上げようとする氏の取得変更という側面において、全く当初の構想のとおりに働いたため、新法の氏のあり方は、家制度の慣習と旧来の氏感情を維持するのみに終ったのである(13)。言いかえれば、新民法の氏の変動は、従来家の変動に伴って生じていた氏の取得変更を、できるだけそのままの状態で継続、再現しようとしていると考えて差支えないはずである。これらに対して一貫した理論的説明を与えようとする民法解釈論が、大きな困難に遭遇しているのも当然であるといえよう。以下には、これまでに発表されている学説の諸見解を、それぞれの特色と共に検討してゆくことにする。

「家の氏がなくなり個人の呼称としての氏が生まれたということは、呼称としての氏の性質を変えるものではなくて、変ったのは、家によって個人の氏を決めるというその決め方なのである(14)。」という言葉は、氏と法的効果の結合という問題を切り離してしまった状況の下では、旧法から現行法への氏の推移を全く正しく把握しているということができる。この観点に立つならば、理論的にも氏がいまなお家名であるという学説の生じる余地はない。従って、現在氏に何らかの家名性を指摘する場合は、旧法からの氏に対する国民感情が、現行法を通じてそのまま維持継続される可能性があることを問題にしているのであり、とりわけ現行の戸籍と旧家籍との類似性がこの点への懐疑を深めている(15)。

では、家制度の否定によって、氏はほんとうに「単なる個人の呼称」になったのであろうか。この問いに正面から肯定的に答える学説もまた見当たらない。単なる個人の呼称であるのなら、なぜ夫婦や親子が同氏でなければならないのか、個人が自由に氏を変えることが許されてもよいのではないか、という反論が必ず生じ、民法のあり方は決してそのようなものとは解しえないことが明瞭になるからである。しかし、この点を認めつつも、あえて「単なる呼称」に近づけようとする解釈は存在する。それらはたとえば、憲法第二四条による家の名の解体を強調し、民法の氏の規定は従来からの習慣と便宜上の問題にすぎないとしたり[16]、あるいはまた、夫婦親子の同氏はむしろ例外であり、個人の呼称である以上各人の氏は銘々異なるのが原則と解すべきであると論じたりしている[17]。民法の氏の取得変更に関する規定をできるだけ軽視しようとする点で共通している。

これに対し、氏の変動が法律上の強制や許容に基づくことに積極的意義を認め、民法上の原理を明らかにしようと試みた学説は、現在次のように分類されている。

(1)氏を「家庭」ないし「家族共同体」の名と理解するもの[18]　民法が家に代わる社会生活の単位として、夫婦と未婚の子による家庭の独立を保護しようとしているところから、氏に関してもこのような見解が導き出されるのは自然である。ただ、ここでは氏は依然として一つの親族団体であることを前提としており、その限りで家的発想を抜け出していない。たとえば家庭説を徹底すると、氏の変動は旧法における家の出入りと全く同じに、新法上の「家庭」への出入りとして説明される。そして子が独立する毎に親とは呼称を同じくするが、生活共同体を異にする別個の新しい家庭の氏が生まれるのである[19]。更に、出発点は家庭説と同じ所に立ちながら、この家族共同体を分析し、「夫婦の扶助的生活共同体と親子の保育的生活共同体」の名称としての氏を設定する外岡説がみられる[20]。夫婦の氏は婚姻を契機に新家庭名として変質すると解し、他方親子に関しては、親子間に保育的共同体が存在する間、すなわち子が未婚ないし未成年の間に限り同氏の原則が及ぶとみるところに特色がある。理論的な精密さを求め、夫婦同氏、親子同氏の根拠を積極的にうち出している点が注目される。

(2)氏を血縁ないし血統によって定まる名称と解するもの[21]　もちろん新法の解釈論としてであるから、民法第八九七条祭祀財産に関する規定を一つの根拠として重視している。これに加えて、前出の外岡説を批判し、親子の氏の関連は、出生後の保育的共同生活よりも、出生自体、すなわち親子の血縁に基礎をおくと主張される。しかしながら、この考え方は、血縁を同じくしない夫婦が同氏を強制されるという民法七五〇条の説明に困難を生じ、民法の基本的あり方に合致しないとして批判をうけている。[22]

(3) 氏を「同戸籍者集団」の名称ないし戸籍編成の基準にすぎないとみるもの[23]　氏と戸籍の結合が継続されることについては、改正過程では戸籍を個人別の身分登録制に切りかえるべきであるという批判があった。[24] しかるに戸籍は継続し、民法上の氏には明確な定義が与えられないのであれば、氏が専ら戸籍面での重要性しか持たなくなるのもやむを得ない。進んでは、氏を民法からはずして戸籍上の観念としてのみ位置づければよいとする立法論も現われ、戸籍法学者や行政庁法務省の間に共通してこの考え方が認められる。[25] 戸籍による国民の把握という面から、氏が重要な手がかりとなっていることを示すものであろう。民法学者は、この見解が本末を転倒するもので、戸籍には民法の定める氏の取得変更が反映するだけであると反論している。しかし、そのように主張するためには、氏を実体法上のものたらしめる何らかの積極的根拠づけが不可欠である。氏などはどうでもよいと答えることはできない。

しかも、無視しえないのは、氏を基準として戸籍を編成すると、親子であっても氏が異なれば同一戸籍に記載できないため、「身分関係の公示」という戸籍法の存在目的に対しても障害を作り出すことになるという矛盾である。[26] 本稿もまた、氏と戸籍の峻別を、両者にその本来の目的を全うさせるための必要と考えるものであり、これは氏の側からみれば、氏に法的効果を付着させないという前述の議論の延長上に位置づけられるべき問題である。

さて、これまでの諸説のように、氏をいかなる程度かで団体の呼称とみることを明確に否定した場合、個人の呼称である氏の取得変更の原理を説明する試みはどのようになされるのであろうか。この点について我妻教授は、「共通の氏を称すべき一定の範囲は、その時代の習俗や国民感情を判定して法律が定める。[27]」と述べつつ、現行法のある姿にそれ以上の原理を追及する必要はないとされる。中川教授は、家という血縁団体の脱け殻が呼称秩序の安定という便宜のために利用されているだけであると説明される[28]。結果的には、民法の規定の説明を放棄する考え方と等しくなっている。学説を整理された唄教授は、方法論としては、取得変更の原因を定める民法の各規定に対し多元的な意味づけを与えようとしておられるようであり[29]、本稿も基本的にはこの姿勢に依ってゆきたいと考えている。

立法論の視点

ここで、改めて確認しておきたいことは、これまでの氏に関する議論は全て現行法の解釈論としてなされたものであるという点である。もちろん、立法への示唆は多くの論文の中にみられ、実際、氏は民法のうちで最も立法論への言及がなされる領域ではないかとみうけられる。にもかかわらず、自説を根拠とした場合の矛盾や疑問点を解明するために、進んで自己の立法論を展開しようとする試みがなされないのはなぜであろうか。法解釈学の任務はそこにはないからであろうか。しかし、解釈論の豊かな成果の上に立法が検討されてはじめて、よりよい社会統制が可能になる場合もあるはずであろう[30]。このような見方に立って、従来の議論を混乱させてきた原因を明らかにすると共に、新しい理論への方向づけを試みることが、以下における課題である。

まず、唄教授によれば、問題点の所在は次のように指摘される。氏の取得変更が夫婦関係と親子関係を二つの大きな基軸としていることは明らかであるから、その中において身分性の内容を明確にするためには、氏の同一性と夫婦関係及び親子関係との関連がいかなる理由によるのかを探究しなければならない。すなわち、問題は、そこにおいて後者の二つが等しい比重で並列的に捉えられるべきであるのか、あるいはどちらかを主にどちらかを従に考えるべきであるのか、あるいはまた、両者を総合的に把握するための共通の原理があるのか等にかかっている。要約すれば、論点は、(イ)氏の同一性の問題、(ロ)親子同氏、夫婦同氏の経緯の問題の二つであるということができよう。

氏の同一性とは、同じ呼称、字体の氏の間でも氏の異同があるとの前提に立ち、何らかの根拠に基づいて、一定範囲の氏だけを同一のものとみなすという考え方に由来している。[31] わが国の氏に関して特にこのような議論が必要とされるのはなぜかという問題は、極めて興味深い。恐らくは、氏の歴史が浅く、[32] 非常に多種の氏が入り混って存在するために特定の由緒ある氏を確認することも難しく、また逆に、一般の氏は何らかの形で特定性を付与しなければ余りに個性のないものになってしまうというような、わが国の氏に固有の事情によるものと推察される。加えて、氏と戸籍が結合してきた歴史も無視できない。

今日では、この氏の同一性に関する議論は、ほとんど戸籍の出入りを説明する根拠としてのみ用いられ、また必要とされているようである。詳細な戸籍の取扱例を検討することは本稿ではなしえないが、戸籍編成の手続きに際して生じる氏の理論の煩雑さは、従来から批判の対象となってきている。その場合、呼称字体を同じくする氏は全て同一氏とみるべきであるという、極めて自然的な見解がくり返し提案されていることに、改めて注目すべきであろう。[33] 唄教授が指摘された二つの問題点も、同一性をこのように解してはじめて積極的な意味を持ちうるはずだからである。同氏の経緯を問いながら呼称字体は同じでも氏は異なると答えるのであれば、議論は何ら実益のない観念論となって、また戸籍の中に埋没してしまうであろう。右のような意味での氏の実体性を踏まえた上で、親子同氏、夫婦同氏のあり方を考察してゆかねばならない。

更には、同氏の原則によって、氏を同じくする団体が生じるというような考え方を全面的に否定しておく必要がある。旧法以来の発想のために、わが国の議論は、新法はいかなる氏団体を予想しているかという問題意識にはじまっており、これを最も細かく分析された外岡説においても、なお夫婦親子の同氏は一つの団体の観念によって把握されている。また、我妻説が「共通の氏を称する範囲」と説明される場合にも、横のつながりに着目することにおいて、団体的思考の名残りは免れていない。しかし、親子同氏、夫婦同氏という原則は、氏を共通に称する範囲を決めるものではなく、むしろ一つの氏が親から子に、夫から妻にと伝わってゆく伝わり方に関するものと理解することがより適当ではないだろうか。これを個人からみるならば、文字通り氏の取得変更の基準となるのであり、唄教授によるこの用語が極めて適切な問題把握となっている。先の氏の同一性に関する理解と共に、同氏の原則の右のような捉え方は、フランス法と共通の議論をしてゆくための基本的な前提でもあることを、とりあえずつけ加えておきたい。

最後に、氏の同一性とも関連する問題として、従来から行われている「呼称上の氏」と「民法上の氏」という区別をとり上げておかなければならない。戸籍法一〇七条が規定する「やむを得ない事由」による氏の変更は、民法上の氏の変更とは性質の異なる「呼称上の氏の変更」であると一般には理解されている(34)。なぜなら、第一に身分の変更とは無関係であり、第二に氏の変更、異同に伴う法的効果が生じないからである(35)。しかし、このような区別は本質的なものであろうか。第一の点について言うならば、確かに戸籍法一〇七条は身分の変更とはかかわりないが、民法による氏の変更の場合にも、身分と共に氏を取得するわけではなくて、単に身分の変動を契機として氏の変更が生じるにすぎない、とわれわれは考えてきたはずである。そうであれば、裁判所の審判を契機とする変更と基本的に異なるところはなく(36)、両者は単なる法源の差にすぎないとみられるのである。また、氏の変更に法的効果が伴わないことについては、第一に氏にそのような法的効果の付着すること自体が問題であり、戸籍法第一〇七条の審判に際しても判断の基準を不必要に複雑にしているにちがいないと推測されるのであるが、現状の氏がそのようなものである以上、呼称上の変更に同様の法的効果を認めないことの方がむしろ再考を要するのではないかと考えられる。しかし、ここではただ、「氏の呼称の変更」と「氏そのものの変更」といった区別を捨てることも、氏をそれ自体の性質に即して考察する場合に要求される前提のつとなることを指摘するだけにとどめたい。

(1) 外岡茂十郎「氏の性格」親族法の特殊研究一二頁以下参照。

(2) 子の氏と親権とを結びつけることが否定され、生存配偶者の姻族関係は復氏とは別個の意思表示によるものとされたこと等を指摘しうる。我妻編・前掲書一五八頁参照。

(3) 学説の整理は、唄孝一「氏をどう考えるかということ」私法一七号九六頁以下、同「氏をどう考えるか(一)〜(三)」戸籍一一〇号一〇頁以下、一一一号六頁以下、一一二号一〇頁以下によっている。唄教授は、まず氏の呼称性と身分性を区別した上で、前者はすべての氏に共通なものであるとし、問題は身分性の内容如何にかかっていると指摘される。その上で、氏の身分性を、(イ)氏の取得変更の基本原理と、(ロ)氏の異同に伴う法的効果の二つに分けられた。以下の本文にとり上げるのは、身分性の(ロ)にかかわる側面である。このような区別の試みを、唄教授自身は方法論として疑問もあるとされるが、本稿としては積極的に評価してゆきたい。

(4) 我妻栄・親族法(法律学全集)四一九頁参照。

(5) 恩給法七六条三号、八〇条、戦傷病者戦没者遺族等援護法三一条、三六条一号参照。

(6) フランス法、ドイツ法等においては、このような意味で氏に法的効果が付随することは全くない。

(7) 宮沢俊義「家破れて氏あり」法律タイムズ七号二五頁がこの点との関連でしばしば引用される。

(8) この点に関しては、主として唄孝一「戦後の民法改正過程における氏」家族制度の研究下七五頁以下によっている。

(9) 唄・前掲論文家族制度の研究下七六頁以下参照。

(10) 唄・前掲論文家族制度の研究下八一頁参照。

(11) 唄・前掲論文家族制度の研究下九六頁以下参照。

(12) 唄・前掲論文家族制度の研究下一〇二頁以下参照。

(13) 我妻栄・前掲論文法律時報一九巻一二号七頁は、わが国の社会の伝統や国民感情を顧慮したと述べており、中川善之助「民法改正案意見書異見」法律タイムズ七号一三頁は、「現在に於けるわが国の家族制度改革立法としてはやむを得ない必要」であったとこれを弁護している。

(14) 外岡・前掲論文親族法の特殊研究一九頁参照。

(15) 於保不二雄「氏と戸籍」法曹時報二巻五号一頁以下が氏の家名性を指摘されるのもこのような意味においてである。

(16) 清水兼男「夫婦と氏」家族法大系Ⅱ一六一頁参照。

(17) 鵜沢晋「氏について」戸籍研究一七号二頁参照。

(18) 於保・前掲論文法曹時報二巻五号一五頁がこれに含まれるとみうるほか、後掲の太田説、外岡説がある。

(19) 太田英雄「氏について」家裁月報昭和二六年五号四一頁参照。
(20) 外岡・前掲論文親族法の特殊研究一七頁以下、同「氏の同一性」家族法の諸問題四五五頁以下、同「氏とその法理」身分法と戸籍六五頁以下等参照。
(21) 板木郁郎「氏の性格について――氏の血縁性」立命館創立五〇周年記念論文集五五頁以下、谷口知平・戸籍法（法律学全集）三四頁参照。
(22) 唄・前掲論文私法一七号九九頁、我妻・前掲書四二一頁参照。
(23) 平賀健太「戸籍制度について」身分法と戸籍二九七頁以下、青木義人「改正戸籍法の解説」法律タイムズ一三号一四頁、岩佐節郎「氏の同一性」家族法大系Ⅰ七三頁等参照。また、鵜沢・前掲論文（註(17)参照）も、「戸籍編成の基準として」という副題をもち、同様の観点によっている。
(24) 前掲「民法改正案に対する意見書」法律時報一九巻八号六頁参照。
(25) 唄・前掲論文家族制度の研究下七七頁参照。
(26) 我妻・前掲書四二五頁参照。
(27) 我妻・前掲書四二一頁参照。
(28) 中川善之助・親族法下六〇八頁参照。
(29) 唄・前掲論文私法一七号九七頁参照。
(30) ただし、ここでは具体的な立法のために必要な社会的事実の分析ということは全く考慮していない。むしろ、現行法の氏の規定を統一的に理解することを目的とする点では解釈論の延長であり、一部「本質に基づく立法論」（川島武宜・科学としての法律学一二三頁参照）を試みることになるかと考えられる。
(31) たとえば外岡説によると、成年の子と親の間には氏の同一性がないと論じられ、子相互の間にも氏の同一性はない。子が婚姻をすれば、氏を改めない婚姻の場合でも親子の同一性はなくなる。また鵜沢説でも、夫婦親子のみ氏が同一との観点に立って親と孫の氏は異なるとの見解を立てている。同籍同氏は最も広く認められる考え方で、戸籍法学者はほとんどこの見解である。しかるに、戸籍法の観点からは次のような問題が生じる。息子が夫の氏を称する婚姻をし、子がないうちに離婚又は妻が死亡した場合には、息子は父母の氏に変わり（この場合の氏の変更に民法七九一条が適用されるかが更に問題となる）、父母の戸籍に復帰しうるか。戸籍取扱先例は、これを両者の氏が同一であるという理由で認めない。これは異籍同氏の考え方を承認するもので、背後に氏の累代性という思想が看破されると我妻教授は批判され、中川教授もこれに同調しておられる（我妻栄「家と氏と戸籍」身分法と戸籍二七二頁以下、中川・前掲書六二九頁参照）。しかし、両教授は共に呼称が同じ場合は全て氏は同一という最も自然的な考え方に賛成されるのであるから、取扱例と結論を同じくされることになるのではないだろうか。この場合に問題となっているのは、改氏の効果として復籍するという戸籍法一九条の規定それ自体の当否であろう。以上のように概観してみると、氏の同一性をできるだけ限定して解することによって、氏を「単なる個人の呼称」に近づけてゆこうとする議論の一般的傾向が窺われる。なお、旧法下では、本家と分家の氏は同一かというかたちで同じ問題が論じられている。民法改正過程においても、氏の同一性には疑問が投じられ、氏の概念は何かという追及が牧野委員によってなされている（我妻編・前掲書二七八頁以下参照）。「同じ牧野でもどこまでが同一の氏か」のように問われ、結局「要するに形式上同じ氏を称えているもので親族であれば、大概氏が同じであるという形になりましょう……」と納得されている。しかし、このような場合にはむしろ、「氏の系統を同じくする」のように表現するべきではないかと考える。

(32) 明治三年九月一九日太政官布告第六〇八号、明治八年二月一三日同布告第二二号によって、すべての人民が氏を称するようになり、今日用いられている氏の大多数がこの時につくられた。村々の役場は大混乱であったということであるから、武士や豪族の由緒ある氏も百姓町人に真似られたりして、すっかり玉石混淆となってしまったとみることができよう。わが国の氏名制度改革の特異性を示しており、歴史的にみてもわが国の氏は民主的で、「単なる呼称」とされるにふさわしい背景の中にあるといえる。木村健助「氏名の制度―明治以降の変遷について―」関西大学法学論集創立七〇周年記念号一八五頁以下、中川・前掲書六〇五頁以下、渡辺三男「姓名入門」歴史読本昭和四四年一〇月号特別号一〇八頁以下等参照。

(33) 中川・前掲書六一八頁以下、我妻・前掲書四二五頁以下参照。

(34) 唄孝一・氏の変更下二七二頁以下、谷口・前掲書一四〇頁参照。ただし、中川・前掲書六二七頁はこの区別を批判される。

(35) 本稿では戸籍との関係は別個に切り離して論述しているが、通常氏の法的効果は、(イ)戸籍法上の効果、(ロ)民法七六九条による効果、(ハ)恩給法等の効果、の三点に整理されている。

(36) この意味では、家庭裁判所の許可審判に基づく民法七九一条の子の氏の変更と、戸籍法一〇七条の氏の変更とはいっそう性質の近いものといえる。すなわち、両者は要件を異にするだけということになる。

第二節　フランス法の議論との対比

前節においては、わが国の氏に関して論じられているところを概観し、主たる論点が民法上の氏の取得変更に関する規定をどう説明するかにあり、とりわけ親子同氏と夫婦同氏の根拠並びに両者の関連にあることを明らかにしてきた。ここでは、フランス法における氏がどのように論じられているかを、前述した氏の性質という観点から整理しつつ、その中に日本法の氏が発展してゆくべき方向を探ってみたい。

氏の取得変更

フランス法における正規の氏名は、一つの氏（nom patronymique, nom de famille）と一つ又はいくつかの名（prénom）とで成り立ち、他に仮名（pseudonyme）、添名又は渾名（surnom）、氏の構成要素としてのパルティキュル（de particule）、称号（titre nobiliaire—duc, marquis などの貴族の称号であるが、氏とは異なる性質のものとされる）等の使用が考えられるが、ここでは日本法の氏にあたる nom patronymique を中心に考察する。[1] フランス民法典には氏に関する基本的条文は非常に少なく、[2] 親子同氏や夫婦同氏のような重要な原則に関しても、法源は慣習法が中心となっている。

氏の決定は、親子関係（filiation）に基づき、次のような基準によってなされる。[補a] (イ)嫡出子は父の氏を取得する。[3] (ロ)非嫡出子は、親子関係が両親について同時に確定された場合は父の氏を得る。両親との関係が別々に確定される場合には、原則として先に確定された方の氏を取得するが、母の方が先であった場合には、付加（ハイフンによる結合）をするか氏の変更をするかによって、父の氏を称する許可を裁判所に請求することができる。両親のいずれとも親子関係が確定されない非嫡出子は、出生証書に記載されている母の氏を称するのが慣習である。それもない場合には、身分吏が氏を決める。[4] (ハ)養子の氏に関しては、民法典三五七条、三六三条に規定がある。養子が実親と断絶する完全養子縁組においては、養子は養親たる父の氏を取得することが原則である。より一般的な単純養子縁組においては、通常は養親の氏を自己の氏に付加する。しかし、裁判所の決定により養親の氏のみを取得することもできる。また、夫婦の一方との縁組が認められているので、妻の養子は妻の氏を取得することになるが、夫の同意があれば夫の氏を称させることもできる。この場合にも裁判所の決定を要し、夫が死亡している場合等には専権的な判断がなされることもある。

後述するように、フランス法においては、夫婦の氏に関しては夫の氏を絶対としていないが、嫡出子が父の氏だけを称し、そのことが他の場合の子の氏の決定に原則的に影響を与えるという点に、家父長制の遺習がみられる。父の氏の取得は、慣習法に基づき、正統な血縁の効果として、出生証書の作成とは別に、出生と同時に法律上当然に生じるものと説明されている(5)。しかし、非嫡出子に関しては、親子関係が父母のいずれについても認知によって確定されるため、両者の認知が前後する場合には子の氏の決定基準は複雑になる。母に次いで父の認知があった場合、子がその時点から父の氏に変更することになるかに関しては論争がみられた。破毀院は父の氏を称することを原則としたが、氏を変更することによる子の不利益を考慮して、前述のように、原則として母の氏を保持する旨の一九五二年七月二五日の法律によって確認されることになった(6)。その限りで父の氏による原則は後退したことになるが、氏の決定が父との親子関係によることは格別の疑問も持たれず、民法改正の予備草案にも堅持されている。

フランス法の氏が慣習に大きく依存していることは、婚姻中の氏の問題についても独自の解決を生み出した。婚姻によって、夫婦の法律上の氏には何ら変更を生じないのであるが、慣習に従って主としては妻が夫の氏の使用権を取得するというかたちで、夫婦同氏が実現されるのである。従って、少なくとも理論的には妻は婚姻期間中二つの氏を用いる権利があることになり、離婚によって夫の氏の使用権を失うというのが現行のあり方である。

氏の基本的性質

身分変更に伴う氏の変更を概観してみると、養子は原則として付加により養親の氏を取得すること、婚姻によっても氏の変更が生じないこと、という二点において、出生に際し決定された氏をできるだけ保持する考え方が窺われる。これは氏の不変性の原則（principe de l'immutabilité du nom）がフランス法の中で強く意識されていることによると考えられ、いわゆる法律による氏の変更（わが国の戸籍法一〇七条による変更にあたるもの）が極めて厳格な手続によっていることも同様の事情によるものである。共和暦一一年芽月一一日の法律がこの手続を定めている。氏の変更の許可は、コンセイユ・デタ（Conseil d'Etat）の意見に基づき、政府のデクレ（décret）によって与えられるが、これは決定の期間満了後にはじめて申請者に権利を与える恩恵の行為であると解されている。多大の出費と時間を要し、許可件数も極めて少ないため、カルボニエは、司法手続によらせてもっと変更を容易にすべきであると批判している(7)。

行政手続による氏の変更には、別に一九五〇年四月三日の法律(補b)があり、フランスの国籍を取得した者について氏のフランス化を許可する規定をおいている。また、一九二三年七月二日の法律は、司法手続による氏の変更として、祖国のために死亡した市民の氏の再興を認めている。家族の男系のうちの最後の者が子孫を残さず戦死した場合には、死者の最近親の男子親族の一人が、裁判所の許可によってその氏を自己の氏に付加して存続させることができる。フランスの氏の父系性を象徴しており、同時に法律によるこのような細かい配慮がなされていることは、国民感情の中で氏が非常に重視されていることを示すものと考えられる。法律による氏の変更に含められる右の三種は、いずれも正規の氏の変更として出生証書の訂正を伴う。

氏の不変性と並んで、氏の非譲渡性（indisponibilité）と非時効性（imprescriptibilité）が氏の性質として指摘されている。いずれも氏が身分ないし人格と密接に関連することから生じる。譲渡できないのはそれらが取引になじまないものだからであり、これに対し、氏が商業名(8)（nom commercial）として用いられる場合は、営業財産の一部として財産的価値を持つに至る。氏が長期の不使用によっても失われないことは争われていないが、他方長期の使用によって取得されるかという点は多くの問題を含んでいる。不変性の原則を法的に確立した共和暦二年実月六日の法律は、出生証書に記載された氏以外の使用を一切禁止し、厳格な罰則を定めた。判例はこの規定の趣旨を忠実に実践し、氏の事実上の変更を極力否定する方針をとってきたとみられる。しかし、氏そのものが本来長期間の使用によって自然的に確定されたものであり、また裁判所も仮名の正当性の根拠を長期間の公の使用においているのであるから、個人の同一性の確認という氏名の存在理由に鑑みても、不変性の原則と時効取得性の間にはどこかで調和が見出されなければならない。最近の学説は非時効性を民法の時効の規定が適用されないという意味に解し、必要期間を定めつつ「占有に基づく一種の時効取得」を肯定する傾向とみうる。また、商業名は所有権の対象ともなりうるので、時効の規定にも服することになる。

氏名権に関する学説

右には、フランス法の氏の取得変更の側面と氏の性格として論じられるところを概括したが、氏の最も本質的な議論は、氏名権をめぐってなされている。学説は、氏名権の存在そのものを否定する見解と、これを最も強力な所有権と同一視する判例の立場とを両極端にして、その間に、身分権説、人格権説、家族権説、またそれらのいずれかの複合とみる説等が存在する。氏を称することは、個人にとっては権利であると同時に義務である(9)。従って、どちらの側に重点をおいて考察するかによって、全く対立的な見解が導かれる。

最も古くから存在し、判例が今日まで一貫して採用しているのは所有権説である。氏を真の所有権の客体とみる学説は、一九世紀中頃から法律学者の間に所有権の概念を拡大し、定義されない全ての権利にそれを及ぼそうとする傾向がみられたことと対応するといわれる(10)。しかし、判例に関しては、もっと実質的な要請からこの理由づけが用いられたのであろう。なぜならば、人を荘園の名によって識別した封建的な氏の習慣が、土地と名の混同を生じ、判例を氏の所有権という観念に導いたという説明もみられ、(11)これによれば、第一に氏の冒用が訴えられたのは、主としてそうした領地を持つ者の多かれ少なかれ由緒ある氏に関してであったこと、第二にそれ故裁判所は無条件に氏を侵害から保護する理由づけを見出せばよかったという沿革的事情が看取されるからである。

フランス法の氏はかなり古くに遡る。(12)ローマの複数名の制度が持ち込まれた時代もあったが、その後フランク族の個人名の習慣が中世前半まで行われ、混同を避けるために徐々に添名の習慣が生じた。職業、出身地、身体の特徴などから添名がとられ、貴族は領地の名を冠した。比較的新しくは父の名を所有格にして添えることが行われ、こうして二種となった名の一つの世襲化は一二世紀に始まるといわれる。長い間氏は法の規制外にあり、従って富裕になった農民が貴族の領地を手に入れて、自己の氏を捨ててその名を用いるというような変更がしばしば起った。一五五五年三月二六日のアンリ二世の王令によってはじめて氏名変更が禁止され、一六二九年にも同様の禁令が発せられている。

しかし、氏名不変の原則がほんとうに確立されたのは、前述したように、共和暦二年実月六日の法律及び共和暦一一年芽月一一日の法律によってである。アンシァン・レジームの下で、氏と身分が結合され変更を禁じられていたことに対する反動として、革命期には、届出だけで自由に氏名変更を認めるという共和暦二年霧月二六日のデクレが現われた。(13)しかしこれは一時的なものに終り、同年実月六日の法律は、氏名を変更した者も全て旧に復すること、出生証書による氏のみを使用することが厳格に義務づけられるに至った。(14)同時に添名等の使用も禁じられた。この法律は、革命の混乱に秩序を回復し、警察目的を達成するために重要な役割を果たしたとみうけられる。(15)正規の氏であるためには、霧月二六日法によって変更されたものではなくそれより以前から称していたものであることを立証しなければならず、従ってできるだけ古い証書によって氏の正統性を主張する要請が生じた。また、綴字や語形に変化が生じた氏をできるだけ古来の形に戻し、個人の氏を確定すると同時に家族の氏を確定することが目ざされた[16]。すなわち、ここでは氏名不変という革命期の政治的要請とアンシァン・レジーム時代の伝統的なそれとが完全に融合しているわけであり、氏名重視の社会的基盤が形成されたことを認めることができる。

フランス法の氏名権に関する豊富な議論は、右のような背景の中で生まれたものである。他人による氏の冒用の訴えに対し、裁判所が直ちに差止めを認める理由づけの必要性もまた存続し続けたにちがいない[17]。事実、判例が所有権を根拠としているのは、氏の冒用を訴えるためには何ら損害の証明を要しないという点に所有権回復訴訟（revendication）との一致を見出したからに他ならないといわれる[18]。しかし、所有権であると同時に家族の権利であるとか、無体の所有権であるという特殊の表現がしばしば用いられており、所有権理論では説明できない解決は数多い。今日では所有権説は学説においては全く省みられない状況にある。歴史的にみても氏の権利と所有権とは別個に発達したものであり、理論上も客体の性質が全く異なる上、一方は譲渡不可能で多数人に共通に帰属しうる等、種々の差異が指摘されている。

所有権説が氏の権利を誇張したため、逆にこれと全く対立する消極的見解が現われることになった。氏は個人の識別のために設けられた民事警察制度（institution de police civile）にすぎず、出生に際し与えられる登録番号に等しいとプラニオールは説いたのである[19]。氏を用いる義務と社会的利益の面に注目したもので、この場合には冒用に対する訴えは、損害の立証をして民法一三八二条に依るほかは認められない[20]。コンセイユ・デタは、前述した行政手続による氏の変更に関するデクレに異議申立をする場合には重要な利害関係（損害）の証明を要するとの見解であるため、右の権利否定説をとるものと解されている[21]。

氏の権利をこのように無視することは余りに非現実的であるため、学説はこぞってこの立場を批判し、氏について何らかの権利を認めるべきであると主張している。まず、サレイユがドイツの研究を採り入れて人格権論を展開し、議論を大きく前進させた。サレイユは、氏は個人の識別を表わし、個人的活動の不可欠の要素であるから、氏の権利は他人と混同されないための権利として、生活権や名誉権等と同様に人間の内在的財(bien inné)となると把握した[22]。この考え方は、同じく人格権説を唱えるジョスラン、プラニオールが、氏は民事警察制度であると同時に、個人においては人格権を形づくるという二面的説明をするのに根拠を与えているようである[23]。しかし、マゾーは、単に「他人に混同されない権利」以上の強い内容を人格権に与え、「損害とは別に、人格そのものと同様に全ての侵害から保護される」と表現して、この理由づけにより、判例と同様に氏の冒用に対する無条件の救済を認めようとしている[24]。また、この観点から、創作上の人物の名や仮名として氏が冒用された場合には人格権の侵害とはならず、混同による損害の発生が問題となるだけであると述べている[25]。

他方、コランによれば、人格権説をとった場合にもそれだけで直ちに損害の証明を要しないという結論が導かれるのではなく、むしろサレイユのような定義は、氏そのものの他に仮名、添名、名等の全てを保護する根拠となる包括的な権利となるのであって、その代わりに損害の証明の問題は依然として残るのではないかと指摘される[26]。マゾーのような結論を根拠づけるためには、彼自身は身分権説を展開したのであった。この立場によれば、氏は基本的に親子関係の印であるから、氏の争いは常に当事者かその先祖の一人が当該の氏の正当な所持者と家系上のつながりを持つかどうかの問題となるのであり、それは身分の問題として処理されるべきであると説かれる。身分権説は、氏の非譲渡性、非時効性の適切な説明ともなるし、判例が実際にその氏を称していない傍系の者や既婚の家族員にも氏の冒用を訴えることを許していることと非常によく調和する。さらにコランは、固有の氏の問題をこのように区別することによって、厳格な意味での氏に該当しないものの保護については、他の規定に依る道を開くことができると述べ、氏の権利をいくつかの性質に区別して扱うことを提案した。

カルボニエは、氏の権利は家族的な側面と個人的側面とを持つとし、前者の場合にはコランの見解に賛成し、後者については人格権説に従うようである。[27] 家族権説とは、家族を氏の権利の主体とみて、その権利が個人にではなく家族そのものに属するというものである。[28]

学説の分析

氏名権の議論は、二つの関心をめぐってなされていると考えられる。第一点は、判例が所有権説を根拠として展開してきた結論に、いかにしてより適切な説明を与えるかであり、最近の学説の中心的な論点をなしている。これと並んで、氏の冒用の訴えに損害の証明を要するかが第二の論点をなすといえよう。他人がその氏を称するならば、資格もないのに自己の家族との混同を生ぜしめるという理由で直ちに使用禁止を訴えうるような氏が、実際フランスにはいくつか存在し、そのような事例の解決のために判例は所有権説を採用したとみうることは前にもふれた。しかし、この種の事案に関しては、損害の問題自体はそれ程結論に影響を及ぼさないといわれる。

氏の冒用について問題になるのは、主として精神的な損害であるが、コンセイユ・デタは単なる精神的な利益も含めて判断しており、他方所有権説に基づきつつも、裁判所は何ら訴えの利益がない場合には救済を認めることができない。[29] このようにみると・権利否定説と所有権説は結局それ程大差のないものという理解に導かれる。権利否定説といえども、氏の冒用から個人を保護する必要は認めるのであり、ただ所有権説への反論として、一般の民事責任を定める民法典一三八二条により損害の証明をなすべきであると提案したにすぎない。しかし一三八二条によれば、損害の立証だけでは十分ではなく、フォート（faute）というかたちで他人の権利を侵害したことが要件となるのであるから、権利否定説とは両立しえないであろうとコランは批判している。[30] コンセイユ・デタは、判例とは異なる角度から氏の問題にとり組むのであり、取り扱う事案の性質も異なるものとしてこれを一応除外するならば、プラニオール自身が人格権を肯定している以上、権利否定説はもはや存在しないという結論になる。氏の冒用に対し個人を保護する

必要性については異論はみられないとマゾーが述べているのも、そのような背景に基づく。(31)

損害の証明に関する議論は、固有の氏以外の領域へと氏名権の問題を発展させたことにおいて、より大きな意義があったのではないかと考えられる。たとえば、氏をそれ自体として冒用するのではなく、小説や劇中のいかがわしい人物の名前に用いたり、仮名として冒用したような場合には、損害の証明が必要となる。(32) また、仮名の権利の侵害を訴える場合には、常に損害の立証がなされなければならない。もっとも、固有の氏に関する場合でも、氏の冒用が直ちに身分権の侵害に結びつかないような平凡な氏については、損害の証明を要するといわれている。

このようにみてゆくと、いかなる内容の損害が生じるかという問題自体が、氏の権利をどう把握するかと密接にかかわり合っている所に、問題の難しさがあることを知りうる。人格権説に従ったとしても、(33) いかなるかたちで氏が人格にかかわるのかを検討しなければ、適切な保護を与えることはできないのではなかろうか。

氏不変の原則を強調し、氏の秩序を非常に厳格に維持しているフランスは、氏名変更の自由を伝統的に認めているコモン・ローの国と全く対照的である。しかし、それ故にいっそうフランス法は、呼称秩序に確かな基本を持たず、氏の本質を探りながら現状に何らかの変革を求めているわが国の議論に対し、有益な示唆を与えることができるのではないかと考えられる。

（1） フランス法の氏については、主として次の諸文献によっている。Carbonnier, Droit civil t. I, 1957 ; Mazeaud, Leçons de droit civil,t.I, 4e éd. ; Planiol et Ripert, Traité pratique de droit civil français par Savatier. t. 1, 2e éd. ; Ripert et Boulanger,Traité élémentaire de droit civil de Planiol, t. 1, 4e éd. ; Colin et Capitant, Traité de droit civil par Julliot de la Morandière, t. 1, 1957. 木村健助「フランス法における氏名㈠～㈤」関西大学法学論集六巻四号一頁以下、七巻一号二三頁以下、七巻五号一頁以下、八巻二号一頁以下、九巻一号一頁以下、同「Pseudonyme（芸名・筆名など）について」愛知学院大学法学研究八号七九頁以下参照。

（2） 親子関係の証明に必要な身分占有の要件として三二一条が氏に言及しているほか、養子の氏に関する三六〇条他若干の規定、婚姻との関係で二九九条、三一一条があるにすぎない。その他には、いくつかの特別法があるほか、革命期の中間法で関連のものが現在も効力を持つとされている。

（3） 民法典に規定がなく、慣習法に基づく。父母双方の氏を取得する慣習も一部には存在するといわれる。Julliot de la Morandière, op. cit., p. 279.

（4） 非嫡出子の氏に関しては、一九五二年七月二五日の法律があり、本文はその概略である。

（5） Carbonnier, op. cit., n° 55, p. 178.

（6） しかし、非嫡出子が母の氏を保持することを親権と結びつけて説明する判例は、氏は親子関係によるもので親権の効果ではないという理由で批判されている。Julliot de la Morandière, op. cit., p. 279.

（7） Carbonnier, op. cit., n° 59, p. 191.

（8） nom commercial は商法上は、広い意味でわが国の商号に当ると言われているが、実際に用いられている場合は、nom patronymique との区別はあまり明確ではないようであり、本稿では一応商業名という訳語を与えた。

（9） 氏を定義するにあたって、いずれのテキストもこのように説明している。

（10） Note de A. Colin, D. 1904, 2.1. パリ控訴院一九〇三年一月二一日判決（後出事例㉞参照）に対する註釈であり、コランがはじめて身分権説を提唱した非常に詳細なもので、本稿の氏名権に関する叙述は多くをこれによっている。

（11） Planiol et Ripert par Savatier, op. cit., n° 144, p. 141.

（12） 氏の歴史に関しては、Ripert et Boulanger, op. cit., n° 495 ; Mazeaud, op. cit., n° 533 が詳細である。

（13） 法文からは、革命にちなんで都市の名や人名をつけかえようとする動きを承認した事実が窺われる。cf. Décret 26 brumaire an 2, Duvergier, Lois et décrets, 9-10.

（14） 混乱が非常に大きく取締りに困難を生じたせいであろうとカルボニエは説明している。Carbonnier, op. cit., n° 59, p. 191.

（15） cf. Loi 6 fructidor an 2, Duvergier, op. cit., t. 7-8. この法律は、違反者に六ヶ月の禁固又は収入の四分の一にあたる罰金、再犯の場合は公民権剝奪という厳格な罰則を定めている。実際にはほとんど適用されず、現在でも少なくとも罰則に関しては不使用によって廃止されたという理解があるといわれる（木村・前掲論文㈣関西大学法学論集八巻二号四頁参照）。しかし、氏名不変の原則を定めた現行法規としてどの教科書にも引用されている。この法律では氏名変更の余地は全く認められず、更に取締りの厳格化を目ざして後の共和暦六年には、中央、地方の行政機関や裁判所等に全ての違反者の通告義務を課したアレテ（arrêté）が出されている（Arrêté 9 nivôse an 6, Duvergier, op. cit., t.9-10）。正規の氏名変更の手続が定められるのは、共和暦一一年芽月一一日の法律（Loi 11 germinal an 11, Duvergier, op. cit., t.13-14）によってである。この時点においてはじめて氏名に関する基本法が整備されたことになる。

(16) Planiol et Ripert par Savatier, op. cit., n° 103, p. 122 et s.

(17) ただし、訴えの大部分が貴族の氏に関するもののようである。その氏を称していることにより当該家族の一員とみられる可能性があるような特殊の氏でなければならないから、当然貴族の氏や有名な氏に限られてくるといわれる。Ripert et Boulanger, op. cit., n° 526, p. 214 ; Julliot de la Moranddière, op. cit., n° 464, p. 284.

(18) Carbonnier, op. cit., n° 59, p. 192.

(19) Planiol et Ripert par Savatier, op. cit., n° 114 et s. プラニオールは、親子関係によって家族への帰属を示すだけでは氏の機能として十分ではないとコランの見解を批判し、自己の同一性を示す印として全ての人に対抗できる点が重要であり、またそのようなものとして個人の人格の属性となると論じている。当初は氏を全く登録番号にすぎないとしたが、後に論述を改めて人格権説をとるに至ったとみうる。木村・前掲論文㈤関西大学法学論集九巻一号四頁参照。

(20) 「他人と混同されることによって引き起される損害」と解されている。Mazeaud, op. cit., n° 563, p. 561.

(21) 政府の許可が公示された時から一年間は利害関係人に異議申立てが許される。異議がない場合には一年の期間の満了と共に許可が効力を生じる。

(22) Aubry et Rau の用語であるとされる。

(23) Note de Colin, D. 1904, 2, 1.

(24) 木村・前掲論文㈤関西大学法学論集九巻一号七頁参照。

(25) Mazeaud, op. cit., n° 565, p. 562 et s.

(26) Note de Colin, D. 1904, 2, 1.

(27) Carbonnier, op. cit., n° 59, p. 192.

(28) 木村・前掲論文㈤関西大学法学論集九巻一号九頁参照。サヴァティエの説として紹介されている。

(29) Carbonnier, op. cit., n° 59, p. 192.

(30) Note de Colin, D. 1904, 2, 1.

(31) Mazeaud, op. cit., n° 560, p. 559.

（32）この場合には人格権の侵害は問題にならないとマゾーは論じている〔Mazeaud, op. cit., n°565〕。しかし、この議論は固有の氏の冒用を念頭におくもので、損害の証明なしに直ちに人格権の侵害を主張できる場合を区別しているにすぎないと考えられる。実際には、これらの事案においても、人格権の侵害に基づく精神的損害の証明がなされるのではなかろうか。

（33）人格権説が現在の学説における通説とみうる。

補註

（a）以下の(イ)、(ロ)に関するフランス法の記述は現行法と若干の相違を生じている。まず、嫡出子の氏については、一九八五年一二月二三日の法律が長い間の懸案であった母の氏の伝承を実現させた。付加して使用するという補充的形式によるものであるが、父母の氏を合わせた二重氏の取得が法的に承認されている。非嫡出子の氏に関しては、一九七二年一月三日の法律によって民法典に多くの条文が追加された。ただし、内容的には本文でとり上げている一九五二年法とそれほど変わっていない。これらの詳細については、滝沢聿代「最近のフランスにおける氏の諸問題」日仏法学一四号一〇頁以下を参照されたい〔本書二四一頁収録〕。

（b）この法律は現在一九七二年一〇月二五日の法律におきかえられ、その後度々部分的改正を経ている。より柔軟にフランス化を認める方向に進んでいるとみうる。

第二章　フランスの判例

第一節　序

フランス民法典が氏名に関して特に規定をおかなかったのは、氏名は出生証書の作成のために決定が要求されるという問題しか提起せず、単なる治安の手段であると考えられたためであろうといわれる(1)。フランス法の氏名不変の原則を現行の形に確立した革命期の中間法は、どのような背景の下に成立したのであろうか。アンシァン・レジームの下では、戸籍は教会の扱うところとされ、非カトリック教徒のみ世俗の役人に従っていたものであるが、一七九一年憲法によって、全国的に戸籍の世俗化が目ざされた。続いて、一七九三年九月二〇日の立法議会のデクレは、市町村役場が、出生・婚姻・死亡を証明するための証書を保存することを定め、方式や手続を確定しており、その後同年一二月一九日のコンヴァンションのデクレは罰則をもってその遂行にのぞんでいる。(2) 社会階層や宗教上の桎梏を排し、自由平等の下に、新しい身分秩序が出生証書を基本として築かれたのである。革命前の氏名秩序は、現行法が慣習によっている限りでは、今日まで存続しつづけているとみてよいであろう。しかし、身分登録制度の革新が氏名制度に及ぼした影響も少なくないのではないか。少なくとも本稿で扱う婚姻との関係においては、明らかに革命による変容のあとをたどれるのではないかと考えられる。

フランス法の伝統では、古来婚姻と氏との関係はどのように解されていたのであろうか。この点に関しては正確な資料に依っておらず、今後検討しなければならないが、判例の理由づけからうかがい知るところでは、子の氏の決定にみられる家父長制の名残りは、フランス社会の慣習として、婚姻にも大きく及んでいると考えられる。すなわち、婚姻により妻が氏を変更して夫婦同氏となることは、他のヨーロッパ諸国と等しく、フランスでも封建制度によって支えられてきたものであろう。(3) そこに氏の変更を厳罰をもって禁止した共和暦二年実月六日法が強行されることになり、新しい問題が生じる。婚姻によって妻の氏が変更することを、何ら法規が規定しない以上、従来の慣習は基本原則と矛盾しない形で説明されなければ承認しえない。婚姻は夫婦の氏に何ら影響を与えず、ただ妻は夫の氏の使用権(droit d'usage)を取得することによって夫婦同氏が実践されるというフランス法独特の理論は、このような要請に裏付けられたものと考えられる。(4) 従って、第一次的に、すなわち少なくとも法律上は夫婦別氏を建前とするといえるのであるが、専ら氏の血統性を重視し、「同姓不娶」を思想的根拠とする中国古来の夫婦別氏制などとは性格が異なることに注意しなければならない。この解釈は、一八九三年二月六日の法律が民法典の二九九条と三一一条を修正して氏に言及したことにより、法的にも確認された。学説も一貫してこれによっている。詳細は判例を検討する過程で明らかにしたいと考えるが、法源として重視されている慣習の背後に、革命の残した氏名不変の原則が大きく貫かれていることは忘れてならないことである。

判例上、夫婦の氏に関する問題は、最も多くは、離婚した妻が夫の氏の使用権を継続できるかの問題となって現われており、本稿もこの点を中心にしながら、妻の氏の利益がどのように評価され、保護されているかを検討し、現代的な問題としての夫婦の氏のあり方を探ってみたいと考えている。更に婚姻による氏の変更が法的根拠を持たず、慣習の領域に委されているという特色が判例にどう反映しているかも関心の対象であったが、婚姻中の妻の氏がとり上げられているものは極めて少なく、私が調べた範囲では三件しかみられなかった。ただ、婚姻中夫が妻の氏を付加して用いることができるかに関する若干の事例があるが、この問題は別居を規定する三一一条が言及しているので、直接離婚と関係ない場合は、別居と一緒にして紹介したい。フランスの民法教科書でも、判例の分類は、多くは判旨の中で婚姻と氏の関係について一般論として言及されているような部分をとり上げ、学説を説明する場合の根拠づけに引用するという傾向がみられ、正確な分析や評価はつかみにくかった。従ってここでは、一応民法典の条文によって大別している。はじめに、条文を持たない婚姻一般に関するものを扱い、次に二九九条二項に関するもの、三一一条一項に関するもの、という順序である。しかし、いずれの事例でも、必要に応じて婚姻と氏の問題の一般論は述べられているので、あわせてそれらを検討しつつ、最後にまとめとして、問題点の整理をしたいと考えている。各節における事例の順序は、格別の理由のない限りなるべく年代順とし、時代による変ぼうを観察できたらと考えた(5)。

(1) Beudant, Cours de droit civil français, 2e éd., p. 273.

（2）野田良之・フランス法概論下六三一頁参照。
（3）家長の氏が妻と子に伝えられ、家族の一体が誇示されると同時に、個人の内に結合の意識が作り出されると説明されている。Planiol et Ripert par Savatier, op. cit., n° 113, p. 139 ; Carbonnier, op. cit., n° 59, p. 190.
（4）木村・前掲論文㈢関西大学法学論集七巻五号八頁以下の解説によれば、使用権という概念は判例の所有権理論の展開である。民法制定前は、夫婦一体主義によって妻は夫の氏の権利を取得し、その権利は所有権であるという説明が多かったが、それと並んで、古法においても氏名変更は禁じられたから、妻が夫の氏について使用権しか持たないのは沿革的なものであるという学説もあるとのことである。しかし、後者は後世の学説から古法を説明したものではないだろうか。
（5）判例は前掲五書（前章第二節註（1）参照）とJuris Classeurとによって、夫婦の氏に関するものを網羅したつもりであるが、他にまだ数件はこの種のものがみられるようである。

第二節　婚姻一般に関するもの

多くの学説は、婚姻が氏に及ぼす効果を、氏の変更（changement）ではなく、子の氏と共に、氏の付与（attribution）という項目の下に扱っているが、格別内容の差を伴うものではない。既婚婦人が通常夫の氏を称することはフランスの慣習である[1]。この点は長い間法的根拠を持たなかったが、二九九条二項が「離婚の結果、夫婦の各自は自己の氏の使用を回復する」と定め、はじめて間接的に民法典の確認するところとなった。同時に、三一一条一項は、別居判決に際し、裁判所は妻が夫の氏を称することを禁じるか、又は夫の氏を称さない許可を与えうること、他方夫に対しては、妻の氏を付加することを禁じうることを明文化した。これらの規定は慣習の確認であるから、妻が夫の氏を称することと、特定地方（特にシャンパーニュ地方といわれる）[2]に行われる夫が妻の氏を付加して用いるという形とを念頭においている。しかし、妻が付加によって夫の氏を用いる例もあり解釈上承認されているが、婚姻による二重氏はいずれの場合にも子に伝えることはできない(3)。このように夫婦は互いに相手の氏を使用できる一方、法律上は各自の氏を失わず保持する。問題の中心にある妻の氏については、日常の証書では妻は夫の氏を用い、公法上や裁判上の書類その他重要な証書では自己の氏によって、後に夫の氏を添えるようである(4)。また妻が独立して職業活動などをする場合は、もちろん婚姻前の氏を継続できる。その他、妻のみの養子、認知した子、夫が嫡出否認した子などが妻の氏を称することも、妻が自己の氏を保持している結果であると説明されている(5)。離婚すれば、相手の氏の使用権を失うことになり、当然自己の氏のみを称する。これに対し慣習によれば、未亡人が夫の氏を継続することは許される。妻の再婚までは、結婚生活の敬虔な思い出として認められると説明されている(6)。

婚姻によって妻が夫の氏を称することは、第一に妻の権利として論じられているが、同時に義務でもあるかに関しては一致をみない。学説は、氏は血統を示すものであるから、既婚婦人も自己の家族の氏以外は持ちえず、二九九条は単に風習(usage)を承認したにすぎないという消極的なものから(7)、慣習法の真の規定に従って、婚姻は法律上当然に夫の氏を妻に付与するもので、氏の同一は夫婦と家族の一体性の公示であるという説(8)までの間で、慣習に対しては少しずつニュアンスの異なる評価をしている。判例が最も消極的な説をとることは、氏の所有権という判例理論や氏名不変の原則を重視することからも容易に推測できる。しかし、学説には義務と解するものがかなりあり(9)、その場合の根拠としては、別居に際し裁判所は妻が夫の氏を称さないことを許可できると定めた三一一条の存在が重視されているが、これは形式的なものであろう。義務の内容からみると、マゾーは第三者が夫の氏によって妻に書類を送達できることを指して、その限度で義務というもののようであり(10)、他方カルボニエは婚姻共同生活の一体を強調して婚姻中は妻の固有の氏は専ら潜在的なものになると説く(11)。ブーダンも早くから後者と同旨の見解である(12)。義務とみるか否かの差は、慣習を重視するか、判例のように氏名不変の伝統に従うかにかかっているようであり、慣習によるものの多くが義務説であることは、実際には夫の氏を用いることの方が一般的であることを示すものであろう。義務否定説によれば、三一一条の夫の氏を称さないことの許可という部分は単に無用の規定にすぎないと解されている。(13) 夫の氏の使用権を取得する結果、妻は婚姻前の氏、夫の氏のどちらによっても適法に署名することができる。

婚姻による妻の氏の変更に関しての伝統的な説明は、参照した判例のうち最も古い部類の数件のものの中にうかがうことができる。

〔1〕 Cass.civ.16 mars 1841, S. 1841, 1, 532; (D. 1841, 1, 481)(14)

〔事案〕 シャルル・コンスタン (Charles Constant) は、タルタンソン－ベルビュ (Tartanson-Bellevue) の未認知の子と自称して、共和暦二年に結婚した。数人の子が生まれ、出生証書はシャルル・コンスタン－タルタンソンを子の父として いる。また一八〇五年のコンスタンの死亡証書にもタルタンソンの文字を用いており、以後その氏は彼の妻と子によって使用されてきた。一八三三年にタルタンソン－ベルビュの嫡出の娘である既婚の二夫人から、シャルル・コンスタンの未亡人と子に対し、何らの権限もなしにタルタンソンの氏を称することを以後禁じる旨の訴えがなされた。これに対し、コンスタンらは時効による氏の取得を主張して争ったが、一審敗訴。二審では、他に婚姻によってもはやタルタンソンの氏を称さなくなった原告らの請求は訴えの利益を欠くとして、不受理の抗弁 (fin de non-recevoir) を提出した。判旨は、「婚姻により、妻は自分の出生した家族に属することをやめるわけではない。夫の氏を用いるのは、共同生活上の行為のために行われるのみで、身分や所有権は関係ない。婚姻前の氏の所有権は継続しているから、家族の長（控訴人らの父）が死亡しても、それにより訴えの利益はなくならない。」と述べて抗弁を却下し、また時効の点については、仮に氏が時効取得の対象になるとしても、本件の場合は民法典二二二八条の要件は満たさないと斥けた。コンスタンらから上告。

〔判旨〕 (一)不受理の抗弁について。家族の氏は彼らの所有物である。妻は婚姻の結果他の家族に属し、父の氏を称することをやめても、この氏は尊敬と名誉の記念として彼らの世襲の利益であり、常に価値を失わない。氏を伝える男系子孫がない場合は、妻は同じくその氏を称する権利があり、他家による侵害に異議を申し立てる権利がある。(二)氏の時効取得の主張について。婚姻証書によれば、シャルル・コンスタンはベルビュ－タルタンソンの子とされてはいるが、いかなる親子関係であるかは確定されていない。また自筆の署名はコンスタンのみによっていると原審は確認している。未亡人である上告人はとりわけこの証書から氏の権利を引き出すことはできない。また婚姻証書にタルタンソンの氏がない以上、父によって称されなかった氏は適法に子に与えられることはなく、いかに長期の占有が立証されても氏の取得は認められない。出生証書は親子関係を確定するもので、氏の権利の根拠とはならない(15)。

本件は、婚姻と氏、身分証書と氏の関係や、氏の非時効性（imprescriptibilité）が広くとり上げられており、フランスの氏の特色が非常によく観察できる。ここではとりわけ、婚姻によって妻は夫の家族に属しながらも、婚姻前の氏を保持するから、その氏の冒用の禁止を訴えうるという点に注目したい。後の判例も一貫してこの先例に従っており、現にその氏を称していないというだけでは、Pas d'intérêt, pas d'action の格言は適用されないのである。

次例では、婚姻と氏との関係が称号の問題としてとり上げられている。称号は氏とは一応別のものとして考えられているが、両者の区別は困難な場合が多い(16)。

〔2〕 Cass. civ. 15 juin 1863, D. 1863, 1, 313 ; (S. 1863, 1, 281)

〔事案〕 ルイ・マリー・ビュフィル・ド・ブランカス（Louis-Marie Bufile de Brancas）は、第一等スペイン大公爵（grandesse espagnole de première classe）とブランカス公爵（duc de Brancas）という称号の持主であったが死亡し、娘であるイボン・ド・フローアン夫人（Dame Hibon de Frohen）がこれを承継した。イボン夫妻は共にこの称号を用いていたが、夫人の死後、息子がこの母の権利を譲り受けた。ブランカス家の未亡人・姻族・傍系の親族等数人から、イボン父子に対し、ブランカスの氏並びにスペイン大公爵の称号を禁じる訴えをしたもの。称号にはブランカス公爵を名のる義務が伴ったため、両者は一体のものであるが、一審はこれを区別して考え、氏の使用は禁じるが、称号に関しては、慣習によって妻は夫に自己の全ての称号や栄誉を与えうるとして、原告の請求を認めなかった。本件では、夫は共和暦一一年芽月法に従って、妻の氏を付加する氏の変更を申請して棄却されているから、法律上妻の氏を称する権限はない。よって妻もブランカス出身と称する権利は失わないとしても、法律上は夫の氏以外は称しえない。問題は称号が適法に夫に譲渡され、その結果ブランカスを称しうるかにかかっている。二審はこの点について、「氏は家族の所有物であり、法律の状況では正式な法的手続によらず他家に譲渡することは認められない。王の認可状から引き出された原則も、氏の一般法に優先するものではない。」と述べ、氏と称号の不可分を強調して、両者について控訴人ら（イボン父子）の使用を禁じた。破毀院判旨も、称号が傍系に行くには新しい許可が必要であり、単に婚姻によっては新しい家族に渡らないと述べ棄却している。

家の氏はフランスでは性の区別なく、男子にも女子にも相続させうると二審判旨は述べている。しかし子の氏の決定における父系性が貫かれている以上、女子による氏の継続は一身的なものに終る。本件でもイボン夫人は称号の適法な相続人であるにもかかわらず、その息子は夫の家族に属するものとして、母の権利の承認を認められない。なお、称号はスペイン政府の授与したものであるため、フランス法上の称号との関係等につき、判旨は詳細にわたっているが省略した。

〔3〕 Paris, 18 juill. 1877, S. 1878, 2, 241 ; (D. 1878, 733)

〔事案〕 ロジェ未亡人（Veuve Roger）は息子ビクトル・ロジェ（Victor Roger）と共に、ペディキュール‐マニキュール業（pédicure-manicure 爪や手足の美容術師。本件の場合には、外国で修業し免許を得て、独自に発明した何かの美容関係の商品を販売している出入り商人であると自称している）に従事し、公衆に名を広めている。彼らは未亡人の婚姻前の名を用いて、「カトリーヌ・シットと息子」(Catherine Sitt et fils) として看板やちらしをつくっている。これに対し、同業者である未亡人の兄グザビエ・シット（Xavier Sitt）から、不正競争であるとして、婚姻前の氏の使用を禁じる訴えと共に損害賠償を請求した。一審は原告の請求を認めたのでロジェ母子から控訴。

〔判旨〕 ㈠職業上の氏の所有権に関する訴訟であるから、一審のセーヌ商事裁判所は管轄権を有する。㈡カトリーヌ・シットは、ロジエとの婚姻の民事上の効果として夫の氏を取得した。また息子は母の氏には何ら権限を持たない。従って、兄の許容の下に、婚姻前の氏を用いて公衆に知られることはできるが、妻としての氏を隠し、息子を婚姻前の氏に結び合わせる権利は裁判所で争うことはできない。妻の氏と別に婚姻前の氏だけを用いること、母の協力者として息子がシットの氏を用いることを禁じる。

判旨は、「婚姻の民事上の効果として妻は夫の氏を取得する」と述べている。古い判例はほとんどこれに近い見解で、少なくとも慣習上妻は夫の氏を取得すると解している[17]。そしてこの場合には婚姻前の氏を失うものと解されているのである。〔1〕例も妻は婚姻証書の夫の氏を法律上取得するようにみているし、〔2〕例は婚姻によって他家に入っても婚姻前の氏を失わないと述べつつ、それは某家出身（Mme X, née Y）のようにと称する権限を意味するものと解している。従って第三者の冒用を争う権利を認めていることは、必ずしも後の判例と同じ意味で婚姻前の氏を保持しつつ、夫の氏を称することもできると解釈していることにはならない。事例は妻の職業上の氏が問題となったものであり、慣習によれば未亡人は夫の氏を継続することになるため、判旨は民事上の効果も存続しているとみているのであろう。

〔4〕 Trib. civ. Seine, 11 déc. 1901, D. 1902, 2, 233.

〔事案〕 ロッテ商会（Lotte et comp.）はラング夫人と称しているジロー嬢（Mlle Gillot）に必要品を売却し、代金の支払いを第一次的にジローに対し、また二次的にラング氏（M.Lang）に対して請求した。理由は二人が内縁の夫婦であり、共同生活をしてラング氏の氏の使用を許可している間柄だからである。必要品の売却はラング氏の支払能力をあてにしてなされたもので、かかる事情において、ラング氏は第三者に対し、ジローのなした契約を履行することを少なくとも黙示に承認したものである。

〔判旨〕 ジローに対し代金と法定利息の支払いを命じ、ラング氏への請求は次の理由で認めない。すなわち、婚姻によっ

て　夫婦相互の権利義務が生じる。妻は慣習に従って家政内部を指揮し、必要品の取得等につき、正当にその氏を称している夫に責任を課す権利がある。しかし、本件では妻でない者が夫でない者の氏を称し、その名で契約しても、その者とロッテ商会との間には何ら法的関係は生じない。共同生活関係があるというだけで、被告らの事情を調査しなかったのは原告の過失である。

本件は内縁関係における氏が問題となったものである。妻が夫の氏を用いるのは、婚姻を第三者に公示する必要かららであるとも論じられるが、(18)それもあくまで法的関係を前提としていわれることで、第三者の保護に消極的なこの判決の結論は、氏は婚姻の要件に全くかかわらないということを根拠に、夫婦同氏をあまり重要視していない判例の一般理論に合致している。

〔5〕 Nancy, 11 janv. 1933, Sem. jur. 1933, 305.

〔事案〕 係争の土地N地には、一八八〇年にA夫妻ほか数名間で、一定の建築線を越えて建物を建てないこと、所定の高さより塀を高くしない旨の地役権の設定契約が結ばれ、A夫人は夫と共に、夫の氏によってこの契約証書に署名した。Aの死後、A夫人から（N地）の一部を買ったYは、地役権者の一人であるXの忠告を無視して、建築線を侵害してガレージを建てた。Xを含む他の地役権契約の当事者からの訴えにつき、原審はアストラント（astreinte）を課し、Yにガレージの収去を命じた。Yは控訴し、理由として、売主A夫人は法律上の氏である婚姻前の氏によって地役権証書に署名すべきところを夫の氏によっているから、それに基づく地役権の登記は無効であり、善意の買主であるYに対抗できないと主張した。

〔判旨〕 妻は婚姻により、婚姻前の氏を失わず、夫の氏の使用権を取得する。A夫人が夫の氏で署名したことは適法であり、署名をそのまま登記簿に記入した登記吏にも何ら違法はない。不動産につき、売主の婚姻中に夫の氏によって設定された権利の有無は、Yに調査義務がある。

事例は夫の氏による署名の問題が直接とり上げられた唯一のものである。しかし注釈(19)はこの点に関しては判旨に批判的であり、単に個人の同一性を示すためだけの署名であれば、仮名でも夫の氏でも差支えないが、登記によって第三者に対抗するような場合には法律上の氏でなければならないから、本件契約書の署名も妻は婚姻前の氏を用いるべきであるとの見解を述べている。また氏名不変の要請を強調し、夫の氏は職業、住所、生年月日等と同様、個人の同一性をより正確にするための署名の補充にすぎないとする。共和暦二年実月法と二九九条二項との理論的関係を詳細に検討したものであって、後の二つの判例を理論的に補強する結果になっている。

次にとり上げるものは刑事事件であるが、妻が婚姻前の氏によって独立に職業に従事できることを認めた判例として、各教科書に引用され重視されている。

〔6〕 Paris, 17 sept. 1941, D. A. 1941, 364.

〔事案〕 原審は薬剤師コラ・ソプラナ夫人（Dame Cora Soprana）が貼札上に、コラ・ソプラナという適法な氏名の代わりに、サンソン（Sanson）という婚姻前の氏を表わした点につき無罪、錠剤の入っているガラスびん上に商品の質量の構成を表示せず販売したことに対し、秘密薬品の販売を禁じる一九二六年七月一三日法違反として一六フランの罰金の判決を下した。

これに対し、検察官・被告人の双方から控訴が提起された。

〔判旨〕 第一点について。既婚夫人が夫の氏を称するか、又は婚姻前の氏に夫の氏を付加するという慣習があったとしても、それは何ら民法典の義務ではない。婚姻前の氏が法律上の氏である。従って、既婚の女性薬剤師は、箱や販売した医薬品の上に婚姻前の氏を表わすことによって、法律上の義務を満たすものである。

〔7〕 Trib. civ. Seine, 19 janv. 1948, D. 1948, 136.

〔事案〕 原告は婚姻前の氏をジェロドン（Géraudon）と称し、ポール・ブロク氏（Paul Block）との最初の婚姻で未亡人となり、モーリス・ルーベ氏（Maurice Louvet）との再婚で妻となっているが、最初の夫の死亡後ポール・ブロク夫人の名でセーヌ相互扶助連合会（Fédération mutualiste d la Seine）所有の家屋にアパートメントを賃借した。賃貸人組合は、賃借人が再婚後もポール・ブロク夫人の名で彼女に領収書を交付し続け、この点に関し原告から申し込まれた要求に対して、ルーベ夫人の名で契約を結ぶことは拒否したが、ジェロドンの氏によって領収書を作成してもよいと答えた。原告はモーリス・ルーベ夫人の名による領収書の交付を要求して、賃料の支払いを拒絶し、夫と協力してこれを供託し、次の三点を請求してセーヌ相互扶助連合会を訴えた。㈠供託の有効を認める。㈡以後モーリス・ルーベ夫人の名で領収書を作成する。㈢一フランの精神的損害賠償を支払う。

〔判旨〕　請求の㈡について次のように述べている。領収書は弁済の明白な証拠として、債権者が債務者に交付するものであり、本件の領収書は履行の証明として十分である。民法典一一六七条によれば、領収書は当事者間のものであり、第三者との関係を考慮することは要しない。妻が夫の氏を称する慣習は、一般的なものでも統一的なものでもない。この慣習はほとんど強制力なく、行政上の記録（選挙人名簿・犯罪人名簿）にも守られていない。そのような所では、既婚婦人は常に共和暦二年実月六日法に従い、出生証書で与えられた氏で呼ばれ、夫の氏は付属的な意味と純然たる身分の正確のためという役目しか果たさない。民法典二九九条、三一一条は離婚・別居後の悪用を避けるためのものである。既婚婦人は、民法典の規定があるため違法ではなくなっているが、共和暦二年実月法と共和暦一一年芽月法には矛盾さえしている慣習の尊重を第三者に強制することはできない。被告の意思に反して、モーリス・ルーベ夫人の名で領収書を請求することはできない。

〔6〕〔7〕の二例においては、妻が夫の氏を称する慣習を非常に消極的に解する判例の態度が明確な理論と共に示されている。〔1〕～〔3〕例と比較してみると、二九九条二項の制定が、判例のこのような理由づけに影響を与えているのではないかと考えられる。慣習を法的に承認したものと評価されながら、逆に規定は、単なる氏の使用という理論を明確にし、同時に「離婚後は各自の氏に戻る」としたために、氏名不変の原則を強調する結果にもなっているのではないだろうか。教科書はほとんど批評を述べていないが、〔7〕例については、夫の氏を用いる妻の権利を否定する結果にな

るという批判がある。[20]

（1）正しくは慣習というよりむしろ慣習法であるかもしれない。ブーダンやカルボニエは慣習法であると明言しており、ジェニイもそう解している（Gény, Méthode d'interprétation et sources en droit privé positif, t. I, n° 111, p. 327）。しかし、一般的にみると使われている用語はcoutumeよりもusageが多く、特に判例は夫婦同氏に消極的であるためとりわけusageの語を用いる傾向になると考えられる。本稿ではこの点に余り厳格な区別を考えず、ごく一般的な意味で慣習という言葉を使っている。

（2）Planiol et Ripert par Savatier, op. cit., n° 113, P. 139. また商人や特定の家族の慣習であるともいわれている。

（3）Ripert et Boulanger, op. cit., n° 897, p. 373.

（4）たとえば、Germaine Durant épouse（ou femme）Lecout のようになる。Mazeaud, op. cit., n° 538, p. 549.

（5）Ripert et Boulanger, op. cit., n° 894.

（6）Ripert et Boulanger, op. cit., n° 900 ; Planiol et Ripert par Savatier, op. cit., n° 113, p. 135 et s.

（7）Ripert et Boulanger, op. cit., n° 894.

（8）Carbonnier, op. cit., n° 55, p. 180.

（9）カルボニエ、マゾー、ブーダン、プラニオール－リペールはいずれも義務と明言している。

（10）Mazeaud, op. cit., n° 538, p. 549 ; Planiol et Ripert par Savatier, op. cit., n° 110, p. 136.

（11）Carbonnier, op. cit., n° 55, p. 180.

（12）Beudant, op. cit., n° 406, p. 283.

（13）Ripert et Boulanger, op. cit., n° 899, p. 211 ; Colin, Capitant et Julliot de la Morandière, op. cit., n° 833, p. 499, note.

（14）直接参照しなかった判例集にはできるだけ（　　）をつけるようにした。註釈を参照した場合は筆者の分かったものだけ明示した。

（15）出生証書の氏が自己の真の氏でないと主張するためには、出生証書訂正の訴えができる。氏の請求の訴（action en réclamation de nom）といわれる。これに対し、他人の冒用を争う訴えは氏を争う訴（action en contestation de nom）といい、本件を含めてほとんどの氏の争いがこの型になる。Planiol et Ripert, n° 122, p. 134.

（16）貴族の称号（titre nobiliaire）は名誉を示す印であるが、今日では単なる氏の付属物にすぎない。古法では男系長子によって相続され、婚姻によって妻は夫の称号を得るが、妻から夫に与えられることはないと説明されている。Planiol et Ripert, op.cit.,n° 132. p. 132.
(17) 同様の例としては、Poitiers, 8 déc. 1863（後出〔31〕例）、Cass. req. 17 août 1864（後出〔32〕例）がある。
(18) もっともフランスではこの点はあまり言われないようで、教科書ではカルボニエのみ言及している。
(19) Note de Masounabe-Puyanne, Sem. jur. p. 305 et s.
(20) Marty et Raynaud, Droit civil, t. 1, 2e éd., n° 664, p. 676; Ripert et Boulanger, op. cit., n° 895も批判的である。

第三節　離婚に関するもの

慣習は妻に夫の氏を与え、しかもそれは法的効力を持つものでもあるという古い判例の見解に立てば、離婚と氏の問題はどう解されることになるであろうか。夫の氏の継続を認めるか、又は否定するかのどちらかになるが、この点については慣習も定まらず、学説も全く対立していたといわれる(1)。しかしフランスでは一八八四年まで離婚は禁止されていたため、氏の問題が判例に登場することはなかった。革命期に一度確立した離婚の自由も、その後間もなく禁止され、一八一九年五月八日の法律以降は、別居制度のみが存続していたのである。一八八四年に至って、離婚の復活が認められ、これを定めた七月二七日の法律の立法過程で妻の氏に関しても議論されている(2)。「妻は離婚宣言の日以後、夫の氏を称しえない」という条文を設ける提案に対し、「再婚まで夫の氏の継続を認める」「妻の利益のための離婚の場合のみ氏の使用を許す」のような反対意見が現われているが、結局議論は結着をみるに至らず、提案は全て撤回された。妻に氏の継続を許すべき場合があることを認めても、いかなる要件によるかに関しては、慣習を検討しても一律の回答を見出せなかったためである。特に離婚した無責の妻が子と氏を共にできない不利益や、夫の氏によって商業上の活動をする妻の問題がとり上げられているが、後者については特に裁判官の裁量に委せることとし、その他の場合には、慣習に従って妻に氏の継続を許容するが、法律上は婚姻前の氏を保持するものである以上、離婚後夫の氏を用いる必要はないはずであるというのが、この時の起草委員らの考えであったとみられる。その後、一八八六年四月一八日の法律が離婚手続を定めた際にも、氏については規定されず、一八九三年までこの問題は専ら判例の処置に委されることになった。

民法典に規定がおかれるまでの判例は、離婚した妻が夫の氏を継続することを認めるものと、そうでないものとに分かれ、逡巡を示しているという指摘がよくみうけられる。(3) しかし結論そのものから見れば、夫の氏の継続を認めないことに一貫していると言った方が適切であり、むしろ、法文に根拠を持たないため理由づけに苦慮しているところから、この問題に対する判例の基本的態度を探るべきである。

〔8〕 Trib. civ. Lyon, 4 mars 1886, D. 1889, 2, 9.

〔事案〕 X夫妻に対する夫の利益のための別居判決を離婚に転換する申立てが夫からなされ、同時に妻に対して自己の氏の使用禁止を請求したものである。

〔判旨〕 離婚は夫婦間の共通のものを、氏を含めて全て完全に廃止する結果になるため、妻も夫の氏を捨てなければならない。これは裁判所の判決等を必要とせず、適用されなければならない一般原則であるが、この点につき裁判所が特別の処分をすることを排するものではない。それは明白な原則の確認である。X夫人に対し、身分吏の前での離婚宣告の日から夫の氏を称することを禁じる。

右の判決は、離婚した結果当然夫の氏を用いる余地はなくなると明言するが、法規がないため、裁判所は氏の禁止ができるかの点にも言及したものである。判例には裁量によって禁じるというものと二つの型がみられるようである。

〔9〕 Trib. civ. Die, 12 août 1886, D. 1889, 2, 10.

〔判旨〕 妻が夫の氏を称するのは、婚姻状態に唯一の根拠を持つものである以上、離婚した妻が将来夫の氏を用いること

は　禁じられる。

〔10〕 Alger, 29 déc. 1886, D. 1889, 2, 10.

〔事案〕 夫からの離婚請求が認められた事例であり、妻の控訴に対し、夫から付帯控訴で自己の氏の使用禁止を請求した。

〔判旨〕 控訴人妻に対して指摘された事実によれば、婚姻中の氏を保持することで、当然彼女が被控訴人や子供に有害な不評判を及ぼす恐れがある。よってO夫人に夫の氏を称すことを禁じる。

右の判決には、妻は離婚により、実質上は夫の氏を失うものでなく、夫の氏の継続を許すか禁止するかの問題は専ら裁判所の裁量にかかっていると解する点で、〔8〕例と対照的であるとの註釈がついている。しかし、事案が妻の不品行による離婚を前提としたものであるから、そのような型の理由づけが便宜であったにすぎないともみうる。

〔11〕 Nîmes, 8 août 1887, D. 1889, 2, 10 ; S. 1888, 2, 20.

〔事案〕 夫からの氏の禁止の訴えに対し、離婚はそのような効果を伴わないと妻が争ったもの。

〔判旨〕 妻が夫の氏を称するのは、必要と夫婦間に形成される結合の印としてであるにすぎない。離婚によるこの結合の解体は、妻が夫の氏を継続するのを妨げる。夫の請求により妻に対し離婚宣言がなされ、また妻に対して特別許可を与える事情のない場合はとりわけそうである。

右の判旨が、事情により裁判所は夫の氏の継続を許可できるという前提に立つものかどうか議論の余地があると註釈はふれている。これを認めるものではないだろうか(4)。

〔12〕 Poitiers, 11 juill. 1892, S. 1892, 2, 284; D. 1894, 2, 149.

〔判旨〕 離婚に際し、C夫人に将来夫の氏を称することを禁じた原判決は相当である。法はこの禁止に関して何ら規定をもうけていないが、離婚を獲得したのが妻であっても、法の精神は実質上これを承認する。すなわち、離婚により妻は自己の氏を失わず、夫の氏を称するのは便宜と夫婦の結合を示すためである。離婚によりこの結合が解消すれば、妻としての資格でしか用いえない夫の氏を止めるのは当然の理である。

これらの判例の理由づけのうち、二九九条二項と同旨を最も明確に宣言しているのは〔8〕〔12〕の事例である。これに対し、裁判所に裁量の余地を認める趣旨を述べるものは、どのような場合に氏の継続を認めるかに関しては、具体的には何もふれていない。〔11〕例も、妻の利益のための離婚の場合であれば常に許可するとの意味ではないであろう。逆に、「妻が離婚を獲得した場合でも変わらない」と述べている〔12〕例は、妻の姦通を理由の一つとして夫から離婚請求したのを認めた原判決の確認であり、実質的に妻に氏の継続を許す余地はなかったはずである。判例はカズイスティックに判断しており、いずれも自己の利益のために離婚を得た夫が氏の継続を禁止したものであるため、同一の結論に至ったものとみるべきである。

実際、判例は全く異なる傾向の事例に対しては、裁量権を遺憾なく発揮したのであった。次例は夫の氏の継続を認めたものである。

〔13〕 Trib. civ. Toulouse, 18 mai 1886, S. 1886, 2, 119 ; D. 1889, 2,10.

〔事案〕 原告はイスマエル（Ismäel）の名でトゥルーズ劇場に出演する俳優であるが、一八五二年に最初の妻アネ・オルタンス・クリオ（Anais-Hortense Cœuriot）と離婚した。クリオ夫人は同じく俳優で、結婚以来マダム・イスマエルの名で出演しており、離婚後もその名を継続した。原告は再婚し、二度目の妻も同劇場の俳優であったためマダム・イスマエルの名で知られるに至った。二人は同じ公演で互いに相手役をつとめるほどである。夫が最初の妻にイスマエルの名の使用を禁じる訴えをした。

〔判旨〕 離婚によっても妻は実質上前夫の氏の使用権を何ら失わない。これを禁止する何らの法の規定もない。法規を検討してみると、立法者はこの問題については原則的解決を差しひかえ裁判所の考慮に委ねたものとみうる。この点に絶対の規定を立てることはむつかしい。離婚は将来に向って夫婦関係を決定的に破棄させるが、それと全く同程度に過去を消し去ってしまうことはできない。妻が名誉ある氏を汚す場合もあるが、反対に離婚が妻の利益のためである場合などでは、長年その氏で尊敬されてきて、また子の氏でもあるのに、妻から夫の氏を奪うのは行き過ぎである。その上妻が婚姻とは別に、自己の力や努力でその氏の共有権（droits à la copropriété de ce nom）を獲得することもありうる。それ故法が沈黙しているのだから、各訴訟の事情を考慮して解決するのが適当である（以上一般論）。本件では氏よりももっと権利が不確かな仮名が問題となっているのだから、なおさらこの特別事情の考慮が必要である。不正競争の事例でもない。クリオ夫人がイスマエルの名を用いたのは結婚後であるが、その後は彼女の力で劇場での成功と名声を得たものであり、その名を禁じることは重大な損害を与える。離婚訴訟は夫に対して提起され、夫人の利益のために判決されたものである。原告の新しい妻の利益は、請求されている氏の禁止という手段を認めるには不十分である。劇場での二人の役割は異なっており、妻はイスマエルーガルシンの名によっているからである。原告の請求棄却。

判旨は固有の氏に関する議論から本件の結論を引き出しているが、実際には芸名に関する事例であったということを、まず重視しておくべきである。理由づけの型としては、氏の禁止を裁判所の裁量にかからせている点で〔10〕〔11〕例の延長であろう。ということは、表見的には〔8〕例と矛盾している。註釈(5)はこの点をとり上げて、固有の氏と商業上の氏の問題を区別して扱うことを提案している。即ち、前者においては、氏は世襲性と不変性の原則に従うのであり裁判所の裁量の余地はない。これに対し、商業名（nom commercial）として第三者の氏を取得することは認められるのであるから、芸術上の氏、文学上の氏といわれるものにも同様の解決が可能であると述べる。これは氏の権利に各種の異なる性質を認めて、それぞれの保護を考えてゆくことを主張する評釈のうちの最も早いものであり、〔8〕例と本判決との理論的矛盾を批判したものである。仮名は本来財産的価値を持ちうるもので、営業財産の一部とならないことを除けば商業名と非常に近い。従ってこれを混同し、判旨が固有の氏に関する一般論を述べている部分を他の事例と比較することは無意味であろう。

一八九三年法前の学説・判例の状況を反映してか、離婚の際の妻の氏の問題は、その後上院や議会でしばしばとり上げられながら解決をみなかった。確定的な裁断をすることがむずかしかったためであるが、コンセイユ・デタ（Conseil d'Etat）の提案によってようやく民法典に条文をみることになった。(6) 二九九条二項は条文上何ら裁量の余地を認めない絶対的な規定となっているが、正確な適用範囲はどう解されるべきものであろうか。立法過程では、婚姻が妻に新しい氏の権利を与えるという法規はないのに、離婚の場合の氏を規定する法律上の意味は少ないという反論と共に、今回も夫の氏によって営業する妻の利益が強調された。ブーランジェの提案によって、(7) 現在の条文を修正し妻が夫の氏によって職業、商業に従事する場合は、必要なら裁判所が氏の継続を認めうるという条項を追加することが検討されている。しかし、起草委員らの意見は、妻が破産に至った場合の夫の不利益も考えるべきであること、妻の商業名の変更は通知をすればよいということに固まった。そして妻が夫の氏を失わないとすれば、再婚によって妻は三つの氏を持ちうることになり呼称秩序は守りえない、原則的規定の厳格はやむを得ないとして、現行の二九九条二項が承認されたのである。学説は現在この条文に従って、離婚の効果として妻は当然夫の氏を失うという解釈に一致している。(8) しかるに判例には新しい問題が生じ、離婚に際して夫が妻に氏の継続を許可するという事例が現われた。このような合意は有効と認められるべきであろうか。判例はこれを肯定するのであるが、学説は全て批判しており、氏の非譲渡性（indisponibilité）に反するという理由と共に二九九条は公序（orde public）を定める規定であり、離婚した妻が夫の氏を止めることは夫の家族やそれによって当事者の離婚を警告されるという第三者の利益にかかわるからであると説明している。(9) 必要の場合には旧姓（ex）、又は商人なら旧店（ancienne maison）として夫の氏を用いることは相当であると解するようである。そして、実際にはexをつけたりまたつけなかったりして離婚後も夫の氏を用いることが行われているようで、(10) ただ夫から二九九条を根拠に禁止の請求があれば、以後は絶対的に否定されることになる。この場合の妻の不利益ということを学説は余り論じていない。恐らく、妻は法律上の氏として常に婚姻前の氏を保持していて、婚姻生活外の活動では自由にそれに依りうるという前提があるからではないかと推測される。しかしマゾーのみはこの問題をとり上げ、判例の解決は妻にとって有益であるという点で評価されるべきであるし、理論的困難については、固有の氏ではなく商業名や仮名の問題として処理する余地があると述べている(11)。

判例の検討に移りたい。一八九三年二月六日法以後は、二九九条二項を根拠に、離婚した夫婦は互いに旧配偶者に自己の氏の使用禁止を訴える権利を有するという理論が明確になった。制裁については何も指示されていないが、何らかの損害があれば損害賠償の支払いを認めることになると考えられている。

〔14〕 Trib. civ. Seine, 2 nov. 1895, D. 1896, 2, 152.

〔事案〕 リュブ (Rub)、ルプランス (Leprince) 夫妻は一八九〇年に離婚した。リュブはパリでザクセン・ヴィーンの陶磁器工芸品店を経営する商人であったが、離婚後も店頭に「リュブ－ルプランス」の看板を出し、またこの名で貼札・送り状・趣意書等を作成していた。ルプランス夫人から氏の付加を禁じる訴えと損害賠償として一、〇〇〇フランを請求した。

〔判旨〕 二九九条二項は絶対厳格の規定であり、自分の利益のために離婚判決を得た場合でも、旧配偶者の氏を自己の氏に付加することはできない。禁止の請求は離婚後直ちに行われなくても差支えない。損害賠償の点については、氏の削除のために原告が協議上の方法によったことを立証していない点や、夫が金銭的損害を及ぼすような用法はしていないことから、精神的損害に対し三〇〇フランが適当である。リュブは本判決から二週間又は判決送達から一週間内に全ての看板、送り状から付加されたルプランスの氏を削除すること、一ヶ月間遅延一日毎に五〇フランのアストラントを課し以後は裁判をし直す(12)。またより小さい文字で「旧店リュブ－ルプランス」と記載することは差支えない。

〔15〕 Trib. civ. Seine, 15 déc. 1897, D. 1898, 2, 496.

〔事案〕 原告B男爵はL夫人とアメリカで結婚したが、一八九三年七月一九日付ニューヨーク州最高裁判決によって、離婚と妻に対する夫の氏の使用禁止の判決を得た。離婚後L夫人はアメリカ人Wと再婚している。原告からL夫人に対し、劇場その他公共の場、又は私生活においても一切Bの氏を用いることを禁じる請求をしたもの。

〔判旨〕　ニューヨーク州最高裁の判決は、フランスでの執行判決（exequatur）の取得がないから考慮できない。しかし二人が未だ婚姻関係にあるとみても有効に離婚しているとしても、いずれの仮定によっても原告はL夫人に対し、劇場その他公共の場でのBの氏の使用は禁じることができる。最初の三〇回について一度違反が確定される毎に一〇〇フランのアストラントを課し、その後は改めて裁判をし直す。

右の判決は、婚姻中でも夫は妻に氏の使用を禁じることができるとする点に特色がある。学説にはそのような解釈はみられないが、本判決の註釈は、婚姻によって妻は夫の氏の所有権を得るのではなく、単に使用権を持つだけであるから、夫の氏の所有権を害さない限りでその権利を行使できるのであり、夫は婚姻中でも文学、芸術、職業上における氏の使用を禁止できると説明している。同様の見解は別居に関する後の判例にも現われており、判例が婚姻による妻の氏の変更に対し、非常に消極的であることを示すものとして注目される。

〔16〕　Pau, 10 janv. 1902（1ère espèce）, 4 août 1902（2e espèce）, S. 1902, 2, 205.

〔事案〕　別居判決を得た夫が、三年経過後、民法典三一〇条によって離婚判決への転換（conversion）[13]を申し立て、子の監護・扶養料等条件の変更と共に、妻に対して氏の使用を禁じる請求をしたもの。

右の判決の問題点は転換の申立てに付随する請求は三一〇条の手続によって処理されるべきかにあり、判旨はこれを認め、転換判決に至らしめた夫婦の責任を考慮し、氏に関しても、もし妻が有責であれば夫の氏の使用を禁じるというように述べている。特殊な事案であるためこのような理由づけになったものかと思われる。[14]

〔17〕　Bordeaux, 3 déc. 1906, D. 1907, 2, 73.

〔事案〕　ドミニック・ヴァッケ（Dominique Vacqué）はオルタンス・マルフィル（Hortense Marphil）と離婚したが、妻は婚姻中より「マダム・ヴァッケ」の名称で刺しゅう店を経営しており、離婚後も継続している。夫から店頭の表示を除くことと損害賠償とを請求した。妻は「オルタンス・マルフィル・旧店ヴァッケ」と修正することと、何ら損害は与えていないので　損害賠償は拒否する旨抗弁した。

〔判旨〕　マルフィルは数年間夫の同意の下に刺しゅう業を営んでおり、その営業と商業名の所有者である。公衆に営業の存在を示す氏を保持する権利は争えない。妻のこの権利と夫の感情を同時に保護するために、妻の提案する修正を認めることは妥当である。判決送達後一週間内に修正することを命じるが、ヴァッケはいかなる損害の立証もしていないので損害賠償は認めない。

⒄例は⒁例と全く同性質の事例であり、旧配偶者の氏が商業名としての価値を持つ場合が、判例に現われる争いの典型的なものである。判例は⒁例にみられるように、二九九条二項は例外を認めないものと解しているため、一貫して氏の継続を禁止し、わずかに「旧店」としての記載を許すのみである。⒁例はその点について何ら理由づけを述べていないが、本判決は営業を公示する商業上の利益の保護であるとし、商業名の事例であることを明らかにしている。しかし註釈[15]は、二九九条二項は商業名であっても家の氏であっても区別なく禁止するもので、本件の解決は条文の解釈上は疑問であり、むしろ法を補充するものであると評している。

〔18〕　Trib. civ. Seine, 19 nov. 1907, D. 1910, 2, 15 ; S. 1909, 2, 123.

〔事案〕　婚姻中から夫の氏を用いて劇場に出演していた妻が、離婚後六年間中断した後で再び夫の氏を用いて契約したのに対し、夫から再三裁判外の禁止や催告をしたあとで、氏の使用禁止と一〇〇〇フランの損害賠償を請求した事例である。妻は　次のように抗弁している。㈠夫の氏によって妻が名声を得た場合は、その氏は彼女にとって資本ないしは共有権となる。㈡妻の用いるポーレット－フィロー（Paulette-Fillaux）なる名は仮名である。㈢夫の氏のフィヨー（Filliaux）からiを除き、ポーレットとハイフンで結んで変形している。㈣夫は婚姻中出演を許可したのだから継続させねばならない。

〔判旨〕　二九九条の規定する原則に裁判所は反しえない。一八九三年法の立法過程で、立法者は意識的に裁判所の裁量権を拒否したものである。商業に従事する妻も離婚後は夫の氏を使用できないことは議会で明らかにされた。破産に至って夫に損害を及ぼす恐れがあるからである。従って氏の共有権ということは認めえない。㈡、㈢、㈣点も否定する。夫の請求は理由あると認める。(16)

先にとり上げた〔13〕例と類似のケースであるが、妻が芸名としているのが夫の真の氏(仮名でない)である点が異なる。また六年間中断した後で再び用いたということで、継続を認める実質的根拠も〔13〕例よりずっと少ない。

〔19〕 Trib. civ. Seine, 22 déc. 1923, S. 1928, 2, 25.

〔事案〕 E・ケリー(E.Kelly)は英国人であるが、グー(Gould)との婚姻によって、アメリカ合衆国のニューヨーク州民の国籍を得、夫妻はフランスに居住していた。ケリー、グー夫妻は妻の姦通を理由にフランスで離婚判決を得、控訴審で確定した。妻は踊子として劇場に出演していたが、離婚後もエディス・ケリー－グーの名でアルハンブラ劇場と契約したので、夫からグーの氏の使用禁止を訴え、劇場に対しては、グーによって宣伝することの禁止と損害賠償を請求した。

〔判旨〕 ㈠二九九条は裁量の余地を認めない絶対の規定である。何らかの妥協を容れる修正案が特に否定された後で成立した規定で、裁判所もこれに違反できない。㈡被告は芸術上夫の氏によってほとんど知られておらず、付加は夫の氏の濫用である。㈢劇場は契約時の名のとおりに俳優を宣伝しても何らフォートを犯さない。損害賠償請求は認めないが、以後グーの氏の使用を劇場に対しても禁止する。被告に対しては、違反が一度確定される毎に五〇〇フランのアストラントを課して夫の氏の使用を禁じる。

本件では被告は劇場でほとんど知られていないので、彼女が夫の氏を芸術上の仮名として保持しうるかを検討する余地はないと註釈は述べる。(17)筆者も二九九条は絶対の規定とみるのであるが、仮名の権利としてなら、氏の継続を認める余地があるとするものであろうか。なお当事者が二人共外国人である点が注意を要する。被告は、ニューヨーク州法に服するから二九九条の適用を受けないと争っており、註釈はこの点もくわしく解説している。

これまでの事例は全て夫の氏の継続を否定するものであった。民法典に根拠条文を持ったため、判旨は論理一貫し、とりわけ制定過程で裁判所の裁量を認める案が撤回されたことを重視している点が注目される。事案の性質が一八九三年前と多少変わってきているとはいえないであろうか。〔8〕〜〔12〕例は全て一般の離婚訴訟に付随するものであったが、これらは二九九条によって、訴訟に持ち込まれるまでもなく解決されることになり、職業上、商業上の氏が判例の中心問題となることを、〔14〕〜〔19〕例の傾向は示しているようにみうけられる。しかるに、〔19〕例とほとんど同時期に、新しい型の争いが判例に登場し、二九九条は絶対の規定であるとする判例理論は実質的に廃棄されてしまった。夫婦間でなした氏の継続を許す合意は、二九九条の権利の適法な放棄として有効であると裁判所は認め、その前提として二九九条は公序に関する規定ではないと判断したのである。この見解は破毀院判決でも支持され、以後判例はこの点をめぐって、二九九条の解釈に関しより複雑な議論を展開してゆく。〔20〕例は控訴院の判決であり、〔21〕例は同じ事例に対して破毀院が示した判断である。

〔20〕 Bourges, 18 oct. 1921, D. 1921, 2, 128;（Gaz. Pal. 1921, 2, 469）

〔事案〕 離婚後七年程して、夫から妻に自己の氏の使用を禁じる訴えをしたもの。妻はこれに対し、離婚に先立って（離婚訴訟中に）、夫は将来ともたとえ自分が再婚しても、妻が自分の氏のド・ヌリ（De Noury）を称する権利を争わない旨、署名入りの証書で名誉にかけて約束していると争った。控訴院は原審（Trib. civ. Nevers, 14 fév. 1921）の判断を全面的に支持して、夫からの控訴を棄却している。

〔判旨〕 約束は法律上の拘束力がないという夫の主張に対して次のように答えている。二九九条二項はいかなる情状酌量も認めない規定であるけれども、立法者はそれに公の秩序（ordre public）に関する性格を与えて、金銭上、精神上の理由で明示又は黙示に当事者がこの権利を放棄することまで禁じたものとは考えられない。旧配偶者に氏の使用を認めても、公の秩序は何ら損害を蒙らないいし、氏の継続は商業、職業上の利用や当該婚姻による子の利益のためには便利である。一八九三年法は、多くの註釈者(18)もそう解しているとおり、特別の契約によって規定を排除することを認めるものである。また、離婚後も妻は夫の氏に何ら不名誉をもたらしていないし、離婚に際して子の利益や妻が扶養料を放棄したことを考慮して、夫が氏に関する譲歩をしたものである。夫の約束は、適法な権利の放棄として、完全に法律上の拘束力を持つものである。

〔21〕 Cass. civ. 20 fév. 1924, D. 1924, 1, 19; S. 1924, 1, 335.

〔上告理由〕 婚姻中に夫がなした、夫の氏の離婚後の継続使用を認めるという契約の有効性を認めた原判決は、民法典二九九条、一一二八条、一一三三条と一八一〇年四月二〇日法に違反する。離婚後妻は夫の氏を称する権利も資格も全く失うし、また氏は商業、職業外では譲渡の対象にならない(19)。

〔判旨〕 (一)二九九条二項によって、夫婦は離婚後互いに相手に対し、自己の氏の使用を禁じる権利が認められている。しかし、この規定は公序に関するものではなく、この権利を行使すると否とは当事者の自由である。(二)妻に夫の氏の使用を許すことは氏の譲渡を意味するものではない。従って身分に関する契約とはならず、一一二八条にも違反しない。

前述したようにこの判旨に対しては、学説は一貫して反対している(20)。処分不可能で取引外にある氏は、法律上有効な契約の対象にすることはできないという理由によってであり、これは氏名権保護の根拠を身分や人格との関連に求める諸説の当然の帰結とされている。加えて、二九九条の厳格性は第三者に対し離婚の最良の公示になるという点が強調される。理論上このような問題を含むにもかかわらず、二九九条は公序に関するものではないという判断が一度破毀院で確立されると、後の判例ではもはやこの点は争われず、新しい型の理由づけとして利用されることになる。このことは、二九九条が絶対の原則を立てている背後で、何らかの形で氏の継続を承認せねばならないという要請が、理論では処理し切れない実際上の問題として常に存在し続けているからではないだろうか。

〔22〕 Grenoble, 3 mai 1950, D. 1950, 606.

〔事案〕 グルノーブル控訴院一九四五年七月二五日判決は、デュフロー（Duflaut）、ガイヤール（Gaillard）夫妻に対し、夫の利益のために離婚宣告・妻の利益のために別居宣告をし、二人の未成年の娘の監護を母に託し、父に対して一ケ月二〇〇〇フランの扶養定期金の支払いを命じた。同控訴院同年十一月二八日判決は、ガイヤール夫人の請求で定期金を五〇〇〇フランに引き上げ（支払いは三〇〇〇フランに達していた）、また自己の氏の使用を禁じるデュフローからの反訴請求を却けた。これに対してデュフローが控訴し、定期金を三〇〇〇フランにとどめることと氏の禁止を請求したものである。妻は付帯控訴で八〇〇〇フランに増額請求した。

〔判旨〕㈠扶養定期金の額については訴えの利益がない。㈡氏の禁止については、離婚と別居とが一度に判決されたのであるから、請求は二九九条によっても三一一条によってもどちらでもよい。夫の利益のために離婚判決がなされたのであるから、夫は氏の使用を禁じる権利がある。二九九条は公の秩序に関する規定ではないから、夫は適用を要求しない権利を持つが、本件では、再婚しているデュフローがいかなる方法にせよ権利を放棄したり許可を与えたりしたことについて、ガイヤール夫人は何ら立証していない。また子の利益にも関しない。氏の使用を禁止し、違反の場合は損害賠償も支払うものとする。

このような事例は、従来の判例理論からみれば、二九九条は絶対の規定であるから禁止は当然であるとして片づけられてしまったであろう。〔21〕例の破毀院判決の上に立っているために、妻（子も含めて）の利益を保護する余地が大きく開けていることは注目に値する。離婚の当事者に氏の禁止の権利しか認めていない二九九条を前提としながら、継続の権利を主張することを認めているのである。妻は夫の黙示の許可を主張することもでき、更には離婚に際して、必要ならば氏に関する譲歩を夫に要求することもできるであろう。

〔23〕　Paris, 4 juill. 1956, S. 1956, 1, 176;（D. 1956, 698）

〔事案〕　T夫人は医者であり、離婚後も前夫の許可を得て、Mという夫の氏（T・Mとも時にはしたらしい）を用いて開業していた。数年後、同じく開業医である夫からMの氏の使用禁止を訴えた。一審では原告の請求を認め、三ケ月内にMの使用を一切停止して、前夫Mに対し精神的損害賠償一フランを支払うことを命じた。T夫人は控訴し、原審確認の場合には二年間の猶予を求めると述べた。

〔判旨〕㈠二九九条二項の効果として、離婚した夫は自己の氏の使用を禁止する権利がある。㈡夫が離婚後も氏の継続使用を許可した場合、その許可は一時的なものでしかなく、夫が禁止の訴えを提起することで効力を失う。㈢しかし、夫の許可によって妻はMの氏を用い正当に医業を継続し、顧客もそれに慣れていたのであるから、判決の執行には二年間の猶予を与えるのが適当である、㈣夫と妻とは全く別の地域で開業しており、混同は生じえないから損害賠償請求は理由がなく、アストラントも必要ない。

同じく〔21〕例の破毀院判決をふまえた論旨で、二九九条の性格についてはは判断をくり返していないが、判旨の㈡点において新しい先例をつくっている。〔21〕例で確立されたのは、二九九条に反する合意の適法性という点に関してであった。しかし、後になってこの氏の許可を撤回したいという夫の要求については、許可の有効性だけを根拠に拒否して何ら判断を示さなかったのである。本件はまさにこの点に関して、「夫からの訴えの提起によって許可は当然効力を失う」と述べ、〔21〕例の判旨を更に展開した。事案を比較してみると、〔21〕例の方では夫の許可が書面によっており、〔23〕例はそうでないとみられる点が異なる。また後者は、妻が夫と同様開業医であって不正競争となることもありうる。従来なら旧姓とか旧店によるべきところを、妻の請求によって二年間という長期の猶予を認めたことも新しい解決である。

〔24〕 Paris, 7 janv. 1959, D. 1959, 58.

〔事案〕ビヨット（Billotte）、ディル（Deils）夫妻の間で、妻の利益のために離婚が成立し、離婚後ビヨット氏は、常に自己の氏の使用を許すという明示の意思表示をしていた。しかしディル夫人は、その権利を官公庁で認めてもらうのに困難を感じ、特に身分証明書類の更新のために必要を生じて裁判上の確認を求めた。原審は、裁判所が公序に関しない他人の氏の平穏な使用を規制する必要はないという理由で訴えを棄却した。ディル夫人から控訴。ビヨット氏は代訴士（avoué）を依頼せず欠席判決を受けたが、ディル夫人の代訴士に対し、原審判決の破棄を希望し許可を更新する旨意思表示している。

〔判旨〕二九九条は公序に関しないから、氏の禁止をする権利の行使は自由である。氏の使用許可は身分に関する契約ではなく、一一二八条に反しない。夫が氏の継続を何ら争わない以上、そのような許可の本質的に撤回可能な性質を害することもないから、裁判所は妻が第三者に対しそれを利用する必要を立証すれば、許可の証明を与える必要がある。

判決は更に理由づけの中で、控訴人が日常継続して用いてきたビヨットの氏を失うことの不利益に言及し、氏の使用の許可は離婚の結果を緩和する性質のものであるとも述べている。商業、職業上の氏とは別に、一般の問題としても、妻は従来用いてきた氏を奪われるため損害を蒙るであろうということを、裁判所が正面から承認したのである。注釈はまた公の書類等においても、できるだけこれが法律上の氏に近い扱いを受ける必要があることも認めている。注釈はこのように妻の損害を補償することと、氏の非譲渡性に反し、人格権としての氏名権の性質が侵害されることをどう調和させ、どのように限界づけるかが困難な問題であると指摘しており、恐らく両者のかかわり合いこそが、将来理論的に克服されねばならない中心課題であろうと考えられる。

〔25〕 Paris, 2 déc. 1960, Gaz. Pal. 1961, 1, 96.

〔事案〕 コレット・ポラック（Colette Pollack）夫人とミシェル・ルフォール（Michel Lefort）氏は、一九五三年に妻の利益のための離婚判決を得た。ポラック夫人は婚姻中から夫の協力を得て、「コレット・ルフォール」の商号によってパリで婦人装身具店を経営し、支配人であった。離婚後ルフォール氏は、以後永久的に自己の氏の使用を許可する、旧来通り職業活動において用いても差支えない旨の私信をポラック夫人に送っている。しかるに、ルフォール氏の両親とポラック夫人の間に郵便物の誤配等の事件が生じ、ルフォール氏は氏の使用禁止を訴えるに至った。一審は二ケ月間遅延一日毎に五〇〇〇フラン、その後は裁判をし直すというアストラントを課し、夫の請求を認めたので、ポラック夫人から控訴。

〔判旨〕 ㈠離婚後も氏の継続を許可することは、氏の譲渡を含むものでなく、また一一二八条が禁止する身分に関する契約にもならない。二九九条の規定は公序にかかわるものではないから、氏を禁止する権利を行使すると否とはいかなる態様によるも当事者の自由であり、許可は有効である（以上〔21〕例破毀院判旨のくり返し）。㈡このような氏の使用の譲渡は一時的性格を失うことはなく、もし正常な用法がなされなかったり、損害をもたらすような混同に至る時は常に撤回可能である。しかし一方的な意思の表明であるという理由で、自己が与えた許可を勝手気ままに取消し、契約した義務を逃れることは認められない（新判断）。㈢以上の前提に立てば、ルフォール氏の理由とする郵便物の混同は些少なものであり、これに対してコレット・ルフォールの名で広く顧客を得ている夫人がその氏を失うことによって蒙る損害は大きい。夫人は過去において、控訴人に損害をもたらすような氏の用法はしていないし、ルフォールという平凡な氏を自分の名と合わせ、専ら職業上用いているのであるから、混同を生じえない。原判決を破棄し、控訴人の請求を認める。

右の控訴には、ネプヴー（Nepveu）弁護士からの詳細にわたる控訴理由の論述がある。[21] その中でネプヴー氏は、(イ)氏の許可が書面によっている、(ロ)氏の使用が職業活動においてのみである、という二点を強調し、同じく許可が書面によっている〔20〕〔21〕の先例に従って単純にルフォール氏の請求を却けるか、又は氏の権利と単なる氏の使用とは異なることを明確にし、控訴人の場合は仮名としてかもしくは職業生活の範囲のみでの使用を認めることが適当であると主張した。しかし、パリ控訴院がいずれの提案をも受け入れなかったのは、二九九条を正面から無視するような後者の理由づけを避けたことと、既に〔23〕例以来、許可の一時性を確認してきている点を考慮する必要があったからであろう。本件では権利濫用の考えを導入して、前妻が氏の使用権を濫用した点について十分な立証をしなかったルフォール氏を敗訴させ、撤回権の司法的コントロールという解決方法を目ざした。〔20〕例以来の判例に一貫してみられる妻の氏の利益を保護する態度が、裁判所の裁量権を強調することによって示されている。しかるに、本判決は上告審で破棄され、破毀院は〔21〕例の判決の上に、新たに許可の撤回の自由という第二の原則を追加したのである。判旨の要約は次のとおりである。

〔26〕 Cass. civ. 13 oct. 1964, Gaz. Pal. 1964, 2, 401.

〔判旨〕 (一)二九九条は公序に関しないから、当事者は離婚後相手に氏の使用を禁止する権利を行使すると否とは自由である。(二)しかしながら、旧配偶者が相手に氏の継続を許可した場合は、その許可は一時的な性質のものでしかなく常に撤回可能である。(三)許可は旧配偶者が異常で損害を招くような用法をした場合しか撤回できないとした原判決は、二九九条の解釈を誤まるものであり破棄する。

右判決は破毀院の判例変更であった。そして現在この問題に関する最も新しい判決となっている。[22] 対比される破毀院の前判例(〔21〕例)は、二九九条が公序に関しないという判断を立て、実質的にはそれだけの理由で許可の撤回不可能性を確認した結果になっている点が問題であった。本件の控訴院判決は、撤回を認めつつ、その条件を厳格にすることによって〔21〕例の結論に近い解決を引き出している。実際、もし裁判所の裁量を許すならば、本件の事案は妻の利益が考慮されてよい事由は十分あった。しかし破毀院は、〔23〕例以来パリ控訴院がくり返し判旨の中で準備してきており、本件に関しても控訴院判断の前提とされている許可の一時的性格という問題に評価を下さねばならず、当然二九九条を原則論に大きく引き戻して許可の撤回自由を宣言したのである。許可の自由と撤回の自由という問題の解決方法は、結局氏の継続の許可を多くすることになるから、フランスの実定法の現状下では最も賢明な司法政策であろうと註釈はこれを支持している。[23] 撤回権の行使の態様が明らかな濫用の場合は、損害賠償の原因になることで事後的なコントロールは可能であり、その場合も立証責任は妻にあるから、夫の権利の行使が妨げられることにはならない。破毀院の出した結論は、大体学説・実務からの賛成を得ている模様である。[24]

一八九三年法以前の判例において、氏の継続を否定した理由づけのうちに、当然、絶対に禁止されるとするものと、裁判所の裁量の余地があることを前提とするものとの二つのタイプがあることを観察してきた。そして後者が継続使用を認めた例へと結びついたのであるが、この二つの型の交錯は、呼称秩序を固定し厳格に保持しようとする要請と、それにもかかわらず現実には常に生じる新しい氏の取得を保護する要請との対抗関係として、〔20〕〔21〕例から〔26〕例への判例理論の展開の中に再現されているとみうるのではないか。二九九条制定後は離婚した配偶者の氏の利益を保護するには、(イ)旧姓・旧店として継続をみとめるか、(ロ)長期の猶予期間をおいて禁止するか、のどちらかによる以外になかった。両者は結局禁止にほかならない。これに対し、許可の自由が承認されるに至ったことは、二九九条の絶対性とフランス法の氏名不変の原則に根本的な変革を持ち込むものといえるであろう。撤回の自由は氏の非譲渡性との妥協の限界であるが、しかし意思による氏の譲渡・変更を認めている点に変わりはない。これを夫婦間の問題として考えれば、離婚の過程の中で、氏が夫婦の合意に委されることは最も事柄の性質に合致するものと考えられる。註釈者は、離婚によって「消し去れない過去」が残ることを率直に認めることが、妻の氏の保護という問題に関しても、最も必要な基本的考察態度であろうと述べている。[25] 離婚原因の研究に比べて、離婚の結果生じる損害とそれを緩和する手段との研究があまりなされないのは、離婚を防止しようとする政策がその結果をより苛酷でなくする方向に対して障害をつくっているからであるという同註釈者の鋭い指摘とあわせて、十分傾聴すべきであろう。氏に関する合意という処理は、理論的には氏の非譲渡性という壁につきあたる。固有の氏に関する合意は認められないが、仮名や商業名としてなら承認する余地があるという考え方でこの点の克服が目ざされていることは既に検討してきたところである。[26] しかし氏の非譲渡性を氏が身分や人格の属性であることに由来するとみても、婚姻そのものが契約であることを認める以上、[27] それだけでは必ずしも氏に関する合意を一切否定するという帰結にはならないのではないだろうか。氏の非譲渡性という要請は、それよりもむしろ、呼称秩序の固定を目ざし、氏を民事警察制度としてのみ重視しようとする考え方により強く結びつくのではないかと私には考えられる。[28] 氏の秩序が身分秩序と深く結合していた時代には、非譲渡性は身分や人格に由来するものとして理解されたであろう。しかし身分関係が流動し、個人の自由な活動を許す社会では、人格の一部として氏名を保護することは、むしろ個人の氏の権利を認めない民事警察制度説に対抗して、氏の変更の自由を擁護する側に立つはずと考えられるのである。(29)

(1)「婚姻によって妻が夫の氏を称する権利を取得するという見解を立てている学者たちは、離婚によっても妻はこの権利を失うものではないと主張した。また、妻は婚姻によって氏の権利を取得しないという見解の学者たちは、夫婦は婚姻中も離婚後も各自の生来の氏を保持し、離婚後はもとより生来の氏を称するものとした。」木村・前掲論文(三)関西大学法学論集七巻五号九頁参照。
(2) Chambre des députés, Séances des 15 et 17 juin 1882, D. 1884, 4, 105.
(3) Planiol et Ripert par Savatier, op. cit., n° 111, p. 137 ; Ripert et Boulanger op. cit., n° 898, p. 374.
(4) Ripert et Boulangerはこれを妻に氏の継続を認めた例として分類している。
(5) Note de Flurer, D. 1889, 2, 10.
(6) Rapport de M. Arnault à la Chambre, D. 1893, 4, 42.
(7) Sénat, Séance du 18 janv. 1887, D. 1893, 4, 42; Duvergier, op. cit., t. 93. p. 4 et s.
(8) Mazeaud, op. cit., n° 539 ; Carbonnier, op. cit., n° 55, p. 181 etc.
(9) 人格や身分にかかわるという氏の性質から合意の有効を疑問視するものは、Mazeaud, Ripert et Boulanger, Colin, Capitant et Julliot de la Morandière 三書であり、Planiol et Ripertは夫の家族を含めた第三者の利益をとり上げる。Carbonnierは 両者を指摘している。他に氏名権を家族の権利とみる Savatier は夫の家族の利益を強調するようである。
(10) Carbonnier, op. cit., n° 59, p. 192.
(11) Mazeaud, op. cit., 27e Leçon, Lectures, p. 564.
(12) アストラントは債務の履行強制方法として、裁判所が通常遅延日数に応じ一定の金額の支払いを命ずるものである。その具体的な形式は裁判所の裁量によって様々であり、罰金が無限に加算されることを予定しているものや、またこの事例におけるように、債務者の態度を考慮して一定期間後にアストラントを変更する趣旨とみられるものもある。アストラントを支払った後、債務者が免責される場合もあるらしい。山本桂一「フランス法における債務のastreiente(罰金強制)について」損害賠償責任の研究下一四九頁以下参照。
(13) 三一〇条によれば、別居判決確定の日から起算して三年の期間が経過し、その間に和解が成立しない場合は、期間の終りに夫婦の一方から裁判所に対し、別居判決を離婚判決に転換することを請求できる。現行の解釈では、請求があれば裁判官は裁量の余地なく当然転換判決をしなければならない。しかしこの判決当時は、転換は裁判官の裁量に委せるという解決がとられていたようである。三一〇条三項は、転換判決は評議部（chambre du conseil）で審理すると定めており、非公開の特別な手続であるため、どの範囲の請求が本条の対象となるのかが問題とされたのである。Marty et Raynaud, op. cit., n° 359 et s.〔補註　現行規定では三〇六条にあたり、請求があれば法律上当然に転換が生じる。〕

(14) Planiol et Ripert, op. cit., n° 111, p. 137はこの判決を、二九九条は例外を認めない絶対の規定であると解した例として引用している。判旨のどの部分によったものか不明である。

(15) Note de Léonce Thomas, D. 1907, 2, 93.

(16) 本件では夫が度々裁判外で氏の禁止を要求しており、このような場合には金銭上の損害を生じたとして損害賠償が認められるようである。⒁例参照。

(17) Note de E. H. Perreau, S. 1928, 2, 25.

(18) 学説は判旨に反対であるから、この点は一審判決に対し書かれた註釈を指すものと思われる。

(19) 問題に直接関係するのは一一二八条だけであり、重要な条文なので引用する。
Art. 1128 C. civ.《Il n'y a que les choses qui sont dans le commerce qui puissent être l'objet des conventions.》

(20) これに反し註釈には賛成が多い。シレーの註釈は、本件の契約は単に氏の使用に関するものとして、その限りで有効とみて、撤回には正当事由が必要であると述べている。

(21) J. C. P. 1960, II, 11881.

(22) 商業名に関する判例は最近も多いが、直接夫婦の氏が問題となったものは、本件判決以後未だ現われていないようである。

(23) Note de Jacques Foulon-Piganiol, D. S. 1965, p. 907 et s. この註釈は先例を検討しつつ詳細に判例理論の展開を追った長文のもので、⒇例以降の紹介については多くをこれに負っている。

(24) 本件の他の註釈は撤回の自由には賛成であるが、理由はむしろ先の註釈と反対である。夫が妻に氏の許可を与えるのは、自己が排他的権利者でないものを処分することになり、他の家族の利益を害するから、家族からの禁止を認めるべきであると強調している。Observations par R. L., J. C. P. 1964, II, 13891.

(25) Note de Foulon-Piganiol, op. cit.

(26) 本節註(5)(11)参照。
(27) 一七九一年九月三日憲法は、「法律は婚姻を民事契約とのみ考える」と宣言した。学説上は、契約の内容が法定されているから、婚姻は制度としての面をあわせ持つとも説かれている。しかし当事者の合意が基本となるという意味で、第一次的には契約である。谷口知平・外国法典双書仏蘭西民法I人事法一一九頁参照。Marty et Raynaud, op. cit., n°65 et s.
(28) この場合、氏の譲渡や氏名変更は市民生活上の個人識別の手段としての性質を損うから禁止されると説かれ、むしろ氏を称する義務の方が強調される。Planiol et Ripert par Savatier, op. cit., n°114, p. 141.
(29) 改姓権を人格権の一つとして構成する考えもあるといわれる。唄・氏の変更上六二頁註五参照。

第四節　別居に関するもの

別居(séparation de corps)は、カトリック教会が認めた婚姻非解消の原則を緩和する制度として古くから存在し、離婚制度が禁止されていた間もそれに代わるものとして単独で存続していたが、今日では離婚への転換が簡単になったため、主として離婚の予備段階、すなわち婚姻的結合の解消の前提をなす弛緩という意味に存在意義を見出している(1)。別居は夫婦の同居義務を消滅せしめるのみで、婚姻関係は依然存続するのであるから、法律上氏に影響が及ぶ理由はないともいえる。しかし、一八九三年二月六日法は次のようにこの問題に法的解決を与えた。

「別居を宣告する判決若しくは後の判決は(イ)妻に夫の氏を称することを禁じ、又は(ロ)これを称さないことを許可することができる。(ハ)夫が自己の氏に妻の氏を付加した場合には、妻は夫にこれを称することを禁止するよう請求することができる。」(三一一条一項、記号は便宜上付している。)

立法過程の議論を検討してみると、夫の氏を称さない許可という点については、コンセイユ・デタが夫婦の氏に関する法規が存在しない以上、別居後も妻は自由に夫の氏を称するなり、または専ら婚姻前の氏によるなりしてよいとの見解であったのに対し、起草委員会からこの点を明確にする必要があると主張したもののようである。(2) 妻の氏を付加することの禁止という問題も論議されている。それは商人や特定地方の風習にすぎないのに、法文を設ければ別居前は夫が妻の氏を付加する権利を持つと一般的に承認することになり、氏名秩序の重要な変革になるうえ、氏の変更がもたらす不都合は大きいという反対があった。

起草委員は、相当広く認められる慣習であること、夫の一般的権利を確認するものではなく、裁判所に許可の可能性を認めるにすぎないことの二点をあげてこれに回答している。(3) 付加は夫の義務ではないから(ロ)のような規定はおかれなかったのであり、また妻の異議によって当然禁止され、裁判所の裁量の余地はないと述べられている。

判例のうち、別居判決が離婚に転換されたものは前節で扱っているので、別居そのものに関する事例は最初に紹介する三件だけである。氏についてもあまり多くの議論はなされていない。ここでは別居との関連よりも、夫が妻の氏を付加した事例の方に重点をおき、その場合の二重氏に対する夫の権利を、妻が夫の氏に対して持つ使用権と対比しながら、氏名不変の原則と夫婦の氏の共通との間にどのような調和が見出されているかという問題として検討してみたいと考えた。しかし判例は商業名に関するものが多く、そこから近代的な夫婦の氏の問題を観察することはむつかしい。

〔27〕 Cass. req. 3 janv. 1900, D. 1901, 1, 73.

〔事案〕 ダストラク（Dastrac）夫妻に別居判決が宣告され、妻は夫の氏を称さない許可を得た。夫に対しては、妻への年金（pension annuelle）の支払いを命じ、その履行を担保するために、ブエノスアイレスにある夫所有の不動産に特別抵当権（hypothèque spéciale）が設定された。ダストラクは控訴したが棄却され、次の理由と共に本判決の破棄申立てをした。㈠妻に夫の氏を称さない許可を与えるに際し、三一一条を引用したのみで、条文の適用を正当化する理由としての特別事情は何ら明らかにしていない。㈡抵当権設定に関し法令違反がある。

〔判旨〕　理由㈠について。別居判決は妻に夫の氏を称さない許可を与えうる。この点に関し、事案の緊急性や便宜を決することは裁判官の自由である(4)。

〔28〕 Paris, 24 mars 1944, D. A. 1944, 98.

〔事案〕　原審はX夫妻の別居を宣告すると共に、X夫人Jに対し、一回の違反毎に一〇〇フランのアストラントを課して以後夫の氏の使用を禁止し、また判決の仮執行（exécution provisoire）を命じた。X夫人は次の理由によって控訴した。㈠本判決の仮執行は民訴法一三五条(5)の適用外のものである。㈡三一一条は別居判決が確定した場合のみ氏の使用禁止を認めるものであるのに、原判決は控訴によって未確定である。㈢仮執行は身分に関しては許されない。

〔判旨〕　㈠民訴法一三五条の仮執行は、三一一条の場合にも適用しうる。㈡仮執行の可否を判断するのに上訴の効果を考慮する必要はない。判決の言渡しの時点で評価するのが適当だからである。更に、民訴法一三五条は緊急時や危険に際しては、未確定判決にも仮執行を許可しうることを予定している。㈢妻は婚姻によって、夫の氏の使用権を取得するのみであるから、夫は婚姻中でもとりわけ文学、芸術、商業活動上の表示においては、氏の使用を禁止する権利がある。この権利は別居により婚姻のきずながゆるんでいる時はとりわけ強く存在する。原審の確定した所では、氏の使用を禁じる緊急の事情がある。控訴棄却。

右の判決は仮執行を中心に争われており、次に掲げる破毀院判決は、民訴法一三五条の適用については反対の見解を示している。註釈者の判断も分かれている(6)。氏に関して問題になるのは判旨の㈢であるが、同様の見解は〔15〕例に一度現われた。外国で得た離婚判決に基づいて申し立てられた氏の禁止の請求を認める理由づけとして、フランスでの執行判決の取得がなければ外国判決は考慮できないが、婚姻中でも夫の氏の使用禁止は可能であるとセーヌ地方裁判所は述べたのである。しかし学説には、このような見解をはっきり否定し、氏名は個人の意思によって変更されえないものであり、妻は法が予め規定した場合以外には夫の氏に対する権利を奪われないと論じるものがある(7)。その場合には本件に関しても、氏の禁止は別居判決が確定してはじめて効果を生じるか、又は新たに訴求できることになるものと解することになる。破毀院もこれと同様の解釈に立って控訴院判決を破棄した。

〔29〕 Cass. civ. 26 janv. 1948, Gaz. Pal. 1948, 2, 187; S. 1948, 1,181.

〔判旨〕 離婚や別居については、性質上仮処分（mesures provisoires）が問題になるのでない限り、訴えの是非に対する確定判決に基づく処分には仮執行は命じえない。妻に一般的、絶対的に夫の使用を禁じる処分についても同様で、氏の禁止は別居判決の結果として生じるにすぎないものである。

別居中の氏は、以上みてきたように、専ら当事者の意思と裁判所の裁量に委されている。別居は適用される条文も離婚と共通のものが多く、両者の効果は余り変らないようであるが、氏の変更を婚姻や離婚の公示として重視する立場からみれば、それらと混同を引き起すこのような解決は問題があるのではないだろうか。

次にとり上げる夫が妻の氏を付加した事例の中には、三一一条の規定にもかかわらず、別居判決との関連で問題にされたものや、妻から夫に対し氏の禁止を訴えた例はみあたらない。妻の氏を付加することは、従来商人の間に多くみられた慣習のようで、(8) 判例もほとんどが商慣習を理由にこれを認めた古いものである。しかし、先の三一一条一項(ハ)の解釈としては、慣習を法的に確認することによって、一般的に夫に対し付加という形式での妻の氏の使用権を認めたものとみなければならない。学説もそう解しており、前述したこの点に関する起草委員会の回答は採用しえないであろう。一八九三年法以後の判例には、このような商慣習とは異なる意味での二重氏の問題が検討されている。

〔30〕 Paris, 3 juin, 1859, D. 1867, 5, 342.

〔判旨〕 妻の父から営業を承継した者が、自己の氏に妻の氏を付加することは、商業上一般に行われるところであり、同種の営業を営む同氏の者もこれに異議を申し立てえない。既に公衆に知られている営業を永続させるため、妻の氏を付加することは、商慣習によって認められた適法な権利の行使である。

〔31〕 Poitiers, 8 déc. 1863, S. 1864, 2, 50.

〔事案〕 バンジャマン・ルー（Benjamin Roux）は義父エリアール（Hériard）と共に、ルー－エリアールの商号（maison sociale）によって、商事会社（société commerciale）を結成していたが、一八四八年に解散後も依然ルー－エリアールの氏を用いて署名したり、商売上商標に用いることを継続している。エリアールから禁止の訴え。

〔判旨〕 (一)法の規定するところに従えば、何人も出生証書の氏以外は称しえず、付加や変更は国の首長の許可するところである。個人は自己の氏の所有者であり冒用に対しては予防的にも事後的にも訴えうる。(二)妻は婚姻により、自己の氏を保持しつつ婚姻共同体の主人の氏を称する。婚姻は妻に氏を与えるが、夫には妻の氏を与えない。従って、たとえ妻の黙示の同意があっても、市民生活上の証書において夫が妻の氏を付加して用いる権利はない。(三)しかし、商人が妻の氏を併用するのは別問題である。商業上の伝統に従い、必要ある時にこれを付加することは広く行われており、法も承認している。商業名として妻の氏を結合することは、同名者との混乱を避けるという便がある。

判旨が商業上の面と市民生活上の面とを区別し、二重氏を専ら商慣習を根拠に承認している点に注目したい。実際は両者の区別はむつかしい問題で、商業上の氏として許可した場合には、取引や顧客を保持する関係でのみ用いているかにつき裁判所が監督すべきものであるという意見もある。(9) 三一一条はこのような事例における夫の利益を、判旨(二)が禁じた市民生活上の面にまで拡大したのである。

〔32〕 Cass.req. 17 août 1864, D.1865, 1, 303 ; S. 1865, 1, 121.

〔事案〕 ペルボワザン（Pellevoisin）は、三人の息子とイベール（Hivert,彼の女婿）と共に、商店経営のために社団（association）を結成したが、この契約は登記されない私的なものであった。父の死後、相続財産の清算にあたって、相続人の一人であるデュボワ（Dubois）夫人から、次の二点を請求してイベールと三人の兄弟を訴えた。(一)社団は八五四条が規定するような公正証書によっていないから、その利益は相続財産に持戻すべきである（詳細は省略）。(二)イベール氏は義父の生前、その許可によって自己の氏と義父の氏を付加して商号としていたものであるが、商店を自己の所有としたので商号から義父の氏を削除すべきである。一、二審共に原告敗訴で、理由は次のように述べる。イベールが義父の氏を付加するのは、利害関係人である義父と三人の息子の許可によるものである。商業においては、夫が妻の氏を付加するのはよく行われる慣習である。上告理由は、原告を氏の禁止の利害関係人と認めないのは、婚姻によっても失われない原告の氏の所有権を否定するもので、共和暦二年実月法、同一一年芽月法違反であるとした。

〔判旨〕ペルボワザン父子が婿であるイベール氏に対し、商号に彼らの氏を付加することを許可したのは、彼の長年の協力に対する報酬であり、社団契約の条件の一つであった。かかる事情の下で、商業にも従事していないデュボワ夫人は、既に自ら称していない氏の使用を義兄に対し争う利益はない。

本件で問題になっているのは商号なのであるが、原告はこれを家の氏として争っており、判旨もこの点を混同している。破毀院判決は商号として処理したとみられるが、デュボワ夫人が自らその氏を称していないことに言及したのは、競業にもならないという意味であろう。家の氏としてなら、このような場合に訴えの利益を否定することは先例〔1〕例参照〕に反する。

〔33〕 Limoges, 21 janv. 1888, S. 1888, 2, 27.

〔事案〕ＪＢ（Jules Bourdeau）・Ｂ－Ｌ（Bonnet-Lavergne）・ＥＢ（Eugène Bourdeau）の三人は、「Ｅ・ブールドー商会」（E. Bourdeau et Cie）の商号で酒業を経営しており、解散後は商号はＥＢのみに属する規約であった。解散後、ＪＢとＢ－Ｌは妻の氏を付加して「ボンネ・ブールドー商会」としている。ＪＢから、Ｂ－Ｌは妻の氏を付加することで、ＥＢ並びに彼自身の商号と混同を引き起し、また不正競争であるとして、ブールドーの氏の付加を禁じると共に損害賠償請求した。一審敗訴。

〔判旨〕ＥＢとは十分区別できるし、また本人も何ら異議を述べていない。商人が妻の氏を付加することは完全に適法であり、非常に多くの地方でこの慣習が行われている。財産を共有する妻が、自己の氏の商業上の威信（prestige）を夫の氏に結合させるのは全く自然である。ＪＢにも何ら損害を及ぼさず、不正競争でもない。ボンネ・ブールドーを同じ大きさの活字にし、ハイフンで結合するという条件で許可する。

ここで真の氏（家の氏）と商業名としての氏の区別をとり上げておかねばならない。純粋に商号であれば、商法の規制をうけ、営業顧客と密着した財産権としてそれらと共に存続・譲渡されるから、たとえば再婚した未亡人が前夫の氏によってその営業を継続している場合にも、前夫の家族がこれを禁じることはできないことになる。[10] しかし、自己の氏によって営業することは一般に認められることであるから、家の氏と商号ないし商業名との区別はそれほど容易ではない。取引の中でその氏が長く用いられているうちに、公知になり、財産的価値が付着するようになると、それに反比例して家の氏としての性格は希薄になり、商業名として商法上の商号に準ずる扱いがなされるようになるというのが一般の見解とみられる。[11] すなわち、人格権という面からの制約をはなれ、譲渡性を獲得することになる。仮名も、その氏の真正の持主からの異議なく相当期間使用を継続すれば、権利として認められるから、[12] 真の氏が異なる性格を獲得するという意味で商業名に類似する。そして金銭上の価値を持ちうる点では商業名に近いが、他方、人格権の一部となる場合には真の氏の方に近いものとなる。夫婦が互いに相手方の氏に対して持つ権利は、真の氏の権利と異なるものとすれば、これらの商業名や仮名に近い性質を持つものではないか。このような観点に立って、コランは夫が妻の氏を付加して用いている二重氏の法律上の評価を考察している。それは次に掲げる判例の註釈に際して展開された見解であるので、併せて紹介したい。

〔34〕 Paris, 21 janv. 1903, D. 1904, 2, 1.

〔事案〕 デュヴァル‐アルヌー（Duval-Arnould）は弁護士兼パリ市の市会議員（avocat et conseiller municipal de Paris）であり、一八八五年、ポーレ・アルヌー嬢と結婚し、フランスの地方の慣習に従って自分の氏に妻の氏を付加した。

親族のシャルル・アルヌー（Charles Arnould）は、ランス市長でマルヌ県会議員（maire de Reims, conseiller général de la Marne）であるが、この付加に異議を申し立て、それは政府の許可を要する氏の変更になるとして、デュヴァル－アルヌーに対しアルヌーの氏の使用禁止を請求した。一審は原告敗訴。

〔判旨〕　デュヴァル－アルヌーは結婚以来デュヴァルだけの氏は用いたことがない。しかし二重氏の使用は法律外の生活においてであって、それにより譲渡可能の権利を主張しているわけではないから、子の出生証書に記載された氏はデュヴァルのみである。(イ)妻の家族はこの付加を承認しており、シャルル・アルヌー自身も長年これを承認して来た事実があるルイ・デュヴァル－アルヌー氏夫妻の名で母親の死亡通知や子の出生の通知状が送られている。アルヌー家は妻の氏の付加を許しているので、他にアルヌー－バルタール（Arnould-Bartard）という者もある。更に、付加の慣習はデュヴァルの妻の生地の地方のみならず、一般化しており、一八九三年二月六日法はこれを確認している。デュヴァルはアルヌーの氏を冒用するものでなく、より正確に自己を表示し、混同を避けようとするものである。自己や家族のために新しい氏を取得しようとするものではないから、政府の許可を要しない。また(ロ)シャルル・アルヌーはいかなる損害も蒙っていない。共和暦二年実月六日法に違反するものではなく法に対し慣習を優先させることにもならない。請求は理由がなく、原判決は正当である。

以上が判旨の要約であるが、右の事例は、商慣習とは無関係の領域で妻の氏の付加が行われたもので、三一一条制定前であれば、〔31〕例の判旨(ニ)によって簡単に否定されてしまったケースであろう。註釈[13]は、本件の解決（結論）は全く正義と公平に合致しているが、理論上の問題として、このような場合に夫が二重氏に対して獲得する権利の性質は法律上いかなるものかを明らかにしていないと批評している。そして第一に、親子関係（filiation）の結果である氏と全く別の原因から生じる個人の呼称の他の要素とを区別し、後者の中に、商業名、仮名、配偶者の氏等を含めることを提案した。中でも配偶者の氏は商売上仮名に非常に近いとみている。理由としては、本件の解決に際して、判旨(イ)が通知状にデュヴァル－アルヌーと記載することに黙示の同意があったことを評価している点、判旨(ロ)でシャルル・

アルヌーは損害を蒙っていないと述べている点が、いずれも真の氏に関する先例とは矛盾すると指摘している[14]。仮名であれば、前述したようにその氏の持主に対する相当長期の公然の使用によって権利を取得しうるのであり、また自己の氏を仮名として冒用された場合、これに異議を申し立てるには損害の証明が要求される[15]。ただし、仮名は何らかの限定された社会的活動を目的として、全く想像によって作られた呼称である点がこの場合の二重氏とは異なる。しかし、真の氏と区別されたこれらの補充的呼称は、衡平と慣習により規制され、裁判所のコントロールの下におかれ、混同によってひき起される損害からのみ保護されるというのが註釈者コランの結論である。氏名権という観点からは、これらの呼称については、恐らく人格権を認めることになるとコランは考えているようである。この見解は配偶者の氏の使用権を保護する根拠を、権利の性質という面から理論的に体系づけたことにおいて重要な意味を持つ[16]。離婚に際し氏の使用継続を許可することは、氏の非譲渡性に反するという反論があった。しかし、自己の氏を商業名や仮名として用いることを許可する契約は認められるようである[17]。従って仮名に準ずるものとして氏の使用権を契約（合意）の対象とすることはできるし、そのことは人格権という氏名権の性格を否定することにはならないという結論がここからも導かれることになろう。前節においても検討したように、この点がくり返し問題の表面に浮び上って来るのは、氏名不変の原則と婚姻により生じる氏の変容との間で、どのような理論構成によって当事者の利益を保護するかが、フランス法の夫婦の氏の中心課題であるからにほかならないと考えられる。

最後にとり上げるもう一つの事例は、フランスらしい特色のある貴族的な氏に関する争いである。

〔35〕 Rouen, 10 nov. 1909, D. 1911, 2, 164;（S. 1912, 2, 177）

〔事案〕 娘婿に対し妻の氏の付加を禁止したもの。被控訴人メウス（Méeus）は、エレーヌ・ド・ベルトン（Hélène de Verton）とベルギーで結婚し、以後メウス・ド・ベルトンの氏を用いて小作料の受取りや送り状等種々の書類に署名しており、また本件訴訟もその氏によっている。ド・ベルトン家の家長は、婚姻の際より再三このような付加を拒否していたが死亡し、その後、未亡人と娘から氏の冒用として訴えた。メウスは、許可があったこと、専ら混同を避けるためであることを主張して争ったがいずれも否定されている。

〔判旨〕㈠夫は一定の条件の下に妻の氏を付加する権利があり、これは共和暦二年実月法に反しない。㈡付加の条件は、市民生活上の証書外においてであること、妻とその家族の許可があること、の二つである。㈢付加によって婚姻関係を示したり、商業上の利益を目指したり、混同を避け個人の識別を正確にしたりする場合、㈠に掲げた二つの法律と刑法典二五九条(18)に反して名誉上の区別を付加することはできない。㈣使用が制限された氏では損害の証明がなくても氏の禁止は訴えうる。㈤被控訴人においては妻の家族の許可を欠くことは明確であり、付加の権利は認められない。違反の場合には損害賠償か又はフランス若しくはベルギーの新聞に本判決を掲載する。

〔34〕例を踏まえた判決であるから、付加の性質を非常に明確にしており、特に条件についての判旨㈡は適切と考えられる。本件のド・ベルトンは由緒ある氏らしく、判旨は使用が制限された氏では損害の証明なしに訴えうるという理由づけをしている。氏の冒用の訴えに損害の立証を要求した裁判所の判決もいくつかあるようで、ただしそれらは使用が広まって一般のものとなってしまった氏に関する事例であると註釈は述べている。妻の氏の付加に対する異議は、これまでにみてきたとおり、三一一条の予想する妻からの禁止の訴えではなく、ほとんど他の親族からの冒用の訴えとなっている。これはフランスの氏が伝統的な家の氏という性格を強く残していることの結果であろう。この場合に夫の二重氏に対する権利を明確にし保護することは、同時に妻の利益とも合致することを示すものとして注目される。

（1） 谷口・外国法典双書仏蘭西民法I二六八頁参照。Marty et Rayraud, op. cit., n° 339.
（2） Sénat, séance du 18 janv. D. 1893, 4, 41.
（3） La critique de M. Léon Clément et la réponse de M. le rapporteur au Sénat, op. cit.

(4) 氏の継続を禁じたり、使用しないことを許可したりするのは全く裁判所の裁量に委せられている。Note de Gaudemet, D. 1901, 1, 73.

(5) 旧民訴法では仮執行を宣告できる機会は限られていたが、一九四二年五月二三日の法律によって修正され、新しい一三五－a条は当事者から請求があって、緊急の事情があれば、法文で禁止されず、また事案の性質に反しない限り全ての場合に仮執行を許可出来るとした(註釈参照)。

(6) 次の上告判決の註釈で、シレーの註釈者は原審は一三五条の拡張であると批判しているが、ガゼット・デュ・パレのものは原審の解釈を認めるようである。

(7) Planiol et Ripert, op. cit., n° 112, p. 138.

(8) 商人は営業上他人との混同を避ける必要が大きいからといわれる。Paniol et Ripert, op. cit., n° 113, p. 139.

(9) Note de Thomas, D. 1907, 2, 93(前節(17)例についてのもの)。

(10) Paris, 19 mars 1890, D. 1891, 2, 30は、再婚後も《Piton aîné》という商号で亡夫の事業を経営している未亡人とその再婚の夫とに対して、前夫の弟で《Piton jeune》の商号により、同種の営業をする者からPitonの禁止を訴えた例であるが、裁判所は氏ではない商号は財産権であるとして禁止を認めない。Nancy, 22 fév. 1859, D. 1859, 2, 49. も右と全く同種のケースで《Veuve Lemoine》という商号の継続が認められている。

(11) Planiol et Ripert par Savatier, op. cit., n° 114, p. 148 et s. ; Mazeaud, op. cit., n° 557. しかし商業名は商店や会社の名であるとして氏とははっきり区別して説明しているものもある。Colin, Capitant et Julliot de la Morandière, op. cit., n° 845. 民法改正委員会でも氏と商業名の区別が問題になっており、両者の間に明確な区別の線を引くことはむつかしいようである。Travaux, 1947-1948, t. 3, p. 549 et s.

(12) Mazeaud, op. cit., n° 594 ; Planiol et Ripert par Savatier, op. cit., n° 116, p. 146.

(13) Note de Colin, D. 1904, 2, 1. 註釈の前半においては、氏の権利について独自の身分権説を展開している。氏は身分を指示する外部的印であり、それに関する論争は常に、当事者自身か又はその祖先が、争われている氏の正当な所持者と家系によってつながりを持つかどうかという問題になると説明している。真の氏の性格をこのようなものとして捉え、その他の呼称と区別したのである。

(14) 自己の意に反して通知状に氏名を記載されることは、一三八二条を適用しうるような損害とはならないという先例があり(Angers, 25 mars 1855, D. 1856, 2, 60.)、そこからの帰結としては、通知状の承認には何ら法的効力を認められないことになる。また氏の冒用の禁止の訴えに損害の証明はいらないという点は、度々判例の中で言及されているが、ここではParis,16 mai 1900, D. 1902. 2. 174. を掲げている。貴族の氏に関して、冒用者の身分証書の訂正が請求された事例で、判旨は氏の所有者である家族員は一切の冒用を禁じるというだけで足り、いかなる利益の証明も要しないと述べている。

(15) 氏の冒用の禁止を訴えるのに損害の証明を要するかは学説でも論点の一つになっている。判例の主流が否定説であることは前述のとおりであるが、精神的損害も含めて考えれば真の氏に関しても問題は同じで、何らかの損害は必要であるという説明もされている。Planiol et Ripert par Savatier, op. cit., n° 116, p. 145 ; Carbonnier, op. cit., n° 59, p.192.

(16) 最近では(25)例におけるネプヴー弁護士の主張（前節註(21)参照）にこの考え方が明瞭であり、またマゾーもこの方向を進めようとしている。

(17) Planiol et Ripert par Savatier, op. cit., n° 119, p. 149 ; Mzeaud, op. cit., 27e Leçon, Lectures, p. 564.

(18) 氏の変更を禁止した共和暦二年実月法も罰則を定めているが、ほとんど適用されていない。現行の刑法典二五九条は貴族の栄誉を付与する目的での氏名変更に限って罰金刑を科している。共和暦一一年芽月法による氏の変更の申請も、パルティキュル（deは今日では貴族を意味するものでも何でもないがこれを望む者は多い）を付加する類は一切却下されている。Colin, Capitant et Julliot de la Morandière, op. cit., n° 833; Mazeaud, op. cit., n° 541.

第五節　まとめ

判例を検討するにあたって、本稿では特に夫婦の氏の現代的なあり方がフランス法の中にどう反映されているかという点に問題をしぼってゆきたいと考えた。しかし、氏名に関して学説も多く論じており、また判例も多彩であるわりには、直接婚姻と氏の関係を扱った例はわずかであり、これまでの三十数例から問題の背景を知ることは困難であろう。ここでは基本的な考え方だけは掴むことができたと考えて、その点を整理しながら民法典改正委員会の予備草案（Avant-projet）が目ざしている方向と対比してみたい(1)。予備草案は、現行の成文法規、判例、慣習等に基づいてまとめられた草案の上に委員会全体会議（Commission plénière）の議論の成果を加えて、新たに条文化された二十ケ条の氏名に関する規定をおき（二〇四〜二一三条）、また離婚・別居の項でそれぞれ氏に関して言及した（三三六条、三四五条）。現行民法典がほとんど氏名にふれていないのと対照的に、氏の取得変更を詳細に規定したほか、氏の非時効性を明文化したり、損害賠償に関する規定をおいたり、仮名や添名の使用にふれる等、広範囲にわたって一般原則を確立したものであるが、ここでは婚姻と関連するものだけをとり上げるつもりである。

これまでみてきたところによれば、フランス法における婚姻と氏の関係は次のように要約できる。(1)婚姻によっても夫婦の氏には変更なく、各自出生証書に記載されている氏を法律上の氏として保持する。(2)その上に慣習を根拠とする夫婦の氏の共通があり、夫婦は互いに相手の氏に対して使用権のみを持つ。(3)離婚の効果としてこの使用権は失われ、各自は自己の氏の専用に戻る。(4)別居の場合は氏の共通を継続することも禁止することもできる。これらの前提から、主として次の二つの問題点が引き出されたようである。

第一には、婚姻中夫婦は完全に別氏であってもよいか、夫の氏の使用は妻にとって権利となるだけで、何ら義務づけられることはないのかという点である。学説と判例とでは慣習に対する評価が異なるために、かなり見解の相違がみられることを検討してきたが、このことは結局、フランス法の夫婦の氏の動向は何よりも慣習の中に探られねばならないことを意味するものであろう。妻が婚姻前の氏によって職業活動（商業、芸術、文学上の活動を含めて）に従事することは、判例はもちろんどの学説も承認するところであるから、もしそのような傾向が拡大すれば、これを自由に許容する基盤は既に十分整えられているのである。その場合の妻の氏は法律上の氏であって、たとえ日常夫の氏を称していても、訴訟や公正証書、公法上の書類、その他重要な証書では、常にそれによって識別されるという重要性を持つものであることを見逃してはならない。同様の場合について日本法でいわれる、婚姻前の氏を通姓として継続することを許すという解決とは本質的に異なるものであり、真の氏の権利と仮名・通姓の権利とを区別することは、フランス法では当然の前提とされているのであった。もちろん妻が専ら夫の氏によることも可能であるが、夫婦が好むところに従って別氏を実行することもまた許容されることになろう。(2) このような法律上の別氏の原則は一貫して判例上強調されてきたが、その傾向がとりわけはっきり確立されるようになった背景には、二九九条二項制定の影響があるのではないかということは既に言及した。予備草案はこの条文の内容を更に厳格なものにしようとしているのである。「離婚の効果によって、夫婦の各々は必ずその配偶者の氏の使用を停止する。」(三三六条) というのが新規定であるが、そこでは必ず (nécessairement) という用語によって規定の強行性が強調されている。前提として夫婦同氏を定める法規を持たないフランス法では、このような場合、婚姻中は氏の共通も認められるのだと間接に示すと同時に、主としては夫婦各自が常に生来の法律上の氏を保持していることを確認する結果になる。夫の氏を称している多くの妻には、離婚後の継続は全く保障されない。しかしその不利益は前述のように婚姻前の氏が法律上評価されることで相対的に減少するであろう。フランス法の夫婦別氏は少なくとも理論上は更に前進の方向にあるとみうるものである。この点を更に裏づける規定がある。二一〇条は婚姻中の氏について、夫婦は相手が家族の利益のために氏の使用禁止を裁判所に請求しない限りで、互いに相手の氏を使用できるものとした。判例の〔15〕〔28〕例にみうけられた「婚姻中でも特別の事情のある場合は、夫は妻に対し氏の禁止ができる」という見解が改正委員会によってとり上げられたのである。(3) このような規定がある以上、もはや妻が夫の氏を称することを一般的に義務とみることはできなくなったのではないだろうか。(4)

問題点の第二は、婚姻中得た相手の氏の使用権を離婚後も継続できるかということであり、第一点との関連の上に理解されなければならない。予備草案三三六条が現在のかたちにまとまるまでには、従来の二九九条二項成立の場合と全く同様の議論を経ているのである。(5) 小委員会 (Sous-commission) のつくった条文によれば、離婚判決をする裁判所は、職業を継続するために必要な場合には、相手の氏の使用を許可することができるというものであった。一八九三年当時のブーランジェの提案と同旨のものであり、商人、実業家、小説家、芸術家等のケースを考慮したものである。しかし、商業名であれば商法の規制に委せるべきであるし、商法外での芸術、文学その他職業上の氏に関しては、離婚した後まで継続を望むのは濫用であり、それを法的に是認するのは行きすぎであるという見解が優勢となった。条文は原則論に戻され、逆に義務的に（obligatoirement）という語を加える提案が出て、結局三三六条の形にまとめられている。反対論者は女性の弁護士や薬剤師等の場合を検討すべきであると強調したが否定された。裁判所が離婚した妻の氏の利益を保護する理由づけを見出すことはいっそう困難になったのである。その上、離婚に際して夫から妻に氏の継続を許可するという抜け道が残されていたのに、この点も否定されてしまうことになった。二一七条は、商業名（むしろ商号であろうか）、看板、商標に関する規制以外の氏に関する一切の契約を無効とした。委員会の討論も氏に関する合意は認めないとはっきり否定しており、夫が許可したとしても夫の家族から禁止しうると述べている。破毀院が確立した許可の自由と撤回の自由という二原則は、以後いかなる理由づけの下に承認されることになるであろうか。

こうした予備草案の方向の中に看取できるのは、婚姻が解消すれば婚姻の効果は一切払拭されるべきであるという離婚観と共に、判例を通じて度々明らかにされてきたフランスの氏の家名的性格の重視であろう。(6) これらの点に対しては第三節で紹介したフロン‐ピガニオル判事の註釈(7)が明確に批判を展開しており、ここでもう一度その見解をとり上げて結びとしたい。まず、妻が夫とは別個の職業に従事する傾向は、今後も更に発展するであろうと述べ、その場合に職業上の識別において妻が従来の呼称を維持することの利益を指摘している。そして、氏においてみられる伝統的な旧家族と新しい核家族の対立の問題にふれ、生活の具体的問題が扱われることになるのは後者においてであるから、これを中心に考えてゆくべきであろうとする。また離婚の問題については、社会生活上でも婚姻解消によって生じる損害の軽減という方向を目ざしてゆくべきであると提唱している。何らかの形で旧配偶者に氏の継続を認める措置が必要なのである。しかるに予備草案の規定は、全てを強行的に法で規制しようと試みるもので行き過ぎであると批判し、破毀院判例のとった解決の方向に賛成している、予備草案が実務の要請と妻の利益を無視していることはマゾーも非難している[8]。しかしマゾーが提案している仮名や商業名に関する契約として夫婦間の氏の合意を許容するという解決方法は、二一七条という大きな壁にぶつかることになるであろう。氏名不変の原則に対して、意思による氏の変更を正面から認める法規を、どのような方式かによって採用しなければならないということがここでは明らかである。少なくとも離婚に限っては、破毀院の立てた許可と撤回の自由の原則を立法上承認することが適当ではないかと私には考えられるが、多くの点で判例の動向に従っている予備草案が、離婚した妻の氏の利益を保護しようとする一貫した判例の努力を全く無視してしまったことは問題であろう。

（1） Avant-projet de Code Civil, t. 1, p. 83~86, p. 245~247, p. 267 の他に、比較法雑誌第四巻一~四号所収のフランス民法典改正草案翻訳を参照した。ジュリオ・ド・ラ・モランディエール教授を中心とする民法典改正委員会は、一九四五年に設置された後、家族法の部分に関する予備草案の最初の部分を一九五三年に司法大臣に提出した。しかし、後続の仕事は結局中断されたため、ここにとり上げる予備草案は、既に単なる資料的意義をもつものにすぎなくなっている。

（2） カルボニエは、少なくとも婚姻生活の領域では、妻が夫の氏を全く称さないことは侮辱（injures）という離婚原因にならないかという疑問を出しているが（Carbonnier, n° 59, p. 192）、単にそれだけであればフランス法上は当然否定されるのではないか。

（3） Travaux, 1950-1951, p. 81. Avant-projet, p. 83.

（4） もっとも三四五条は、別居に際して裁判所は、重大な理由があるときには、夫婦の一方に対し相手の氏を称さないことを許可できるという規定を依然残しており、この点からの疑問はある。

（5） Travaux, 1947-1948, p. 549, et s.

（6） 離婚後妻が夫の氏をやめるのは、夫の家族の利益にかかわるからであるという主張はこれまでも度々みうけられた（第三節註（8）（24）参照）。更に予備草案二二二条は、自らその氏を称していない子孫も冒用に対しては損害の証明なしに異議申立てができることを確認している。

（7） Note de Foulon-Piganiol. 第三節註（23）参照。

（8） Mazeaud, op. cit., 27e Leçon, Lectures, p. 564.

第三章　立法への摸索

第一節　序

フランス法の考察から得た資料は、日本法の氏の問題点にどのような展開への方向づけを与えるものであろうか。序論においては、氏を実体法的に捉えることを試みたいと論じてきた。この意味では、歴史的にも氏が古くに遡り、慣習が主要な法源とされているフランスの氏は、国家法の技術的な操作を蒙ることが少ないだけに、極めて自然な形における氏の生成、変動のあり方を示すものであった。また、氏が伝統的な社会の体質に規制されることの結果として、革命前のフランス社会を支配してきた家父長制の権威を中心とする大家族共同体の秩序は、氏が夫婦を中心とする単婚家族（ménage）のものとしてよりも、むしろ家長の血筋を承継する大家族集団のものとして把握されるという傾向となって、今日のフランス法にまで及んでいる。多くの近代国家では、この特色は夫婦同氏の立法化によって解決されてしまったようであり、その場合には、家父長権は夫権中心主義となって残存することになる。氏に関する限りでも、フランス革命は婚姻共同体中心より更に進んで、完全な個人主義に立脚する氏名不変の原則を確立したのであった。出生に際して取得された氏が一貫して保持されるという基本原則は、結果的には氏の血縁性を強くうち出し、婚姻による氏の共同を軽視して実際の要請には反する面もみられた。婚姻と氏の関連性に関しては、法律は慣習を媒介として間接的にしか関与していないため、理論的にはフランス法自身が未だ明確な回答を出していないといえよう。(3) これまでに検討してきたところでは、その点は、離婚した妻の氏の利益が保護されなければならない場合にとりわけ明らかに問題化していた。しかし、日本法への理論的基礎を求めるならば、個人の氏の確定を出発点とするというフランス法の基本原則は、それだけで十分豊かな収穫を今後の議論にもたらしうると考えられる。その理由は、次のように要約できるであろう。

わが国の氏が、今日明治民法における「家」の呼称であったという制約を離れ、個人の呼称としての機能を貫徹させるための過程の中にあるという認識は、表現のニュアンスを異にしながらも、氏の性質を論じる諸学説の共通して支持するところと解され、本稿もその点を特に明確にしながら問題提起を試みてきたのであった（第一章第一節参照）。ここではとりわけ、従来行われてきた民法上の氏と呼称上の氏との区別、氏の同一性の確定といった複雑な議論を避けて、氏を専ら自然的な観察の中に戻すことを目ざし、(4) その上に立って、改めて親子同氏、夫婦同氏の理論的根拠を再確認してゆくことを提案している。

右の立場は更に、現在のわが国の氏の議論がおちいっている過度の氏軽視の傾向を反省した上で、個人が各自の氏に対して持つ何らかの利益が存在することを積極的に評価し、保護してゆこうという考え方を背景としており、氏が第一に実体法たる民法上のものとして存在しなければならない理由はまさにその点に求められるべきであると考えている。(5) そのためには、個人の次元における氏の取得変更を中心に考察するという方法論が極めて適切となるであろう。(6) 氏の異同を個人単位でのみ把握することはそこでの不可欠の前提である。

加えて、出生により取得された氏を一貫して保持するという氏名不変の原則の下に、婚姻によって生じる氏の変更をできるだけ二次的なものとして処理しようとしているフランス法のあり方が、次のような意味において、わが国の氏の理論に示唆を与えるといえよう。すなわち、出生により決定された氏が個人の一生の間原則として不変であることは、個人の同一性の把握という面からみた氏名不変の必要という国家的利益に合致すると同時に、個人の次元においても、その氏と共に個人に付着してきた過去の社会的評価や同一性の識別のための便宜をその意に反して断絶させることがないという点で利益であり、この原則は日本法にもできるだけ生かされるべきであると考えられる。(7) この前提に立つならば、夫婦同氏を婚姻の絶対の要件としている現在の日本民法の七五〇条は当然疑問視されるであろう。夫婦同氏は、法律上の制度として強行されるのでない場合には、必ずしも婚姻に必然的に付随する結果ではなく、専ら社会的慣習や共同生活上の便宜や当事者の意思に基づくものとして行われるにすぎないのである。この点は、フランスの判例の中にくり返し明示されてきたところであり、また夫婦別氏制を採用する多くの国があることも周知のとおりである。出生による氏の決定と等しい重要性を以て夫婦同氏を扱うことは、少なくともここでの方法論としては否定されなければならないと考える。

こうして、個人の呼称としての氏の一貫性の原則に立って夫婦各当事者の自己の氏に対する利益を保護し、婚姻生活上の要請、慣習、伝統等を考慮しつつ、改めて必要な限度で夫婦同氏を導入してゆくという考え方が導かれる。それは言いかえれば、フランス法における法律上の夫婦別氏と慣習を通じて実現されている夫婦同氏との両者の長所を日本法に生かすというかたちで、民法七五〇条の緩和的修正をはかるという試みにつながるのではないであろうか。フランス法から得られる上記のような基本的視点に基づき、以下では、まず子の氏の確定という観点から親子同氏のあり方を検討し、これを踏まえた上で、民法の夫婦同氏の新しいあり方を具体的に探ってゆきたいと考えている。

(1) 遅塚忠躬「フランス革命と家族」家族問題と家族法Ⅰ一〇六頁以下参照。
(2) 民法上夫婦同氏を定めているドイツ、スイス、イタリア、オーストリア等は、いずれも夫の氏を称するものとしている。黒木三郎・注釈民法⑳三二〇頁参照。
(3) 予備草案は夫婦別氏制を目ざすもののようであるが、これを理論的に明確に把握するには至っていない。前章第五節参照。

(4) 世間に存在する互いに何の関係もない山田、中村、鈴木というような苗字は、呼称・字体を同じくする限り全て同じ氏という最も常識的な見方に依ってゆこうとするもので、中川教授がこれを強く主張される。中川・前掲書六一八頁以下参照。また、我妻・前掲論文身分法と戸籍二一七頁以下、同・前掲書四二六頁も同様の見解である。

(5) 川島・前掲民法教材九頁以下によれば、氏名権は人格権であるとされ、人格権については、「人の肉体的自由ないし完全性への権利、精神的自由ないし完全性への権利」を含むもので、「これらが具体的にどの範囲で、またどのように保護されるかということは、それぞれの社会における人間の主体性ないし人間的価値がどれほど社会的に承認せられ、それがまた政治権力の関係に反映するか、という歴史的問題である。」と説明されている。氏の問題も、結局人間の主体性ないし人間的価値の承認に帰するといえよう。

(6) 氏は一定の身分関係にある者が……共通に称する」ものであるという表現(我妻・前掲書四二〇頁参照)についても、次のような解説がみられる。「これは『集団者』として共通に称するのではなく、夫と妻または親と子がそれぞれ「個人」として、しかも共通に称する、という意味にほかならない。(中略)そうすると、現実的な同一集団者すなわち同居予定者であっても、個人は個人としての呼称を持って差支えない、といえそうである。したがって法律が親子別氏をも認めるように、もし夫婦別氏をも(夫婦同氏のまれな例外として)認めようとするなら、理論的根拠は十分あるように思われる。」(立石芳枝「氏の性質」続学説展望八九頁参照)

(7) 唄孝一・氏の変更上五八頁参照。

第二節　親子の氏

ここでは、夫婦の氏を考察する前提という限りにおいて、子の氏の問題をとり上げることにする。子の氏の取得変更は、嫡出子、非嫡出子、養子それぞれの親子関係に応じて原則を異にし、他に捨子等の特殊な場合に行政上の氏の付与が行われるという全くの大筋においては、日本法もフランス法も同じである。このうち、養子の氏はあくまでも二次的な氏の変動であると解して除外し、氏の第一次的な決定における基本原則だけを探ることにしたい。

氏の血縁性

さて、嫡出子の氏は、フランス法の下では慣習法に基づく父の氏の取得という原則により、日本法においては、民法七九〇条一項本文により父母の氏を称するとされている。非嫡出子については、民法七九〇条二項が母の氏によるとしているのに対し、フランス法の場合には複雑な決定基準があり、一九五二年七月二五日の法律がその詳細を定めている。これらの異同の中から、子の氏の決定方法の根底にいかなる相違点があるのか、また日仏法に共通する考え方はどこまで成り立ちうるのかを明確にすることが、まず第一の課題となるであろう。次いで、フランス法の氏不変の原則に対するわが国の考え方を把握するという問題に注目しなければならない。フランス法においても例外的な司法および行政手続による氏の変更はあるが、出生証書から死亡証書へと引き継がれる氏について、少なくとも身分変動に伴う変更をできるだけおさえてゆこうとする傾向が看取された。(1)これに対し、わが民法は、出生後の子の氏の変更に極めて寛大な民法七九一条の規定をもっており、フランス法と大きく異なる。この相違をどう把握するかが第二の課題となるのである。これらの検討は、言いかえれば本稿の立場から民法七九〇条、七九一条の解釈の確定を試みることであり、その過程において、日本法の氏の基本的特色を明示するという試みにもつながるといえよう。

フランス法において氏の決定基準となる親子関係(filiation)とは、子と父母との法律上の関係を指す用語であるが、広い意味では祖先との連帯までを含みうると解されている。親子関係は血族関係(parenté)の基礎となり、それは血の共通に由来する自然的な関係として、法律により認められた社会的団体関係である家族関係(famille)とは本質的に区別される。(2)従って、親子関係の確定に基づいて子が氏を取得するのは、自然的な血族関係の効果であり、氏は血統(descendance)を示すものであるというのがフランス法における一般的理解である。(3)わが国の学説においても、氏は沿革的に血統の表示ないし血縁集団の名称であったものが、社会構造の変化と共に血縁の社会的価値が失われ、家族生活共同体の呼称である屋号(家の名)としてその性格を改めるに至ったという指摘がみられる。(4)血統を中心とするならば、婚姻によっても夫婦は各自の氏を保持するのであるから、キリスト教文明を背景とする夫婦同氏の慣行のあるところでは、氏はむしろ屋号的性格を示すことになる。[5] フランス法の氏は、慣習の中にそのような性格を保持しつつ、しかし、革命の伝統が背景となった法律上の夫婦別氏制によって、第一義的には血統の表示をなすものとして確立されていると解される。その場合、血統の表示は血縁集団の名称を意味しないという点に注意を要するが、同時に屋号であるためには血縁性と全く無縁であるということにもならない点を確認しておかなければならない。[6]

わが国の氏も古来は血統の表示であるとされ、徐々に屋号的性格を生じたという点では、一般の氏の歴史に従っている。[7] ただ、わが国の場合には、家制度の施行によって氏が法律上大きく変質を蒙ったことが重要である。血統、屋号的性格に加えて、民法、戸籍法上の家と家とを区別する基準という技術的な性格が付与されることになったわけである。[8] こうして氏は家の中に埋没することによって、氏そのものとしてその実体を省みられる機会を得ず、その傾向は今日にまで引き継がれているとみうる。しかし、旧法の氏の本体であった家そのものは、実質的には明らかに血統集団であったと解されていることを見逃してはならないであろう。家制度の下では、家の同一性は氏（家名）と祖先の祭祀によって象徴され、それへの所属は原則として父系の血統により決定されると説明されている。[9] 従って、旧法における氏も主として血統を表示するものであったと理解することができ、またそこでの子の氏の決定は、血統の表示に最も重要な意味があったとみうるのである。これらの事情は、現行民法が氏の取得変更の基準として家制度の外形ないし脱け殻を採用したことにより、現行法にも当然に承継されていると解さなければならない。こうして、嫡出子は父母の氏を称するという民法七九〇条一項の規定は、結局子が父方ないし母方の血統によって氏を取得することを意味するものと解されることになる。

右の議論は、民法七五〇条とも関連してくる。夫婦が婚姻中称する氏は、夫又は妻のいずれかの氏から選ばれるとしても、婚姻によってそれは性格を変え、夫のものでも妻のものでもない第三の新しい氏になるという見解がみられるが[10]、本稿では、同じ呼称、字体の氏には区別を認めないという前提であった。従って、夫又は妻のいずれかが親から取得した氏が婚姻中の氏となり、子にも伝えられると考えなければならない。婚姻の際夫も妻と同じ氏であった場合は区別は無意味になるが、民法の規定上仮にここでは、夫又は妻のどちらかの系統の氏を選択すると考えておきたい[11]。

沿革に従った民法七九〇条のこのような解釈は、恐らく慣習の中にある人々の氏に対する感覚に最も近いという意味で評価されてよいであろう。加えて、出生に基づく血縁関係を、その時点における科学的事実として把握し、事実の公示という観点から子の氏を決定することは、社会的団体としての家族という身分秩序を承認し、その上に立って呼称秩序を決定しようとする場合に、最も妥当な基本的態度となるはずである。このように、民法七九〇条は専ら子の氏の原始取得に関する親子同氏を定めるものとし[12]、その場合の氏は原則として血縁性を表示すると解することが、フランス法のあり方とも一致し、氏の歴史的性格を現代的な意味で再確認する結果にもなると考えられる。

意思による氏の変更

出生後は子は独立した法人格をもって親とは別個の生存を開始するのであるから、親との共同生活や氏の同一の必要性が常に前提となるとは限らない。ただ、未成年の子との間に親子の保育的共同体の存続が要請されることも事実である。氏の共同はこの場合の必要条件ではないとしても、氏を通して親子の一体性が確認されることは、保育的効果に及ぼす影響も大きく、また実際上の便宜にも合致すると考えられる。民法七九一条が父母と子の氏の共同に配慮し、家庭裁判所の許可のみによって比較的容易に父母の氏に変更できることにしたのはそのためである。右の規定がある以上、民法七九〇条の親子同氏は、出生後の親子関係もある程度念頭におくものと解さなくてはならない。フランス法の場合には、氏不変の原則は革命の遺産として確立された国家による人民の把握の一つの方式であり、そこでは夫婦同氏が軽視されたのと同様に、親子共同生活における氏の共通の必要性も原則の前に譲歩させられている[13]。その結果、氏における個人主義を裏づける体制となっているといえよう。これに対し、わが民法が親子共同生活と氏の一致を目ざしたことは、氏に夫婦親子集団の表象としての性格を与えることになり、戸籍法上の便宜を提供することにもなったのである。

民法七九一条は、子が父母の氏に変更するという限りで氏の変更の要件を緩和し、家庭裁判所の許可にこれを専ら委ねたのであり、戸籍法一〇七条に基づく変更の特則ともみうることは既に言及した[14]（第一章第一節参照）。両者は共に、戸籍における氏の訂正を伴う法律上の氏の変更である。ここにおいてわが国の氏は、不変の原則を後退せしめ、個人の利益のために意思に基づく氏の自由変更に道を開いていると評価することができるのではなかろうか[補a]。子の氏の領域外では、民法七五一条が生存配偶者の復氏をその者の意思にかからせており、また従来あまり指摘されていないが、民法七五〇条が婚姻中の氏の選択を夫婦の合意に委ねている点にも、氏における個人の意思の尊重という考え方を認めることができる。このように、わが国の現行民法の氏には、個人の意思に基づく氏の変更を一般的に承認するという前提がみられ、その結果氏はかなり自由で流動的なものになりえているとみうけられる[15]。

右の点は、フランス法と比較した場合のわが国の氏の基本的特色として、十分注目されなければならない。実際には、フランス法においても種々のかたちで新しい氏の取得は生じており、判例の中では、この点はとりわけ氏の時効取得を承認しうるかの問題と、離婚した妻の氏の利益をどう保護するかの問題となって現われ、議論の対象となっていた。同じ問題は、わが国においては戸籍法一〇七条の審判の範疇で常に論じられている。しかし、この場合にも、両者の解決の基準は当然異なるはずであり、わが国の場合にはより寛大に氏の変更の利益を承認することができるのではないかと考えられる。

(1) カルボニエなどは身分変動に伴って氏の変動が生じるという説明をしており、氏名不変は純粋な意思に基づく変更の禁止を意味すると解しているようであるが（Carbonnier, op. cit., n° 56, p. 181）、法律上の氏名不変はもっと厳格なものである。

(2) 谷口・外国法典双書仏蘭西民法Ｉ二七八頁参照。

(3) 嫡出子が父方との filiation に従って氏を取得するのは慣習の効果であり、非嫡出子についても父母のいずれの filiation に従うかの決定が問題になるだけで、氏が血縁に由来するという点には変りはない。

(4) 中川・前掲書二一七頁、黒木・注釈民法⒇三二〇頁参照。

(5) 中川善之助「妻の改姓」世界昭和三〇年四月号一五八頁参照。

(6) これまでみてきたとおり、フランスにおいても妻は夫の家族に入りその氏を称するという側面をもちながら、出身を明らかにする権利は保持されていた。また、ドイツ法の婚氏も家名的性格のものでありながら、基本的には血統を表示するものであることが前提とされている（西村信雄「ドイツにおける氏の変更」立命館法学四、五合併号一〇一頁参照）。血縁団体と家の区別が明らかでない以上、氏が血統の表示か又は屋号であるかという区別は難しいはずである。しかし、中川教授は婚姻によって氏の変更を生じるか、それとも従来の氏を保持するかの差異によって、屋号的性格のものとそうでないものを区別されるようであり、ここでもこの見方に従っている。

(7) 中川・前掲書六〇六頁参照。

(8) 牧野菊之助・日本親族法九一頁参照。

(9) 川島武宜・イデオロギーとしての家族制度三三頁参照。わが国の「家」の血縁的性格については、他に、有賀喜左衛門・日本の家族五八頁以下、板木・前掲論文立命館創立五〇周年記念論文集七七頁等にも指摘されている。

(10) 外岡・前掲論文身分法と戸籍一〇一頁参照。

(11) 同じく血統説をとられる板木教授は、現行法上同じ呼称・字体の氏を持つ、たとえば中村太郎・中村花子の二人が婚姻する場合にも夫婦の称する氏を定めなければならないのは、氏に単なる記号以上のものを認めるからにほかならないと指摘し、更にこのような夫婦の子である中村茂が民法七九一条の規定によって母の氏から父の氏に変更することも肯定しえなければならないと論じて、これらの点を自説の重要な根拠とされる（板木・前掲論文立命館創立五〇周年記念論文集五七頁以下参照）。わたくしは、前者の場合には単に民法の規定がその事例に対しては無意味になるだけであるし、後者については、民法七九一条を戸籍の異同の前提と解すること自体に誤りがあると考える。この点は夫婦の氏との関連でもう一度ふれたい。

(12) 従来の学説においてもこの点は確認されている(中川・前掲書六一七頁参照)。しかし、外岡説によるならば、子が未成年の間中は親子同氏の原則が存続することになる(外岡・前掲論文身分法と戸籍一〇五頁参照)。七九一条もあわせて考察される結果と考えられる。

(13) ただし、フランスにおいても離婚と氏の関係が論じられる場合には、子の監護者となる母が子と同じ氏を称しえないことの不利益が常に指摘されている。第二章において言及した離婚に関する一八八四年、一八九三年の法律等の制定過程、予備草案の成立過程の議論にもこれが顕著である。

(14) 従来の学説は、両者の相違に関してもこぞって、民法上の氏の変更と呼称上の氏の変更という全く異なる性質のものであるという見解をとってきた。これは結局、民法上の氏の変更は戸籍の変動を伴うという観念の所産であるということは前述した。戸籍をはなれた場合には、子が母の中村から父の中村に変わることは全く無意味であるし、他方、戸籍法一〇七条によって天狗が天谷に、小迎森が小森に、更に一般的に言えば、清水が山口に、中村が鈴木に変更されることを氏の変更でないとするならば、氏とは何であろうか。機能的にみても戸籍法一〇七条の変更例の中には、身分関係に伴う氏の変更と同種の要素が種々含まれることを、唄教授が指摘しておられる。唄・氏の変更下二七二頁以下参照。

(15) わが国の氏名不変の原則は、旧法下においては家名不動の意味から極めて厳格に保持されていた(唄・氏の変更上三六頁、西村・前掲論文立命館法学四、五合併号九七頁参照)。これに対し、戸籍法一〇七条が個人の意思による氏の変更を認めたことは、氏の民主化として評価されている。さらに、これを民法七五一条、七九一条の例とあわせて、純粋に意思に基づく氏の変更が生じる場合としてまとめるという客観的整理がなされているのであるが(外岡・前掲論文親族法の特殊研究五〇頁以下、中川・前掲書六二四頁以下参照)、民法における氏が意思自治の原則を一部採用していることを、わが国の氏の特色として把握するという理解は未だみられない。外岡教授が強調される氏の非意思性(外岡・前掲論文親族法の特殊研究一七頁参照)は、相対的に後退しているとみるべきであろうとわたくしは考えている。

補註

(a) 民法七九一条の規定は昭和六二年の改正によってかなり修正されているが、基本的な性質は変っていない。むしろ改正の内容は、氏の変更手続を容易にし、家庭裁判所の許可を得ない自由変更を導入する(二項参照)等、本文のような七九一条の特質をいっそう顕著にするものであったといえる。

第三節　夫婦の氏

民法の夫婦同氏の原則について考察をすすめるにあたっては、フランス法以外にも広く婚姻と氏の問題に関する近代法の解決方法を概観し、その中における日本法の位置づけを明らかにすることが必要であろう。前節においては、氏が血統の表示であるか屋号であるかという区別に従って、夫婦別氏と夫婦同氏との二つの系統に分れるという見方を試みてきた。これらの基本的な区別において、いずれがより古い伝統をもつものであるかは必ずしも明確ではない(1)が、本稿にとってより関心の大きい別氏制の方から検討をすすめてみたい。

夫婦別氏制の系譜

代表的な例としてまず注目されるのは、中国の伝統的な別氏制である。中国古来の思想の中では、血筋（血統）は生命の本源ないし生命自体とも考えられており、男系の血筋を通して同一の生命が延長・拡大して生き続けるという観念が、同姓不婚、異姓不養という秩序の基盤を形成していたといわれる。姓（氏）は何人を父として生を受けたかという純自然的な出生の事実によって定まる名であって、それ故に人為をもって変えることのできないものとされたから、婚姻によっても妻が生家の姓を捨てないことは当然の帰結であった。女性は妻となることによって夫の人格に合体し、夫家を通して社会的地位を得るという夫婦一体の原則はその社会にも存在したのであるが、血統重視はそれをも超えた一つの自然観、人生観であったようである(2)。ここから導かれるのは、夫婦別氏制のいわば原型とも言うべきものであった(3)。同じく血統的要素を残しながら、フランス法の別氏制がこれとは性格を異にするものであることは、前述したところから明らかである。それは、西欧の伝統的な夫婦同氏の慣習を、法律の側からの個人主義の貫徹によって解体していったもの、ないしはその過程にあるものと理解することができるであろう。事実上は別氏制と同氏制の併用といった方が適当な状況にあるが、法律が別氏制のみを押し進めてゆくことの可否は、今後検討されるべき問題とみうけられた(4)。

次に、第三の別氏制として、社会主義国にみられるタイプを挙げることができよう。ソビエト法によれば、夫婦は婚姻の際、共通の氏によることも各自が婚姻前の氏を保持することも自由であり、また氏を改めた者は離婚後もこれを継続することを原則とし、希望により従前の氏に戻ることができるとしている(5)。東ドイツ(6)、チェコスロバキア(7)、中国(8)等はいずれも右とほぼ等しい立法によっている(9)。同氏と別氏を併用する点ではフランス法に近い面をもつようでもあるが、両者の実際上の相違は大きい。第一に、フランス法においては、今日なお一般的に妻が夫の氏を称するのは義務であるかの議論が学説上継続されており、慣習の上からも別氏の婚姻には障害が多いと推察される。逆に、夫婦同氏を実践した場合には、離婚において妻が婚姻中の氏を保持する余地はほとんど認められていないという状況がある。これらは、いずれも妻が婚姻生活外に独立した職業活動を持とうとする場合の不利益となる問題であった。婦人の解放を目ざし、完全な男女同権の実現を図る社会主義国が、氏においても夫婦の自由と平等に最も合致する立法的解決を試みているのは当然であり、その理論的背景の故に、第三の別氏制は特色を持つとみることができる。

これらの諸国の伝統的な氏はどのようであったのだろうか。仮に夫婦別氏制の採用に対する一般の抵抗があったとしても、社会体制の変革の中にのみ込まれてしまったであろうと考えられるのであるが、中国を例にとるならば、そこでの別氏制は、固有法の社会主義的意味における止揚であったといえよう(10)。このように、別氏制といっても一様に解することはできないのであるが、また純粋にそれのみを強行しなければならないという必然性もないようにみうけられる。

夫婦同氏制の検討

夫婦同氏についても同じことがいえる。ほとんどの場合妻が夫の氏を取得することにより同氏が実現されるのであるが、逆に妻の氏を中心とする場合も日本や韓国にはみられるし、夫と妻の氏を結合する方式の同氏も行われている。[11] はじめに西ドイツ法の夫婦同氏制をとり上げ、同氏における問題のあり方を検討したい。[12](補a)

一九五七年法による改正前のドイツ民法[13]一三五五条は、「妻は夫の氏を取得する」と定めており、そこから、妻は婚姻締結の時点で法律上当然に夫の氏に変更するものと解されてきた。夫婦は婚姻共同体を形成し、相互にそのために義務を負うというのがドイツ法の建前であるから（民法一三五三条参照）、そこでは氏も夫の氏であると同時に婚姻共同体を表象する婚氏（Ehename）である。従って、妻が婚氏を称することは権利であり、民法一二条に基づく氏名権の保護を受けうるのは当然であるが、逆に夫の氏を拒否する場合には、婚姻共同体のための義務違反となり、夫からの婚姻共同体回復の訴えが認められることになる。婚氏は婚姻期間中継続し、その間の夫の氏の変動は全て妻に及ぶ。こうした夫の氏中心主義は、夫が家族の長であるという原則とドイツ社会の家父長制の伝統に従って肯定されてきたものである。[14]

しかし、そこでも妻の氏が全く評価されていないわけではない。既に民法典の制定過程においても、妻に自己の実氏（婚姻前の氏）を付加する権利を認めるべきであるという議論はなされていた。付加はドイツの多くの地方にみられる慣習のようで、特に女性の文学者、芸術家等の間で行われる慣行であるといわれる。民法典は法的安定性を重視してこの例外を承認しなかったが、後の男女同権法に基づく民法一三五五条の改正に際してはこの点が立法化され、現行法上は、妻はいつでも身分吏への意思表示によって婚氏に実氏を付加する権利があると規定されている。[15] 意思表示により自由に二重氏に変更できると確認されたことは、その限りでドイツの夫婦同氏の後退であった。しかし、単なる付加にすぎないところに限界がある。[16]

フランスとは全く対象的に、ドイツには婚姻共同体の一体性が氏の一体性を要求するという強固な思想が存在するようである。民法一三五五条の改正案としてボン憲法成立後に検討された六種に及ぶ立法論のうちにも、夫婦別氏の採用は最も革新的とみられる一案のみが考慮しているにすぎない。氏の権利を強調し、氏における完全な男女同権論を鋭く展開している女性判事の説も、婚氏を夫婦の合意でどちらかの氏から選択させるか、あるいはまた夫と妻の氏を結合した二重氏により統一するという形式でこれを実現しようと試みているのである。別氏制は夫婦の緊密な結合に矛盾し、習俗と伝統に根ざす家庭の統一に反すると批判されており、この点は西ドイツの家族観とも深くかかわるものと考えられる(17)。

婚氏は、離婚後も妻によって継続されることが原則である。妻がその意思により婚姻前の氏(前婚の夫の氏の場合もありうる)に復することは自由であり、また、例外的に夫の拒絶又は裁判所の禁止によって復氏が強制されることはある。ドイツ法が離婚の場合の氏にこのような解決を与えていることは、夫婦の一体性や婚姻の公示を婚氏統一の理由に掲げていることと矛盾するとも考えられる。しかし、婚姻締結の時点から夫の氏が当然の権利として妻の氏にもなることの帰結であり、そのことは妻の義務でもあるため、全面的に妻に復氏を強制することは衡平に反するという論理に支えられるものといえよう(18)。なお、婚姻期間中であっても、妻のみの非嫡出子や養子は妻の氏を取得する(19)。

夫婦同氏がこのように厳格であることは、フランスにおける氏名不変の原則と同様の意味でそれがドイツの呼称秩序の基礎をなしているからであることは言うまでもない。この点は、行政上の便宜論や、氏は単なる秩序規定であって男女同権とは無関係であるという理由から、現状維持を主張し、とりわけ氏を個人の意思にかからせることを排斥する見解(20)の中に最もよく看取される。それにもかかわらず、現行法上では不完全にではあるが別氏制が法律上の制度として実現されている事実を、その背後にある氏の権利の保護という要請と共に十分評価しなければならないと考える。また、離婚した妻の氏の利益が不当に無視されていないところにも、制度としての理論的充実が窺われる。ちなみにこの点は、同じく夫の氏による夫婦同氏制を採用しているスイス法が、原則として離婚後の妻の復氏を強制していることと対照的である。しかし、スイス法においても、妻の側に重要な理由がある場合には、行政上の氏の変更として夫の氏の継続が認められる。(21)

次に、英米法の夫婦同氏を概観してみたい。(22) コモン・ローにおいては、婚姻により夫婦は一体（one person）となり、妻の法律上の全存在は夫に吸収されるという原則があった。氏においてもこの伝統が反映されており、妻は婚姻によって夫の氏を取得する。この点はイギリスよりもアメリカにおいて法的拘束力がより強いようであるが、(23) いずれにおいても離婚後夫の氏を継続することは認められている。これらの氏においては、氏は単に個人の同一性を識別するものと解され、呼称秩序の厳格ということは余り要求されていない。子が親の氏を称するのは単なる慣習にすぎず詐欺（fraude or deceit）にならない以上、個人は自由に別の氏を採用し、旧来の氏名を変更することができる。このような伝統の下では、個人は自己の好む氏によって知られることができ、妻が夫の氏を用いるべきであるかどうかの問題は、アメリカにおいても専ら訴訟の有効性をめぐって問題となるにすぎないようである。また、イギリス法においては、妻は名声（reputation）により夫の氏を取得するため離婚によってもその氏を失わないと論じられている。(24) こうした議論の背後には、氏の時効取得を一般的に承認する考え方があるようにみうけられる。

右に概観してきた諸制度と対比して、わが国の夫婦同氏制はどのような特色をもつであろうか。民法七五〇条は、「夫婦は婚姻の際に定めるところに従い、夫又は妻の氏を称する。」と規定している。解釈上は次の三点をまず確認しておくべきであろう。(1)婚姻中の夫婦の氏は、夫又は妻のいずれかの氏でなければならない。(2)別氏を認めず婚姻期間中を通して同氏が継続される。(3)婚姻中の氏の変更は、常に氏を改めた配偶者にも及ぶ。(25) 前述のように、婚姻中の氏が夫婦の合意による選択に委ねられ、その際夫の氏も妻の氏も全く平等に選択の対象にされるという第一点の性格において、わが国の夫婦同氏は独自のものとなっている。第二、第三点は、ドイツ法とも共通する呼称秩序の安定という要請であろう。

民法旧規定の下では、妻は夫の家に入り夫の家の氏を取得することが通例であったが、入夫婚姻、婿養子の場合には夫が妻の家の氏を称した。そこでは夫婦同氏は同家同氏の原則の反射的効果であったから、絶対の厳格性が要求されたし、また離婚によって実家に復すれば実家の氏に復するという結果も生じた。しかし、沿革的にみれば、わが国の夫婦同氏は明治中期以降のものであり、それ以前の時代には婚姻によっても実家の氏を捨てない慣行がみられたといわれ、度々指摘されている[26]。このように家制度によって基礎づけられたわが国の同氏制にとって、旧慣習の影響は依然本質的であるとみなければならない。しかし、新民法が婚姻を家から開放した時点で、夫婦同氏は全く個人単位のものに把握し直され、その理論的根拠としては、夫婦の一体性ないし婚姻的結合の緊密性の要請が指摘されているという現状をより重視すべきであろう。しかも、このような婚姻観を前提とした場合には、氏の共通は必ずしも絶対のものとして維持されてはいないことを、諸外国の例が示している。わが国の同氏制もこれらと同様に緩和されうるとみるべきであろう。

今日、わが国でも多くの女性文筆家、芸術家、芸能人等は夫と異なる氏によって社会的に知られており、夫婦別氏の自由は実質的には筆名、芸名等を持つこれらの人々にのみ許された特権となっている。一般市民がこれを望むには、しばしば提案される通姓という甚だ実現困難で、それ故に余り実益のない手段が考えられるのみである。わが国の氏の制度の中に法律上の夫婦別氏をとり入れることが考えられるべきではなかろうか。学説の多くが既にこの方向を承認しており[27]、しかも本稿の検討してきたところによれば、わが国の氏に真に個人の呼称としての機能を全うさせるための鍵はこの問題にあるとみうけられた。氏を団体のものとせず、また戸籍編成の技術から切り離し、まさに実体的なものとして個人に取得されるところから出発するならば、夫婦別氏制は、むしろより本質的な氏のあり方となるからである。課題は、どのような立法技術によってこれを実現できるかであろう。次には、具体的な提案に向けて本稿の考え方をさらに進めてみたい。

立法論の展開

立法論の前提としては、まず、わが国の氏の特質をどう捉えるかが明確にされなければならない。本稿ではこれを子の氏の問題との関連において検討し、氏名不変の要請を後退させて個人の意思による氏の変更をかなり自由に承認するところに特色があるとした。親子同氏におけるこのような問題解決は、夫婦の氏にもそのまま応用できるはずである。すなわち、第一に、婚姻締結に際しての夫婦の氏の決定の問題を考え、夫婦同氏の他に別氏の自由を許容する規定をおくこととする。第二に、婚姻中の夫婦の氏の変更については、民法七九一条と同じ扱いにし、家庭裁判所の許可によるものとすることが適当ではないかと考えられる。フランス法とは反対にわが国の基本は夫婦同氏であるから、婚姻に際しての氏の決定においても別氏は従たるものとすることが呼称秩序の安定のためにも望ましい。現状との摩擦をできるだけ少なくすることを考えつつ、民法七五〇条に次のような修正を加えることが可能ではなかろうか。

七五〇条一項「夫婦は、婚姻の際に定めるところに従い、夫又は妻の氏を称する。」(現行のまま)

同条二項「夫婦が各自婚姻前の氏を継続する場合には、夫又は妻の氏のうちから、子が出生に際して取得する氏を定めなければならない。」

右の立法例は、形の上では東ドイツ法の規定にならっている[28]。東ドイツ法はまた、子はいずれも同一の氏を称さなければならないとし、子が取得する氏の決定は婚姻締結の際にこれを表示して家族登記簿に登記し、取消することはできないと定めている。これらの点も、わが国の社会の慣行と一致するものであり、参考になる。戸籍簿上にあらかじめ子の氏が記載されるならば、実務上は子に氏を与えた者を筆頭者とすることもできるため、同氏の婚姻と同様に全く支障なく夫婦別氏を実現することができる。こうして新たな規定によるならば、現在一つの氏によって統一されている夫婦親子集団のうちに、夫のみ別氏、又は妻のみ別氏という新しい型の可能性が開かれる。

次に検討しなければならないのは、⑴夫婦の一方の氏を取得した子が、婚姻期間中に他方の親の氏に変更することを認めうるか、⑵別氏の夫婦が婚姻期間中に同氏に変更することを認めうるか、の二点であり、これをいずれも肯定してよいと考える。第一点については、現行法が七九一条の規定をおいている以上、その要件に従って氏の変更を認めることは、別氏の婚姻を承認し氏の権利を尊重したことの当然の帰結とされなければならない。たとえば、母のみ別氏の場合に、必要があれば子の一人が母と氏を同じくすることを認めるのに格別の反対理由はみられないであろう。もちろん、子の全てが父の氏から母の氏に変わるというようなケースも理論上は仮定しうるが、変更の妥当性はあくまでも個別的な家庭裁判所の裁量にかかることになると考える。第二点については、七九一条にならって次のような規定をおくことが考えられる。

七五〇条三項「前項の規定によって婚姻をした夫婦は、婚姻中夫又は妻が家庭裁判所の許可を得て他方の氏に変更することにより氏を同じくすることができる。」

慣習、国民感情等を考慮し、夫婦親子はできるだけ同氏であることが便宜でありまた望ましいという考え方をとった現行民法を前提とするならば、呼称秩序の主流である基本の型に戻る変更に対しては、できるだけ道を開いておくことが適当であろうと考えられるからである。もちろん、子に氏を与えた者が子と氏を異にして夫婦同氏となるような場合の変更は問題であり、その場合には子の氏も当然に変更するという処理をすることも考えられる。しかし、子の氏の変更は七九一条で全て解決されるという現行法の建前に合わせることがより適当であろう。変更の可否に関する実質的判断は、子の氏の問題も含めて裁判所の判断に委ねることとし、夫婦相互の間では互いにいずれの氏にも変更できるという建前にしておくことが理論的にも明快であろう。

次にとり上げなければならないのは、同氏の夫婦が別氏になるかたちの変更を認めるべきかどうかの問題である。婚姻に際して別氏の必要を認めなかったにもかかわらず、後に別氏を望むようなケースは少ないはずであり、また恣な変更を許すことは主旨ではない。しかし、法律が別氏制を承認しているという前提があれば、戸籍法一〇七条の手続によってこれを認めることができるのではなかろうか。この場合、呼称秩序の主流から例外への変更であるために若干要件が加重されることはやむを得ないであろうと考えるのであるが、その代わり、別氏制導入以前に婚姻をした夫婦に対してもこの変更への道は開かれることになる。

以上のような本稿の試みによるならば、出生の際に取得された氏は、本人の意思に基づいて、次の二つの手続により変更が可能である。⑴民法七五〇条三項、七九一条による夫婦相互間及び父母と子の間での変更。⑵戸籍法一〇七条の「やむを得ない事由」による変更。いずれも家庭裁判所の許可審判によって実現され、実質的内容はほとんど同じ性質の「意思による氏の変更」である。ただし、後者が「やむを得ない事由」を要件とするのに対し、前者については夫婦親子の共同生活の便宜が判断基準の中心となり、変更の要件がかなり緩和される点に特色をみることになると考えられる。このように広範囲にわたり氏の変更を許容する可能性を認めることは、恐らくわが国の氏を英米法上の氏の考え方に極めて接近させることになるにちがいない。[29] しかし、変更への機会を開いたからといって、直ちに氏の変更が頻繁になり、呼称秩序が乱れるということも考えられない。各人がそれぞれの氏に対して持つ愛着には独自のものがあるし、呼称秩序そのものについては、裁判所のコントロールによって、常に時代と社会情勢の要求に即した安定や流動性を与えることが可能だからである。

⑴　ローマ法では妻は婚姻前の氏を継続し、ゲルマン法は教会の「二人のもの一体となるべし」の教えによって妻に夫の氏を称させたといわれる（栗生武夫・婚姻法の近代化八七頁参照）。しかし、ローマ法の下でも夫の氏を称する婚姻はあったようで、制度としていずれがより古いかということははっきりしない。

(2) 滋賀秀三・中国家族法の原理三五頁以下参照。
(3) 実際には、妻は無姓無名であることが多かったともいわれ（黒木三郎・婚姻法の近代化二五二頁参照）、制度としてどの程度別氏制が確立していたかには疑問が残る。
(4) 現実に同氏の要請が存在し続けている以上、むしろ離婚の時点における妻の氏の保護に配慮することが先決問題とみうる。前章第二節参照。
(5) 宮崎昇訳・ソビエト家族法典五一頁以下参照。かつては夫と妻の氏を結合した合姓も認められたようである。一九六八年の「ソ連と連邦構成共和国の基本法」においては、共和国の判断により合姓も認めうるとされている。社会主義研究会＝「家」制度研究会「ソ連の新家族法」法律時報四〇巻九号八七頁以下参照。
(6) 久野勝訳「ドイツ民主共和国家族法草案」家裁月報七巻五号八一頁以下参照。なお、一〇条一項によれば、「夫の氏又は妻の氏は、これを共同の氏とすることができる。」とあり、全く新しい氏を婚姻中の共同の氏とすることができるような解釈の余地もある。
(7) 青山道夫・現代の家族法岩波新書一四〇頁以下参照。
(8) 中華人民共和国婚姻法は、「夫婦はそれぞれ自己の氏名を使用する権利をもつ」と規定している。しかし、慣習によって配偶者の氏を自己の氏に冠することも相手の氏に変えてしまうことも認められるようである。また、子は父母のいずれの氏をとってもよい。黒木・婚姻法の近代化二五三頁参照。
(9) 社会主義国には同様の立法が多いとみられるが、資料が手許にあるものだけを挙げている。
(10) 幼方直吉「中国新婚姻法の紹介」法社会学一号一二七頁以下、仁井田陞「中国新婚姻法について」法律時報三二巻一号四頁参照。
(11) アルゼンチン、スペイン等では婚姻によっても夫婦の氏は変わらず、慣習上妻が夫の氏を自己の氏に合わせて名のる。AB de C（Cが夫の氏）、ABC de D（Dが夫の氏、スペインでは子が父方と母方の双方から氏を得て二つ持つ）のようになる。黒木・註釈民法(20)三一頁、中川善之助「スペイン人の姓名」法律時報二八巻一一号六四頁参照。また、中華民国法では、妻は自己の氏に夫の氏を冠することを原則とするようである。仁井田・前掲論文法律時報二三巻一号四頁参照。ハイフンで結ぶ形はフランス、ドイツにみられる。
(12) 唄孝一「ドイツにおける夫婦の氏」都立大学一〇周年記念論文集一頁以下、西村・前掲論文立命館法学四、五合併号九一頁以下参照。

(13) ドイツ民法親族編は、一九四九年西ドイツで公布されたボン憲法に基づく西ドイツ男女同権法(一九五七年六月一八日公布翌年七月一日施行)によって大幅に改正され、その際夫婦の氏を規定する一三五五条も後述のように修正を受けた。

(14) 家族生活における夫及び父の決定権の存在に対応する。椿寿夫「西ドイツにおける婚姻と家族」法律時報三一巻一〇号五〇頁以下参照。

(15) これと共に、一三五五条本文も書き変えられた。夫の氏であるよりも婚姻共同体の氏であることが明確にされている。

旧規定《Die Frau erhält den Familiennamen des Mannes.》

新規定《Der Ehe-und Familienname ist der Name des Mannes.》

(16) 旧規定の下では、妻が実氏を付加することは全く法的生活外のものでしかなかった。行政手続による氏名変更規準も、最初は「一三五五条にかんがみ、妻が夫の氏と異なる氏を称することを許すことができない」としていたが、後の一九五一年の新規準では、妻が自己の氏によって長く職業活動等をしていた場合には、重大な理由があるとして二重氏への変更を認めることが明文化された。この時点ではじめて夫婦別氏が法的に承認されたともいえる。唄・前掲論文都立大学一〇周年記念論文集二八頁以下参照。

(17) 西ドイツにおいては男女の機能的平等という考え方が重視され、主婦婚としての妻の家事労働を高く評価するといわれる。その背後には、家庭の統一という思想を指摘しうるであろう(川井健「東西ドイツにおける男女同権論の対立について(一)」法協七三巻六号七四六頁以下参照)。従って東ドイツ法が夫婦別氏制を採用したことを非難している(川井・前掲論文(二)法協七四巻一号五五頁参照)。

(18) キリスト教の婚姻非解消主義に基づく夫婦一体観の思想的影響によるものではないかともいわれる。また、ドイツでは離婚した配偶者にも、婚姻中の扶養義務の延長として扶養義務が認められる点との対応が指摘されている。太田武男「婚姻・離婚と氏の問題――ドイツの場合を中心として」身分法と戸籍一二八頁以下参照。

(19) 唄・前掲論文都立大学一〇周年記念論文集二二頁参照。フランス法においても事情は同じであるが、この点は婚姻中も妻が婚姻前の氏を保持していることの論拠とされている。

(20) 政府草案の理由書、国会の家族法委員会等をはじめ、多くの学説がこの立場である。唄・前掲論文都立大学一〇周年記念論文集四六頁参照。

(21) 唄・氏の変更下一八〇頁参照。

(22) 主としてAmerican Jurisprudence v. 38；Corpus Juris Secundum v. 65を参照し、他には各所で英米の氏に言及されている所を総合して判断した。
(23) 妻は婚姻により自己の氏を完全に失って夫の氏を取得すると説明されている。Corpus Juris Secundum, v. 65, §3, c.
(24) 山主・前掲論文家族法論集五五頁参照。
(25) 我妻・前掲書七六頁参照。
(26) 中川・前掲書二一七頁、外岡・前掲論文親族法の特殊研究三二頁参照。これらによれば、明治九年三月一七日太政官指令一五号は「婦人ハ嫁スルモ仍ホ所生ノ氏ヲ用ユヘキ事」とし、これに類する指令がくり返し出されて、中国の制度に習っていたようである。明治三一年以降は、旧法の同家同氏の原則に吸収された。
(27) 加藤一郎「男女の同権」家族法体系Ⅰ三二三頁及び三二八頁(23)に指摘される学説参照。他に、外岡・前掲論文身分法と戸籍一〇二頁が別氏制の必要性を強調され、立石・前掲論文続学説展望八九頁も別氏制の立法を示唆される。我妻・前掲書七八頁は・夫婦別氏を導入する場合には、子の氏の問題や婚姻中の同氏を認めるか否かにつき詳細な規定が必要になることを指摘される。反対説としては、清水・前掲論文家族法大系Ⅱ一六六頁以下が、婚姻の公示の必要性を指摘し、婚姻に対する社会一般の理解の現状では別氏を認めても意味がないとされる。また、平賀・前掲論文身分法と戸籍三〇八頁は、戸籍編成技術という観点から現行の制度を支持されるようである。
(28) 久野訳・前掲ドイツ民主共和国家族法草案第一〇条一項～三項参照。久野訳による条文は次のようなものである。
㈠夫婦は、共同の氏を称するか又は各自引続き婚姻前の氏を称することができる。夫の氏又は妻の氏は、これを共同の氏とすることができる。

㈡夫婦となる者の双方が共に婚姻前の氏を称しようとするときは、婚姻の締結に際して、夫婦の間に出生すべき子に夫の氏を称させるか又は妻の氏を称させるかを決定しなければならない。子はいずれも、同一の氏を称さなければならない。

㈢前項の決定は、婚姻締結の際に、是れを表示して家族登記簿に登記しなければならない。この決定は取消すことができない。
(29) アメリカ法においては、大ていの場合州法によって氏名変更手続が規定されているが、それらはコモン・ローの確認であり、変更をより簡便、正確にするためにおかれたものと解されている。American Jurisprudence, v. 38, §35.

補註

（a） ドイツの氏に関しては、一九七六年六月一四日の婚姻・家族法第一修正法により大きな変革がもたらされた。現行のドイツ民法一三五五条第一項は、《Die Ehegatten führen einen gemeinsamen Familiennamen (Ehenamen).》とされており、男女平等、個人主義の方向に更に前進している。婚姻前の氏の付加の権利も夫と妻に平等である。これらの詳細に関しては、富田哲「西ドイツにおける氏（Familienname）の規制(一)～(三)」名古屋大学法政論集一〇六号三二七頁以下、一〇八号二〇九頁以下、一一一号四八七頁以下参照。

第四節　結び

最後に夫婦別氏制を実現してゆく場合、今後必然的に検討を要求されることになると考えられるいくつかの問題点をとり上げ、将来の方向へのとりあえずのデッサンを考えておくことにしたい。

(1)　婚姻をする夫婦の氏が偶々呼称字体をおなじくする同氏であった場合の考え方

これは小さな問題であるが、学説には前述のように現行民法は呼称上の氏と民法上の氏を区別するものであると論じる立場があり、その根拠として民法七五〇条は夫又は妻の氏を称すると規定していることがしばしば指摘されるので確認しておきたい。本稿の立場によれば、このような場合にはそもそも婚姻の際における氏の決定の必要性は生じないのであるが、あくまでも手続上の基準として、氏の確定を要するものと解したい。仮に単身での養子縁組が認められるならば、このような夫婦が婚姻中に別氏になることも考えられる。その場合には、子に与える氏の決定が必要となるはずであるし、後に夫婦同氏への再変更を許可しうるかどうかについて判断基準が望まれることもあるといえよう。

(2) 離婚の場合の氏について

離婚の場合に妻の氏がどのように保護されるかを重要な論点として度々指摘しながら、別氏制の立法的試みの中では、その点を全く考慮していない。しかし、別氏の自由を認めることにより、夫の氏によって職業活動等をする必要性はそれだけ減少するであろうから、離婚後の復氏を原則としてもよいのではないかと考える。夫の氏の継続が必要となる特別の事情がある場合には、戸籍法一〇七条の手続による氏の変更の可能性も残されている。(補a) そこでの判断においては、個人の具体的な利益がかなり評価されるのであるから、(1) フランス法におけるよりは問題の解決は容易ではないかと考えられる。

(3) 養子の氏について

本稿は、養子の氏を全く考察の対象外としている。この問題については、養子法そのものについての十分な知識を要するわけであり、その上で基本的な氏の決定の問題から検討してゆく必要があると考える。ここではとりあえず、現行民法の養子制度を前提としつつ、夫婦別氏制の導入がこれにどのような影響を及ぼすかを瞥見しておきたい。民法七九五条によって夫婦養子が義務づけられているので問題が複雑になるのであるが、別氏制により婚姻をした夫婦であっても、縁組により、民法八一〇条の規定に従って養親の氏による同氏の婚姻への変更がなされることは、やむを得ない結論となるであろう。しかしこの解釈は、別氏制を許容し、夫婦相互の独立と個人主義的な自由な結合関係を肯定する考え方とは必ずしも相容れない。必然的に、夫婦の一方のみとの単独縁組が、少なくとも成年養子については認められなければならないのではなかろうか。(補b) 今後の検討課題であろう。

(4) 戸籍との関連

別氏制をとり入れることは、氏を戸籍編成の重要な手段としている現行戸籍法の運営に最も大きな影響を及ぼすことになる。しかし、戸籍法六条の一「一の夫婦及びこれと氏を同じくする子ごとに戸籍を編成する。」という規定そのものは、必ずしも一戸籍が一つの氏であることのみを要求しておらず、二氏一戸籍を排斥していないという解釈の余地もあるのではなかろうか。この意味では、戸籍法上の氏は確かに民法上の氏の反映であるし、またそうでなければならない。現行戸籍法の問題点は、むしろ一定範囲の親族関係に基づく身分登録制度を目ざしていながら、氏以外に何ら編成原理を考えていないという点にあるはずである。親子同籍の基準としては、親権を中心とすることが既に提案されており、(2)本稿もこの方向を支持したいと考える。(補c)

このように夫婦別氏制の採用は、問題の解決というよりも新たな議論の始まりという方がずっと適切であり、実現の過程では更に多くの予期できなかった障害にぶつかることも考えられる。しかし、それにもかかわらず、別氏制はすぐにも実現可能であるし、またされるべきでもあるといえよう。本章の冒頭でも言及したように、氏の理論を真に個人の呼称として構成し直し、あるべき呼称秩序の基礎づけを明確にすることは、わが国の個人主義をそれだけ前進せしめることになり、個人の尊厳を社会にゆきわたらせる一つの重要な手がかりとなるはずだからである。しかも、この改革は立法によってはじめて実現される性質のものである。新しい氏の秩序はまた、数の多いことでは世界無比で数万といわれ、動物の名や野菜の名、およそ難解珍奇な漢字の組み合わせ、他方平凡極まりない市井の氏までを含めたわが国の独自の氏の文化を、私たちの共通の遺産として再認識させることにもなると考えられる。

(1) 戸籍法一〇七条の範疇において現在かなり判例が蓄積されている。ほとんどは改氏を許可されていないようであるが(唄・前掲論文ケース研究昭和二八年一号二頁以下、同・氏の変更下一六七頁以下参照)、職業活動上の必要があり、旧配偶者の承認があれば許可されるというような基準を立てることが適当ではないかと考えられる。

(2) 我妻・前掲書四二五頁以下参照。同氏同戸籍の原則を再検討する必要があるとし、また親子同籍を親権の所在によって決定することが戸籍による親権関係の公示として適当であろうとされる。仮にそのような立法をまたないとしても、現在戸籍取扱いの理論において氏の異同とされているものを、呼称・字体の異同にひきなおすことによって、そのような方向に実務をかなり整理してゆけるのではないかと考えられる。

補註

(a) 既に指摘したように、昭和五一年改正により追加された民法七六七条二項の規定は、婚氏を継続する届出(戸籍法七七条の二参照)によって夫の氏への変更を認めるという極めて寛大な取扱いをした。このような解決が妥当であるかについては議論の余地があるといえよう。いずれにしても右の変更の実質は、戸籍法一〇七条の氏の変更と同じであると論じられており、ただ「やむを得ない事由」という条件が不要とされたにすぎないものと解される(山川一陽「離婚の際に称していた氏を称した妻と氏の変更」家族法と戸籍戸籍誌第五〇〇号記念論文集三〇八頁参照)。従って、戸籍法一〇七条の要件が全体として緩和されるならば、両者は同一の手続となしうる可能性もある。多くの問題が含まれるが、ここではとりあえず、民法七六七条二項の新設によって、個人の意思による氏の変更の範疇が更に拡大されたことを指摘しておきたい。

(b) 昭和六二年の民法養子法の改正に伴って、成年養子に関してはこのような単独縁組が可能になった(民法七九六条参照)。単独縁組と夫婦別氏制の関連については、滝沢聿代「改正養子法の展望」成城法学二七号一五六頁以下で既に論じた。

(c) この問題との関連では、床谷文雄「夫婦別氏制と戸籍制度の再検討㈠㈡」民商法雑誌一〇一巻二号一頁以下、三号二九頁以下のような最近の研究が注目される。細部に立ち入る余裕はないが、論者も氏と戸籍の関係を断つ方向が望ましいとされる。戸籍編成については、その原理を氏から解き放つことが根本的課題であるといえよう。基本的にはこの方向を目ざしつつ、現状に妥協しながら別氏制の導入をはかることが考えられなければならない。

あとがき

右の論文は、一九七〇年(昭和四五年)にわたくしが大学院の修士論文として執筆したものであり、そのうちの第二章にあたる部分は既に法学協会雑誌に発表している（佐藤（滝沢）聿代「フランスの判例における夫婦の氏」法協八七巻一一＝一二合併号八七頁以下参照）。もとより、未熟な点は多々あるが、夫婦別氏制の立法論を展開している部分を含め論文全体を発表したいという気持は、執筆当時から強く持っていた。しかし、二〇年前、別氏制や立法論というかたちでのこうした議論は必ずしも歓迎されるものではなかったように思われる。わたくし自身も、別稿に書き改める気持はなく、またその余裕もないままに歳月が流れた。

今日、夫婦別氏制の導入がようやく民法改正の焦点として議論されようとしている状況がみられる。社会情勢の変化に感慨を覚えると共に、今後の法学界の議論の中ではじめて、拙稿が執筆時の意図に沿ったそれなりの意義を持ちうるのではないかと考えた。とりわけ、別氏制の問題は、「家」制度の歴史を踏まえつつ、わが国の氏の理論を総体的に把握するという観点から論じられるべきではないかと考えており、わたくしもまたこの旧稿を出発点として、改めてこの問題を深めてゆくことができたらと考えている。

発表にあたっては、全体に字句の修正を行って正確を期し、小見出しを補ったほか、内容に関しては補註によってその後の法改正に対応している。しかし、引用文献等の関係もあり、古めかしさはやむを得ないところであるが、未熟さとあわせてご了承頂きたい。また、表題には副題を補って内容を明示した。既発表部分が重複する点については、法学協会雑誌のご寛恕を頂きたいと考えている。

〔成城法学三四号（一九八〇年）〕

家と氏

家とは何か

今回の公開講座のテーマは「家」というものであるから、聴講者はこれまでに当然家というものの概略の意義は把握して来られたものと思う。しかし、はじめに家とは何かという一般的な問いから考えてゆこうとすると、これを明確な言葉で定義づけることはたいへんむずかしいことに気づかせられ、それぞれの講師はこれをどのように取り扱われたのであろうかと非常な興味を覚える。ただ、法律学の観点から家を論じる場合には、問題は極めて明快である。すなわち、周知のとおり戦前のわが国には、「家」制度ないし家族制度と呼ばれるものが法制度として確立されており、「家」とは民法によって規定されていたこの家的集団、言いかえれば戸主と家族とによって構成される法律上の団体を指すという共通の理解が成立している。したがって、第二次大戦後の昭和二二年に民法の親族法、相続法にかかわる部分が改正された後は、法規の上で正式に家と呼ばれるものはなくなったわけであり、今日家は過去のものであるという認識もまた一般的となっている。しかし、本日のテーマとの関連では、旧制度の延長上にあって、現行の民法により規制されている今日のわれわれの家族生活そのものを新しい家として考えてゆくことができるであろう。戦後の民法改正の経過は、「家」から家庭へという言葉で表現されることもある。このように、第二次大戦を境として民法上の理念を根本的に異にする二つの家が存在したということの意味、さらには古い家と新しい家がどのように違っているのかというような問題は、後にこの講座において「明治の家と今日の家」という論題の下に四宮教授がお話しをされるわけである。

氏とは何か

本日の論題の方は「家と氏」というものであるから、次には氏とは何かという点を明確にしておかなければならない。氏とは個人の苗字すなわち姓を指す民法上の用語である。もっとも、歴史上からみた氏は、古くは氏族と呼ばれる多数の家から成り立つ血族団体であったこともあり、やがてこれが姓（かばね）の制度へと発展し、国家の官職と結合して社会的身分秩序を形成した時期もある。平安時代以後徐々に父系的な血縁集団の呼称として性格づけられて来たようである。しかし、わが国では、明治初年までは平民は原則として苗字を持たなかったし、また婚姻により氏が変わるという社会的習慣も行なわれていなかった。今日みられるような氏の制度の基盤をつくったのは、明治三一年から施行された改正前の民法であって、その旧七四六条は、「戸主及ヒ家族ハ其ノ家ノ氏ヲ称ス」という規定になっている。すなわち、氏はストレートに家の名であるとされていたのである。もっとも家の名であると同時に、氏は名と組み合わされて個人の同一性を表示するという機能を果すものにもなるから、個人の呼称であるということもできる。氏は家の名であるとする条文は、その場合、個人の呼称である氏が、いかなる原理によって取得変更され、どのような範囲の人々によって共通に称されるかを決定する基準になるのが家であるという点において、最も重要な意義を持つことになる。そこで、家を基準として形成されて来た今日の氏の背景を知るためには、民法旧規定における「家」制度の概略をつかんでおかなければならない。

家と氏の歴史

この民法上の「家」は、現実に家族的生活を営んでいる集団とは異なり、たいていの場合戸籍によらなければはっきり把ええないような観念的な集団であった。戸主と家族が構成する団体といっても、例外的には戸主のみしかいない家もあり、その反面、家族とも世帯とも異なる血縁集団という性格が顕著に認められた。各家の戸主は戸主権を行使してその家の家族員を統率し、婚姻に対する同意や居所の指定などを行なうと同時に家族を扶養する義務を負った。またこのような戸主の地位は、その家の財産と共に家督相続によって承継され、永続すべきものとされていたので、必然的にその家の氏である家名が重んじられ、家名の存続は祖先の祭りと相まって戸主および家族員の最大の関心事の一つとなった。このように家長である戸主の支配権を中心とした家の構造は、個人精神の自由と独立に相対立する封建的思想の基盤となり、戦前の国家を支えた天皇制のイデオロギーの源泉ともなっていたのである。しかし、法技術的にみた家は、戸籍によってしか明確に把握しえないようなものであり、その場合の戸籍は、一つの氏を称する一つの家ごとに編成するという方針によっていたため、民法旧規定の下では、家、氏、戸籍というものが法律上一体化され、氏の考察は家と戸籍を抜いては不可能であるという事情にもなっていた。

右の三者の関連は、氏の取得変更が「家」への出入りによって生じること、それがまた、直ちに戸籍の取得変更に結びつくというかたちで実現された。したがって、氏の問題はイコール家の問題とみればよかったから、改正前の民法の下では、氏そのものについて法律上余り議論されることがなかったし、その必要もなかった。ところが戦後の民法改正に際して家が廃止されることになると、家のないところで氏をどのようなものとして把えればよいのかは、非常にむずかしい問題とならざるを得ない。

ここで戦後の民法改正に一言ふれておくと、昭和二一年に公布された新しい日本国憲法は、その支柱である基本的人権尊重の精神に基づき、第二四条において家族生活における個人の尊厳と両性の平等という基本原則をうたっている。戸主権によって支えられる旧来の家族制度がこれと相容れないことは当然であって、新憲法の公布と共に民法のうちの家制度にかかわる部分、具体的には第四編、第五編の親族法、相続法が改正を余儀なくされた。しかも、当時においては、このような必然的な近代化の方向にさえ反対する勢力が少なからず認められたのである。

現行民法における氏

氏の問題に戻ると、家とは関係なく新たに氏の取得変更の基準をどう決定するかがまさに主要な課題となるべきであった。しかしながら立法者は、この点について深く検討することなく、現に当時の慣行として行なわれていた氏のありようをそのまま新民法の規定にとり入れるという方針をとったといわれる。言いかえれば、家制度の外形ないし家制度の「脱け殻」を利用して氏の規定をつくったわけであり、具体的には次のような条文が改正民法に加えられることになった。

七五〇条「夫婦は、婚姻の際に定めるところに従い、夫又は妻の氏を称する。」

七六七条「婚姻によって氏を改めた夫又は妻は、協議上の離婚によって婚姻前の氏に復する。」(裁判上の離婚についても同様である。また本条は、昭和五一年の法改正によって第二項が追加され、離婚の日から三ヵ月以内に戸籍法の規定に従った届出をすれば、復氏した者も改めて婚姻中の氏を継続しうることになった。この点については後にまたふれる)。

家への出入りによって氏が変わったのと全く同じであることがよく分る。第一の規定は、夫婦同氏の原則を定めたものと言われており、夫婦のどちらかの氏に統一しなくてはいけない、別姓は認めないし第三の氏を称することもできないという趣旨である。夫の氏でも妻の氏でもよいというのであるから、たいへん平等で男女同権をそのまま文字にしたような条文になっている。しかし、実際には妻の氏を称させるという点では、旧来から行なわれていた入夫婚姻ないし婿養子縁組というケースが念頭におかれているのは明らかである。

子の氏に関しては次のような条文がみられる。

七九〇条「嫡出である子は、父母の氏を称する。但し、子の出生前に父母が離婚したときは、離婚の際における父母の氏を称する。」二項「嫡出でない子は、母の氏を称する。」

七九一条「子が父又は母と氏を異にする場合には、子は、家庭裁判所の許可を得て、その父又は母の氏を称することができる。」(二項以下略)

第一の規定により、婚姻中の父母の子は当然に父母と同じ氏を称することになるわけで、親子同氏の原則とも呼ばれる。しかし、親子の同氏は夫婦の同氏ほど絶対的なものではなく、例えば父母が離婚して母が復氏したような場合には、子は母に引きとられた場合でも必然的に母と氏を異にするし、父母が他の夫婦と養子縁組をして養親の氏を称するようになっても、子の氏は当然には変わらない。これらの場合に子が父母あるいは親権者となった母と氏を同じにしえないのは不都合であるという理由で七九一条の規定がおかれたわけである。その他に、養子の氏や夫婦の一方が死亡した場合の復氏に関する規定などがあるが、基本的なところは先に掲げた四つの条文から十分把握できる。

氏の問題点

新しい民法親族、相続編に登場したこれらの規定を前にして、民法学者の間では、氏の性質ないし氏の本質は何かという議論がある時期まで盛んにくり返された。その場合の論点は二つあったとみうる。一つは、改正民法によって「家」は廃止されたはずであるのに、氏の規定は旧法の家のあり方をそのまま反映しており、追い出したはずの家が氏を通して改正民法に再現されてしまっているという批判である。この観点からは、民法に祖先の祭りを承継する者はその家の氏を称する者でなければならないという趣旨の規定(七六九条、八九七条参照)がおかれていることがとりわけ攻撃の対象とされた。つまり、氏は家の亡霊だということになる。今日からみると、改正当時は民主主義、個人主義への桎梏である家制度を完全に否定しようとする余り、進歩的学説はやや興奮気味であったという印象も受ける。

論点の第二は、民法の規定の中から「氏とは何か」という問に対する答えを導き出すこと、そのためには氏の取得変更の基準を明らかにし、どの範囲の人々が同一の氏を称するかについての一般原則を明確にしなければならないということである。この問題は、今日なお民法学の中で十分解明が尽されていない難問の一つであるといえる。これまでに提示されて来た学説としては、氏は血縁集団の名称である、夫婦共同体の名称である、家庭の名称である、単なる個人の呼称である、戸籍編成の単位である等の諸説がみられる。いずれも氏の性質の一面を的確に把えているが、しかし、いずれについてもそれで全てではないという留保をつけざるを得ない。そこでごく簡単には、家が廃止された後の氏は個人主義の下での個人の呼称となったと説明することが適当になるのであるが、それ以上に氏の取得変更の基準や共通の氏を称する人々の範囲という問題を検討するために、現行法の規定をどんなに操作しても納得いくような結論が得られるとは考えられない。立法者が率直に告白しているように、現行の法文は家の脱け殻を利用したものでしかないからである。氏の中に家が反映しているのは当然であり、そのこと自体は必ずしも全面的に否定しなければならないというものではなく、家の歴史そのものにも、今日落ち着いて考えてみるならば、ある程度は伝統として積極的に評価しうる面があるのではないだろうか。問題はむしろ、過去の歴史と現在の社会のあり方をふまえた上で、新しい氏の理論をどのように構成してゆくかという角度から考察されるべきものであろう。またそこで新しい氏をどう把えてゆくかは、結局民法旧規定の「家」に代わる新しい家をどのようなものと観念してゆくかの問題に帰着すると思われる。

新しい氏のあり方――夫婦別氏制の展望

家族的共同生活の中心が、核家族といわれるような夫婦と未成年の子の結合体にあることは、今日の社会の常識として定着しており、改正民法による家の否定はその限りで十分な成功をみている。しかし、親子の結合が子の監護、哺育を目的とする過渡的なものであるという正当な認識に対して、より永続的な結合である夫婦の関係がどのような理念によって支えられるべきであるかという問題には、改正民法も十分な解答は用意しなかったように見うけられる。というよりは、民主主義、個人主義の社会への浸透と、ウーマン・リブ運動にみられるような女性の社会的自立という一般的傾向が、夫婦の結合を民法のように子供中心、家庭中心の観点から規定することでは不十分にしたという事情を指摘することがむしろ適当であるかもしれない。このことは、とりわけ氏の規定に関してよくあてはまる。例えば、先に言及したように、昭和五一年の法改正によって離婚後も当然に復氏しなくてもすむようになったことは、何よりも離婚後の女性の社会的活動への配慮であったと言って差支えない。

同様にして、夫婦の結合は独立した人格同士の相互に対等で自由な連帯であるという共通の認識がさらに社会に定着してゆくならば、新しい家の新しい氏においては、夫婦別氏という氏の形も当然必要となって来るのではなかろうか。従来もこのような要望は一貫して存在していたが、女性の社会的進出と共に、今日このような改正を望む声はいっそう高まっているようにみうけられる。また、法理論の観点からみても、夫婦別氏は現行法における氏の様々な問題点を解明する最後の鍵ではないかと考えられる。そこで、夫婦同氏を定めている民法七五〇条にもう一度立ち戻って、この原則の絶対性を緩和する方向を検討することが重要な課題となって来るのである。

夫の氏でも妻の氏でもよいという男女平等主義で一見進歩的な民法七五〇条の最大の欠点は、同氏を強制することによって氏を改めさせられる側の氏の権利すなわち氏名権（学者はこれを人格権に含まれるとする）を全く顧慮していないということにある。別氏導入への最大のモメントは、理論的にも実際的にもこの点に求められると私は考えている。夫婦別氏といってももちろん完全に別々というのではなく、従来の伝統をふまえた夫婦同氏の上に別氏の自由もつけ加えるという解決方式が、社会の呼称秩序を安定させるという趣旨にもかなない、また社会一般の要請とも合致するであろう。このような夫婦間の氏の自由は、実は諸外国では既にほとんど解決ずみである。

法制上夫婦同氏が最も明確に条文化されているのは西ドイツ法であり、一九五七年に民法が改正される前の条文は、「妻は夫の氏を取得する」というものであって、夫の氏が婚姻共同体の氏であるという大原則があった。しかし、女性の氏の権利を否定してはならないという声は強く、後に一九五七年に男女同権法というものが公布された際、民法典の氏の規定は改められて、妻が希望すれば婚氏（夫の氏）に自分の実氏を付加する、つまりハイフンで結合した二重氏にすることを法律上の氏として正式に承認した。イギリス、アメリカは判例法中心の国でこのような問題に明文の規定をおいていないが、夫婦は一体の考え方に立って基本としては同氏の原則が導かれている。しかし、これらの国では呼称秩序一般に対する考え方が比較的ゆるやかで、個人が裁判所の許可を得て氏名を変える自由を原則的に承認しており、個人は自己の好む氏名によって知られる権利があるという思想を伝統としている。このような背景の下では、妻が婚姻前の氏を続ける自由は、ごく自然に実現されうるであろう。

立法例としては、むしろ別氏制をうたっているものの方が多く目につく。というのは、社会主義国の民法はほとんどこれによっているからであり、ソビエト法、東ドイツ法、チェコスロバキア法、中華人民共和国法などは、いずれも別氏でも同氏でも自由に選択できると明言している。婦人の解放、男女平等を強調するこれらの諸国としては当然の立法的措置といえよう。条文もたいへん細かく、子の氏はどうするか、離婚の際はどうするか、同氏にすることも可というように配慮を尽してあるのが特徴である。その他では、フランスが法制上も別氏の建前といってよい。フランス民法には「子は父の氏を取得する」という趣旨の慣習法があるだけで婚姻と氏の関係について民法典は直接は何も言っていない。そこで婚姻によっても氏は変わらないという原則になるが、実際にはほとんどの妻が夫の氏を称しており、判例や学説はこれを夫の氏に対する使用権があるというように説明している。もちろんここでは、婚姻前の氏を継続する自由が法的に否定されるという事態は起こらない。スペイン、アルゼンチンなどもこれに近く、婚姻によっても夫婦の氏は変わらないで、ただ慣習上妻が夫の氏を自分の氏に合わせて名のるようである。

このように、諸外国ではたいてい夫婦別氏の自由に対して何らかの道を開いているのであるが、その方法はそれぞれの国の氏の形態、伝統、法制度一般のあり方等によって様々である。日本法の別氏はこれらのうちのどの例を参考にしたらうまく実現できるであろうか。私は、かつて大学院在学中に、修士論文のテーマとして夫婦の氏の問題をとり上げ、その際、東ドイツ法にならって、民法七五〇条に第二項をつけ加え、「夫婦は、各自が婚姻前の氏を継続する場合には、夫又は妻の氏のうちから子の出生に際し取得する氏を定めなければならない。」と規定することが適当であろうという立法論を提案したことがある。この論文は、もう少し手を加えて発表したいと考えながら今日までその機会を得ないでいるが（本書一二五頁以下参照）、私としてはこの解決がおそらく実現しうる最も適切な別氏への道であろうと確信している。その後、昭和四九年の朝日新聞に某作家の執筆になる随筆がシリーズで掲載された際に、「男女平等」という表題の下でこの氏の問題がとり上げられているのに出会った。その中には、夫婦別姓を希望する婦人グループの要求として、「同姓でも別姓でもよい。子は父母どちらかの氏にする。兄弟姉妹はみな同じ氏でなくてもよい。」という主張があると紹介されており、同感の意を深くしたものである。もっとも、作家自身は苗字などは記号のようなものでありどうでもよいという見解のようであったが、果してそう言い切れるであろうか。

こうして、夫婦別氏制が一部に導入されると、夫婦親子共同体の氏のあり方としては、現在のように全員が同じ氏という例ばかりではなく、父と子供全員が同じ氏で母のみ別氏、または逆に父のみが自己の氏を称し母と子供全員は同氏といったケースが新しく登場することになる。このような事態を承認することに何か特別な障害があるであろうか。おそらくないと思われる。ここでは戸籍についてあまり言及しなかったが、現行の法制上戸籍は氏を同じくする者だけを一つの戸籍に記載する方式をとっており、別氏の者は戸籍も別にしなくてはならなくなる。当面それでも差支えないと思うが、この問題については戸籍編成原理の方が悪いのであって、氏を単位に戸籍を作成することは、改正民法以前の家＝氏＝戸籍の考え方をそのまま引き継いだという以上のものではない。むしろ、一つの戸籍に二つの氏があるという事態を積極的に肯定してゆくべきだと考える。氏の基本をまず個人単元に引き戻すことにより、新たな取得変更の原理は自ずと明らかになしうるはずである。

つけ加えるならば、別氏制の婚姻においては、夫婦の一方の氏を取得した子が途中から他方の氏に変わることも、夫婦が同等に自己の氏を子に称させるという必要性に従って当然認めていってもよいと思われ、その場合には、前に引用した七九一条という規定を利用できることになる。同条は、家庭裁判所の許可を得て、一定の範囲内で個人の自由な意思による氏の変更を認めるものであるが、ここにみられるように、わが国の氏の規定は、少なくとも子に関しては、当事者の意思に基づく氏の変更ということに対してかなり寛大な立場をとっている。昭和五一年の改正法が、離婚した当事者の意思によって婚姻中の氏に改めうるとしたことは、この方向にさらに大きな前進をもたらせたことになるであろう。同時に、個人の氏の権利が無視しえないものであることを正面から肯定したことにもなり、これを別氏制導入への前段階とみることも可能である。

もちろん新制度実現の過程では、法理上も実務上も小さな問題は様々に生じて来るであろうが、いずれも克服しえないものとは考えられない。また、言うまでもなく、別氏による婚姻が少数の例外的ケースになるであろうという予想は、制度自体の否定につながるものではない。少数者の希望を抹殺するような法や社会は決して望ましいものではないし、自由な個人の自由な価値判断をできるだけ生かしてゆくような社会がわれわれの理想である。

最後に、夫婦別氏を導入すると氏そのものの性質が理論上も非常に明快に把握できるようになる点をつけ加えておきたい。というのは、現行の制度の下では、氏が第一に戸籍編成の手段として重んじられるという理由のために、同じ呼称、字体の氏、例えば山田と山田、鈴木と鈴木が必ずしも常に同じ氏とはみなされないというおかしな理論がまかり通っており、その結果同じ山田という氏を称する者同士が婚姻しても、妻が夫の氏に変わることは当然ありうるし、さらには、妻の連れ子で山田を名のる子は、夫婦とは同じ呼称の氏を称していても氏を異にする者であって、元の山田から父母の山田に氏を変更することが認められるという現象も生じる。同じ戸籍に載りたい場合にこのような変更が必要となるわけである。これはほんの一例であるが、ここから窺いうるように、氏というものが非常に瑣末なテクニカルなものに堕してしまっているのが現状であり、一般の社会常識とはかけはなれたところで実務や学説の議論が行なわれている。

しかし、諸外国の例をみても分るように、氏はまず、それぞれの個人が血縁的伝統の上に立って自己の出身と同一性を確認する手段であり、それと共に広い意味ではその国の一つの文化遺産である。別氏制の導入は、氏を家と戸籍とから解き放し、個人の氏に対する感情を尊重することによって、わが国の氏の文化にもう少し敬意を表する結果にもなるはずである。多様性に富んだ今日の社会の行方に注目しながら、新しい家の課題として別氏制の問題に積極的にとり組んでゆく必要があるのではないかと考えている。

〔成城大学公開講座3「家」(一九七九年)〕

最近のフランスにおける氏の諸問題

一　はじめに

フランスの氏の制度に関しては、わたくしはかつて修士論文の中で小さな研究をしたことがあり、「フランスの判例における夫婦の氏」と題する小論を発表している。(1) その後一五年を経る間に、フランス法の氏に関する文献も若干追加されてはいるが、(2) この問題は、わが国の氏に関する議論があまり発展をみていないという事情もあって、(3) ほとんど注目されていない状況にあるといえよう。しかし、フランスにおいては、氏（nom de famille,nom patronymique）は従来から法律学のクラシックなテーマとして重んじられて来ており、それと同時に、今日では新しい問題をはらんで動いている生きた法律問題であるということができる。民法の体系書ないし教科書が伝統的に氏には相当多くのページを割いて解説していることは周知のとおりであるが、特に最近のものには、時代に即応した新しい思索がつけ加えられている点も興味深い。(4)

ここでは、わたくしの旧稿を出発点としながら、右のようなフランス法の氏における新しい動きを捉えて紹介し、そこにみられる氏の今日的な問題状況を明らかにしたいと考えるが、そのためには先ず、氏に関する規定を含めた制度の基本構造を明らかにしておく必要があり(二)、次いで、最近の立法、判例、学説等の動きに注目する(三)ことが適当となるであろう。

(1) 法学協会雑誌八七巻一一＝一二合併号(一九七〇年)一七頁以下〔本書一五四頁以下に収録〕参照。
(2) 木村健助・フランス法の氏名(一九七七年)、仁平先麿「フランスにおける氏の制度」戸籍三七四号(一九七六年)、同「フランス法における身分証書」法学研究五〇巻一号(一九七七年)、同「フランス法における名の法理」戸籍三八六号(一九七七年)等参照。
(3) なぜわが国では氏が余り論じられないのかは考えるに足る問題であろうが、フランスと比べると氏の数が無数とも言われるほど多く、また歴史も浅いため、氏の重要性が十分自覚されていない事情があるといえよう。明治民法の「家名」に対する抵抗がこの傾向を助長した面もある。しかし、最近では夫婦別氏制の要望という観点から、新たな議論の発展が期待される状況もある。たとえば、富田哲「西ドイツにおける氏(Familienname)の規制(一)、(二)」名古屋大学法政論集一〇六号三二七頁以下、一〇八号二〇九頁以下参照。ちなみに註(1)に掲げた研究が、フランス法を素材としつつ、日本民法に夫婦別氏制を導入する可能性を探るというコンテクストでなされたものであることは、後述する三との関連で、特記しておくに値するであろうか。
(4) 例えば、コルニュは母の氏を子に伝える立法の可能性を論じ、夫婦の平等に反しても父の氏による家族の統一が求められる歴史的、社会的事情に言及している。ラブリュス‐リウも、現行法を家父長制の名残りと批判しつつ、法改正の難しさを指摘する。G. Cornu, Droit civil, Introduction, Les personnes, Les biens, 1980, n° 594 ; C. Labrusse-Riou, Droit de la famille, I. Personnes, 1984, p. 225 et 255.

二　フランス法の氏の制度

氏の制度を概観するにあたっては、これを大きく分けて、氏の取得変更(attribution, dévolution)の問題と氏の保護（protection, défense）の問題とに分けることが適当であろう。しかし、ここでは民法上の取得変更の原則に焦点をあて、その他の問題はこれを補うという限りでとり上げるにとどめたい。

1　取得変更の基本原則

(a)　子の氏

嫡出子　嫡出子は父の氏を称することがフランス法の伝統である。確定した慣習法であるとされ、出生証書の記載事項を規定している民法典五七条に黙示的に承認されていると論じられるが[1]、それは同条が子の氏については何ら言及していないことを言うにすぎない。民法典における氏の規定の不備は、アンシァン・レジームの下では氏が法外の単なる慣習であったため、起草者が他の問題におけるような歴史的法源を持たなかったからであるといわれる[2]。いずれにしても、父の氏が子に伝えられるというこの慣習法は、父系の氏の原則（principe patronymique）と呼ばれ、フランス法の氏の基底をなしている。後述のように、一方で妻も夫の氏を称する一般的慣習があるため、この原則は子の利益にも合致し、結局フランスの氏もわが国と同様に家族的結合のシンボルであるということになる[3]。

非嫡出子　非嫡出子の氏には新しい動きの反映が認められる。すなわち、民法典の現行規定は一九七二年一月三日の法律三号[4]による改正を経たものであり、極めて最近の立法であることと共に、婚姻外の子の出生が漸増している状況の下で、これらの条文の適用がかなり活発であるという現実がある。

先ず三三四－一条によれば、非嫡出子は父母のうち親子関係（filiation）の確定が第一になされた者の氏を取得する。従って、父系の氏の原則がその限りで後退している点は注目に値するが、父母につき同時に親子関係が確定された場合には、原則に戻り子は父の氏を取得する。次いで、三三四－二条は、父子関係が後から確定された場合には、母の氏を称していた子が父の氏に変更できるとする。但し、この氏の取り換え（substitution）は、子が未成年の間に限られ、父母の双方が後見判事（juge des tutelles）に対して申請をしなければならない。子が一五歳以上であれば、本人の同意も必要である。これは、言うまでもなく嫡出子と同様に父の氏を称しうることが一般的に子の利益に合致するという社会的状況を考慮した規定である。このような氏の変更の請求は、大審裁判所になされ（三三四－三条）、変更は当事者の未成年の子に当然に効果を及ぼすが、成年の子に対してはその同意なしには効果を及ぼさない（三三四－四条）。次いで、三三四－五条は、父子関係が確定されていない場合であっても、母の夫は、三三四－二条と同様の手続によって子に自己の氏を与えるための変更をさせることができると規定する。すなわち、母が再婚したような場合に、母の氏を称していた子は再婚の父の氏に変更をなしうるわけである。なお、子は成年に達した後二年以内に大審裁判所に旧氏の使用回復を請求することができる（三三四－五条二項）。

右のうち、とりわけ注目されているのが最後の三三四－五条である。念頭におかれているような状況の下では、本来父は、妻の連れ子と養子縁組をすることによって、あるいはその要件が整っている場合には認知をすることによって、又は再婚による準正によって、正規の父子関係に基づいて子に氏を与えることができる。三三四－五条は、それとは全く別に氏だけを当事者の意思に基づいて変更させることを肯定しているわけである。(5) これは、従来言われてきた氏が親子関係の属性であるという基本理念を明らかに逸脱している。(6) また、一度親子関係に基づいて確定された氏を当事者の都合によって容易に変更させるわけであり、いわゆる氏不変の原則(7)（principe de l'immutabilité du nom）にも反している。しかし、このように当事者の利益を尊重し、合意に基づく氏の変更を積極的に認めてゆく考え方が明らかに立法者の側にあったのであり、家族間の合意を尊重し、話し合いによる調整への道を開いたものであり、氏の問題に対応するための新しい姿勢があることを学説も指摘する。(8) 言いかえれば、氏の性質が非常に柔軟なものとされているのである。

現行法がこのように非嫡出子の氏に多くの条文を充てているのに対し、一八〇四年の民法典にはこの関係の規定が全くなかったという事実は、つけ加えておくに値しよう[9]。一九七二年の改正以前は、特別法のかたちで一九五二年七月二五日の法律が適用されており、内容的には現行法にかなり近いものとなっていた。但し、父子関係が後から確定された場合については、一九五二年法は、母の氏を父の氏に変更するか、又は父の氏をハイフンで付加して二重氏にする余地を認めていた。改正法がこの二重氏（double nom）の可能性を否定している点は注目に値する。

養子　完全養子縁組[10]（adoption plénière）に関する民法典三五七条は、養子が養親の氏を取得することと、養親が夫婦である場合には養子は父の氏を取得することとを規定する。また、既婚女性が単独で養子を持つ場合には、養子は母の氏をとるわけであるが、養親たる母の夫の同意があれば、夫の氏を養子に与える決定を裁判所がなしうる[11]（三五七条三項）。父系の氏の原則は養子の氏にも生きているのであるが、氏と親子関係及びその法的効果を完全に切り離し、当事者の意思と利益を考慮しつつ氏の問題を処理する考え方が既にここに確認される[12]。

単純養子縁組（adoption simple）の場合には、養子が養親の氏を自己の氏に付加するかたちで取得すると民法典三六三条が規定する。但し、裁判所の決定によって、養子が養親の氏だけを称することも認められる（同条但書）。養子の氏は伝統的に付加による二重氏を原則としてきたのに対し、現行法の下では、二重氏の適用範囲は後退している[13]。先に指摘した非嫡出子の氏に関する同じ動向と共に、最近の立法の一つの特色をここに指摘することができる。

(b)　夫婦の氏

婚姻との関係は、まさに私の旧稿が取り扱った問題であり、基本的なところは現行法においても変らないため、ここでは要約だけにとどめたい。すなわち、法的な原則は婚姻によって氏の変更を生じないということであり、夫婦のそれぞれは出生証書に記載された自己の氏を婚姻後も継続する[14]。しかし、現実には妻の多くが夫の氏を称し、これによって呼ばれているわけであり、いわば慣習による修正が認められる。判例・学説はこの状態を、慣習の効果として妻が夫の氏の使用権（droit d'usage）を有するものと説明してきた[15]。

制定当時の民法典は、この領域においても氏に関する規定を持たなかったのであるが、一八九三年二月六日の法律が二二九条二項と三一一条一項の二条を民法典に加えたことにより、先の慣習法ははじめて明文で肯定され、確認されたわけである[16]。これらの条文は、一九七五年七月一一日の法律六一七号によって廃止され[17]、現行規定としては民法典二六四条、三〇〇条にそれぞれおきかえられている。しかし、基本的な内容において異なるところはない。特に注目すべき点は、新法によって新たに追加された二六四条二項、三項の存在である。離婚による復氏を確認した一項を前提としつつ、一定の場合（共同生活の破綻又は精神病を理由とする場合）に夫から離婚を請求された妻が夫の氏の使用を継続することを許すのが二六四条二項である。また、それ以外の場合であっても、夫の同意があれば離婚後もその氏を継続しうるし、自己又は子の利益にかかわる正当理由の存在を主張して、裁判所に氏の使用継続の許可を請求することもできると同条三項が規定している。離婚後妻が夫の氏の使用を継続しうるかどうかは、長い間判例法上の問題となっていたため、旧稿でもこれをとり上げている。今日、立法によって明快な解決が与えられていることに、改めて敬意を感じる[18]。

慣習による氏の使用権は、主として夫の氏に対する妻の権利の問題であるが、夫が妻の氏を自己の氏に付加して二重氏として用いる例も、北部地方の慣習を基盤として肯定されている。この点に関しては、民法典三〇〇条が旧三一一条一項を承けて、別居に際し妻から夫にこの形式による氏の使用禁止を請求できると規定しているのみである。離婚後の氏の継続については、法文上も妻が夫の氏を使用する場合のみの問題とされているが、夫が妻の氏を付加して使用する場合にも同条が適用されうる[19]。

(c)　行政上の氏の変更

身分関係に基づく氏の変動とは別に、わが国の戸籍法一〇七条が予想するような行政上の手続による氏の変更も当然認められる。その前提としては、革命期の立法で、出生証書に記載された氏の継続を義務づけている共和暦二年実月六日の法律とそこから導かれる氏不変の原則を改めて確認しておかなければならない。中間法は、その後の共和暦一一年芽月一一日の法律によってこの原則を緩和し、氏の変更手続を導入したのであり、同法が現行法として今日まで承継されている。

手続としては、利害関係人が理由を付して司法大臣に変更の申請をすると、検察庁がこれを管轄し、国務院の意見が徴された上で、最終的にはデクレによって可否の決定がなされる。申請及びそれに対する決定はいずれも官報(Journal officiel)に公示され、前者から三ヵ月、後者から一年の期間は、第三者から意見を述べ、異議を申し立てることができる。法律は、いかなる場合に氏の変更が許されるべきかについて何も言っていないが、通常滑稽な氏や不快な氏の変更、名家の氏の消滅を防ぐための変更などが中心で、例外的に長期間の使用による氏の時効取得が認められる場合もある。(20)

その他、一般的な特別法として、祖国のために死んだ愛国者の氏を近親者が復活させることを許す一九二三年七月二日の法律、フランス国籍を取得した者に対して氏のフランス化を許す一九七二年一〇月二五日の法律等があるため、それらに基づく氏の変更が考えられる。

2　氏の保護

氏を定義してカイザーは、「個人相互の関係、公権力との関係における個人の呼称ないし同一性確認の手段」であると述べており、(21)このような氏の理解はドイツには古くからみられるもので、サレイユなどもこれによっているといわれる。(22)しかし、一般の教科書では、氏は個人的なものであると同時に家族的なものであるとされており、フランスの氏における家族的性格は無視しえない重要性を持つ。例えば判例は、氏の冒用に対して、氏の権利が人格権であると同時に家族の権利であることを指摘しつつ、その氏を実際に称していない家族員に対しても異議の訴えを許している。[23] この種の訴訟は一九六〇年頃から非常に増加している現象があるのに対し、[24] 民法典その他にはこの問題に対処するための規定がほとんどみられず、判例は一五〇年余りの間に、法文のないところで氏の保護に関する一般法を発展させてきたことになる。

氏の冒用を禁じることは、理論上は氏の変更を禁止する先の共和暦二年実月六日の法律から導かれる。しかし、同法三条が定める制裁規定は極めて旧式な厳罰となっているために、今日では黙示的に廃止されたと解されており、現状のフランス法の下では氏を勝手に変更しても罰則はない。[25] また日常生活の上で氏名を偽る場合にも、それ自体では刑法にもふれないため、こうした事情を反映して冒用が頻発するようである。冒用の形態としては、固有の氏として冒用する場合の他に、商業名（商号）として使用しつつ冒用する、仮名やあだ名として用いる、フィクションの人物の名に用いる等がある。[26]

氏の保護という問題は、氏の権利をどう捉えるかと密接にかかわっている。フランス法の氏名権に関する議論には旧稿でもふれているが、その権利性を最も消極的にみる立場として、氏を民事警察制度（institution de police civile）であるとするプラニオールの学説があった。[27] このような理解に依ると、氏の冒用は全て不法行為の問題として民法典一三八二条、一三八三条に依らなければならず、また原告が損害の立証をしなければならないため、裁判所はこの見解には与してこなかった。これと対照的に、氏の権利を財産権と同様に所有権（propriété）の概念で説明する古い学説もあり、判例はむしろこれに依拠しつつ氏の保護をはかってきたとみうる。しかし、理論的には氏名権と本来の所有権との相違は看過しえず、学説の批判も多かった。最近では氏名権は家族的な人格権であるという理解が定着している。[28]

氏の保護の領域における多数の判例は、比較的最近のネラックのテーズに詳細な分析がみられるが、判例は経験的な問題処理をしているため、理論的には議論の余地が種々残されているようである。

（1）G. Ripert et J. Boulanger, Traité de droit civil, t. I, 1956. n° 887 ; G. Marty et P. Raynaud, Droit civil, Les personnes, 1976, n° 717 bis.
（2）R. Nerson, Le nom de l'enfant. Aspects nouveaux de la pensée juridique (Mélanges M. Ancel), I, 1975, p. 345.
（3）Cornu, op. cit., n° 572.
（4）親子関係の規定を全面的に改正した法律であって、非嫡出子の法的地位を高め、父性の推定を制限して法的父子関係を真実に即したものに近づける等の改革が導入された。
（5）この考え方は、父母の共同申請という変更手続と共に、ドイツ法、スイス法を導入したものであるといわれる。Marty et Raynaud, op. cit., n° 717.
（6）M. Gobert, Le nom ou la redécouverte d'un masque, J. C. P. 1980, I, 2966, n° 5 et s. 氏が望ましい身分関係の外観をつくる仮面（masque）の役割を果していると指摘する。
（7）古くは氏を変更することは自由であり頻繁に行なわれていたのに対し、アンリ二世による一五五五年三月二六日のアンボワズ（Amboise）のオルドナンスは、はじめて王の許可を得ない氏の変更を罰則付で禁止し、一六二九年のオルドナンスにも承継された。その後革命期に一度氏の変更自由を認めるデクレが出されたこともあった後で、最終的に氏の確定が一般原則として定着するのは共和暦二年実月六日の法律によってである。以後、各人は出生証書に記載された氏を変更しないことが基本原則とされている。Ripert et Boulanger, op. cit.,n° 879 ; Cornu, op. cit., n° 570, note(2).
（8）Nerson, op. cit., p. 354 et s. ; Gobert, op. cit., n° 20.
（9）従って、問題は専ら判例法に委ねられていたのであるが、下級審と破毀院とに見解の相違を生じたため、立法による調整が必要となり、一九五二年法が成立する。Ripert et Boulanger, op. cit., n° 888.
（10）一九六六年七月一一日の法律五〇〇号以来フランス養子法は完全養子縁組と単純養子縁組の二種をもって構成されており、前者では養子が完全に養方にとり込まれるのに対し、後者は実親との身分関係を維持しつつ、養親との扶養、相続関係を取得する。
（11）夫が死亡したり、意思表示が不可能であったりする場合には、裁判所が夫の相続人又は最も近い相続権者の意見を聞き専権的に判断するとの但し書きがある。
（12）相続権は与えないが氏だけは許すという解決を肯定しているわけであり、先の三四四－五条と同様外観上の父を持つことに対する子の側の利益に配慮している点で二つの規定は同一線上にある。Gobert, op. cit., n° 6.

(13) 一八〇四年の民法典は二重氏のみを予想しているが、後の改正により養親の氏に変更する形が肯定されるようになった。これは完全養子縁組への発展を意味するものである。これに対し、単純養子の氏が現行規定のように取扱われている背後には、子の利益に配慮し、氏を柔軟に処理する態度が明らかに認められる。

(14) つまり、婚姻によって氏が変更するという規定がないのであり、氏は血統（descendance）を示すといわれる。Ripert et Boulanger, op. cit., n° 894 ; Cornu, op. cit., n° 594.

(15) Ripert et Boulanger, op. cit., n° 895 ; Marty et Raynaud, op. cit., n° 718. 滝沢・前掲論文法協八七巻一一＝一二号二二頁以下〔本書一五七頁以下〕参照。例外的には婚姻中でも妻に夫の氏の使用を禁じうる。Trib. gr. inst. Saint-Etienne, 2 mars 1970, J. C. P., 1970, II, 16377, note P.L.（離婚訴訟中に妻が選挙に出馬したケース）。

(16) 二九九条二項「離婚の効果として、夫婦のそれぞれは自己の氏の使用を回復する。」三一一条一項「別居を宣言する判決又はその後の判決は、妻に対して夫の氏を称することを禁じるか、又はそれを称さないことを許可することができる。夫が自己の氏に妻の氏を付加した場合には、妻もまた夫に対しそれを称することを禁じる請求をすることができる。」

(17) 民法典の離婚法を全面的に改正した法律であり、わが国でも多くの解説がみられる。

(18) 離婚関係の判例として旧稿で紹介した一八例が判例法の展開を明らかにしている。当時の状況としては、二九九条二項を承けて離婚後の氏の使用を禁止する一方、夫の許可による氏の継続の可能性及びその許可の撤回自由が確認されていた（滝沢・前掲論文法協八七巻一一＝一二号二九頁以下〔本書一六七頁以下〕参照）。夫の許可の撤回可能性については、後述のように新法の下でも依然議論が残っている。

(19) Cornu, op. cit., n° 958.

(20) Marty et Raynaud, op. cit., n° 723. なお、当然のことながら戸籍吏又は裁判所による行政上の氏の付与（捨子などの場合）もある。

(21) P.Kayser, La défense du nom de famille d'après la jurisprudence civile et d'après la jurisprudence administrative, Rev.trim. dr. civ., 1959, p. 10, n° 1.

(22) Ph. Nérac, La protection du nom patronymique en droit civil, 1976, p. 11.

(23) Nérac, op. cit., p. 38.

(24) Nérac, op. cit., p. 13.

(25) Nérac, op. cit., p. 12.
(26) 冒用に対する訴えは、判例法上氏の禁止(interdiction)、停止(suppression)、取戻し(revendication)等種々の呼び方がなされているが、いずれも第三者による氏の使用の差止めを目的とし、場合によって間接強制(astreinte)が付される。これと並行しあるいは別個に損害賠償請求が可能である。Nérac, op. cit., p.27 et s.; Cornu, op. cit., n° 614 et s. なお、わたくしの旧稿に紹介した判例も参照されたい。
(27) M. Planiol et G. Ripert, Traité pratique de droit civil français t. 1, par Savatier, 1925, n° 398. もっとも、この学説は、最近の教科書ではほとんどとり上げられなくなっている。
(28) Marty et Raynaud, op. cit. n° 726; Cornu, op. cit., n° 566. また、氏名権と氏の保護を求める訴訟との関連を論じるものとして、E. Agostini, La protectin du nom patronymique et la nature du droit au nom, D. S., 1973, Chron., p. 313 et s. 参照。

三　氏における最近の展開

1　立法の特色

これまでに概観した氏に関する現行法は、最近のフランス家族法における大改正の動きを反映して、極めて新しい法文を含んでいるため、それ自体に氏の制度そのものの変革をうかがうことができる。

先ず、氏に関する明文規定がふえているという点がある。民法典成立時には氏は法典の埒外におかれていたのに対し、今日では非嫡出子の氏に関する詳細な規定があるほか、養子の氏、離婚後の妻の氏に関しても改正後の条文は従来より更に細かく具体的な方針を示している。また、特別法としても、前述した愛国者の氏の復活に関する一九二三年法は、一九五七年法によって規定が追加、補完されており、その間には外国人による仮名の使用を禁じた一九四二年二月一〇日の法律などもみられる。国籍取得者の氏のフランス化に関する立法は、一九四五年一一月二日のオルドナンスにはじまるが、一九五八年、一九六五年の改正を経て前述の一九七二年法に至っており、更に一九七三年、一九七四年の改正を経ている(1)。立法の方向がより寛大なフランス化を許すものであることは当然といえよう。

このように、氏に関する立法が確実に増加している現象に加えて、内容の面においては、非嫡出子の氏に関する民法典三三四－五条に典型的に示されているように、身分関係の効果とは切り離された個人の意思に基づく氏の変更を自由に肯定していく方向が明確である。氏の変更を容易に認めないということは、国民の把握という行政上の観点から国家的利益にかなうものであり、この趣旨は氏不変の原則として共和暦二年法により確立されて以来、フランス法の氏の基本的な特質として確認され続けて来たわけである(2)。然るに、一九七二年の改正法は、氏の領域においても極力子の利益に配慮し、非嫡出子ができるだけ嫡出子同様に父の氏を称せるように、かつ同居の母と氏を同じくできるように、更には自己の意思に反した氏の変更を強いられないようにといった配慮を加えて、非常に広く氏の変更の余地を認めたわけである。同様の傾向は、妻の養子に夫の氏を与えることを許す規定、単純養子に二重氏以外の選択を許す規定、更には離婚後の夫の氏の継続を認める二六四条二項、三項にもみられる。すなわち、これらには、夫婦の合意を尊重し、妻ないし子の利益のために調整を図ろうとする姿勢が一貫している。

右のような立法の下では、氏はもはや身分関係の属性としてのみでは把握し切れず、氏だけに固有の秩序が形成されなければならない。それは個人の意思の尊重に帰するのであり、氏の動向がこの意味での意思主義（volontarisme）にあることを最近の学説はこぞって指摘している(3)。それは同時に氏の自由化を意味するものであるから、伝統的な氏不変の原則はもはや従来のような重要性を失ったということになる。

2　判例の状況

立法の動向はもちろん判例にも反映されている。ここでは氏の判例にみられるいくつかの顕著な傾向を代表する例として、最近注目されている四件のケースのみをとり上げておくことにしたい。

〔1〕 Paris, 9 mars 1979, D. S. 1979, 471, note J. Massip.

〔事実〕 テレーズ・Vはジャン・ミルティル・Cと一九七四年五月二日に離婚した後、一九七七年二月一日付の書面で夫から氏の使用を許可された。然るに、この許可の合意を裁判所において確認することを望む妻に対して、夫が許可を撤回したため、妻は改めて許可の請求を申立てた。原審は離婚が一九七五年改正以前であることを理由に、民法典の旧規定を適用して妻の請求を認めた。原審では出頭しなかった夫が控訴。

〔判旨〕 改正後の二六四条三項が適用されることを確認した上で、同規定によれば裁判所の許可なしに夫の同意のみで氏の使用を継続しうるのであり、この同意は妻の側に濫用があるような場合を除いては撤回できないとした。加えて、「テレーズ・Vは五〇歳を超えており、ジャン・Cと二〇年間共に生活して夫の氏によって全ての人に知られている。また、一九七四年五月二日の判決によって妻の利益のために宣告された離婚後も夫の氏を称し続けており、かつ母と共に住んでCの氏を称している次女がこの氏の使用を続けうることを望んでいる。これらの事実は彼女が前夫の氏を称することに特別の利益があることを証明するに十分である。」と述べている。

右の判決は、改正後の民法典の新規定である二六四条三項の適用の有無及びその解釈が問題となったものであり、離婚後の氏の使用に対する夫の同意は原則として撤回不可能であるとする判旨には評釈者のマシップも賛成している(4)。旧二九九条二項の下での判例が(5)、氏の譲渡不可能性を理由に「許可の自由と撤回の自由」という原則を確認していたことと対比するならば、妻の氏の権利の不安定が克服されたことと共に(6)、夫婦の合意による氏の処分を肯定する考え方がvolontarismeの一つの発現であることを認めうるであろう。

但し、この場合の妻の氏の権利はあくまでも伝統的な氏の使用権であり、正規の氏の変更にはあたらないから身分証書や身分登録簿への記入ないしその記載変更は許されない。原告は本訴の中でこの点も要求したのであるが、裁判所は認めなかった。使用権に基づく氏の性質をどうみるかは今後に残された問題である。

〔2〕 Lyon, 29 mai 1979, J. C. P. 1980, II, 19425, note Danièle Huet-Weiller.

〔事実〕 ジャン‐クロード・アンドレ・Mは一九四〇年一二月二七日に生まれ、非嫡出子として母の氏を称してきたところ、一九七七年一一月二〇日に父であるフェルナン・ポール・Fに認知された。そこで民法典三三四‐二条に従って父の氏への変更を申請するにあたり、一三歳と一二歳の二人の娘の利益のためにも長い間称してきたMの氏を残したいので、ハイフンでつないで二重氏としてM‐Fへの変更を希望すると申し立てた。一審では棄却。

〔判旨〕 三三四‐二条にいう氏の変更は取り換え（substitution）によって行なわれるものであり付加によるのではない。付加の可能性は、一九五二年七月二五日の法律二条が明示的に予想していたけれども、一九七二年法はsubstitutionの概念によって明白にこれを廃止したものである。嫡出子は母の氏を父の氏に付加しえないのであるのに、三三四‐三条にいう変更の申請を拡張的に解釈するならば、立法が嫡出子に出来るだけ近づけようとしている非嫡出子は、氏について嫡出子以上の権利を持つことになり、また共和暦一一年芽月一一日法四条の適用に際しての国務院のこの点への見解及びその厳格な手続を逸脱して恣意的な氏の変更を許すことになる。控訴棄却。

同じ評釈の下に、類似のケースとしてとり上げられたパリ大審裁判所一九八〇年一月九日判決においては、非嫡出子として三二年間母の氏を称して来た後に、父から認知されしかも父母の婚姻による準正の効果として父の氏への変更を余儀なくされた（三三四‐一条参照）男性が、従来通りの氏の継続を請求して、三三四‐三条により氏の変更を申請している。[7] このように、非嫡出子の氏の変更のケースは判例にもかなり多くみられるのであるが、顕著に認められる傾向は二重氏への変更希望が非常に多いということである。次例が典型的にこれを示している。

〔3〕 Civ. Ire, 16 nov. 1982, J. C. P. 1983 II, 19954, note M. Gobert.

〔事実〕 英国人であるエドワード・Tを父とし、フランス人であるミレイユ・Pを母として一九八〇年九月一一日にパリで出生した非嫡出子M・J・エドワード・Tは、父母が同時に認知したため、民法典三三四－一条に従って父の氏を称している。父母は正式の婚姻を避けて自由な結合（union libre）の状態を選択しているのであるが、二つの国籍にまたがる家庭を持つ子は父母の氏を結んだ二重氏T‐Pを称することがその利益にかなうとして、三三四－三条に基づく氏の変更が父母によって申請された。

一審のパリ大審裁判所一九八一年六月一日判決は、フランスの立法がそのようなかたちでの二重氏の使用を認めていないとして棄却。控訴審では、パリ控訴院一九八一年一一月二五日判決は原審を破棄し、これを禁じるような公序（ordre public）にかかわる規定は存在しないし、子の利益にも合致すると論じて、T‐Pの氏を肯定した。この判決に対して、検事長から法の利益に基づく上告（pourvoi dans l'intérêt de la loi）がなされたのが本判決であるため、A・ポンサール判事による詳細な報告（rapport）が付されている。

〔判旨〕 民法典三三四－三条は、母の氏を父の氏に、場合によっては父の氏を母の氏に変更することを許すのであるが、子が一方の氏を他方に付加することは許さない。単純養子の場合を除き、親子関係から生じる氏は両親のいずれか一方のみの氏であり、明白な法文を欠く状況の下で、非嫡出子に対し嫡出子に認められていない可能性を開くことはできない。控訴院は先に援用した条文に違反している。

非嫡出子に二重氏を取得させることができるかという問題に関しては、これまで控訴院の見解は二つに分かれていた。パリ控訴院は既に一九八〇年の判決及び本件の原審判決において肯定の立場を明示していたのに対し、パリ控訴院の別の判決を含む多くの控訴院判決は否定説であった。[8] 破毀院判決がまだみられなかったため、今回の法の利益に基づく上告がなされたわけである。

否定説に与した右の破毀院判決に対しては、当面四つの評釈がみられる。[9] うち二つは判旨に賛成であるが他は批判的であり、特にゴベール評釈は判旨に対する長い反論となっている。純然たる解釈論としては、民法典三三四－二条にいうsubstitutionの概念に二重氏への変更を含めうると論じられている。[10] 加えて、前述のような氏の自由な変更という新しい考え方が非嫡出子の氏の領域で示されたことに鑑みるならば、二重氏の可能性をもここにとり込む余地は十分あるといえる。ゴベール評釈も、当事者があえて自由な共同生活を選んでいる以上その限りでの自由を許すべきであると主張する。しかし、法の観点からみるとき、非嫡出子の取扱いが嫡出子のそれよりもより「進んでいる」ということはやはり合理的ではないであろう。非嫡出子により大きな権利や自由を与えるならば、裁判所が婚姻外の結びつきを奨励する結果にもなる。やはり破毀院の見解を妥当とみなければならない。一九八三年に、破毀院は同様の事案に対してもう一度二重氏を否定する判決を出している。[11]

右の〔2〕〔3〕例の判決は、立法と共に判例もまた二重氏に対して極めて否定的であるという状況を伝えるものである。これに対し、現実の社会現象としては、二重氏の使用が非常に多くなっている状況がある。その背景には既婚女性が伝統に従って夫の氏を称することを従来ほど望まなくなったという最近の風潮があり、代わって夫の氏を付加することが好まれるという事情が認められる。[12] 非嫡出子の氏に父母の氏を合わせた二重氏が望まれる背後にも、同様の男女平等への流れが存在することは明らかであろう。また、立法が氏の変更に寛大であれば、変更が必要となった場合にも、旧来の呼称を残しておける二重氏の便利さが望まれることはごく自然である。このように二重氏に関しては、法と現実の要請との間にギャップが生じており、一つの問題となっている。[13]

〔4〕 C. E. 9 déc. 1983, D. S. 1984, 158.

〔事実〕 P・ヴラデスキュ（Vladescu）は、ルーマニア人である父M・ヴラデスキュと母F・B・プラ（Prat）との間に一九五九年一二月二二日出生し、父の氏を称していたが、父母が一九六〇年に離婚した後は、母の許で生活してきた。然るに、二〇年以上経てから、行政上の氏の変更を申請し、父の氏Vladescuは外国風の発音で不都合があるとして、母の氏Pratへの変更を申請し、これが許可された。これに対する異議期間内に、父P. Vladescuが共和暦一一年芽月一一日法七条に基づく異議申立てをしたのが本件である。申立人は、その父がブカレスト大学の生化学教授として著名であり、医学アカデミー会員、レジオン・ドヌール勲章受賞等の栄誉を持った者であることを理由に、Vladescu の氏を捨てられることは精神的苦痛が大きいと主張した。代替案として、氏のフランス化の法律に従い Vladescu を Vladesco とすること、又は Vladescu-Prat の二重氏への変更を提案してもいる。

判決に際しては、政府委員の長い結論的申立（conclusions）が出され、次のような趣旨が述べられた。共和暦一一年芽月一一日法による氏の変更への異議申立は伝統的に広く認められてきており、この種の訴訟が本来限られた数のものであることに鑑みても、異議を認めることによって混乱の生じる恐れはないから、受理することは差支えない。しかし、実質的な判断としては、氏の変更は、家族の利益がかかわるとはいえ、当事者個人の利益が強調されなければならない。本件において、子は既に成年に達しているので親権の効果は及ばない。伝統的な父系の氏の原則は既にゆらいでおり、必ずしも父の氏のみを強制しなくてもよい。氏不変の原則も時代錯誤であるという学説の批判にさらされており、[14] 非嫡出子の氏については変更の自由が広く認められている。外国風の響きの氏を変更することは正当な理由となりうる。[15] Vladescu の氏の知名度は限られたものである。母の氏への変更は先例が多い。代案とされている二重氏はこれを否定している判例の見解に反する。

〔判旨〕 M・パトリック・ヴラデスキュは、その氏の外国的響きのために、氏の変更を申請する正当な利益を証明している。M・ガブリエル・ヴラデスキュの離婚した妻である母が称していたプラの氏を付与することは、申立人が自らの氏のフランス化の申請をしているとしても、事案のような状況の下で当該デクレの無効又は訂正を正当化するに十分な損害をこれに与えるものではない。

行政上の氏の変更においても、これまでに概観してきたところと同様の柔軟な姿勢が示されていることを、右の判決が顕著に示している。個人的事情による氏の変更を寛大に認めていることは、先の volontarisme の発現であるといえようし、立法が氏のフランス化を奨励する傾向とも軌を一にしている。更には、嫡出子が父の氏を称さなくてもよいとする結論は、父系の氏の原則が絶対のものではないことを指摘する政府委員の意見と共に、伝統的な氏の最後の砦である父系性の原則の後退を画したという意味で、注目を集めるに値するものであった(16)。

父系の氏の原則が、近年における女性の社会的地位の向上に伴い、学説においても厳しい批判の対象となっていることは、冒頭において既に指摘した。この問題は、次に紹介する民法典改正への動きとして、フランス法の氏における最も今日的な関心事となっている。

3　民法典改正への動き

端的に言えば、問題は、嫡出子は父の氏を取得するという古法以来の不文の規定を改めて、母の氏をも子に伝えうるものとなしうるかにある。子は父の氏を称し、妻は夫の氏を使用することによって家族の一体を表示するという氏の慣習法は、時代と共に、女性の社会的自立の波をうけて大きく後退しつつあるのがフランスの現状である。結婚後も夫の氏を使用せず、従来通りの氏のままで生活する女性が非常にふえている事実は多くの人が指摘している(17)。また、一部は二重氏というかたちに新たな表現を見出していることは先にも言及した。このような夫婦別氏はフランスの法制上は問題なく実現されうるのであり、慣習法によって曇らされていたフランス法の原則論が今日改めて再評価されているともいうべき状況がある。立法もこの方向を承けて、一九六八年のアレテにより身分証明書の氏名の記載に当然に Mme ないし Mlle をつけ加える必要をなくしている(18)。

もっとも、実際上このような夫婦別氏の結婚生活には必ずしも容易でない面があり、周囲の保守的な感情との軋轢や、母子の氏が異なってしまうための不都合等を乗り越えなければならない現実もうかがわれる(19)。にもかかわらず、別氏の夫婦が漸次増加している背後には、働く女性がふえ、それと共に伝統的な家庭生活が変革を余儀なくされてゆくという否定し難い社会の現実があるといえよう(20)。このような状況の下で、嫡出子に対しても母の氏を伝えたいという要望が出てくるのは極めて自然である。司法省には、母の氏の伝承性を認める法改正を促す投書ないし請願が多数きている事実もあるといわれる。

右の要望に応えるかたちで、一九七五年にパリ第一大学の法社会学研究所と司法省とが共同し、SOFRESに当面の問題に関する世論調査を依頼した。約二、〇〇〇名を対象になされたこの世論調査の結果はCREDOC研究センターで分析、整理され、報告書にまとめられている。[21] その質問と集計結果の一部を次に掲げてみよう。[22]

質問A　ご存知のように現行の立法は結婚している女性が夫の氏を称することを義務づけていません。妻は婚姻前の氏を続けることができ、銀行や行政との関係において身分を証する書類にその氏を使うことができます。あなた自身は結婚した女性が婚姻前の氏を使うことを望ましいと考えますか、それとも望ましくないと考えますか。

1	望ましい	六一八	三一%
2	望ましくない	九九四	四九%
3	意見なし	三九四	二〇%
	合計	二〇〇六	一〇〇%

質問B　ご存知のように現在婚姻の枠内では、氏は次のように伝えられています。「子は父の氏を称し、従って母の氏は伝えられない。」あなた自身はこの点をどのように考えますか。

1	非常に満足	五九四	二九%
2	かなり満足	七二五	三六%
3	あまり満足でない	三一一	一五%
4	全く満足でない	一二八	六%

5　意見なし　　　　二四八　　一四％
合計　　　　　　二〇〇六　　一〇〇％

実際のアンケートでは六つの質問がなされており、右の他に、親子の氏が異なっていると不都合であるかどうか、また父母双方の氏を子に伝えうるように修正する場合の方式をどのようにすべきか――婚姻時に父母のいずれの氏を子に伝えるか選択決定する、子の氏は全て二重氏とする、子に二重氏を称させると子孫が下る毎に氏の数が増えるのでこれにどう対処するか――が含まれている。最後の質問は、夫婦それぞれの二重氏のうち子に伝える氏を誰が決定するのが妥当かを問うものであるが、法律で決める……八パーセント、親が決める……二一パーセント、子が婚姻時に決定する……三一パーセントとなっており、解決方法なしと意見なしを合わせると四〇パーセントになる。立法技術を問うものであり、素人に質問するのは適当ではないように思われるが、この集計の結果だけをみても、二重氏という解決方法はかなり難しいことを知りうる。

フランス家族法の改革の流れの中で、右の嫡出子の氏の問題は、両性の平等という観点からみて最後に残された最も大きな課題であるといえるであろう。父系の氏の原則は、古法以来フランス社会に深く根ざしてきた伝統であって、これを変革することに対しては相当の抵抗があるはずであり、また改革後の混乱も危惧される。にもかかわらず、民法学者を筆頭に、フランス人が非常に真剣にこの問題にとり組み、平等（égalité）の名において法改正がなされなければならないと考えている事実に感銘を覚えるのである。[23]困難は改革それ自体よりも、立法技術の難しさにあるようであり、本来必ずしも望ましいとは考えられない二重氏への志向が一般の風潮にあるため、議論がこの方向に傾斜することも一つの原因をなすとみうけられる。[24]

なお、一九八一年に国家家族手当金庫（Caisse Nationale des Allocations Familiales）の要請で行なわれた出産数と生活状態に関するSOFRESのアンケート調査においても、再び氏に関する三つの質問が加えられた(25)。父の氏しか子に伝えられないことをどう考えるかという前回と同じ質問に対し、満足を示す回答は半数を割り、不満を示す回答が確実に伸びているため、調査結果の逆転も予想される。改革への確かな前進を確認しうるといえよう。民法典改正は時間の問題であるようにも推測されるのであるが、現在の左翼政権には課題が多すぎるため、前政権ほどには関心が持たれていないといわれる(26)。

（1）Marty et Raynaud, op. cit., n° 725.

（2）氏の性質としては、この他に、義務的である（obligatoire）、譲渡しえない（indisponible）、時効にかからない（imprescriptible）等が挙げられる。しかし、後二者は必ずしも絶対のものではない。Ripert et Boulanger, op. cit., n° 909 et s. ; Marty et Raynaud, op. cit., n° 727. 氏を会社名として使用させる合意をした場合には、もはや氏としての使用差止はありえないと判示した例もある。Com. 12 mars 1985, J. C. P. 1985, II, 20400, note J. Bonet.

（3）氏は人の身分の一要素であり、それ故氏も身分の非譲渡性に含めて考えられていたの対し、協議離婚や夫婦財産制の変更可能性が導入された結果、身分法そのものに意思主義が浸透しているとコルニュは指摘する。Cornu, op. cit., n° 582. また、前註二(8)の引用参照。

（4）契約に準ずる合意だからである。但し、本判決も正当ないし重大な理由がある場合には撤回が可能とする。note Massip, p. 473. ; Cornu, op. cit., n° 598. これに対し、Marty et Raynaud,op.cit.,n° 329 bis. のように原則的に撤回可能性を肯定するものもある。

（5）例えば、Civ. 13 oct. 1964, D. S., 1965, 209, note J. Foulon-Piganiol.

（6）但し、現状でも夫の許可の立証が難しいことが問題となる。Cornu, op. cit., n° 599 note (1).

（7）申請を受けた検事（procureur de la République）が、氏の規定は身分占有（possession d'état）の効果を害さないと規定する民法典三三四－六条の適用を申立てて本訴を提起したもの。判旨は嫡出子に対しては三三四－三条の適用はなく、三三四－六条も氏の占有が直ちに氏の権利を付与するという趣旨の規定ではないので、事案のような場合の変更は、共和暦一一年芽月一一日法四条の手続によるべきであると判示して棄却している。評釈も同旨。同例として、Paris, 15 mai 1979, D. S. 1982, 499.

（8） Paris, 10 juill. 1980, D. S. 1981. I. R., 298 ; Paris, 25 sept. 1981, D. S. 1982, I. R., 257 ; Bordeaux, 29 mai 1979, J. C. P. 1980, II, 19425, note Huet-Weiller ; Lyon, 10 déc. 1980, D. S. 1982. I. R., 257.

（9） note M.Gobert, J. C. P. 1983, II ,19954 ; note Danièle Huet-Weiller, D. S. 1983, 17 ; note Y. Patureau, Gaz. Pal. 28-29 janv 1983, p. 9 ; obs. R. Nerson et J.Rubelin-Devichi, Rev. trim. dr. civ. 1984, p. 100. なお、控訴院判決に対しては、note J. Massip, D. S. 1982, 499.

（10） 前註（9）のゴベール、ユエット‐ヴュイエ、マシップの評釈参照。パチュロは反対。

（11） Civ.1ère, 12 avril 1993, Bull. civ., 1, n° 115, p. 101.

（12） 法学関係の最近の著書、論文等にも二重氏の女性名のものが少なからずみられるが、同様のケースと推測される。Yvonne Lambert-Faivre（ディジョン大学区総長、Précis Dalloz : Droit des assurances の著者）、Brigitte Berlioz-Houin（パリ第九大学教授）、Hélène Gaudemet-Tallon（パリ第二大学教授）などは明白な例である。二重氏をつくる場合に、付加されるのは夫の氏なのかそれとも自己の本来の氏なのかが疑問となりうる。夫婦別氏の基本からいえば、夫の氏を付加することが理論的であろうが、実例は必ずしもそれに限られず、右のうち前二者は夫の氏に自己の氏が付加されている。口調のよさが考慮されるためであろうか。

（13） 行政手続による氏の変更においても二重氏の申請は多い。国務院の一九七七‐七八年の報告によれば、申請の動機は女性の氏の権利の主張を反映するようなものではなく、二重氏が貴族的な感じを与えるという理由によるもので、法が禁じている貴族的パルティキュル（particule nobiliaire）の de に代わるとされる。国務院は原則的に二重氏に反対であり、氏が長くなるのはよくないということで許していない。また、母の氏を付加する二重氏についても、母の氏は世代毎に異なるのであるから、氏の安定性と継続性を害することになるとみている。Dupont-Moreau など、非常に平凡な氏で他と紛らわしい事情がある場合にのみ付加を許すようである。Etudes et documents, Conseil d'Etat, 1977-1978, n° 29, p. 81 et s.

（14） ゴベールの前掲論文（n° 20）、前註（9）のパチュロの評釈等が援用されている。

（15） この点は従来から国務院の見解とされていた。氏のフランス化の法律が充実している事情に共通するものがあるといえよう。

（16） 結論的申立があるため評釈は書かれていないようであるが、最近の氏に関する代表的判決の一つである。

（17） この点に関しては残念ながら統計資料のようなものは見出していないが、一九八一年にパリに滞在した際に出会った学生ないし働く女性から、結婚後も夫の氏を使用しないケースを確認することが多かった。

(18) 一九五五年一一月二八日のアレテでは、身分証明書を請求するための書類が男女別、既婚女性か否かで異なっていたものを廃し、新たに一九六八年一〇月三〇日のアレテによって、男女の区別なく統一した規定とし、婚姻(marié)、離婚(divorcé)、夫との死別(veuf)等を身分証明書に記載することは任意としたことによる。また、別氏の原則が確認されている結果、身分証明書のみならず、パスポート、運転免許証等にも出生証書の氏が記載され、更には夫の氏名の付記(épouse Y)も不要とされる傾向にある。Cornu, op. cit., n° 594.

(19) 例えば、結婚後自己の氏を継続する妻があるとすれば、実父は満足するが、兄弟は怒り、夫は進歩的であれば妻を誇らしく思うとしても、子供にはもちろん自分の氏を伝えるのであるから問題ないのであり、また夫の家族も孫が息子の氏を称することが最も大事なのであるから異議はない、といった反応が指摘される。更には、子供が母の氏を称したがったり、子供の学校で署名する際母子の氏が異なると混乱する等の問題もある。更に、夫の氏を称さない妻が職場でいやがらせを受けたり、夫婦の不和のしるしとみられたりするようである。Anne Boigeol, A propos du nom, Actes, 1977, n° 16, p. 29 et s.

(20) ここには離婚、非嫡出子の増加といった社会現象も当然含まれ、母子が氏を異にするケースが必然的にふえていることも相互に関連し合っているのではなかろうか。

(21) SOFRES は Société française d'enquêtes par sondage の略で、代表的な民間の世論調査機関の一つである。この時の調査は、夫婦財産制の改正に対する反響の調査に付随して行なわれた。また、CREDOC は、Centre de recherche et de documentation sur la consommation の略。経済企画庁(Commissariat général du Plan)の後見の下で財務省及び経済省が共同運営する研究所であり、公的、私的な機関からの委託に基づいて消費に関する包括的な検討を行う(意見を述べ、分析をし、予測を立てる)ことを業とする。一九七七年のアンケートの結果はその報告、Le nom de la mère, La transmission du nom de famille (par Marie-France Valetas), 1982 にまとめられている。

(22) 最も概括的な統計であり、原文は、Nom-Transmission-Enquête, Gaz.Pal., dimanche 29 au mardi 31 juillet 1984, p. 15 にも掲載されている。なお、参考までにより詳細な統計結果を掲げてみる。後掲二六五頁、二六六頁のA表、B表は少ない実数をもとにしているため慎重な解読を要するが、そこからある程度の傾向を確認することができる。例えば、妻の氏については、年齢が若いほど、教育水準が高いほどリベラルであり、同時に父系の氏の原則に対しては批判的である。しかし、後述の二重氏の伝承の仕方如何などについてはこうした定型的な結果は導かれておらず、回答の難しさが推測される。また、子に父母の氏を結んだ二重氏を与えることに対しては、階層別にかかわらず一様に不賛成が半数を上回るという結果が出ている。

(23) ごく最近もダロズの巻頭論文で破毀院判事レイモン・ランドンがこの問題を論じている。求められている改革の難点を指摘し、慎重論を促す比較的短いものであるが、改革にとり組むこと自体は否定する理由がない（Après tout, pourquoi pas?）とし、氏が個人の最も貴重な精神的世襲財産であると述べている点にとりあえず注目したいと思う。また、つけ加えるならば、ランドンは職業活動の面で名声を築いた場合にのみその氏を子に伝える要望が生じるとみているようであるが、名声の問題とは別に、両性の対等な結びつきを求めるより本質的な欲求があると考えるべきであろう。R. Lindon, La transmission du nom de la mère légitime à ses enfants, D. S. 1985, chron., p. 113 et s.

(24) 二重氏は婚姻時に極めて適切な解決となる反面、伝承の難しさに障害がある。この他に、発音や美学上の問題があるというゴベールの指摘が傾聴されるべきであろう（Gobert, op. cit., n° 1）。わたくしはこの点ゆえに二重氏という立法はフランス法本来の解決となり得ないであろうと考える。

(25) 質問の一つは、父方及び母方の祖母の氏を知っているかというもので、母方の祖母の氏がずっとよく知られているという結果がみられる。第二は前掲の質問Bと同一であり、その統計結果は次のようになっている。

非常に満足……21％、かなり満足……28％、あまり満足ではない……16％、全く満足ではない……17％、意見なし……17％、無答……1％。

第三の質問は父母のいずれかの氏を選択して子に伝える立法の適否を問うもので、非常に満足……22％、かなり満足……33％、あまり満足ではない……20％、全く満足ではない……19％、意見なし……2％、無答……4％。

賛成が半数を上回り、選択方式による改革の可能性も認めうるようである。CREDOC, Fécondité et conditions de vie, Annexe（par Hélène Kleinmann）, 1982.

(26) 民法典改正に関するアンケート資料は、一九八〇～八一年にパリ第二大学で勉強した際、フランソワ・テレ教授の法社会学の授業を通じて入手したものである。テレ教授のご紹介により、CREDOC 研究員（当時）のマリー・フランス・ヴァルタス夫人から統計資料、CREDOC の報告書等の貴重な資料を頂くことができた。また、本稿の記述のうち、本文個所を含めた伝聞の部分には、全てヴァルタス夫人のご教示がある。ここに感謝を記させて頂きたいと思う。

A表　質問A（妻が婚姻前の氏を継続することの当否）について

	望ましい	望ましくない	意見なし
合　計　100%	31	49	20
性別			
男……100%	28	49	23
女……100	33	49	18
年齢			
18歳～24歳……100	38	44	18
25歳～34歳……100	34	39	27
35歳～49歳……100	30	52	18
50歳～64歳……100	27	53	20
65歳以上……100	26	55	19
夫の職業			
農業経営者・従業員……100	23	57	20
商業・手工業経営……100	33	45	22
上級職・自由業・工業経営・大商人…100	41	34	25
中級職・事務員……100	37	38	25
労働者……100	27	56	17
無職・退職者……100	27	53	20
教育水準			
初等教育……100	24	57	19
中等教育……100	34	43	23
技術・商業教育……100	31	50	19
高等教育……100	48	27	25
家庭状況			
独身……100	40	36	24
既婚……100	28	52	20
死別……100	26	57	17
離婚……100	51	34	15

SOFRESの統計表による

B表　質問B（母の氏を子に伝えられないことへの反応）について

	非常に満足	かなり満足	あまり満足でない	全く満足でない	意見なし
合　計　100%	29	36	15	6	14
性別					
男……………………………………100%	31	40	12	5	12
女……………………………………100	28	33	19	7	13
年齢					
18歳～24歳　……………………………100	18	42	18	11	11
25歳～34歳　……………………………100	21	38	17	8	16
35歳～49歳　……………………………100	33	34	16	4	13
50歳～64歳　……………………………100	30	38	14	6	12
65歳以上　………………………………100	42	29	13	4	12
夫の職業					
農業経営者・従業員…………………100	37	41	11	3	8
商業・手工業経営……………………100	22	41	15	5	17
上級職・自由業・工業経営・大商人…100	20	36	19	9	16
中級職・事務員………………………100	21	37	20	8	14
労働者…………………………………100	29	38	15	7	11
無職・退職者…………………………100	39	30	13	4	14
教育水準					
初等教育………………………………100	37	34	12	5	12
中等教育………………………………100	25	37	18	7	13
技術・商業教育………………………100	25	42	17	4	12
高等教育………………………………100	14	33	21	12	20
家庭状況					
独身……………………………………100	19	38	19	11	13
既婚……………………………………100	32	36	15	5	12
死別……………………………………100	40	29	12	5	14
離婚……………………………………100	12	42	22	7	17

SOFRESの統計表による

四　結び

フランスの氏の状況を概括するならば、大きく分けて立法・判例の動向と母の氏の伝承性をめぐる民法典改正の動きとに注目することができ、両者にまたがる問題として、社会一般にみられる二重氏志向の現象を指摘することができる。

立法の面では、民法典成立当時ほとんど法外の状態で処理されていた氏が、今日詳細な規定の対象となっており、その中に自由な氏の変更を認める volontarisme の流れがあることを指摘してきた。今後の課題は、氏を身分関係と切り離し、氏そのものとして保護し、機能させてゆくための新たな基準を求めることであるといえよう。学説は、現行法の氏の体系に、厳格性と柔軟性の交錯を指摘している(1)。伝統的な厳格性に新たに柔軟性が加えられたわけであるが、今後の問題は両者のバランスをどうとってゆくかに帰着する。

判例法上の問題は、現行規定のうちの解釈に委ねられている部分に裁判所がどう対応しているかが、さし当り関心の焦点となる。ここでは、民法典二六四条三項の夫による氏の使用許可の撤回不可能性を明示したケースをとり上げ、それが本来非譲渡性を持つ氏の処分を認めることになるという意味で、volontarisme の方向に合致することを指摘した。また、非嫡出子の氏の二重氏への変更を拒否した二例は、立法同様の二重氏への否定的な態度を明らかにしている。二重氏は、実生活上の簡便さを否定し得ない反面、フランスの氏の形態そのものを変質させるものであるから、これを法的に承認し難いことは十分納得しうる。にもかかわらず、学説の嫡出子の氏に関する改正の議論においては、二重氏が依然主要な検討課題とされており、実際的処理の難しさが推測される。なお、行政上の氏の変更例にも、同様の volontarisme への動き、父の氏の後退が認められた。

最後に、あるべき民法典の改正に関しては、現代社会の平等へのインパクトが、やがてはフランス法の中にこれを実現させるであろうことを期待と共に注目したいと考える。それと同時に、このような動きの中に、理性によって考え、それを実行してゆくというフランス人の気質を認め、それこそがフランス法を支えている核心であることを、改めて確認しておく必要もあるのではなかろうか。

(1) G. Cornu, Cours de doctorat, Le droit de la famille 1984-1985 による。

〔後記〕 本稿は、一九八五年三月の日仏法学会総会における報告にもとづくものである。その後九ケ月を経て、フランス法は一九八五年一二月二三日の法律八五－一三七二号(「夫婦財産制における夫婦の、及び未成年の子の財産管理における父母の平等に関する」との表題が付されている)によって、母の氏を子に伝えることを認める新法を実現させた。一九八六年七月一日から施行されている。法案は、一九八五年五月六日にはじめて上院の審議に付され、比較的容易に成立をみたようであるが、わたくしが報告に先立って接した現地の情報からは予想しえないところであった。

改正法は、経過規定を含めて全条六二条に及び、表題のとおり主として夫婦財産制における夫婦の平等の徹底をはかるために民法典の条文を書きかえるものであって、新規定により、この領域における平等への歩みは全て完了したと論じられている。一九六五年七月一三日の法律五七〇号による大改正が残した夫の優位の残滓が全面的に洗い直されたわけである。

ところで、氏に関する条文は、新法の後半の雑規定の章に、次のようなかたちで一条だけ加えられている。

四三条 すべての成年者は、使用の名目で、父母のうち自己に氏を伝えなかった者の氏を、その氏に付加することができる。

二項　未成年者については、この権能は、親権の行使を行ないうる者によってなされる。すなわち、二重氏の使用が法的に承認されたわけである。規定の形式は父母の平等を貫いているが、付加の対象となるのが母の氏であることは明らかである。後掲参考文献のゼナティの解説は、離婚後の母と子の氏に対する配慮が立法の重要な契機であったことを指摘しており、この点は前述の世論調査においても、質問事項の一つとして関心が持たれていた。また、「使用の名目で」という規定の文言からは、この二重氏が従来の使用権（droit d'usage）の範囲内のものであって、付加された氏は次の世代への継続性のない一代限りのものであることが導かれる。更に、右の四三条一項の反対解釈として、出生時に二重氏を付与された子が、成年時に付加を廃する自由は認められるといえよう。出生時における子の氏の決定は、親権行使の内容とされているところから、この点について父母の合意が得られない場合には、民法典三七二－一条が適用され、従来の慣行（pratique）により解決されるか、あるいは後見判事による調停ないし裁定が予想される。こうした細部の解釈に関しては、当面の解説もほとんど言及していないため、十分な検討は今後の課題としなければならない。

右のように、簡略かつ柔軟な立法措置であるために、新法は、一時的な解決であるとか一つの実験にすぎないという見方をも当然生ぜしめる。しかし、父系の氏の伝統が切り崩されたという事実の重要性は変らない。社会制度の根底にかかわるこのような本質的な規定が、民法典を離れた特別法として今後存在するという形式自体にも、この問題の特殊性は象徴されているようである。なぜなら、民法典には改正されるべき旧規定がないのであるから。ただ、夫婦財産制もまたフランス婚姻法の中核を占める重要な制度であり、それを支配する完全な平等の思想が、むしろ必然的にこのような氏の革新を不可欠としたともいえる。新たな慣習法の追認であるという解説は、平等への流れがいかに決定的であるかを物語るものであろう。

立法が二重氏という形式を選んだ点は、従来の傾向には相反しており、わたくし自身も二重氏に否定的な見方をしていたために、意外の感を免れなかった。しかし、考えてみれば、ドイツ法もまた慣習を背景として、一九五七年の男女同権法以来二重氏を法的に承認している。それは先ず、夫の氏を婚氏とする伝統に対して妻の氏の権利を認める過渡的な形式とされたのであるが、後の一九七六年の改正法の下では、婚氏による夫婦同氏の原則の中で夫婦のそれぞれの氏に独自性を許す手段として活用されている（西ドイツの氏に関しては、前章註一（3）に引用した富田論文参照）。ヨーロッパ諸国の氏の形態が許すこのような柔軟性に、フランス法が活路を見出してゆくことは自然であった。但し、わたくしは根本的な氏のあり方を問題としたのに対し、改正法はあくまでも慣習の追認という意味での妥協であること、将来の改正の方針はまだ未知数であることを解説と共に指摘しておきたい。

改正の結果は、伝統的な氏の一体を示す家庭の他に、夫婦別氏の家庭があり、更に子が父の氏のみを称する場合と二重氏を称する場合が加わって、家族における氏の表現には主として四種のヴァリエーションが生じるとみられている。それは、自由な社会の寛大さと柔軟性の表現であるといえよう。これと共に、当事者による氏の選択の機会がいっそう増加した点も重要であり、指摘される volontarisme の方向が大きくクローズアップされた。今後しばらくは、改正法の枠内での動き及びその調整が注目に値するであろう。

〔参考文献〕 F. Zenati, Législation française et communautaire en matière de droit privé, Rev.trim. dr. civ., 1986, p. 207 et s. ; M. Kraemer-Bach, La réforme des régimes matrimoniaux, Gaz. Pal., dimanche 4 au mardi 6 mai 1986, chron., p. 4 et s. ; A. Colomer, La réforme de la réforme des régimes matrimoniaux ou : vingt ans après（premières réflexions sur la loi du 23 décembre 1985）D. S., 1986, chron. p. 49 et s. ; J. -L. Virfolet, Liberté Egalité ...Amour（A propos de la réforme des régimes matrimoniaux）, J. C. P., 1986, I, 3232. 但し、氏を論じているのは最初の解説だけであり、本稿でもこれに依っている。なお、林瑞枝「フランスの女性法令事情（2）妻の氏・子の氏」時の法令一二八一号二三頁以下参照。

〔日仏法学一四号（一九八六年）〕

夫婦別氏の理論的根拠――ドイツ法から学ぶ

一　はじめに

民法上の氏の制度に夫婦別氏制を導入する法改正への動きが注目されている。近年、とりわけ一九八〇年代後半以降には、この問題をめぐって書かれた多数の文献が蓄積され、別氏による婚姻の可能性を探る啓蒙的な書物が相次いで出版されるという状況がみられたが[(1)]、この傾向は今後、こうした一部の限られた識者による活動を超えて、広く法学者の議論を呼び起こすことになるであろう。しかし、これまでに展開されている議論にみる限り、問題は未だ法律論として熟すには至らず、夫婦別氏賛成論が生の価値観として語られているにすぎないのではないかという印象を受ける。なぜであろうか。

第一には、これが典型的な立法の問題であり、法解釈という次元で民法学の関心をひくものとなりにくかった事情を指摘しうるはずである。立法問題であれば、社会全体の価値観がそれを許容しなければ実現できないであろうし、また逆に法改正を促すような実社会からの強い要請があってはじめて実現への過程が具体化する。そのためには、一つの運動というかたちをとった啓蒙活動が先行することとは、いわば自然の成り行きであって、その限りで既出の諸著作には、家制度の歴史を背負ったわが国の社会における氏のあり方とその具体的な問題点を余すところなく指摘されていることも確かである。

第二には、わが国の氏をめぐる特殊な問題状況が自覚されるべきであろう。まぎれもなくわが国の氏は明治民法の「家」の形骸であり、それ故に戦後の民法改正過程における氏の処遇があれほどに疑問視され、その後も氏が民法学上の一つの難問となり続けてきたという現実がある。(2) しかしながら、「家」と家名を否定する一方、習俗として定着した氏の取得変更の原理は温存するという問題処理の矛盾は、結局氏を「単なる個人の呼称」として性格づけ、氏を過小に評価するというかたちで克服されるよりなかった。そこでは、個人の氏に対する執着(これは真の愛着と呼べるかもしれないものであるが)は、背後にある「家」的伝統の故に必然的に排除され、(3) 氏の利益が当事者にとっての生活上の便宜という観点からのみ判断されるようであり、この事情は、氏をめぐる諸判例に顕著に反映されているとみうけられる。(4) また、判例と歩調を合わせてきた学説の側においても、当然のことながら見るべき議論の発展はありえなかったのである。(5)

従って、夫婦同氏を定める民法七五〇条は憲法違反であるという主張がついに裁判所に登場した際にも、判決はためらわず次のように論じて訴えを却下することができた。(6)

「現行法制のもとにおいても、家庭は、個人の尊厳と両性の本質的平等を基本としながら、その健全な維持を図るべき親族共同生活の場として、尊重すべきものとされている(家事審判法一条参照)。

すなわち、家庭は、相互に扶助協力義務を有する夫婦(民法七五二条)を中心として、未成年の子の監護養育(民法八二〇条、八七七条一項)や、他の直系血族の第一次的扶養(民法八七七条一項)等が期待される親族共同生活の場として、法律上保護されるべき重要な社会的基礎を構成するものである。

このような親族共同生活の中心となる夫婦が、同じ氏を称することは、主観的には夫婦の一体感を高めるのに役立ち、客観的には利害関係を有する第三者に対し夫婦であることを示すのを容易にするものといえる。したがって、国民感情または国民感情及び社会的慣習を根拠として制定されたといわれる民法七五〇条は、現在においてもなお合理性を有するものであって、何ら憲法一三条、二四条一項に違反するものではない。」

右のはなはだ簡潔な論旨の中に、夫婦別氏への可能性を探ることは難しい。しかも判決は、現状では恐らく批判よりも多くの支持を得るはずであり、現行民法の立場を十分とは言えないまでも的確に弁護した良識的な判決として評価されうるであろう。

このような理論的基盤の上に夫婦別氏の導入が検討されようとしている。それは実現されなければならないと考えられるが、しかし何故にであろうか。また、反対の立場があるとすればいかなる理由によるものであろうか。折しも、わが国と同様に夫婦同氏を原則としてきた旧西ドイツにおいて、これを規定するドイツ民法一三五五条一項及び二項一段の合憲性が争われ、連邦憲法裁判所はこれらの規定が憲法すなわちドイツ連邦共和国基本法六条一項等に違反しないという判断を下したことが報告されている(7)。ドイツ法はどのような理論的根拠によって夫婦同氏を堅持しようとしているのであろうか、またそれは成功しているのか、わが国の問題状況との間にいかなる相違がみられるか、これらはわれわれにとって極めて興味深くかつ切実なテーマである。

本稿では、右のような関心に基づいて、連邦憲法裁判所一九八八年三月八日決定(8)を中心に夫婦の氏をめぐる最近のドイツ法の議論を概観し、その中から夫婦別氏制導入の必然性とその理論的根拠を明確にしたいと考えた。もとより、二つの氏のハイフンでの結合という中間的解決を許すヨーロッパの氏の議論がそのままわが国にあてはまるわけではないが、二重氏という妥協の余地がない日本法の下では、別氏制の要請はそれだけ高いといえるはずである。さらには、問題を論じるドイツの判例、学説が言葉を尽くして展開する豊富な論点の中に、何よりも法というものが理論を支えとしてはじめて確実に機能しまた発展することの一つの例証を認めることができるであろう。この意味においてドイツ法との比較は、単に夫婦別氏の実現という当面のテーマを超えて、法のあり方そのものにおける彼此の相違を知らしめるのであるが、わたくしはやはり、それは単に相違を知るにとどまらず、わが国の法に欠けるものをドイツ法から学ぶという古くからの課題の再認識ともなるべきではないかと考えている。

（1）たとえば、井戸田博史・「家」に探る苗字となまえ（一九八六年）、井上治代・女の「姓」を返して（一九八六年）、星野澄子・夫婦別姓時代（一九八七年）、久武綾子・氏と戸籍の女性史（一九八八年）、澤田省三・夫婦別氏論と戸籍問題（一九九〇年）等参照。また、論文、随想、座談会、著作の一部での言及、新聞記事のかたちをとって、活発に問題が論じられていることは周知のところである。

（2）この間の事情については、木下明「夫婦と氏」高梨公之教授還暦祝賀・婚姻法の研究下二一九頁以下、滝沢聿代「フランスの判例からみた夫婦の氏――夫婦別氏制への展望」成城法学三四号四三頁以下等参照〔本書一二五頁収録〕。

（3）氏の承継を目的とする未成年者との養子縁組は許可されないし（大阪家審昭和四四年四月一日判例タイムズ二四七号三三〇頁等参照）、承継者のいない氏を復活させる目的でなされた戸籍法一〇七条による氏の変更は認められない（大阪高決昭和五九年七月一三日判例タイムズ五三五号二二二頁参照）。これらの結論に含まれる問題に関しては、大棟治男「父・母と氏を異にする子が父・母の氏を称する場合の家庭裁判所の許可について」戸籍誌第五百号記念・家族法と戸籍――その現在と将来二六三頁以下に、民法七九一条の氏の変更という観点からの適切な批判的考察がみられる。

（4）とりわけ、認知された非嫡出子による父の氏への変更申立を許可すべきかの問題が注目される。裁判例は肯定、否定二つの立場に分かれるようであり、その背後には父の家族との間での利益考量的判断があるとみられる（中川淳「重婚的内縁子の氏の変更――最近の東京高裁決定を機縁として」前掲戸籍誌第五百号記念・家族法と戸籍――その現在と将来二七三頁以下参照）。このような問題処理が果たして妥当であるか、疑問である。

（5）個別的問題に関しては判例研究がすすみ、従来の抽象的議論とは異なる深化がみられるが、体系的考察への契機が欠けるため断片的なものにとどまっているといえよう。

（6）岐阜家審平成元年六月二三日家裁月報四一巻九号一一六頁以下参照。

（7）床谷文雄「夫婦別氏制と戸籍制度の再検討（二・完）民商一〇一巻三号三六〇頁、富田哲「夫婦同氏の合憲性（一）――

西ドイツにおける合憲判断」福島大学行政社会論集二巻四号一六〇頁以下参照。なお、後者もまた本文の決定そのものに関する包括的研究であり、ドイツ法の氏を専門に研究される立場からのものとして、内容的に本稿を補う面は多い。今後出てくる可能性のある同種の研究も含めて、若干の重複はあってもそれぞれの立場から多角的検討を試みることが有意義であろうと考える。

（8） BverfG, Beschluß v. 8. 3. 1988, 1 BvL 9/85 und 43/86, JZW 1988, 1577 ; FamRZ 1988, 587.

二　ドイツ法の夫婦同氏制

ドイツ法の氏の制度に関しては、これまでにもかなり多くの文献がみられ、最近もまた一九七六年の法改正を踏まえた新しい研究が発表されている(1)。これらにおいては必ずしもドイツの氏の伝統にまで遡った検討がなされているわけではなく、本稿もこの問題に深く立ち入る余裕はない。しかし、ドイツ民法が何故に夫婦同氏の原則を確認したのであろうかは、フランス民法典がこの種の規定を持たず、むしろ特別法に基礎をおいた夫婦別氏制がとられていることと対比するとき(2)、とりわけ興味深い論点となる。

とりあえず瞥見するならば、家父長的家族の歴史がその背景にあるという事情は、ドイツ法、フランス法のいずれにも共通している。たとえばゲルマンの家族に関しては、家長の家権力（ムント）による支配を中心とした家共同体において、妻は全ての対外的な法的地位を夫によって代表され、家の内部においていわゆる「鍵の権力」を行使しうるのみあったとされる(3)。またローマの家族においても、婚姻は家長権の一部をなす夫権（マヌス）と緊密に結びついており、妻は夫権の効果によって夫の家に吸収され、子や召使と等しくその絶対的な支配権に服する存在であった(4)。夫権服従の効果を伴わない自由婚姻の発達も指摘されているが(5)、その場合には妻は生家の父の支配を受けるわけであり、自立的要素があったとしても程度の問題にすぎないと言うべきであろう。このような家族内における妻の地位が氏にも反映され、妻が夫または父の名によって呼ばれることは当然である。[6] 従って問題は、夫婦同氏、夫婦別氏を区別する以前に、女性とりわけ妻の法的あるいは社会的な地位の低さという歴史的事実に由来することを確認するところから出発しなければならないわけである。

夫婦同氏は、通常はキリスト教の影響として説明されている。[7] しかし、非宗教的なローマ法の婚姻においても夫権への服従と一夫一婦の永久的結合という婚姻の概念は既に形成されていたようであるから、[8] キリスト教はむしろ教会法の体系の中でこのような一夫一婦制の婚姻理論を明確かつ緻密なものとし、広く社会的慣行として定着させたところに意義を認めるべきではなかろうか。これをドイツ社会についてみるならば、中世において家長の支配と保護の下で主張された「家の平和」が、近世において君主権による紀律化を経つつ、プロイセン一般ラント法の婚姻法に結実するという過程[9]の中に実現されたはずである。そこにみられるようなドイツ的な家概念は、恐らくドイツ民法における婚姻共同体（eheliche Lebensgemeinschaft）の概念につながる伝統にちがいない。この家はもちろん、家族の首長たる夫の優越的地位を前提とするものであった。[10] いずれにせよ、夫婦の一体を強調するキリスト教の婚姻観が夫婦同氏という考え方に結びつき易いことは明らかであるとしても、氏の問題をこの点からのみ論じることは不十分であるように思われる。

確かであるのは、右のような事情の下で、民法典成立期までには、妻が夫の氏を取得するという慣習法がドイツにおいてもフランスにおいても等しく確立されていたことであろう。[11] ドイツ民法典の家族法は、その実質においてこのような家族的生活現象を吸収し、その形式においては、パンデクテン法学者による古代ローマ法の体系化の所産として、強固な家父長制的形態をとった。[12]「妻は夫の家族氏（Familienname）を取得する」という制定当初の民法典一三五五条は、こうして必然的にドイツ法の夫婦同氏を特徴づける規定となったわけである。

これに対してフランス法の氏は、フランス革命の影響を大きく受けて独自のものとなっている。現行法の氏の制度を規定しているのは革命期の中間法であり、そこでは社会の激動がもたらした氏の変更の自由から氏不変の原則の確立という過程を経て、国家による個人の把握というレベルにおいて氏名制度が立法化されている。その結果、先の夫婦同氏の慣習法は解体され、立法による承認を受ける余地がなかったことは既に指摘した[13]。この意味でフランス法の夫婦別氏は極めて近代的なものであったから、夫婦の平等という今日的課題にも容易に即応しえたのである[14]。

しかし、領邦国家にはぐくまれた家（ハウス）の伝統とローマ法の理論に支えられたドイツの氏がフランスとの比較においてそれ程立ち遅れたものであったとはみるべきではなかろう。民法典の家族氏はしばしば婚氏（Ehename）という用語におきかえられているが、その場合には団体的性格はより稀薄になっているわけであり、しかもそれが夫個人の氏であるとされているところにフランス法と同様の意味での氏の個人的把握は貫徹されている。また、氏名権の保護に関する民法典一二条の明文規定を持つことも看過しえない[15]。従って、民法典一三五五条の制定過程においても、妻の氏の権利が議論の対象となったことは当然である。すなわち、妻が自己の出生氏（Geburtsname）を夫の氏に付加して用いる権利を明文化すべきであるかが争われた[16]。多くの地方においてそのような慣行が認められるほか、女性の芸能人、文筆家によっても行われ、若干の地方では夫が妻の氏を付加することも行われたことが指摘されている。民法典成立時にこのような付加による二重氏が導入されなかったのは、法的安定性や理論の明快さを犠牲にしてまでそれを成文化するだけの必要性が認められていなかったことによるであろう。しかし、フランス法とは逆の方向での慣習による成文法の修正というかたちをとって、ある程度夫婦別氏の可能性が認められていたことは見落とすべきではなかろう。

さらに、妻の非嫡出子や妻だけの養子は婚姻中であっても妻の出生氏を取得するという規定の存在が注目されなければならない（ドイツ民法典旧一七〇六、一七五八条参照）。そこから妻の出生氏に対する権利をどう把握するかの議論を生じているが、いずれにしても妻の出生氏が限られた範囲で法的なものと評価されている事実に変りはない[17]。他方、夫の氏を取得した妻は離婚の結果当然にその氏を失うことなく、原則としてこれを保持することがドイツ法の解決であった（旧一五七七条参照）。

このようにみるならば、ドイツ法における夫婦同氏制の特色は次の諸点に要約することができるように思われる。①個人の自己の氏に対する氏名権を肯定した上で、個人レベルにおける取得変更の原理を確定したものである[18]。②家父長制家族の伝統を夫婦の婚姻共同体という概念によって承継し、その限りで氏に団体的性格を導入している[19]。③夫の優越的地位を肯定している。④理論的一貫性を追及している。従って、後の民法典改正における氏の規定の修正は、第一に③の点との関連から、男女の平等を貫徹すること、第二に②との点から導かれる氏の団体性を克服すること、の二つに特徴づけられることになったとみることができよう。

一八九六年の民法典の規定は、一九五七年六月一八日の男女同権法の制定とともに、基本法三条二項に基づく平等の原則への適合性という観点から徹底的な議論を経た。一三五五条も当然その対象に含まれ、合憲論と違憲論の両極端を踏まえつつ、二重氏、夫婦による婚氏の選択、別氏の可能性までが検討された結果、新規定は、従来どおり夫氏の取得を原則としつつ、妻は戸籍吏に対する意思表示によって自己の娘氏（Mädchenname つまり出生氏にあたる）を夫氏に付加するという解決がとられた。改正の経過に関しては詳しい紹介があり[20]、それによれば違憲論の立場から夫婦いずれかの氏を選択させることが強く主張される一方、夫婦別氏はほとんど注目されていないというドイツ的事情を窺うことができる。

夫婦の氏は、一九七六年に再度改正の対象となった。一九七〇年代後半には、欧米における家族法改革の潮流の中でドイツ民法も必然的に大規模な修正を蒙ったのであるが[21]、それは高度な科学技術の発達と経済成長に裏づけられた自由な社会への変革であったから、求められたものは個人の自由意思の尊重と夫婦の実質的平等の実現であった。この背景には非婚家族の増加という社会現象があり、いわば危機に直面した家族法を現実にアダプトさせることが不可欠の課題となったことも周知のところである。

右のいわゆる第一婚姻修正法によって、一三五五条旧規定は次のように改められた。

夫婦は共通の家族氏（婚氏）を称する（一項）。

夫婦は婚姻に際し、戸籍吏に対する意思表示によって、夫又は妻の出生氏を婚氏として決定することができる。決定がなされない場合は、夫の氏が婚氏である。出生氏は、婚姻時において婚約者の出生証書に記入されている氏である（二項）。

その出生氏が婚氏とならなかった配偶者は、戸籍吏に対する意思表示によって、婚氏にその出生氏又は婚姻時に称していた氏を前置することができる。意思表示は公の認証を要する（三項）。

配偶者と死別した者又は離婚した者は婚氏を保持する。これらの者は、戸籍吏に対する意思表示によって、その出生氏又は婚姻時に称していた氏を再び称することができる。意思表示は公の認証を要する（四項）。

平等の観点から新たに導入された婚氏の選択制によって、法文上は一応夫の優位が払拭された。しかし、選択がなされない場合の例外的措置として依然夫の氏の原則性が残存し、憲法上の論争をひき起こしている。[22] また、出生氏継続の権利に大きく譲歩し、自由意思による婚氏への前置が認められている。すなわち、二重氏のかたちをとる限りにおいて法的にも夫婦別氏が肯定されていることになるが、しかし前置される出生氏は子に伝えられることのない添名(Beiname)という性格のものにすぎない。嫡出子は父母の婚氏のみを取得するからである（一六一六条参照）。二重氏は非嫡出子に伝えることもできない（一六一七条一項参照）。

このように、今日のドイツ法における夫婦同氏制は、婚氏の選択制が導入されたことにより、少なくとも形式的には家父長制家族の伝統を克服しえたのであるが、その結果改めて、夫婦同氏ひいては親子同氏の理論的根拠を確認し直す必要を生じたとみることができる。ここではこの経緯を詳論する余裕はないが、判例・学説の議論において、基本法六条一項[23]による婚姻及び家族の保護がしばしば援用される事情は、ドイツ的な家族の伝統を再把握する試みと解することができるはずである。すなわち、氏の単一性によって示される家族の統一性という考え方は、ハウスの伝統の再確認にほかならないといえよう。それ故に、このような氏の団体的性格を解体させる結果を伴う夫婦別氏制に対しては、保守的立場からの根強い抵抗があることが十分予想される。以下では、別氏制論者がこの抵抗にどう切り込んでいるかを概観することになるであろう。

(1) 太田武男「婚姻・離婚と氏の問題――ドイツ法の場合を中心として」戸籍制度八〇周年記念・身分法と戸籍一二一頁以下、西村信雄「ドイツ法における氏の変更」立命館法学四・五合併号九一頁以下、唄孝一「ドイツにおける夫婦の氏」都立大学創立三〇周年記念論集一六三頁以下、富田哲「西ドイツにおける氏（Familienname）の規制」名大法政論集一〇六号三一七頁以下、一〇八号二〇九頁以下、一一一号四八七頁以下等参照。

(2) 滝沢・前掲論文成城法学三四号五〇頁以下、同「最近のフランスにおける氏の諸問題」日仏法学一四号一〇頁以下参照〔本書二四一頁収録〕。

(3) ミッタイス＝リーベリッヒ／世良晃志郎・ドイツ法制史概説改訂版三一一頁参照。J. Brissaud, Manuel d'histoire du droit privé, p. 163 et s.

(4) 船田享二・ローマ法第四巻一三頁以下、七一頁以下参照。P.F. Girard, Manuel élémentaire de droit romain, p.155 et s.

(5) Girard, op. cit., p. 156.

(6) Girard, op. cit., p. 174. 古典時代には妻は夫権の効果を受けながらなお生家の氏を保持しており、後に夫の氏を取得するようになったようである。Girard, loc. cit., note (1) ; A.Wacke, Münchner Kommentar des BGB, Bd. 5/1, S. 162.

(7) 黒木三郎・注釈民法⒇三二〇頁、木下・前掲論文婚姻法の研究下二一六頁等参照。

(8) 船田・前掲書二四頁以下参照。

(9) 村上淳一・近代法の形成二二四頁以下参照。

(10) 村上・前掲書二二九頁参照。

(11) ドイツ慣習法の事情については、Wacke, a. a. O., S. 162. またBGB以前には、プロイセン普通法Ⅱ一九二条、ザクセン民法一六三二条、オーストリア民法九二条に夫氏の取得による夫婦同氏の規定があったとされ、理由書も夫婦同氏は夫婦の親密さ及び全生活を包含する婚姻共同体の意義に鑑みて当然の帰結と論じている。Motive zu dem Entwurfe eines bürgerlichen Gesetzbuches für das Deutsche Reich, Bd.Ⅳ, S. 106.

(12) 村上淳一＝ハンス・ペーター・マルチュケ・西ドイツ法入門八四頁以下、F・ヴィーアッカー／鈴木禄弥訳・近世私法史五八〇頁以下参照。

(13) 滝沢・前掲論文成城法学三四号一二〇頁参照。

(14) すなわち、社会情勢の変化とともに慣習による夫婦同氏という曇りがとり除かれ、原則が本来の意義を発揮することになったわけである。その結果、子による父母の氏の承継という面においても、父母の平等を実現するという革新的立法が実現した。滝沢・前掲論文日仏法学一四号三六頁以下参照。

(15) ドイツ民法典一二条は、氏名の使用権を争ったり、氏名を冒用したりすることによる侵害に対して、侵害除去ないし予防の請求をなしうるとして、氏名権の権利性を確認している。

(16) 唄・前掲論文都立大学三〇周年記念論集六頁以下参照。

(17) 潜在的なものであるが民法典一二条により保護され、身分登録簿の氏の訂正に異議を申し立てることができる。H. Dölle, Familienrecht, Bd. I, 1964, S. 462 f.

(18) この点との関連では、氏の異同に伴う付随的な法的効果が全くないことにおいてわが国の場合と異なるという指摘も見落とすべきではなかろう。唄・前掲論文都立大学三〇周年記念論集一六四頁参照。

(19) 当然、嫡出子は父の氏を取得する（一六一六条参照）。

(20) 唄・前掲論文都立大学三〇周年記念論集一九三以下参照。

(21) 宮井忠夫「西ドイツ家族法の改正㊤㊦」ジュリスト六三九号一〇二頁以下、六四〇号一二五頁以下参照。

(22) この問題は次章にとり上げる連邦憲法裁判所の決定の中でも言及されているが、中心の論点ではないため、本稿では必ずしも十分には論じていない。

(23) 基本法六条一項は、「婚姻及び家族は国家的秩序の特別の保護の下にある」と規定する。

三　連邦憲法裁判所一九八八年三月八日決定をめぐって

1　事案と判旨

男女同権法により婚氏に出生氏を付加する妻の権利が認められていた時代にも、民法典による夫婦同氏の原則そのものの合憲性が争われた判例は既にみられ、連邦憲法裁判所は、単一の婚氏の制度は男女平等の確認及び広く差別の禁止を想定する基本法三条二項、三項に反しないとしていた。(1) ただし、この婚氏が夫の氏でなければならないとする点の合憲性は疑わしいとされている。(2) 後者の問題が立法的に解決された一九七六年法成立後、連邦憲法裁判所は一九七八年五月三一日決定により、改めて民法典一三五五条一項旧規定が基本法三条二項違反であることを確認している。(3) その結果、基本法に反する規定の失効後一九七六年法施行前に婚姻を締結した夫婦に対しても、妻の氏を婚氏とするために婚氏の変更を認める立法的措置が不可欠となった。(4)

右のような背景の下で、婚氏の単一性そのものが再び憲法裁判所の判断に付され、一九八八年三月八日決定がこれを合憲としたわけである。呈示決定はチュービンゲン区裁判所に係属する二つのケースに関連してなされた。一件においては、ドイツ人の夫とオーストリア人の妻が別氏での婚姻を意図し、国内の公証人に対してオーストリア一般民法典九三条一項により妻の氏を共通の家族氏とする意思表示をなし、その謄本を所轄の戸籍吏に送付した。当事者は意思表示をオーストリア官庁にのみ宛てたものと限定し、ドイツ民法典一三五五条一項により婚氏の選択をする意思は全くなかったにもかかわらず、婚姻証書には妻の氏を婚氏とする記載がなされたため、戸籍吏に対して訂正の申立てをしている。他の一件は、ドイツ国籍をもつ婚姻当事者がそれぞれの出生氏の継続使用を主張しつつ、仮の手続として妻の氏を婚氏とし夫の出生氏を前置する意思表示をしたものである。婚姻登録簿には当然妻の氏を婚氏とする記入がなされたため、これを本来の趣旨に沿って訂正すべく申請がなされた。

いずれの事案においても、当事者が通常の生活のレベルで別氏の婚姻を望んでいるとみられる点で、一九六三年決定の事例が妻の職業活動を理由とするケースであったのと対比され[5]、問題の新しいあり方が窺われるようである。訂正の当否について判断を委ねられた区裁判所は、次の疑問を憲法裁判所に呈示した。民法典一三五五条一、二項は婚姻当事者に共通の家族氏を称することを強制し、出生氏の保持を選択する権利を認めない限りにおいて憲法違反ではないか。第一部決定は六対二の評決でこの疑問を否定しており、理由にはヘンシェル裁判官の補足意見が付けられている。

まず、多数意見にあたるところを概括してみよう。氏は単なる識別と位置づけのための記号ではなく、個人の同一性と個性を表象する手段であるから、各人の出生氏に対する権利は人格権の範疇に含まれ、法秩序によって尊重され保護されるという前提が冒頭に確認されている。しかし、この保護請求権は無制限のものではなく、氏名権は氏の持つ社会的機能を考慮しつつ立法的に形成される。その際、氏の権利の高度な価値に鑑みて、それに対する侵害は重大な理由がなければ生じないし、また相当性の原則[6](Grundsatz der Verhältnismäßigkeit)の下でのみ許される。氏名権をどう形成するかについては、立法者は原則的に自由である。基本法六条一項は家族氏の統一を要求するものではないけれども、民法典一三五五条一、二項が目ざすように家族員の連帯を外部的に明示することは基本法の趣旨にかなっており、そこでは家族員の個性は保護されない。

従って、問題は立法者の選択した解決が憲法的な見地からみて相当性の原則を満たすかどうかである。決定理由は、婚氏の規定が立法者の追求する目的にとって適切かつ必要な措置であるから右の原則を損なうことではないとし、二重氏が併用されていることは過渡期の現象であって当面の判断を左右するものではないと論じる。

さらに、婚氏の制度が、自己の出生氏だけを継続することを許されなくなる配偶者に不当な不利益を負わせるかどうかは、とりわけ基本法三条一〜三項の平等規定との関連で検証を要するため、詳論されている。この観点からは、民法典一三五五条三項の認める出生氏の前置によって、婚氏を譲歩した配偶者の一般的人格権に十分な配慮がなされていることを評価しなければならない。出生氏の前置は、その実際的意義においては婚氏の添付にほかならないから、当事者の一貫性及び氏に関連する利益は維持される。ただし、二重氏を名のることは必然的に婚姻を維持させるため、家族状況を黙秘する権利を侵害することになるが、婚姻は官庁の記録により一般に知られうる公的関係であるから、その秘密保持が人格権保護のために要請されることはないとみるべきである。

もう一つの理由は、ドイツ氏名法の柔軟性にあり、完全な氏名の使用が常に義務づけられるわけではなく、個人による自由な氏名の形成が可能とされている事情を考慮しなければならない。官公庁に対する氏の申告は完全なものでなければならないが、署名は本人の同一性が明確である限り必ずしも同じではなく、商号についても出生氏のみによる商号を婚姻後に継続することが認められている。官公庁に対する虚偽の氏の申告は、秩序ある共同生活の安全という公的な利益に明らかにかかわるような限定的な場合においてのみ、秩序違反となるのである。他方、いわゆる芸名又は職業名というかたちで、婚氏を付加することなく出生氏を継続する余地もある。住民登録権基本法や身分証明書法も家族氏とともにこれらの氏の使用を想定することによって、職業名の社会的意味を顧慮している。

決定理由は、右のように論じた上で婚氏の制度が基本法の平等規定に抵触しないとした上で、国際結婚の場合にはドイツ人同士の場合と異なる取扱いが可能であることをつけ加えている(7)。最後に、傍論として婚氏についての合意がなされない場合には夫の出生氏が婚氏になることを規定する民法典一三五五条二項二段に言及し、基本法違反の疑いがあると示唆していることを見落とすべきではなかろう。

補足意見は、判旨の推論のあり方自体を批判するものであり、相当性の原則に照らして、一般的に法規の合憲性を検証することの不適切と不確実性を指摘している。論者は、家族の統一という公的社会的要請と氏を名のる当事者個人の要求との対立（それは基本権と基本権の対立に帰する）が、立法者によって調和的に解決されているかどうかを端的に判断すればよいと主張するのであるが、いずれにしても結論は多数意見を支持するものであった。

2 学説による評価

右の決定に対して書かれた評釈のうちでは、グラースマンによるものが最も詳細に批判的意見を展開している。(8) 憲法裁判所の判断が民法典一三五五条一項及び二項一段に限定してなされているのに対し、問題はむしろ婚氏の選択がなされなかった場合には夫の氏が婚氏になると規定した二項二段にあり、婚姻当事者が積極的に婚氏を拒み、夫婦の氏を結合した二重氏を婚氏とするかあるいは各々の出生氏を継続することを明示的に望んだ場合にまで右の規定を運用することが基本法に適合するか否かを中心に判断すべきであったと論じる。

論者によれば、婚氏制度によって婚姻当事者の一人に、次の世代に伝えることができるというかたちでの出生氏の権利を犠牲にせしめることは、その者の人間性の尊厳と結びついた人格権に抵触するのみならず、自己の選んだ相手と婚姻するという基本権を侵害する。従って、問題は公の利益を理由にこのような基本権の制限を正当化しうるかに帰するのであるが、婚姻の自由を否定しうる程の重大かつ緊急な全体の利益はありえない。婚姻当事者の家族状態を知らせる手段としては、外国の立法例にみられるように、単に「誰それの配偶者」という記載をすれば足りる。基本法六条一項は、国家に対し婚姻を積極的に保護することのみならず、消極的に婚姻を妨害することの禁止をも要求するものである。一九八一年以降の婚姻総数が一九六〇年当時と比べて大幅に減少していることに鑑みると、婚姻当事者の一人に将来の世代に伝えうるかたちでの出生氏の保持を禁じていることは、非婚共同体と婚外子を生む原因となり、公の利益を害することは明らかである。(9)

そこで、民法典一三五五条一項及び二項一、二段の規定について憲法適合性を判断するにあたっては、前述のように二項二段に焦点をあてつつ、以下の六つの理由を指摘して、憲法上の疑義があると主張する。

①婚姻締結の自由を侵害することにより、基本法六条一項に抵触する。婚姻の自由はまた基本法二条一、二項の自由権の規定[10]によっても保護されている。法律上の婚姻を回避させないためには、単一の婚氏を断念するか夫婦の双方の出生氏を結合した婚氏制を導入する方がよい。婚姻の自由が憲法適合的に制限されうるか否かは、単一の婚氏制の利益が出生氏を犠牲にする配偶者の損害をカヴァーするものであるかにかかってくるが、婚氏の実質的意義はドイツでは過大評価されてきた。

②合意の強制により人格権を侵害する。一三五五条二項は、婚姻当事者が将来の氏に関して意思表示をしない場合のみならず、明白に出生氏の維持を希望する場合にも夫の氏を強制するのであるから、基本法二条一項により保護されている人格権の侵害となる。また、氏はとりわけ人の感情と深い関連性を持ち、各人の両親との連帯を表示するという機能があるため、基本法の核心領域、すなわち基本法一九条二項のいう本質的内容[11]に該当し、最高の法的価値を認められる。従って、その保護に際しては、公共の福祉という利益にも優先する配慮がなされなければならない。

③妻の差別が憲法違反となる。妻が明示的に夫の出生氏が婚氏となることを拒んだ場合にも一三五五条二項二段が適用されるという拡張的解釈をとる場合には、妻は婚姻を諦めるか不可侵の氏の権利を放棄するかの選択を迫られる。このような規定は基本法三条二項の男女平等の原則に反する。さらに、実際上の理由として、男が妻の家族氏を取得するならば友人や職場の同僚の嘲弄を受け、上司との関係でも氏の一貫性を欠くために職業上の不利益を蒙る。通常の能力ある男は妻の出生氏を婚氏として受け容れないであろうから、一三五五条一項一段の規定の平等性も形式的なものにすぎない。

④婚姻をした子が家族氏において両親との関係を証明するという基本権（基本法六条一項参照）に抵触する。夫婦は婚姻後もそれぞれの両親と親しく結びついているのであるから、両親から取得した氏を婚姻後にも継続する権利は

基本法六条一項によって保護されるべきである。

⑤非婚生活共同体のパートナーと比べて、夫婦は差別を受けている。④で示したように、配偶者の一人がその出生氏を次の世代に伝えうる家族氏として保持しえないことは、婚姻類似の共同生活をするパートナーにそれが許されていることと対比すると、婚姻の差別とみることができるであろう。この差別は基本法六条一項及び三条一項と抵触し、他の規定が婚姻した夫婦を優遇していることによって正当化されるものではない。最高の法的価値を持つ人格権の問題だからである。[12]

⑥その他の正当化の根拠も排除される。第一に、一三五五条三項が婚氏に自己の出生氏を付加する権限を与えていることによって正当化されるものではない。第二に、婚氏の合意ができないような当事者には幸せな結婚生活は期待しえないという推論は誤っている。氏の権利を主張して係争中の婚姻当事者も健全な結婚生活を営んでおり、むしろお互いに相手の氏の権利を犠牲にしない思いやりをもった理想の夫婦である。最後に基本法六条一項からは、単一の婚氏の強制は全く導かれない。同条については、むしろ婚姻当事者が希望するならば共通の婚氏を称する権利をそこから導くことができるかどうか問うべきであろう。

右に概括したグラースマンの議論には、やや冗漫ではあるけれども、単一の婚氏を強制することが何故不当であるかについて理を尽くした深い考察がみられる。しかも、基本法の規定との整合性を検証する具体的な推論であり、そこからドイツ法理論の問題状況を明確に把握することができる。論者は結論において、原則的に夫婦別氏、希望により単一の婚氏も可とする解決を理想とし、民法典の条文をより自由な規範によって補充することが基本法六条一項から導かれる立法者の任務であると指摘する。[13]また決定それ自体に対する評価として、憲法裁判所の従来の路線をそれた保守的なものであると指摘している。社会秩序を考慮して婚氏の伝統の最後の砦を辛うじて守った決定とみるべきであろう。

次に、同じく決定に批判的な立場をとりながらも、その内容を極力前向きに解釈することによって、夫婦別氏に有利な議論を引き出そうと試みた女性評釈者の議論を要約しよう。(14) ニナ・デトロフとズザネ・ヴァルターによれば、婚氏の規定の違憲性を相当性の原則により否定した理由づけは、少数意見が指摘するように、結局立法目的と手段を融合させるような議論に帰着し、何故家族の単一性を外部に表示する必要があるのかという本質的な問題には答えていない。また、婚姻状態は公的な法関係であってその秘密保持を要求する権利はないのであるから、二重氏の使用によ る人格権の侵害はないという理由づけに対し、家族関係の公示が公的利益のために要求される場合にはそれがあてはまるとしても、二重氏によっていつでも誰に対しても婚姻状態の公表を強制されるところに人格権の侵害があると反論している。

しかし、憲法裁判所の見解は、婚姻に際して出生氏を譲歩した配偶者の人格権を過度に侵害してはならないという判断を含むものであり、婚姻当事者の氏名権に広範囲な自由化を持ち込んだと解することができる。すなわち決定理由は、(a)完全な氏を名のる義務は限られた領域にしかかかわらない、(b)職業氏としての出生氏を法的にも使用しうる余地がある、と論じ、出生氏を名のる権利が婚姻後も原則として存続していることを認めている。評釈者はとりわけ(b)の点を評価し、その場合の職業氏の概念は、公的生活の場でその氏を名のっているかどうかという柔軟な基準によるべきものであるとする。その上で、職業氏による代替性を理由に婚氏制度を正当化したとしても、家庭内にとどまっている配偶者の氏名権に対する配慮が欠落していることを批判する。これに対し(a)の点は、出生氏の使用継続が一般的に認められていない以上余り大きな意義は認められない。いずれにしても、本決定によって、婚姻中に職業氏として出生氏を名のる権利が創造されたとみるべきであり、立法者はこれを承けて近い将来に婚氏法の改正をしなければならないであろう。決定が一三五五条二項二段の合憲性に疑問を投じていることも、その重要な根拠となる。

本決定に賛成の立場からは、ボッシュによる長い評釈が書かれた。[15] 論者によれば、婚姻は二人の当事者間にのみかかわるのではなく、広く国家、社会に結びついた関係であり、その氏は夫婦の身分を明示すると同時に子の身分を示す手段でもある。この意味で、決定が粗雑な個人主義的考察を拒否して、家族氏に識別の基準としての社会的機能を認め、かつ家族状態を黙秘することは人格権の保護領域に含まれないと判断したことは重要である。この観点からみると、婚氏に対する評価は子の家族氏という側面にも配慮してなされるべきであった。夫婦が各自の出生氏を継続するとすれば子の氏はどうなるのか。この点に関するチュービンゲン戸籍局の見解も、デトロフ＝ヴァルターの提案も妥当を欠く。夫婦の共通の子の全てに立法によって固定された一つの家族氏を使用できる状態にすること、その必要性こそが本決定の最大の理由でなければならない。それ故基本法六条一項は統一的家族氏の選択を命じていないという理解も危険であり、婚氏制度は子のために存続する必要がある。

論者はさらに、先のデトロフ＝ヴァルターの評釈に対する反論を追加し、判決への支持を確認している。筆者らによる職業氏の過大評価を批判し、子の氏の問題が考慮されていないことを再度指摘する。論者にとっては、少数者が婚氏制に反対して過激な議論を展開していること自体が理解に苦しむところであって、前述のグラースマンの議論は必ずしも踏まえられてはいないが、恐らくは彼を納得せしめるには至らないのである。典型的な保守的立場を代弁しているとみることができよう。

教科書の説くところは、右のボッシュほど氏の統一に傾斜してはいないが、憲法裁判所の見解に即した現実的な現状肯定となっている。[16] たとえば、バイツケもまた家族氏は夫婦の個人的利益のみにかかわるのではなく、公法上の制度としての側面があるため、完全な平等は実現し難いとする。出生氏の継続は家族の単一性に反する。他方、共通の婚氏の選択的決定は公法上の利益の側面とは必ずしも調和しないが、夫婦の双方に平等のチャンスを与える唯一の解決方法である。また出生氏の前置を認めることは、氏名継続による人格的利益を考慮したものであるけれども、家族にとって望ましい氏の単一性はそれにより損なわれる(17)。

さて、本決定に対する右の批判説と賛成説の立場をそれぞれどうみるかである。グラースマンが指摘するように、ドイツの判例には個人の氏の権利を人格権として積極的に保護する伝統がみられたのであるが、夫婦別氏を肯定しうるかというといわば極限的な問題提起に対し、憲法裁判所は伝統に軍配を上げるかたちでとりあえずその限界を明示したわけである。家族氏の単一性はドイツの法財産であり、ドイツ社会の慣習とも一致するという基本的な事情がある一方、民法典は婚氏を選択制として可能な限りでの夫婦の平等を実現し、かつ出生氏を前置する権利を認めるという配慮をした。このような立法が、先のいわゆる相当性の原則によって実際的な評価を受けるならば、現状肯定的な合憲の結論が導かれることはむしろ当然であるといえよう。裁判所は原則を維持しつつも緩和するという、実際的で柔軟な問題処理を目ざしたとみうけられる。

しかしながら、理論的な詰めをした場合には、民法典の規定は基本法の諸原則に照らして疑問がないわけではもちろんない。とりわけ、夫の氏の優越性を痕跡として残す一三五五条二項二段が平等原則に抵触することは、既に確認されているに等しい。婚姻当事者が婚氏の選択をなしえないかまたはこれを拒む場合において、仮に右の規定に依らないとするならば、裁判官による調停という解決をとるか、あるいはそれぞれの出生氏の継続を認めるか、いずれかによらざるをえないであろう。前者の解決の難しさを考えると、結局別氏の導入は不可避となる。そうでなければ、婚姻への道を塞ぐことになるからである。この経緯は、グラースマンによって的確に指摘されている。

このようにドイツ民法における婚氏制と家族氏の単一性は、そのあり方自体において必然的に別氏制をとり込んで少なくとも部分的に解体されてゆく契機をはらんでいたとみることができる。夫婦の氏の個別性はドイツの公の秩序に反しないと裁判所も確認している(18)。ボッシュ評釈が問題を子の氏の領域に移して一つの婚氏の必要性を強調していることは、議論のすり換えとも言えるのではなかろうか。なぜなら、別氏制が導入された場合の子の氏の決定方法は将来の立法によって解決されれば足りるのであり、その点が不明確であることは理由にならないからである。また、フランス法が既にこの問題を克服していることも想起されるべきであろう。[19] 婚氏の議論が過度にイデオロギッシュであるという批判は、あくまでも伝統の側に立つ論者の個人的見解によるものであって、当面の議論が結局は世界観の問題に帰するという指摘[20]は極めて適切である。そうであるならば、問題の鍵は実社会の要請がいずれの方向にあるかではなかろうか。離婚法にあれ程斬新な改革を導入しえたドイツ法が、婚氏制の理論的な解体を実現しえないはずはないであろう。判例と立法の今後の動きが興味深いところである。[21]

（1） BverfG, Beschluß v. 26. 11. 1963, BVGE17, 168 ; FamRZ 1964, 75 ; NJW 1964, 291. 石川稔「夫婦の氏の統一を強制するのは違憲ではない」別冊ジュリスト・ドイツ判例百選四二頁以下、富田・前掲論文一六六頁以下参照。
（2） これを合憲と判断した行政裁判所の判決もみられる。BverwG,Urteil v.27.11.1959, NJW 1960,449.
（3） BverfG, Beschluß v. 31. 5. 1978. FamRZ 1978, 667. 富田・前掲論文一七〇頁以下参照。
（4） 一九七九年三月二七日の法律（Gesetz über die Änderung des Ehenamens）は、戸籍吏に対する意思表示によってこのような婚氏の変更が可能であるとした。
（5） 事案においては、妻である申立人は医学博士の肩書きをもつ医者として、職業生活上の名声を失うことやそれに伴う経済的損失を強調し、異議申立をしている。
（6） 訳語は山田晟・ドイツ法律用語辞典による。富田論文（前註一(7)参照）は、「比例の原則」としておられ、国家権力の行使においては目的と手段とのバランスが必要であるとする考え方をさす。
（7） 民法典一三五五条一項が国際結婚に適用されないことについては連邦通常裁判所の決定があり（BGH, Beschluß v. 12. 5. 1971, FamRZ 1971, 426）、妻の氏は妻の母国法により決定されるため、その限りにおいて夫婦別氏も可能とされていた。また、一九八六年九月一日の国際私法改正法施行以後は、氏を名のる者の国内法の適用が原則となっており、当然別氏の可能性が肯定されている。FamRZ 1988, 587.
（8） G. Grasmann, Zur Verfassungsmäßigkeit des einheitlichen Ehenamens（§ 1355 Ⅰ - Ⅱ BGB）, JZ 1988, 595.

(9) 一九七〇年代以降のドイツにおける非婚共同体の増加に関しては、婚姻家族の危機という認識がみられ、家族の保護が改めて論じられているため、婚氏制の廃止も当然その一環として主張される。P. H. Neuhaus, Finis familiae?, FamRZ 1982, S. 1 ff. (5).

(10) 基本法二条は次のように規定する。
一項「何人も、他人の権利を侵害せず、憲法秩序または道徳律に反しない限り、自己の人格の自由な発展に対する権利を有する。」
二項「何人も生命及び健全な身体に対する権利を有する。人格の自由は侵害されない。これらの権利は、法律に基づいてのみ制限されうる。」

(11) 基本法一九条二項は、「いかなる場合においても、基本権はその本質的内容において侵害されてはならない。」とする。

(12) 基本法三条一項は、「人はすべて法の前に平等である。」とする。

(13) この点に関して評釈は、BverfG, Beschluß v. 4. 5. 1971, FamRZ 1971, 414を引用している。前婚の離婚をスペイン法が認めないため、スペイン人がドイツ人との婚姻を拒まれるのは、基本法六条一項が婚姻締結の自由を保証していることに反すると判示したケースである。

(14) N.Dethloff und S.Walther, Anm. FamRZ 1988, 808.

(15) F. W. Bosch, Anm. FamRZ 1988, 587 ; 1988, 809 (Zusatz-Bemerkungen) .

(16) G. Beitzke, Familienrecht, 23. Aufl. S. 60 f. ; D. Schwab, Familienrecht,5.neue Aufl., S. 83 f.

(17) G. Beitzke, a. a. O., S. 61.

(18) BGH, Beschluß v. 12. 5. 1971, FamRZ 1971, 426 (428). ドイツ国内においてドイツ人と婚姻したスペイン人の妻は、自国法に従って婚姻後も夫と異なる氏を称することができると判示したケース。

(19) 滝沢・前掲論文日仏法学一四号三六頁以下参照。

(20) 国家は基本法に従ってそのような世界観に対して中立であるべく義務づけられていると本決定の解説は説いている。FamRZ 1988, 588.

(21) その後の判例として、一三五五条二項二段の合憲性を問題としたAG Tübingen, Vorlagebeschluß v. 5. 5. 1988, NJW 1988, 1808 (婚姻当事者が婚氏の決定をしなかった事案) がみられ、この呈示決定に対して違憲の判断が下されるならば、婚氏制は実質的に解体することが予想される。他方、婚姻当事者が明示的に別氏による婚姻登録を戸籍吏に申請し却下された事案を、一三五五条二項二段の問題とせず、同条一項を適用して適法とした例も見られる。OLG Zweibrücken, Beschluß v. 15. 9. 1988, FamRZ 1989, 506.

四　わが国の法改正への展望

わが国の今日の問題状況において、夫婦別氏制の導入に反対する立場があるとするならば、ドイツ憲法裁判所の見解はこれに一つの重要な裏づけを与えるものと解されるかもしれない。伝統、家族の統一の要請、社会秩序の維持、子の氏の問題等々、現状維持のための諸理由は両国間に全く共通のものがあるからである。しかし、検討してきた当面の一九八八年決定は、ドイツ法理論の枠内においても鋭い批判の対象となっており、婚氏制は既に解体寸前にあるとみうけられた。加えてわが国の氏の固有の事情、言いかえればドイツ法との本質的な差異に注目し、その上に立って右の決定を考えるならば、夫婦別氏制の導入はわが国においていっそう緊急の課題であると言えるはずである。

最大の理由は、言うまでもなく「家」制度の歴史による。ドイツにおけるハウスの伝統と同じく家父長制的家族を基盤としながら、わが国の「家」は、その特殊イデオロギー的性格、独特の団体的法構造の故に、戦後の法体系の中で全面的に否定されるよりなかった。そのトータルな拒絶の中で、家名としての氏が否定されたことにより、氏名権という観念自体がとりわけ形成され難い状況にあったことは先にも言及した。ドイツ民法典が氏名権の保護を明文規定によって確認したことと全く対照的な事情である。また、「家」制度の封建的構造は、ドイツ法にみられるように妻がその非嫡出子や養子に自己の氏を与えるという問題処理を生じさせる余地も認めていない。すなわちドイツ法は、伝統を踏まえつつも、完全に個人主義の論理体系に基づくかあるいはこれを念頭におく氏名制度をもっているのに対し、わが国の場合には、氏を論じる原点ともいうべき個人主義の確認がありえなかったことを改めて考えるべきであろう。[1]

氏を真に個人のものとするためには、氏における「家」の解体、すなわち夫婦別氏制の導入が不可欠であるという論理は右のような事情に由来する。その上ではじめて、ドイツ法と同じレベルにおいて夫婦の平等、人格権としての氏の権利を論じることができるのである。また実際的な面からみるならば、夫婦別氏制への動きは、わが国の社会の中でようやく「家」の解体が遂げられ、個の確立が進行するとともに、氏がはじめて十分に個人のものとして自覚されることによって現実的な課題となりえたことを指摘すべきであろう。改革の推進者は主として女性であるけれども、そのような動きを承認し支援するだけの余裕が社会全体に育まれているという事実もまた重要な要素である。このように、社会の現実が新たな氏の理論の形成を可能にするという状況は、その限りにおいてわが国にもドイツにも共通であるとみることができる。氏の変更に対する抵抗感故に法律上の婚姻を回避する現象がみられることも、その程度こそ明確ではないが、共通の事情として注目すべきであろう。

他方、別氏制の導入とともに氏名権の重要性を確認するという改革の方向は、わが国においては必然的に個々人の氏の意識の根底に潜む「家」的要素を改めて自覚させ、氏を通して過去の伝統を再評価せざるをえない面が出てくることも考えられる。また、別氏制は父母の氏の承継を重視する制度でもある故に、状況によっては夫婦の自立を妨げる場合が出てくることもありうるであろう。しかし、いずれにしてもそれらは目的を回避する理由であってはならず、前向きに克服されなければならない問題である。氏に対するこだわりを可能な限り保護してゆこうとする考え方は、個人意思の尊重という意味をもつ故に、氏名変更の原則的自由を肯定する英米法のあり方とも結びつく。問題が膠着した場合には、そのような自由主義に活路を求める余地もあることは念頭におかれてよいであろう。[2]

最後に、ドイツ法と直接の関連性はないとしても、わが国の法改正を論じる場合に避けては通れない戸籍の問題に言及しておきたい。これまでの議論から明らかであるように、氏の理論を戸籍編成原理と結びつけて両者を一体的に捉えるという従来の考え方は、きわめて不自然な日本的特殊事情であるにすぎないし、さらに言うならば、それはまさに「家」制度の残滓そのものである。従って、氏と戸籍を切り離すことが、改革にあたっての基本方針となるべきであることは、多言を要しないであろう。問題は氏という基準を取り払った場合の戸籍編成原理をどうするかである。わたくしは先に二氏一戸籍というかたちでの解決を提案したのであるが、(3)その場合には親権が氏の代替となりうるかと考えた。しかし、検討は今後の課題である。氏と戸籍を切り離すといっても、夫婦別氏制の導入は現に行われている実務を前提として実現されるよりないのであるから、戸籍の現状を無視することはできないし、他方、いかなる形態の別氏制を採用するかにより解決方法も異なるはずである。いずれにしても、このような実務的側面は必ずしも本質的な問題ではなく、むしろ実務家の工夫に委ねられてもよいのではなかろうか。(4)

右の問題に関しては、戦後の民法改正に際して、戸籍の個人別編成が主張されたことが想起される。氏が真に個人の呼称となるためには、実はそこまで行かなければならないのが理論的道筋のはずであった。しかし、残された家族単位の編成方式は、その実務上の便宜性に極めて高い評価が与えられたことも事実である。すなわち、逆にいえば、戸籍が家族単位であることは公法的側面からの検索や身分関係の証明に便利であるという以上の意味をもつものではなく、そこに当事者の権利を積極的に承認する必要は必ずしもないという考え方が可能である。そうであるならば、戸籍編成原理にそれ程絶対のものを求めなくても、状況に応じて随時単独戸籍を承認してゆく方向で、再編成に伴う困難な問題を解決してゆくことができるのではないかと推測される。(5)誰と誰とが同一戸籍に入るかに重大な関心を持つことは、まさに「家」の発想にほかならないのであるから。

わが国の夫婦別氏制は、いつどうのようなかたちで実現されることになるのであろうか。また、いかなる理由によってそれは実現されるのであろうか。諸外国の改革の動向に鑑みて、という正当化がわが国ではなされがちであるけれども、優れた立法はやはり何よりもわれわれの社会の内部にある少数者の声に道を開くものであるにちがいない。(6)

別氏論者のキャンペーンや静かな行動と発言に立法者のいっそうの関心が寄せられることを期待したいと思う。

（1） 最近に至って、澤田・前掲書一一頁が本文と同様に個人主義の確立という視点から問題を論じておられ、注目される。

（2） 具体的には、意思による氏の変更の自由を認める民法七九一条のような問題処理が考えられる。その可能性については、滝沢・前掲論文成城法学三四号一二六頁以下に論じている。

（3） 滝沢・前掲論文成城法学三四号一三五頁以下参照。

（4） 民法に別氏制が導入される場合は、戸籍にはそれに応じた工夫が可能であろうという民事局長の見解等を援用しうる。大関嘉造「民法七五〇条改正論と戸籍実務㈠」戸籍時報三七九号三二頁参照。

（5） 現状の戸籍制度の下でも、個人単位の戸籍抄本の活用が望ましいことについては、養子法との関連で既に言及した。滝沢聿代「改正養子法の展望」成城法学二七号一三七頁参照。

（6） この点との関連では、一九九〇年私法学会シンポジウム「製造物責任」のしめくくりに際し、司会の好美教授が消費者被害の実態に即した議論が不十分ではなかったかという趣旨の反省のコメントを述べられたことが想起される。立法論のあり方という意味でここにも同様の問題が含まれるといえよう。

〔判例タイムズ七五〇号（一九九一年）〕

選択的夫婦別氏制――その意義と課題

一　はじめに

民法七五〇条の改正による別氏制の導入は、民法の分野で現在最も関心の高い問題の一つである。しかし、目ざされている法改正が実現するためには、未だ十分な議論が尽されてはいないのではないか。というより、論点や改正のテクニックという意味での提案は既に出尽しているとしても、それらの裏づけとなる議論を整理する作業に不足があるようにみうけられる。法解釈にもまして立法は、様々に対立する利害得失の調整とならざるをえないから、何を目ざし、何を取捨選択するかについての基本的な価値判断を明確にすることがとりわけ要求されるはずである。本稿では、この観点から、わたくしの立場を明らかにしつつ、当面の課題に答えたいと考えるわけであるが、出発点には、言うまでもなくこの法改正ができるだけ早い時期に具体化されることを期待する基本姿勢がある。その理由は以下の論述の中で明確にできるであろうが、とりあえず一般論を述べるならば、それは極めて必然的な歴史の流れであるように思われる。

明治民法によって「家」制度が法律上のものとなる以前には、わが国の氏の制度がむしろ別氏制であったという事実は度々指摘され、われわれには共通の認識となっている。(1) 親子、夫婦のつながりのうちでは前者の方がより始源的であるから、氏のあり方においても、意図的な操作が加えられない限り親子同氏が優先されることは自然である。(2) その意味で、個人の呼称性を超えたところでは、氏は第一に血統を示す標識となるはずであり、そのこと自体を否定的に評価する必要はないといえよう。壬申戸籍による家族の法的な把握を目ざしていた明治初年の為政者が、氏名による国民の掌握をより正確にする目的でごく自然に夫婦別氏制を創出することは、まさにフランスにおいて、革命期の政府により氏名不変の原則が確立された状況を想起させる。しかも、法史的にみるならば、近代以前のわが国は中国法の影響下にあり、韓国とともに別氏制の系譜をなしても不思議はないであろう。(3)

にもかかわらず、明治三一年の民法典施行以来、わが国の氏は全く独自の法的特徴を示すことになった。「家」制度そのものが、戸籍との結合、祖先崇拝、「家」の存続のための様々な法的対応等によって、わが国固有の文化を形成し、氏は「家名」としてその中枢に位置づけられたからである。しかし、その「家」も家父長制的大家族であったという限りでは普遍的性質を示しており、同様に家名としての氏は、その団体名的性格において、ドイツ法の氏が婚姻共同体（Eheliche Lebensgemeinschaft）の名称とされることと構造的に異なるものではないとみうる。このような理解は、氏を固有の文化論の中に埋没させ、適切な対応を回避させるという危険から逃れるためにも、ぜひ確認しておかなければならない。

家名としての氏は、昭和二二年の家族法改正とともに消滅した。しかし、社会に定着した氏の取得変更のあり方は、そのまま新法にひきつがれて今日に至っている。他方、「家」制度の亡霊として残された氏の法的性質をどう捉えるかは、民法学の争点となり、①氏は単なる個人の呼称である、②氏は家庭の名である、③氏は血統を示す呼称である、④氏は戸籍編成の基準である、といった諸説を輩出しているが、未だそれ以上の進展はみていない。(4)

このように、氏が「家」の歴史を克服しえていない状況の下では、個人の氏の権利を強調することは、人々の意識の中に残る家的な感覚を助長する結果となるであろうから、わが国の法の下では氏名権の保護という考え方が育つ基盤は極めて薄弱であった。判例、学説においても、氏は単なる呼称にすぎないという理解が主流をなし、その下に今日までの氏をめぐる法形成が展開されてきたわけである。(5)

その間に、わが国の高度な経済成長と国際化の進展があった。豊かな社会が頂点に達しえた一九八〇年代に夫婦別氏を求める運動が開花したことは、一つには「家」意識の解体がほぼ極限に達したことを意味するであろうし、もう一つは個人の尊厳に対する自覚が、自己のアイデンティティの確保という抽象性の高いレベルを法的にまで要求するほど高まったことを示している。個人の経済生活に生じた余裕は、精神生活における余裕を生む。同様に、わが国の社会全体も多様性を許容し、自由と変革を志向しうるだけのゆとりをたくわえている故に、氏の改革がこれだけ社会の関心事となりえたのである。

とはいえ、改革論者はもちろん少数派である。改革において問題となっている利益は、主としては自立して社会活動に参画する女性たちのそれであるから、当面は限られた範囲の要求にすぎない。他方、改革派の予備軍である若年層のこの問題に対する意識の低さも指摘されている。(6)一般的には、わが国の青年層に社会的関心が稀薄であるのは、受験戦争と管理過剰に集約される教育体制の反映であるといえようが、なお加えるなら、社会に根ざす家族中心主義の伝統の影響もあるかとみうけられる。ただ、氏の問題に関する限り、体験の裏づけに乏しい若い人々が比較的保守的であるのは、外国の事情とも共通するようであり、(7)この点を改革論にとってのマイナス要素と考えることは適当ではないようである。

右のような状況の下では、わが国における夫婦別氏制の導入は、別氏制そのものあるいは選択的同氏制には到底なりえないのであり、ドイツ民法の一九七六年の改正が、結合氏のかたちで夫婦の一方の氏の権利に配慮したレベルの改革を、民法七五〇条の修正としてどう取り込みうるかの段階にあると解される。既に広く用いられている表現に従って、ここでのテーマを選択的夫婦別氏制とした所以である。

(1) 明治九年の太政官指令は、「婦女人ニ嫁スルモ仍ホ所生ノ氏ヲ用ユ可キ事。但、夫ノ家ヲ相続シタル上ハ夫家ノ氏ヲ称ス可キ事。」とする。江戸時代からの習俗にもとづくようであり、明治三一年の民法施行時まで形式的にはこの原則が維持された。山中永之佑「明治期における『氏』」黒木三郎＝村武精一＝瀬野精一郎編・氏・家の名・族の名・人の名一一八頁以下参照。

(2) わが国の場合、妻が夫の氏を称しうることは、婚家における家族員としての地位の確認を意味した。山中・前掲論文黒木＝村武＝瀬野編・前掲書一二三頁以下参照。

(3) 日本法は中国の宗族制度とそれに由来する同姓不婚制度を継受していないけれども、中国や韓国の夫婦の氏のあり方に事実上の影響を受けることはあったようである。山中・前掲論文黒木＝村武＝瀬野編・前掲書一二八頁（法典調査会議事速記録の引用）参照。

(4) 黒木三郎・注釈民法⒇三一八頁以下、床谷文雄「夫婦の氏」講座現代家族法第一巻八六頁以下、久武綾子「『選択的夫婦別氏制採用に関する意見書』を読んで（第1報）——氏の性格論をめぐって」戸籍時報三七五号四七頁以下、広渡清吾「『夫婦別姓時代』の解析」時の法令一三三九号四八頁等参照。

(5) 大森政輔「氏名権論」講座現代家族法第一巻三一頁以下が氏名権の到達点を確認しておられる。その中味には今後論じられるべき課題が多い。

(6) 久武綾子「『氏』に関する意識調査」黒木＝村武＝瀬野編・前掲書一六二頁以下、同「『選択的夫婦別氏制採用に関する意見書』を読んで（第2報）——夫婦別氏制に関する諸問題」戸籍時報三七七号五〇頁註(3)等参照。

(7) フランスでのアンケートに関して同様の指摘がみられる。M.F. Valetas, Avenir du nom de la femme et transformation des structures familiales, Population, 1992, n° 1. p. 131.

二　別氏制導入の意義

1　ドイツ法・フランス法の場合

選択的夫婦別氏制を何故導入しなければならないかは、前述のように結婚しても氏を変えたくないという一部の人々の氏に対する利益を保護する必要があるからである。氏の変更が実際上いかなる不利益、負担をもたらすかに関しては、多くの報告がなされており、くり返すまでもない。人間性の常として、名前が人格と深く結びついたものであることは否定できず、氏の変更が個人の同一性を失わしめるという指摘は、それを氏名権という法的構成で捉えるかどうかにかかわらず、当然の事実として尊重すべきであろう。

しかし、民法典一二条(1)が氏名権の侵害に対する排除の権利を明文化しているドイツ法の下では、同じ問題はわが国よりはるかに論理的な展開を示している。

歴史における家父長制大家族の発展過程において、女性の氏が父または夫の氏に吸収されることは当然の成り行きであった。このような意味において、ドイツ法の下でも民法典成立以来夫の氏による夫婦同氏の原則が行われてきたが(2)、もちろん例外にあたる結合氏の慣行もあり、またそれに全く抵抗がなかったわけではない(3)。しかし、一九五七年の男女同権法成立をまってはじめて、夫の氏に妻が婚姻前の氏を付加して用いることができるという修正が取り込まれえたのであり、夫の氏が婚氏（夫婦共同体の氏）という伝統は強固なものであった。婚氏における夫婦の平等が実現したのは、約二〇年後の一九七六年の改正によってであり、わが国の民法七五〇条と同じく、婚氏として夫又は妻のいずれかの氏を選択できることが新たな原則とされた。この際、いずれの氏にするかが決定されない場合には、夫の氏が婚氏となること、自己の氏が婚氏とならなかった配偶者は婚姻前の氏を婚氏に前置することができる旨の条文がつけ加えられた[4]。いかにも法の国らしい周到な規定のあり方である。

しかるに、現行ドイツ民法典の右の規定に対しては、別氏による婚姻を希望する夫婦からの訴訟を通して、単一の婚氏を強制する制度の違憲性が活発に争われてきた。連邦憲法裁判所は、夫婦・親子の氏を統一させる婚氏の制度が国家による婚姻及び家族の保護をうたった基本法（憲法）六条一項の規定に鑑みて合憲であることをくり返し確認しているが、逆に同条が氏の統一を義務づけるものではないという判断でも一貫していた[5]。これに対し、婚氏を夫の氏と定めていた民法典旧一三五五条二項の違憲性は早くから指摘されていたところ、一九七六年の改正を経た現行規定の下でも、婚姻に際して氏の合意がなされない場合には夫の氏が婚氏であると定めた現行の一三五五条二項二文が、ついに基本法三条二項の男女平等の原則に反すると判断されるに至った[6]。その結果、氏の合意が成立しない男女が婚姻をする場合には、暫定的に別氏による婚姻を承認するという対応がとられたようである。連邦憲法裁判所は、立法者に対し新法制定を義務づけているが、新制度は必ずしも夫婦別氏である必要はないとされている[7]。夫婦の氏をハイフンで結ぶ結合氏を婚氏とする可能性もあり、あるいは極端に言えば第三の氏を選択させる道もないわけではなかろう。しかし、現実的にみて、結合氏の場合にはいずれの氏を先にするか、あるいは子の氏をどうするか等の問題が残るし、氏の伝統を本質的に変える結果になることを考えると[8]、少なくとも選択的なかたちでの別氏制の採用はもはや既定の方向であろうと推測され、現にそのような改正試案が出ているとの報告がみられる[9]。

ドイツ法における右のような展開は、夫の氏の優越が夫婦の氏の平等へと移行し、婚氏による家族の氏の統一という伝統が夫婦別氏制へと解体するという二つのプロセスを含んでいる。とりわけ注目されるのは後者の方であるが、別氏制の契機が夫婦間で氏の合意ができない場合の対応に困難を来したからであるという事情は興味深い。ここには、ルールを貫徹しようとする法の意思と氏の権利を主張する個人の意思との相克があり、その中で法規範に内在する矛盾が自覚され、修正されるという極めてロジカルな問題処理がみられる。また、既に一九五七年に婚氏に妻の出生氏を結合させる改正を取り込んで夫婦の氏の平等に配慮し、一九七六年には婚氏イコール夫の氏という長い伝統を捨てて、婚氏の選択制を導入しているドイツ法にとって、別氏制への移行の前提は十分準備されていたことを確認しておくべきであろう。その根底にあるのは、やはり氏名権という発想である。「人間の出生氏は、個性又は同一性の現れである。したがって、個人は、原則として、法秩序により自らの氏が尊重され保護されることを求めることができる。」と説く連邦憲法裁判所の見識[10]に敬意を表すべきではなかろうか。

フランス法における夫婦の氏の問題は、右とは全く異なるかたちで論じられている。なぜなら、同じくローマ法に遡る家父長制家族の伝統をもちながら、フランス法は、別稿で論じたように大革命を契機として氏名不変の原則(principe de l'immutabilité du nom)を確立し、婚姻によって氏が変更するという規定をおかなかったからである[11]。もちろん実際上は妻が夫の氏を称することが慣習法として疑われていなかったため、一般に行われていたのは夫の氏による夫婦・親子同氏であった。しかし、法律上の夫婦別氏が前提であったため、実生活における夫婦別氏は、社会状勢の変化、とりわけ女性の意識の変化に対応して直ちに実現されえたわけである。抵抗はもちろんあったし、現にあると言われているが、それは少なくとも制度上の障害ではない。

問題は子の氏であり、別氏を認めながら妻の氏を子に伝えることができない点を改正することが近年のフランス法の氏における最大の課題であった[12]。改革の当否、方法等に関して度々の世論調査もなされたが、結局一九八五年に夫婦財産制における夫婦の平等を徹底させる立法がなされた際に、とりあえずの新法が導入された。すなわち、子は自己の氏にハイフンをもって母の氏を結合した二重氏を称することができるというものである[13]。ただし、母の氏は子に伝えることはできないので、ちょうど妻が慣習法上夫の氏を称するのと同じ様に母の氏の使用権(droit d'usage)をもつにすぎないと解されている。

このような改革が、その主な担い手であった女性の立場からみて満足のゆくものであるはずはない。伝統に立つ側の反対と言わないまでも強力な先送りの主張を乗り越えて、たとえ妥協でもよい、今できることをしておかなければならないという熱意が生んだ暫定的な対応であると立法担当者は説明している。(14) 恐らくは、父母の氏のいずれをも自由に選択して子に称させうるという解決が必至であろう。しかし、そこまでには未だ相当の距離があるのがフランス法の現状である。

右の外国法の状況から何かを学ぶとするならば、それは何よりも氏がこれだけの改革への努力に値する重要性を持つという事実の確認でなければならない。フランス法は氏名権の保護に関しては規定をもたないが、学説においては、氏名権の性質論をめぐって論争が重ねられてきた伝統があることもつけ加えておくべきであろう。(15)

第二に、ドイツ法、フランス法の目ざすところは結局同一の方向に帰し、夫婦の固有の氏を尊重する故の夫婦別氏及び子に伝える氏の選択における平等であることが確認される。しかも、いずれの国においてもわが国と同様に家父長制家族の歴史を背負い、家族及び氏における夫の優位・家族の氏の統一が社会に定着している事情に変わりはない。それらを克服しつつ変革がとり込まれてゆく際の原動力となっているのは、結局個人の尊重、法と論理への信頼というような理念的な要素ではなかろうか。くり返すならば、法と論理を信じるか否かの問題であろうかと考えられる。

一九七〇年代を中心として、欧米の家族法に変革の波がおしよせたことは周知のところであり、(16) 養子法の改正、有責配偶者の離婚に関する判例変更等においてわが国にもその影響は及んでいる。同様に、先進諸国の法の潮流に足並をそろえるという配慮は、それだけでも十分に氏の改革を正当化する理由たり得るかもしれない。しかし、改革を十分意義あらしめるためにはそこに含まれる問題を法理論のレベルで明確にし、当面の課題と結びつける考察が不可欠であろう。

2 わが国における法改正の意義

夫婦の氏に関する現行民法のあり方は、婚氏制によって家族の氏の統一をはかってきた一九七六年改正後のドイツ法のあり方に極めて近い。もっともわが国の場合、妻の氏を名のる婚姻は「家」制度の下での婿養子ないしは入夫婚姻の名残りにすぎず、民法七五〇条の形式的平等は、必ずしも実質的平等への契機となるものではなかった。ただ、それにもかかわらず、現行規定が男女平等に一応対応しえていることは積極的に肯定できる。

他方、子の氏に関しては民法七九一条があり、夫婦・親子同氏の原則と同氏同戸籍の原則から生じる要請として、親子の氏が異なる場合に当事者の意思に基づく氏の変更を認め、親子ができるだけ同じ氏を称して同一戸籍に入れるように配慮している。共同生活の実体と氏を合わせることが主要な立法の意図であったとみられるが、むしろそれ以上に、氏の選択をなるべく当事者の意思に委ねるという考え方が採られている点に同条の本来の意義がある。(17) 英米法の氏にみられるような氏の変更の自由主義という考え方は、(18) 恐らく法律上の氏のあり方においても窮極の原則となるべきものであり、わが国の氏の中に既にこの考え方が部分的にではあるが定着していることは、将来の氏の方向に大きな示唆を与えるものである。

右のように、わが国の氏の制度は、ドイツ法、フランス法などと比べて必ずしも後進的な要素ばかりで成り立っているわけではないが、一般に法を好まないと言われるわが国の国民性や、民法典自体が極めて簡略な規定で成り立っていること等の事情の故に、現状に含まれる問題点は必ずしも理論的に明確になされることがなかった。すなわち、一九七六年の改正以降ドイツ法において論じられてきた婚氏制と男女平等あるいは個人の氏名権との相克という問題は、わが国ではそもそも法学的な議論の対象となりえず、夫婦同氏のそれなりの合理性と国民感情の支持を理由に容易に現状肯定が導かれたのである。(19)

他方、氏名権との関連では先に言及したような独自の問題状況があった。民法典がこれに関する規定を全く持たないだけでなく、戦後の民法ないし家族法が追及してきた「家」制度の否定という課題の中で、「家名」としての歴史を背負った氏の権利はむしろ極力否定されざるをえなかったという事情がある。典型的には、氏の承継者を得る目的でなされる養子縁組、あるいは戸籍法一〇七条の氏の変更が一貫して否定されて来たことに示されている[20]。それとともに、判例の論旨において氏は専ら生活上の便宜という実際的な観点からのみ論じられるのが通常であり、氏名権という一般的概念が採用されることはなかった[21]。したがって、最高裁昭和六三年二月一六日判決[22]が氏名に対する権利を人格権の内容をなすものと位置づけたことは、画期的な意義をもち、別氏制導入の前哨たりうるとも評価されている[23]。

このようなわが国の氏の状況は、言うならば日本法の法学的立ち遅れの反映に帰するのであり、それ自体を独自の文化と呼びえないことはないとしても、文化論によって現状維持を説くのであればおよそこの種の改革はありえない。近年における世界の家族法の潮流は、この分野においてこそ法の統一化の現象が最も顕著であると指摘されるように[24]、等しく個人の尊重と男女平等の貫徹を目ざしている。氏の改革を通して、わが国の家族法が氏名権に基礎をおく個人主義の論理をより明確にすることは、今後の日本社会にとって不可欠の基礎づけとなるはずである。

右の点は、一九八五年に批准された国連の女子差別撤廃条約との関係においていっそう具体的な課題となる。民法七五〇条が条約二条(f)、一六条一項(g)に抵触するかどうかに関しては見方が分かれるであろうが、改正がもつ国際社会での体面上の意義を見落しえないからである。

さらに加えるならば、夫婦別氏の導入によって家名の歴史を背負ったわが国の氏の団体性が克服されることは、戦後の課題であった「家」の解体がはじめて遂げられるべき目標に到達したことを意味するであろう。今日の社会において、「家」の束縛という感覚は一般の人々にとってもはや論外のものであるかもしれない。民法学においても、今更苔むした「家」の論理を俎上にする必要はないという見方があっても不思議ではない。しかし、日本社会の根底を支配してきたのが「家」の伝統であることは否定し難い事実である。「家破れて氏あり」とくり返し指摘された過去の議論の延長上にこの度の改革論を位置づけるのでなければ、真に実りある成果をつかむことはできないであろう。

右の点は、わが国の氏が戸籍と密接な関連をもつという問題に当然つながっており、現実にそれが別氏制導入への一つの障害と認識されている状況もみられる。(25) この点については私見の対応を後述するが、氏と戸籍は本来別個ののであり、両者を切り離すことが望ましい方向と確認されている以上、その先は実務的な問題処理の領域にある。したがって、氏の原則の中で基準となる方針が明確にされるならば、戸籍編成の技術はそれに基づいて独自に再編成されうるであろうし、その点は実務家も保証しておられる。(26) くり返したいのは、このようなわが国の氏の特性が改革を阻む固有の文化論の根拠とされてはならないという点である。

(1) 条文は以下のようなものである。「氏名使用の権利者は、他人がその権利を争うとき、又は他人が同一の氏名を権利なくして使用したことによりその権利を害されたときは、これに対し侵害の除去を請求することができる。引き続き侵害のおそれがあるときは、その停止の訴を提起することができる。」

(2) 滝沢聿代「夫婦別氏の理論的根拠――ドイツ法から学ぶ」判例タイムズ七五〇号六頁以下参照〔本書二七一頁収録〕。

(3) 唄孝一「ドイツにおける夫婦の氏」都立大学創立三〇周年記念論集一六三頁以下、富田哲「西ドイツにおける氏(Familienname)の規制(1)」名大法政論集一〇六号三二六頁以下参照。

(4) 滝沢・前掲論文判例タイムズ七五〇号七頁、富田・前掲論文名大法政論集一〇六号三四七頁以下、同「夫婦同氏の合憲性(1)」福島大学行政社会論集二巻四号一六九頁以下等参照。

(5) 滝沢・前掲論文判例タイムズ七五〇号九頁参照。

(6) 斉藤哲「夫婦別氏制の憲法上の根拠――ドイツ連邦憲法裁判所決定(BVerfG, I Senat, Beschluss V. 5. 3. 1991・LBvL 83/86u. 24/88, FamR2 91, 535f.)から」判例タイムズ七五八号一〇六頁以下、小川秀樹「ドイツ連邦憲法裁判所における夫婦の氏に関する違憲決定について」戸籍時報五八一号一頁以下参照。

(7) 小川・前掲論文戸籍時報五八一号一二頁参照。

(8) この点との関連では、フランスの氏に関して結合氏(二重氏)による問題の解決を批判し、氏の美学に反すると論じたゴベールの見解が想起される。M. Gobert, Le nom ou la redécouverte d'un masque, J. C. P., 1980, doctr., 2966, n° 1.
(9) 床谷文雄「ドイツにおける夫婦の氏の新展開——SPD九一年改正草案」民商一〇五巻三号四一三頁以下参照。
(10) 小川・前掲論文戸籍時報五八一号一三頁参照。
(11) 滝沢聿代「フランスの判例からみた夫婦の氏——夫婦別氏制の展望」成城法学三四号六六頁、七四頁参照〔本書一一五頁収録〕。
(12) 滝沢聿代「最近のフランスにおける氏の諸問題」日仏法学一四号二六頁以下参照〔本書二四一頁収録〕。
(13) 滝沢・前掲論文日仏法学一四号三六頁以下参照。なお、フランスの女性の学者、実務家によって、この改正法を包括的に検討するシンポジウムが持たれており、その成果が以下の書物にまとめられ出版されている。Colloque du LERADP de l'Université de Lille, La nouvelle loi sur le nom, 1986, L. G. D. J.
(14) D. Cacheux, La genèse de législation sur le nom d'usage, Colloque, précité, p. 16.
(15) 滝沢・前掲論文成城法学三四号六五頁以下、稲本洋之助「フランス法における『氏』」黒木＝村武＝瀬野編・前掲書二二四頁以下参照。
(16) この点に関しては、滝沢聿代「現代フランス家族法」講座現代家族法第一巻二一三頁以下に論じた。
(17) この点は立法者の明確な意図であったとされる。沼辺愛一・注釈民法㉒の1三九四頁参照。
(18) 三木妙子「イギリス法における氏——その意思性と可変性」黒木＝村武＝瀬野編・前掲書二〇八頁以下参照。
(19) 夫婦同氏を強制する民法七五〇条の規定が憲法一三条、二四条一項に反すると争われた岐阜家審平成元年六月二三日家裁月報四一巻九号一一六頁参照。これに対し最新の学説においては、山田卓生「結婚による改姓強制」法律時報六一巻五号八四頁以下、広渡・前掲論文時の法令一三二九号四二頁以下にみられるような理論的な詰めがなされた。いずれも民法七五〇条のような形式的平等は平等の名に値しないと論じておられる。
(20) 後者については最近でも申立てが少なからずみられるようである。加藤一郎教授が、「今はもう、家の観念それ自体がかなり希薄化していることでもあり、それを認めたから弊害があるということでもないような気がするのだから、やりたい人は、具体的に困ることがなければ認めてやったらいいじゃないか、と思うんですけどね。」と述べておられるのが注目される（家族法実務研究会・座談会「氏をめぐる問題——氏の変更、子の氏の変更（戸籍法一〇七条、民法七九一条）」判例タイムズ七八四号一三頁参照）。
(21) とりあえずは、家族法実務研究会の座談会の中にわが国の実務のあり方を窺うことができる（家族法実務研究会・前掲座談会判例タイムズ七八四号六頁以下参照)。離婚調停に「夫の氏を名のらない」という合意を入れることができるかが論じられており、「氏というものは単なる呼称に過ぎないと割り切ったはずですが、現実にはやはり家の観念に固執する人が一方にはいるわけです。」という実務家の発言がみられる(八頁参照)。氏=家名の意識が議論をされる側にもあり、混迷を生んでいる事情が看取される。個人にとっても氏が人格にかかわる重要な利益を含むからこそ夫婦別氏が必要となるのである。このことは必然的に、他人による氏の不当な使用によって人格権が害される場合があることを前提とするであろう。この意味で、当面の調停条項を有効とする方向に問題提起をしておられる石川稔教授の議論が注目される。これに対し、一般には「どういう氏を使うかはその人の固有の権利である」という見方が支持されているようであり、「そこに、市民的な氏名権というものが育ってきている」と唄孝一教授は指摘される。氏は単なる個人の呼称であるという考え方の行き着くところに、こうした「軽い氏」の観念が生まれることは自然であり、その方向は明らかに英米法的な氏の自由性に結びついている。しかし、その場合には、判例・学説が戸籍法一〇七条の氏の変更に依然厳格であることと必ずしも一貫しないのではなかろうか。

(22) 民集四二巻二号二七頁。韓国人の氏名が母国語音で正確に呼ばれるべきであると主張されたケース。不法行為の成立は認められなかったが、傍論で氏名権が確認された。斉藤博「氏名を正確に呼称される利益」ジュリスト昭和六三年度重要判例解説七四頁以下、同・判例評論判例時報一一三六号一八六頁参照。

(23) 東京弁護士会「選択的夫婦別氏制採用に関する意見書」戸籍時報三七二号四七頁以下、山田・前掲論文法律時報六一巻五号八五頁参照。

(24) Ph. Malaurie et L. Aynès, Cours de droit civil, La famille, 1987, p. 14.

(25) 別氏制の導入によって現行の戸籍制度の長所が損われるという危惧がある一方、別氏制論者の側からは夫婦の戸籍の分割をはじめとして戸籍制度の改革に過大な期待が寄せられるため、争点がいっそう深刻になるからである。大関嘉造「民法七五〇条改正論と戸籍実務(一)——民法改正は慎重に、夫婦別姓は戸籍法の運用で」戸籍時報三七九号三一頁以下、加藤一郎他・座談会「夫婦別姓の検討課題」ジュリスト九三六号一一一頁以下、榊原富士子「夫婦別姓と戸籍」ジュリスト一〇〇四号六六頁以下等参照。

(26) 既に具体案が詳論されている。大森政輔「夫婦別姓選択制について(4)」戸籍時報四〇六号一八頁以下、同「夫婦別姓選択制私案」判例タイムズ七七二号六五頁以下参照。

三　法改正の具体的方向

1　別氏制のあり方

当面の改革は「家」の解体を意味する故に、家名としての氏を真に個人の呼称とするべく夫婦別氏制の原則が導入されなければならないと論じてきた。問題をロジカルに詰めて来たドイツ法がそうした選択に行き着くことは、必然の成り行きであるかと考えられる。しかし、日本法の場合、解決の手法としてそこに至るまでの準備は必ずしも十分ではない。前述のように、ここでは氏名権の意義に目覚めた少数者、とりわけ女性の立場からの現状批判をどう立法に反映させるかが問われているのであり、ドイツ法の一九七六年改正規定中の民法典一三五五条三項、すなわち婚姻によって氏を改めた者に出生氏を前置する権利を認めた規定に相応するレベルの問題処理で足りるという見方も可能である。

それ故、夫婦別氏を立法化するには現状では時機尚早であるとして、通称による別氏の自由を制度化することを提唱された大関論文の見解は十分傾聴に値する(1)。大関説によれば、婚姻によって氏を改めた者の戸籍の身分事項欄に婚姻後も通称名として婚姻前の氏を称し続ける旨を記載する方法が適当であり、それは法改正なしに戸籍法の運用によって可能となると論じられる。通称としての氏に法的根拠を与えるというこの着想は、まさにフランス法が氏の使用権という観念によって子に母の氏を称させた一九八五年法の解決に等しいものである。したがって、これが立法をまってはじめて法的権利となり得た事情を考えるならば、右の提案も実は本来法改正によるべき性質のものであることに変わりはないといえよう。もちろん、夫婦同氏の原則や戸籍編成原理を修正するという困難な課題を回避しうる点が巧妙ではあるが、通称としての氏の権利がどこまで法的保護をうけうるかに関して新たな議論が必要となろうし、他方子にその氏を伝える権利の問題が早晩生じて来ることは予想される。結局、暫定的な対応で問題をさらに複雑にするよりは、氏と戸籍の将来を見通した適切な法改正が望ましいことは明らかである。(2)

選択的夫婦別氏制は、右のような状況を踏まえ、現状にできるだけ抵抗の少ない方法であってかつ将来の氏のあり方に即応しうる解決策として立法化が期待されている。立法例として既に提案している私案をもとに、東京弁護士会の意見書をはじめとする他の提案例(3)を参照しつつ、改めて具体化を検討し直してみたい。

私案は、現行民法七五〇条に当事者が望むならば別氏も可能であるとする但し書きを追加することを前提として、(4)次のような二項を設けている。

「夫婦がそれぞれ婚姻前の氏を継続する場合には、夫又は妻の氏のうちから、子が出生に際して取得する氏を定めなければならない。」

法的安定性を狙って、婚姻届にあらかじめ子の氏の記載を要するとしたわけであり、子はすべて父又は母のいずれかの氏に統一されることを前提としている。ドイツ法、フランス法ならば、夫婦間でそのための合意が成立しない場合の対策が必要とされるであろうが、日本法の柔軟性に従って協議に委ねることで当面はやむをえないであろう。(5)これに対し、子に伝える氏が夫婦の一方だけのものとなる点には当然反論が予想される。私見は、子の出生の度毎に氏の決定とそのための協議を要することは実際的ではないと考えており、子に父母の一方の氏を伝える権利に関しては、民法七九一条一項の活用による調整を考えた。現行の条文は修正を要せずに右のケースに対応できるであろうが、独自の規定を追加することが適当であれば、家庭裁判所の許可をはずして二項に準じることがより適切であるかもしれない。(6)呼称秩序の安定という観点からは、一項によりつつ変更を許可にかからしめることが望ましく、その場合には許可の要件を緩和するという道もある。しかし、婚姻家族の内部での氏の変更であるから、七九一条二項と対比して同規定並に届出のみによる変更とせざるをえないであろう。

かくして、必要に応じて子の一人あるいは一部あるいは全てが父母の一方から他方の氏に変わりうるわけであり、その結果一つの別氏の夫婦に父の氏を称する子と母の氏を称する子があるという二氏の家族が想定される。この変更がどの程度活用されるであろうか。

右との関連で、東京弁護士会意見書の提案が、「子が満一五歳に達した時は、成年に達するまでの間、家庭裁判所に申述して、出生時に称しなかった父または母の氏に変更することができる。」という規定を予想していることが注目される。父母の氏を平等に称させようという意図に加え、子の側においても父母の双方の氏を称する権利があるという理解が前提とされているようである。(7) しかし、出生に際して子が取得する氏は、法的要請にもとづいて子に付与されるものであり、それが父母のいずれかの氏であることはむしろ政策的配慮によるのであるから、子に当然に右のような変更権があると考えることは適当ではない。わたくしが民法七九一条一、二項に準ずる解決を考えたのは、父母の側の権利の平等を目ざすためであるが、結果的には意見書の提案をある程度生かすことにもなるはずである。

別氏制の導入が肯定された後は、問題はむしろ子の氏に移り、そこで父母の権利の平等が追及されるあまりに、しばしば新たな第三の氏を子に与えるという提案がなされ、注目される。(8) しかし、言うまでもなく平等の問題が全てではない。父母が別氏であっても、親子同氏が維持されている限り氏による家族関係の公示という機能はある程度果されるし、氏が血統を示すことにより文化の伝承が可能になるという側面も無視しえない。新たな氏の認定に伴う手続の問題、子の命名の煩雑さ等を別としても、現行の氏のあり方がとりもなおさずわれわれにとって一つの文化遺産であるという認識が必要ではないかと考える。

民法七五〇条に別氏を許容する規定を加える場合には、当然のことながら後者を原則に対する例外と位置づけ、大多数の夫婦は社会の慣行に従って同氏を選ぶであろうと予想している。しかし、選択的別氏制である以上、別氏の選択が増加することによって原則と例外が逆になるような将来の状況も想定できる。極言すれば、中国や韓国流の別氏制に向ったとしても、それが真に当事者の利益にかなう故であるならば、あえて異を唱える理由はないわけである。また、同氏と別氏の夫婦が混在しているような社会を特に否定しなければならない理由はなく、わが国の独自の文化として積極的に評価することもできよう。

他方、別氏制がその本来の性質上氏における血統を尊重する結果になることは自明である。そのこと自体に問題はないとしても、「家」の伝統故に、別氏制がかつて否定されてきたものの復活を利するという理由でマイナスに評価されることも考えられる。(9) しかし、「家」の歴史が一応克服されえた現在であるからこそ、改めて過去を省みる人間の本性に配慮し、氏のもつ血統性とその意義に注目することが可能となるのである。われわれの意識や社会の中に生き続けている過去の要素を必要以上に抹殺する必要はないであろう。

ただし、立法の仕方によって右のような同氏の混淆状態にある程度の指針を与えることは可能である。その趣旨で、わたくしの旧稿では、民法七五〇条に次のような三項を加えることを提案した。

「前項の規定によって婚姻をした夫婦は、婚姻中夫又は妻が家庭裁判所の許可を得て他方の氏に変更することにより氏を同じくすることができる。」

すなわち、婚姻に際して別氏を選択した夫婦が後に同氏になることを認めるわけであり、これにより同氏が原則という建前を維持しようとしている。(10) ただし、この規定を設けるならば、やはり家庭裁判所の許可は不要とし届出のみによる変更とすべきであろう。中途半端なコントロールは不適当である。呼称秩序の観点からは当初の選択をなるべく一貫させるべきであり、この点との調整を裁判所に委ねたわけであるが、氏の決定が確定的であれば実はさらに明快である。東京弁護士会意見書はこの趣旨で婚姻中の氏の変更を認めていない。氏の決定が安易になされないためにも、基本的にはこの対応が尊重されるべきであろう。

同様の議論は、同氏の夫婦が婚姻後に改めて別氏を選択しうるかという角度からもなされなければならない。ここには、法改正後における同氏から別氏への変更の問題と、改正前に婚姻をした夫婦に新法の利益を享受させうるかの問題が含まれる。改正後に関しては、別氏から同氏への変更でさえむしろ消極的に対応すべきであることに鑑み、別氏への変更を禁ずることが適当であるかと考えられる。(11) しかし、改正前に同氏を選ばざるをえなかった夫婦について法の不遡及を貫徹することは公平を欠き、改革の趣旨にも反するであろう。わたくしはこの問題については、戸籍法一〇七条による氏の変更を認めることで対応しうるのではないかと考える。(12)

もちろん、当事者の意思を尊重して同氏から別氏への変更を許容し、民法七五〇条に第四項を設けることも可能であろう。その場合、従来の議論に従えば、これら三、四項の規定はいずれも婚氏続称を認める民法七六七条二項と同様に、戸籍法一〇七条の氏の変更のヴァリエーションとしての呼称上の氏の変更を認めるものとなるであろうか。しかし、当面の問題との関係では、裁判所のコントロールがどうしても必要であろうから、特別規定もおかず、戸籍法一〇七条そのものの範疇で問題を処理しても大差ない結論が得られ、また、その方が適当かと考えられる。いずれにしても婚姻前の自己の氏に戻るのであるから、その限りで「やむをえない事由」の判断が緩和される可能性がある一方、既に定着している婚姻生活の形態を変更するわけであるから、それなりの正当な事由が当然要求されるはずである。(13) どの程度まで変更を許容するかを裁判官の裁量的判断に委ねることが適当ではなかろうか。なお、右の考え方を適用するならば、法改正後の同氏夫婦が別氏になる場合をも同一に処理することが可能となるであろう。

このようにみると、選択的別氏制の導入に伴い夫婦の氏の関係においても必然的に当事者の意思にもとづく氏の変更の機会が増加し、その限りでこれを民法七九一条の下での子の氏のあり方に近づけうると解される。英米法は、意思にもとづく氏の変更の自由を一般的、原則的に肯定するようである。わが国の場合には、そこまでは行かずに、家族の範疇の中で誰と氏を同じくするかに細かな配慮が求められるところから、その枠内において英米法的な氏のあり方が肯定される結果になり、またその必要があるとわたくしは理解している。

2 戸籍編成の原理

誰と氏を同じくするかが重視される背景には、氏と戸籍を同じくする者が家族であるという伝統的な「家」意識の影響を否定し難い。こうした氏と戸籍との結びつき故に、別氏制の導入にはわが国に固有の難しさが伴う。夫婦・親子間の同氏同戸籍が戸籍編成原理となりえなくなった場合に、それに代わるべき戸籍編成技術が用意されていなければならないからであり、この点は当面の改正論議において最大の論点となっている。[14] 他方、わたくしの旧稿ではこの問題にほとんど立ち入る余裕がなく、ただ我妻博士の提案[15]に従って親権を基準とした戸籍の再編成の可能性を指摘したにとどまっていた。[16]

再考してみると、右の我妻説も、戸籍が氏と密着してきた歴史の重さ、積み上げられた実績の緻密さの前にはやはり理想論にすぎるようである。仮に親権による再編成がなされたとしても、そこで説かれているように戸籍の身分事項欄に親権の変動を含ませて公示の対象とする場合には、成年時の分籍という対応が必要ではないかとの疑問が生じる。また、親権にこだわる故に生物学的な親子関係が公示されない場合を生じないであろうか検討の余地があり、さらには親権それ自体が変更の度毎に戸籍の記載を訂正してまで公示されるべき性質のものではないとも考えられる。我妻説は、氏と戸籍を切り離すことによる「家」の克服を最終の課題として目ざされたのであるが、それが遂げられないままに、社会の現実の中で「家」はもはやそこまでして戦われるべき対象ではなくなっているようである。

それ故、近時の別氏制導入論者が戸籍の再編成をとり上げる場合には、氏と戸籍の結合を当然の前提とした上で、いかにして無理なく、あるいはよりよく別氏をそこにとり込みうるかを中心に議論がなされているのである。[17] これは適切な方法論であり、現行の戸籍のあり方に必要以上に変更を加えたり、改革に過度の期待をよせることは問題をいっそう複雑にするだけであると考えられる。当面の課題は戸籍の改革ではなく、氏の改革であることを確認しなければならない。

別氏制を戸籍にとり込む方法としては、二つの提案が注目される。一つは、現行どおりの同氏同戸籍を別氏の夫婦に限って二氏一戸籍に改めるやり方であり、他は氏を異にする夫婦については戸籍も別にするという分割方式による解決案である。[18] いずれも実現可能かつ適切であり、最終的決断は実務上の便宜と制度としての将来を顧慮しつつ両者の長短を比較衡量してなされるべきであろう。当面私見は後者に与したいと考えている。

二氏一戸籍を許容して、夫婦・親子同籍を維持する考え方を示された床谷説[19]は、戸籍法六条の「戸籍は、(中略)一の夫婦及びこれと氏を同じくする子ごとにこれを編成する。」という原則を生かして、別氏夫婦の場合には父母いずれかの氏を称する子を等しく同一戸籍にとり込みうると指摘された。しかし、そのままでは、従来どおり前婚の子、夫が認知した婚外の子、嫡出否認された妻の婚外の子等が含められるため、同一戸籍を形成する基準はかなり漠然としたものとなる。[20] そこで床谷説は、同籍する子の範囲を「夫婦及びその共通の子」に限定することを提案されるのであるが、この場合には、先の我妻説と同様に実体的な身分を中心とした戸籍の再編成が目ざされることになる。[21]

他方大森案は、より端的に現行のままの戸籍のあり方に二氏一戸籍を導入できると主張しておられ、いっそう現実的である。[22] 戸籍実務に通暁される立場からそれが実現可能と判断されるのであれば、基本的には大森案でも差支えないであろうとわたくしは考える。[23] その場合大森案は、子に氏を与える者の決定とは別に、夫婦のいずれを戸籍の筆頭者とするかについて細かい配慮をしておられるが(第一に当事者の決定による、決定がない場合は五十音順)、私見によれば、婚姻に際して夫婦のいずれかの氏が子の氏となるべきかを決定する必要がある以上、子に氏を与える者が筆頭者となれば足りるとしたい。筆頭者という制度は、戸籍への記載の順序を示すだけであって、本来それほどの重要性をもつものではないと考えるからである。[24]

現行の戸籍編成のあり方に種々の問題点が含まれることは確かである。筆頭者、入籍、復籍等の制度や長幼を重んじる子の記載の方法などが「家」制度の発想を踏襲していることはやむをえないところであるほか、認知された夫の婚外子が氏の変更を通して嫡出子と同一戸籍に記載されるという不合理も生じている。しかし、それにもかかわらず戸籍法自体の改革があまり議論の対象となって来なかったのは、結局それが身分関係の公示という行政上の目的に奉仕するものにすぎず、実体法上の権利義務に直接つながることがなかったからであろう。もちろん、実務の蓄積がつくり出した精緻な戸籍の体系を合理的に再編成することはあまりに大きな課題であるという認識もあったはずである。[25]夫婦別氏制の導入に伴って、改めて戸籍の改革に関心が寄せられることは自然であるが、両者は必ずしも相伴う必要はないのであり、別氏制導入の本来の目的がどこにあるのかを見失うべきではないと考える。

別氏制の戸籍への対応としては、一氏一戸籍の現行のルールを前提に、別氏の場合には夫婦の戸籍を別にするという方法も可能である。[26]この場合には子は当然氏を同じくする親の戸籍に入ることになる。わたくしとしては、基本的に戸籍は個人籍であるべきところを検索の便宜上家族単位の編成に利があるとみるのであり、身分の証明も個人中心の戸籍抄本を活用することが望ましいと考えるため、どちらかと言えば、前述の二氏一戸籍案よりはこの戸籍分割案の方に将来性があると見たい。前説を支持される立場は、夫婦親子の関係を一覧的に把握できる現行の戸籍が世界に冠たる優れた制度であることを強調される。しかし、少数例の別氏夫婦が別戸籍となっても全体としての機能はそこなわれないであろうし、[27]氏による検索という観点からは一氏一戸籍を維持できる方が好都合でもある。

戸籍を分割する場合には、夫婦の戸籍について本籍を同じくさせ、甲乙戸籍として必要な場合には一セットのかたちで使用させることが適当であろう。たとえば子が妻の氏を称する夫婦において、夫の戸籍である甲戸籍には夫の婚姻事項が記入され、「子は妻の氏を称し妻の戸籍に入籍する」との記載が付記される。この場合、子の有無について知る必要のある場合には乙戸籍（妻の戸籍）に依ることで足りるのではなかろうか。東京弁護士会意見書の提案は、子の出生の事実は氏を同じくしない親の戸籍の身分事項欄にも記載するべきであるとされるが、過度の配慮は不要である。まして、戸籍の記載事項は簡略化の方向にあると指摘されており、[28]事務の経済という観点からも、プライバシ

ｌ尊重の趣旨からもこの方向は一般的に肯定されてよいと考えられるからである。

別氏制の導入を契機として戸籍のあり方が改善されることは確かに望ましいであろう。しかし、前述のように「家」制度の抜け殻を活用している戸籍制度の実体が、改めてそれだけを眺めれば種々の批判の対象となることはむしろ当然である。それを社会の現実に残存する「家」意識と重ね合わせて、戸籍に実際以上の影響力を想定することは妥当ではない。[29]しばしば主張される個人単位登録（個人籍ないし個籍）への転換も、戸籍が不動産登記や住民票と同様の方向をたどるならばやがて到来するであろうコンピュータ化の時期を契機に、極めて簡単に実現するかもしれないのである。[30]

しかしながら、戸籍の現状が維持されることを前提とした場合にも、民法上の氏と呼称上の氏を区別する現行の理論の不合理[31]だけはなるべく改善が望ましく、この点に関する私見をとりあえずここにつけ加えたいと考える。

民法上の氏と言われるものは、民法七五〇条、七九〇条により夫婦親子がその身分にもとづいて共通して称する氏を指しており、それ故にたとえ呼称が同じであっても家族ないし家庭を異にするならば氏は異なるとの論理が成り立つ。この限りで民法上の氏の発想は家名としての氏そのものである。したがって、同一の氏を称しても家（家庭）が異なれば当然に氏は異ならなければならないため、自然的な氏の異同を認識する技術として呼称上の氏の概念が必要となった。戸籍法一〇七条によりやむを得ない事由で氏の変更（たとえば腰巻を清水に）がなされる場合には、これは必然的に呼称上の氏の変更と呼ばれなければならないわけである。離婚により配偶者が復氏すれば民法上の氏が変更されたことになる。その後民法七六七条二項による婚氏続称の手続がとられた場合には、離婚前の氏への再変更が可能となるのであるが、もはや家庭を同じくしないのであれば、民法上の氏は異なり、呼称上の氏の変更があったと解するよりない。

氏の同一性如何という問題意識を前提とした右の区別は、歴史も浅く極めて多種多様なわが国の氏に一定の秩序を与える意味をもち、そこに「家」の伝統が反映されていることを別とすれば、一見必要不可欠な議論であるように見うけられる。しかし、実質的には氏の変更だけに伴う法的効果は存在しないと言うべき状況がある。(32)それ故、現実には戸籍の移動が生じるか否かの相違だけが右の区別の存在理由となっており、結局区別自体が極めて観念的かつ技巧的なものである。(33)学説が一貫してこの区別を批判してきたのは当然であるが、他方、戸籍実務にとっては欠くべからざる法技術であった。実務の要請を満たしながらこの観念論をいかにして捨てるかが当面の課題である。

わたくしは、まず氏の取得変更にかかわる民法および戸籍法の諸規定を同価値の法源と捉え、それらにもとづいて氏の変更を、①実体法上の身分変動に伴うもの、②当事者の意思によるものの二種に区分したい。後者については原則として裁判所の許可が必要となる。ただし、①②の中間にあたる例もあり、父母に氏の変更があった場合に子がそれに従うケースでは、現行の民法七九一条二項、四項は裁判所の許可の手続を不要とし、戸籍法上の届出だけで変更を認めている。便宜にもとづく問題処理として適切といえよう。

他方、戸籍の編成、変動に関しては、戸籍法六条ないし同法一六条以下がその根拠規定である。この場合、同籍の要件として氏を同じくすることが基本的条件であることは前述のとおりであるが、それと同時に夫婦、親子であるという実体的要件がもう一つの枠をつくっていることに注目しなければならない。したがって、たとえ氏の異同を一律に呼称上の氏のレベルにおける異同に限ったとしても、通常は戸籍の編成に混乱を来すことはない。問題はこの枠内で調整が必要となる場合に生じ、そこでは主として民法七九一条の氏の変動を介して戸籍編成がなされるのが従来のあり方であった。

たとえば、前述のように離婚した母の氏が復氏→婚氏続称という変更を経た場合において、父の戸籍に残された子が母と同居しさらに戸籍を同じくすることを希望するならば、このケースはまさに民法七九一条の氏の変更の対象とされるのが従来の解釈である。しかし、既に同じ氏を称している母と子の間では、問題となるのはもはや氏の変更ではなく、単なる戸籍の移動であるにすぎない。生活の便宜に配慮し、当事者の意思による戸籍の選択を認めることが適切な対応となるのではなかろうか。

このようにわたくしの提案は、端的に言えば氏の変更と戸籍の変更を切り離し、別個の処理をすることであって、その場合の戸籍の選択を当事者の意思に委ねることを予想している。[34] 最も議論の多いケースである認知された子の氏の変更[35]は、ここでは次のように考えられるであろう。父に認知された非嫡出子が民法七九一条一項によって氏を変更し、父の氏を称しうることは当然であるとしても、このことは直ちに子の戸籍が父の戸籍と同一になることを意味しない。氏が戸籍編成の基準とされている以上、消極的に母の戸籍を出ることは必要であるが、事柄の性質上まず分籍を前提とすべきであり、子の希望により父の戸籍に入る可能性もあると考えたい。それでは何ら現状の解決にならないという批判もあろう。しかし、ここで子が望んでいる、あるいは子にとって必要であるのは父の氏を称しうることであり、戸籍を同じくすることではないはずである。戸籍の制約故に氏の変更が認められないことは極めて不合理であって、当面の問題の核心はその点にあった。もちろん子がさらに父の戸籍に入ることを望む場合には、依然同じ問題が残るのであるが、実質を欠く登録方法の問題にすぎないのであれば、分籍させる、父の家族の同意を条件とする等の解決[36]をまさに解釈や通達のレベルの配慮によっても実現できるはずである。ただ、このような対応の前提として、未成年者の分籍を認めていない戸籍法二一条を修正し、やむをえない事由がある場合にこれを認める規定を加えることが最小限必要であろう。

右のようなかたちで氏の変更と戸籍の移動の問題を切り離すことにより、民法上の氏と呼称上の氏という区別は不要となる。ここでは戸籍の移動を決定する基準としての氏の変更をなくすことに代えて、氏を同じくする夫婦・親子の間では自由に戸籍を選択して入ることができるという原則を確認した。それは同時に、戸籍編成の方針は検索の便宜以上の意味を持たないことの確認でもあった。細部の詰めにおいては、生活感情に配慮して一方当事者の意思だけで変更させえない例外的ケースへの対応や、恣意的な変更を抑止するための配慮が必要となってもやむをえない。いずれにしても、このような手直しは、多くの時間と労力を費して実体法の側面から戸籍編成原理を再構成するよりははるかに簡便である。戸籍実務家の方々に検討して頂ければ幸いである。

(1) 大関・前掲論文(完)戸籍時報四一六号四四頁以下参照。なお、同様の考え方は、沢田省三・夫婦別氏論と戸籍問題一七二頁以下にもみられるが、婚姻前の氏は単なる通称ではなく婚氏続称による氏と同性質のものであると説かれ、法制審議会の最近の中間報告と同様の見解をとられるようである。理論的に疑問が多くなり、提案としては大関説の方がより単純明快である。

(2) 法制審議会の中間報告の案は、民法七六七条二項に準ずるような規定を設けて通姓使用を法制化する趣旨とみうけられる。民法上の氏と呼称上の氏の煩雑さが批判されているところに、あえて同じ問題を加えるべきではなかろう。端的に夫婦別氏を認めることとほとんど変らない結果となるであろうし、それにより子に伝える氏の問題を回避しうるわけでもない。

(3) 前章二註(23)、(25)、(26)等に挙げた諸文献参照。

(4) 旧稿(成城法学三四号一三六頁参照〔本書一二五頁収録〕)では、民法七五〇条に但し書きによる修正を加えていないがやはり必要であろうか。研究会での報告に際しても指摘があった。

(5) 法的安定性への配慮であり、加えて現行の夫婦同氏に対する例外としての別氏という前提から、原則との調和が必要と考えるためである。一般的にみて協議が最もなされ易いのは婚姻成立時であり、子の出生時には協議が不能ないし困難となるケースが増えるであろうから、後者の場合には救済規定がどうしても必要となるであろう。家庭裁判所の介入を期すべき問題ではないようであり、くじ引きによる決定を持ち込むまでもないと考える。

(6) その場合には、民法七九一条三項の位置に次のような規定を加えることになろう。「父母が婚姻中氏を同じくしない場合には、子は前項と同じ届け出をすることによって、父母の一方の氏から他方の氏に変更することができる。ただし、変更は一回でなければならない。」但し書きはやはり必要であろう。二回目以後は民法七九一条一項の規定によるとし、現行の三項、四項の適用ももちろん前提となる。

(7) 前掲意見書戸籍時報三七二号四一頁参照。沢田・前掲書一三六頁以下もこれを支持される。

(8) 研究会でもこの点が議論を呼んだ。

(9) 久武・前掲論文戸籍時報三七七号四八頁参照。他方、子供の数が少なくなって家を継ぐ者がなくなるために別氏制が望まれるという事情も指摘されており(加藤他・前掲座談会ジュリスト九三六号九四頁参照)、こうした要望への理解もみられる(星野澄子、鳥居淳子発言参照)。

(10) 滝沢・前掲論文成城法学三四号一三七頁参照。なお、大森説もかなり積極的に同様の主張をされる。大森・前掲論文(4)戸籍時報四〇六号三三頁参照。

(11) 大森説も同旨。前註参照。

(12) 滝沢・前掲論文成城法学三四号一三七頁参照。ただし、後述のようにこの変更を呼称上の氏の変更として特殊化することには反対である。

(13) 婚氏を続称した後に婚姻前の自己の氏に戻る場合の「やむをえない事由」の緩和を肯定する判例は既にみられる。大森・前掲論文講座現代家族法第一巻四〇頁註(26)参照。

(14) 別氏夫婦を一つの戸籍にとり込むか、あるいは戸籍を分割するかは、別氏制の導入が肯定された後でも、重要な争点となるように思われる。別氏制そのものにとっては付随的な問題であるが、戸籍の伝統に対する感情的な抵抗を無視しえないからである、のみならず、戸籍制度の将来に視点をおいて、いずれの方法に利があるかを大局的に検討する必要があると考えられる。

(15) 我妻栄・親族法(法律学全集)四二六頁以下参照。「立法論としては、第一に、同一戸籍に記載されるのは氏の同一の者に限る、という大原則を吟味することである。(中略)第二に、親子同籍の原則を適用する場合にも、氏の異同によらずに、親権の所在による方——そして、親の離婚・離縁などの場合には、親権の所在に追随して子の籍も移してゆくところまで現行法に一歩進めること——が戸籍のもつ公示の目的に適うのではあるまいか(必ずしも現実的な共同体だからというのではない。親権に服する関係を公示するためである)」と論じておられる。

(16) 滝沢・前掲論文成城法学三四号一四三頁参照。

(17) 註(3)に例示した文献に加えて、床谷文雄「夫婦別氏制と戸籍制度の再検討(一)、(二・完)」民商一〇一巻二号一五九頁以下、一〇一巻三号三三五頁以下、同「民法上の氏と戸籍制度——夫婦別氏制のもたらすもの」阪大法学三九巻三・四号八二一頁以下、同「氏と戸籍——夫婦・親子における」谷口知平先生追悼論文集一七頁以下が本格的にこの問題に取り組んでおられる。

(18) 他にも、星野澄子・夫婦別姓時代九六頁以下のような独自の案がみられる。基礎戸籍をもとに別氏夫婦の戸籍の二重化を提案される星野案は煩雑ではなかろうか。また、戸籍を個人籍に解体すべきであるという主張もあるが（榊原・前掲論文ジュリスト一〇〇四号六八頁以下、水野紀子「戸籍制度」ジュリスト一〇〇〇号一七一頁参照）、戸籍実務の立場からの反対が強い（大関・前掲論文(完)戸籍時報四一六号四九頁以下、大森・前掲論文(4)戸籍時報四〇六号二三頁以下、田代有嗣「戸籍制度のあり方」講座現代家族法第一巻五七頁以下参照）。
(19) 前註(17)の引用文献参照。
(20) 別氏夫婦のそれぞれの連れ子などが同一戸籍にとり込まれることになる。水野・前掲論文ジュリスト一〇〇〇号一七〇頁がこの点を批判される。
(21) したがって、床谷案は戸籍のかなり抜本的な改革になる。多くの示唆が含まれ、根底にはドイツ法の家族簿が参照されているようである。床谷・前掲論文民商一〇一巻三号三六一頁参照。
(22) 各種の記載案が示されている。戸籍への記入が夫婦・子ともに全て氏名によってなされなければならないため、記載面は若干煩雑で見にくくなり、同氏戸籍とのバランスを欠くことにもなる。離婚の場合の対応は分割戸籍の方が簡明のようである。
(23) これに対し、別氏を望む人々には別氏同籍への抵抗が大きいという指摘（加藤他・前掲座談会ジュリスト九三六号一一二頁星野澄子発言参照）もある。戸籍に必要以上の感情論を持ち込むべきではなく、立法案の選択はあくまでも理論的明快さと実務上の便宜を中心に比較衡量してなされるべきであろう。
(24) 榊原・前掲論文ジュリスト一〇〇四号六八頁には筆頭者の優位性が批判的に指摘されている。しかし、主要な問題点は筆頭者の効果というよりは、婚姻中自己の氏を称したことの利益であるから、別氏制を認めることにより克服されうる。氏と戸籍の現行体制を原則的に維持する以上、全体への調和という配慮も必要になるため、二氏二戸籍の場合には、戸籍法一四条一号に「それぞれが婚姻の際に称する氏を継続するときは子に氏を与える者」という追加をすることが適当であろう。単純に事柄の性質からみれば、筆頭者の決定は五十音順によることが妥当であり、大森案にみられるように当事者の協議を並用する配慮は必要ないと考える（大森・前掲論文判例タイムズ七七二号六七頁参照）。
(25) 改革は個人籍を志向することになりがちである点も現実的な改良を阻害するのではなかろうか。
(26) 前掲意見書戸籍時報三七二号四一頁参照。
(27) もっとも、わたくしは別氏の夫婦が一部の例外である状況を想定しているが（この点は統計上も推測されている。大森・前掲論文(3)戸籍時報四〇五号一三頁によれば、選択的別氏制が立法された場合に別氏による婚姻を選ぶとする者は七・六パーセントである)、仮に別氏が徐々に増加して半数あるいはそれ以上という逆転状態になれば、戸籍が親子同氏を中心とする編成に変質することは確かである。しかし、戸籍をあえて解体する趣旨ではなく、むしろ社会の帰すうを見極めて対応しうるところに利点があると考える。

(28) 水野・前掲論文ジュリスト一〇〇〇号一六五頁参照。

(29) 逆の見方もあり、水野・前掲論文ジュリスト一〇〇〇号一七一頁は、「戸籍のもたらす精神的な効果はあまりにも大きな負の遺産として、わが国の家族のありかたにもはや無視できない悪影響をもたらしている。」と論じられる。家族のあり方に影響を与えているのは一般には戸籍それ自体であるよりも、戸籍と密着していた「家」の伝統であり、「家」的行動様式に規制された社会のあり方そのものではなかろうか。

(30) コンピュータ化による得失はもちろんあろうし、その当否を論じる余地があるとしても、時代の要請であれば応じるよりない。

(31) この点は早くから批判されてきた(中川善之助・親族法下六一八頁以下、我妻栄「家と氏と戸籍」身分法と戸籍二一七頁以下、同・前掲書四二六頁等参照)。最近では、床谷・前掲論文阪大法学三九巻三・四号八二六頁以下の問題分析が注目される。氏の二重構造をなくすという論者の方向は私見の立場と一致する。

(32) 例外的に、民法七六九条、七五一条、恩給法七六条二号、戦傷病者戦没者遺族等援護法三一条一項七号との関係が指摘されているが、わずかな旧法感覚の名残りである。

(33) 戸籍法一八条二項によれば、父の氏を称する子は父の戸籍に、母の氏を称する子は母の戸籍に入ることになるため、父母の氏が同じで区別がつかないのは困るのであり、同一の呼称の氏の間でも観念的な区別が必要となる。そのために子の氏の変更を認める民法七九一条は戸籍の移動を決定する規定として認識されまた活用されているような状況がみられる。また逆に、氏の変更が生じるにもかかわらず入籍届で処理されている場合もあるわけである。氏と戸籍を切り離すということは、何よりもこうした状況をなくすことでなければならないと考える。

(34) より正確に言えば、戸籍が同一になることの利益(家族としての一体感)があるという前提は現実問題として否定し難いであろうから、入籍者の意思だけではなく、迎える側の同意も必要であるとせざるをえず、合意による決定ということになろう。

(35) 婚外子が母の氏から父の氏に変更すると必然的に父の戸籍に入らざるをえないため、婚姻家族の感情を尊重して氏の変更申立てを却下する裁判例（大阪高決昭和四六年九月三日家裁月報二四巻九号一六一頁等）がある一方、子の福祉を中心に判断して変更を認める例もあり（福岡高決昭和四三年一二月二日家裁月報二一巻四号一三七頁等）、判断は対立している。谷口知平・戸籍法（法律学全集）二二八頁以下参照。

(36) 谷口・前掲書二二七頁にも同様の提案がみられる。戸籍上の同意権者の制度を設け、入籍についてこれらの同意が得られなければ氏だけ変更して子については新戸籍を編成するとされ、本稿と同じ結論である。床谷教授も年齢にかかわらず分籍を認めることを提案される（床谷・前掲論文谷口知平先生追悼論文集三〇頁参照）。

四　結び

本稿を執筆中であった一九九二年一一月三〇日の夕刊は、法制審議会民法部会（身分法小委員会）の中間報告がまとめられ、早ければ一九九四年には夫婦別姓の導入が実現される見通しであると報じている。もっとも民法改正の具体案は未だ明確ではなく、中間報告も現行の夫婦同氏を原則的に維持する案から夫婦別氏を原則とする案まで含めて多様な可能性を併記している。言うまでもなく、可能な限り根底に遡って、将来を見通した氏のあり方が論じられるべきであろう。本稿が今後の議論に資することを期したいと思う。

夫婦別氏制の導入がなぜ必要かについては、多くの論稿でくり返し論じられてきた。さまざまな観点からその意義を指摘することができるが、問題の核心は人格権としての氏名権を法的に確認し、当事者の意思に反した氏の変更を行わないことに尽きる。二人の当事者のうちのいずれかが氏を変更しなければ婚姻をなしえないという点で、現行の民法七五〇条には明らかに強制が含まれているが、この強制は法にとっても社会にとっても絶対に必要なものではない(1)。また、「家」制度の伝統故に氏が家族団体の名称としかなりえていない現状を克服し、氏を真に個人のものとして規定し直すことは、社会の根底を個人主義のレベルで把握し直すことにつながり、戦後の民法改正が目ざした「家」

の解体がそれによってはじめて理論的に貫徹されることになるであろう。

右の事情は、社会の多数が承認する夫婦同氏制と抵触するものではない。夫婦同氏にそれなりの利点があることは確かであるし、「家」の伝統は一つの文化として肯定されるべき要素をも含んでいる。伝統と変革とを調和させつつ、時代の要請に即応する法が期待されているのではなかろうか。このような観点から本稿で示した選択的別氏制の具体案は、先に旧稿で提示したものの再論となっているが、若干の修正を含めて議論をさらに深めたいと考えた。過大なものを求めず、極力現実的な選択をしている私案の考え方を、より的確に論じえていれば幸いである。(2)

本稿でとりわけ新たに追加したかったのは、別氏制の導入と戸籍の修正にかかわる論点への対応である。可能な改革案として既に二案による方向づけがなされているので、これらに対するわたくしの評価を明らかにすることがまず必要であった。また、それとの関連で、現行の戸籍理論への批判の中でも最も重要とみられる民法上の氏と呼称上の氏の区別に関して若干の検討を加えている。そこで、「家」の論理の残滓である氏の同一性に関する議論をなくすために、民法上の氏の変更を純然たる氏だけの変更に限定し、同一の氏を称する親子間の戸籍の移動はすべて当事者の選択(合意)に委ねることを提案する結果になった。戸籍法が編成の単位を「夫婦およびこれと氏を同じくする子」として、実体的要件による枠を設定しているため、その内部では戸籍の選択を自由にしても特に問題はなく、認知された子の戸籍の処理にも対応しやすいと考えている。ただし、この最後のケースに関しては、分籍の可能性を若干広げるという配慮が不可欠となる。このように、分籍あるいは夫婦別氏による戸籍の分割というかたちで当面の問題を克服することは、将来における個人籍への移行を念頭において現行の戸籍編成原理を少しばかり解体し、そこに柔軟さをもち込もうとする考え方を基本としている。

全体として私見は、戸籍が本来的に温存している「家」的要素にあまり大きな意味を見出しておらず、単なる登録の手段にすぎなくなったものの影響力を過大視する考え方には賛成し難いと考えている。もちろん、戸籍がより民主的、合理的に改善されるならばそれに優ることはないであろうが、その労と益との衡量の問題もある。少なくとも別氏制導入の前提として必要以上に戸籍の改革に拘泥することは避けるべきであろう。

別氏制が導入され、氏の同一性をめぐる観念論が廃棄された後のわが国の氏は、それが本来もっている多様性にもかかわらず、その独自の特色の中である程度まで血統を表示するものとしての特徴を顕著にすることになるかと推測される。それは、諸外国の氏にも共通する自然の姿である。また、同時にその限りにおいて、氏が改めて「家」の歴史を再認識させる可能性を否定し難いであろうが、あまり恐れる必要はないはずである。むしろ、過去を前向きに受け止めながら、現実に即した氏名権の保護を再構成してゆくことが重要な課題ではないかと考えられる。

(1) 別氏制に反対する立場からは、家族(夫婦)や氏に対する観念が問い直される必要があるという受け止め方もされているが、氏においてのみ夫婦が自立する家族を許容するだけのことであり、既存の家族観に捉われすぎるべきではない。

(2) 養子の氏には言及しなかったが、昭和六二年の法改正によって配偶者がある者についても単独縁組が認められた結果、夫婦別氏に対応し易くなったこと、さらには別氏制の必要が大きくなったことについて別稿で指摘した(滝沢聿代「改正養子法の展望」成城法学二七号一五八頁参照)。非嫡出子に関しては、別氏夫婦の戸籍が分割されるとその戸籍の特殊性が目立たなくなるのは利点ではなかろうか。

【追記】

本稿は一九九二年一一月に行われたスタッフの研究会での報告に加筆したものである。

〔成城法学四三号(一九九三年)〕

法制審議会民法部会の中間報告について――考察と提言

一　はじめに

一九九二年一二月に法制審議会民法部会から審議の一応のまとめとして、「婚姻及び離婚制度の見直し審議に関する中間報告（論点整理）」が発表された。恒例のようにこの中間報告は、意見聴取のために各大学に送付され、また、日本家族〈社会と法〉学会を通じて会員に対するアンケート方式での意見照会が試みられている。さらには本年一〇月に予定されている私法学会シンポジウムのテーマともなっており、活発な議論の展開が予想される。他方、各誌に論点に対する全体的または個別的な議論が相次いで書かれている状況があり、(1)家族法に関心を寄せる者の立場から、個人的に意見を述べさせて頂くことも有益ではないかと考えられる。

中間報告が出された時期に、わたくしはちょうど夫婦の氏に関する論文を執筆中であったため、(2)この問題が中間報告の中でどのように位置づけられているかを知る必要があり、論点全体にわたって私見を確認してみた。その結果を本年一月に法務省民事局参事官室宛に提出したのであるが、それが果たしてどのような意義をもつのかは、はなはだ心許ない。にもかかわらず、幾許かの責任も感じ、加えて、手短な表現によっては尽し得なかった若干の問題についての心残りもあって、本稿でもう少し必要な議論を付け加えることができたらと考えるに至った。その際、個々の論点についての検討とあわせて、今度の法改正へのアプローチが持つ視点を明確にし、一般論としての立法のあり方如何を問いながら、中間報告から引き出しうる最善のものは何かを探ってみたいと思う。

（1）　野田愛子「法制審議会民法部会の中間報告について」民事研修四三一号一〇頁以下、岡光民雄「婚姻及び離婚制度の見直し審議に関する中間報告（論点整理）について」戸籍六〇四号一頁以下（ケース研究二三五号一〇八頁以下、ジュリスト一〇一九号八七頁以下にも著者による同様の解説がある）、伊藤昌司「夫婦財産制論議の行方」ジュリスト一〇一九号五五頁以下、上野雅和「協議離婚をめぐって」ジュリスト一〇一九号六〇頁以下、右近健男「婚姻・離婚制度中間報告――離婚を中心として」ジュリスト一〇一九号六六頁以下、鍛冶良堅「『中間報告に対する私見』」ジュリスト一〇一九号七一頁以下、金住典子「婚姻及び離婚制度見直しの視点」ジュリスト一〇一九号七六頁以下、中川淳「婚姻・離婚法改正の中間報告について」ジュリスト一〇一九号八一頁以下、島野穹子「夫婦別姓について」戸籍六〇二号一頁以下、野田愛子他・座談会「婚姻及び離婚制度の見直し審議に関する中間報告（論点整理）をめぐって」判例タイムズ八〇七号四頁以下、家族と法研究会「法務省民事局参事官室『婚姻及び離婚制度の見直し審議に関する中間報告（論点整理）』を読んで」（家族と法研究レポート二五）判例タイムズ八一三号四四頁以下（八人の執筆者による各論が収録されている）、床谷文雄「婚姻および離婚法の立法課題――法制審『中間報告』を考える」法律時報六五巻三号二頁以下、吉岡睦子＝石川稔「婚姻及び離婚制度の見直し審議に関する中間報告（論点整理）について」戸籍時報四二四号三〇頁以下等参照。

（2）　滝沢聿代「選択的夫婦別氏制――その意義と課題」成城法学四四号一頁以下参照〔本書二九七頁収録〕。

二　中間報告の構想について

（1）　一九八七年に特別養子制度が創設された際にも、今回と同様の法改正のプロセスが見られ、私法学会でもシンポジウムが持たれた。その背景には、子のための養子制度という観点から欧米諸国が相次いで完全養子制度を立法化しているという時代の趨勢があり、わが国においても著名な菊田医師事件をめぐる実子特例法制定の運動が見られたことは記憶に新しい。しかし、当時も法制審議会の改正理由書は、必ずしも後者のような社会的要請には言及していなかったため、わたくしは法改正の本来の目的がどこにあったのか、何故養子法を取り上げるかに、明確な問題意識が示されていないことを疑問とした(1)。しかし、それでもなお、改正は確かに実社会の動きに呼応するものであった。一九八〇年の配偶者相続分の引き上げ、一九七六年の婚氏続称制度の創設等についても同様の指摘は可能であろう。

ところで、今回の法改正の最も重要なテーマが夫婦別氏制の導入にあることは、異論なく認められるところではなかろうか。中間報告そのものが、この点にとりわけ詳細であり、別に添付資料を用意していることからも、それを窺うことができる。また、社会的関心の高さ故に、とりわけ一九八〇年代以降この問題に費やされてきた膨大な活字の量を考えなければならない。こうした状況の下で、中間報告は、婚姻法全体の洗い直しという構想を持つべき必然性があったのかを、問い直して見ることは無駄ではないように思われる。一つの考え方としては、夫婦の氏の改革が突出したものとならないように、家族法全体の。バランスを鳥瞰する必要があったという事情を指摘できるかもしれない。しかし、論点の多くは学説の議論を背景とするものが大部分であり、しかも必ずしも相互的な関連性はなく、また、早急な法改正をしなくても解釈論で対応できる問題が多いと見うる。このように法改正の視野が拡大されたことによって、焦点にある氏への関心が後退したり、拙速な対応がなされたりする危険があるのではないかと考えるのはわたくしだけではないであろう。

今日のわが国の社会にとって夫婦別氏制の部分的な導入がいかなる意味を持つかは、既に別稿で論じた(2)。理論的には「家」の解体の延長として、氏を個人のものと位置づけ、人格権と結びつけて論じるための不可欠の前提であると考えられ、個人主義に立脚する社会の基本的な要請であると解される。その現実の必要性については、今日までわれわれが見聞きしてきた改革を望む切実な要望に思いを致すだけで足りよう。またこの状況の下で、仮に別氏制の導入が可能であるとするならば、実現されるべき立法形態が必然的に選択的別氏制と呼ばれるものとなるであろうこと、現行民法七五〇条の原則を変更することが妥当でないことは、立法者の実際的な視点から明らかに見極めうるはずである。中間報告が構想可能なあらゆる法改正のあり方を並列的に列挙したことは、一見公平であるように見えながら、法制審議会によっては何ら改革へのイニシァティヴがとられていないことを示すものであり[(3)]、改革への抵抗の大きさとそれへの譲歩を意味するのではないかという危惧は当然生じる。

端的に言えば、問題の重要性、社会的影響等から見て、中間報告には、氏の改革が単独で取り上げられて然るべきではなかったか（もちろん、若干の追加を否定するものではない）。実社会の動きが当然に立法のプロセスに吸収されてゆくというごくあたりまえのことがなぜ難しいのかを問うとき、あるいは立法が権力的作用と捉えられている故に、少数者の声に耳を傾ける姿勢とそもそも相容れない現実があるのではないか、という疑問を抱かざるをえない。しかし、もちろんそれは本来的には両立するべきものであろう。現状の秩序と大勢の上に立ちつつ、さらにそれを超えて、必要な変革への目配りがなされる場合に、はじめてポジティヴな立法への取り組みが可能となるからである。そのためには、関係者の前向きな意識が求められるのであるが、それと同時に、他方で、価値判断の裏づけとなる法理論に対して、確かな信頼が形成される必要があることを指摘したい。

(2)　今回の中間報告は、婚姻法全体の見直しという発想の上に立つのであるから、仮に全てが実現するならば、昭和二二年の家族法改正の全面的手直しにも匹敵し、事柄は婚姻法の領域に留まるべきものではないと考えられる。実際、婚姻年齢の引き下げは、成年年齢の問題と切り離しては論じえないのであり、これだけ規模の大きい法改正の中で、非嫡出子の身分の問題が取り上げられないことは、いかにも大きな欠落の感を与える[(4)]。とりわけ、後者の問題が夫婦別氏制と密接な関係にあることは[(5)]、真摯に検討されるべきであったし、そうされていたならば、あるべき取扱いは必然的に可能となり、改正のための論点に取り込まれていたはずである。

他方、取り上げられた改正点は、氏と離婚法関係を除けば、多くは比較的マイナーな問題になると見うる。婚姻年齢の引き下げや、再婚禁止期間の廃止に対する要望は、あるとしても必ずしも一般には顕著でないため、[6] これらの実態や改革の必要性に関しての統計的な裏づけが示されない以上、議論は男女平等を目ざすというような抽象的なものになりがちである。[7] 諸外国の婚姻年齢は資料として紹介されているけれども、[8] 成年年齢が視野に収められていないため、参考になりにくい。また、男女の平等を目ざして家族法の改革を徹底させたフランス法において、三〇〇日の待婚期間制度が依然肯定されていることを考えると（フランス民法二二八条参照）、これを規定するわが国の民法七三三条の合理性を容易には否定し難いのではないかと推測される。

夫婦財産制はそれ自体大きな問題領域であるが、日本社会の現状は、夫婦財産契約に手を加える必要があるほどにはこれを機能させていないという事実がある。配偶者相続分の引き上げ、寄与分制度はこのような状況をカヴァーする意味を持っているのであり、相続、財産分与の側面での配偶者保護を伴った別産制の原則は、この種の問題の法的解決があまり好まれないわが国の状況と、働く妻の増加という今日の社会事情に一応対応しえていると言えるであろう。[9] したがって、この領域における改革の必要性は、実践的な観点から見て、氏の問題には比較すべくもない。

一九八七年に最高裁の判例変更を見た有責配偶者の離婚請求権の問題は、社会的影響の大きさにおいて、今回検討の対象となったテーマの中で際立っている。しかし、立法という視点から見るならば、最高裁昭和六二年九月二日の大法廷判決（民集四一巻六号一四二三頁）は、単に民法七七〇条一項五号の解釈に際して法文にはないルールが加えられていたものを原文に忠実に戻したにすぎず、直ちに法改正につながる必然性を含むものではない。もちろん破綻主義の運用をより適切なものとするための指針を、改正によって導入できれば望ましいことは確かである。中間報告が狙っているのはこのような対応であろうが、事柄は離婚法そのものの再構成に匹敵する改造に発展せざるをえない性質のものと見うけられる。現に、裁判離婚制度に関する報告最後の論点整理は、協議離婚手続及びその主たる効果の見直しとあわせて、極めて包括的、かつ本質的な問題提起を含んでいる。しかし、その示唆する構想の大きさに比べて、問題の背景に対する分析や改正の具体化へ向けての詰めは未だ不十分であり、今後相当の準備が必要であるように見うけられる。

こうした状況の下で、たとえば比較的取扱いの容易な個別的問題として、離婚後の子への面接交渉を明文化することだけが実現することも考えられよう。一般論としては、面接交渉権の存在が確認されることは望ましいにちがいないけれども、現行民法のように一般条項的規定方式の条文が多い婚姻法の中に、そうした具体的な権利が単独で導入されることは、全体とのバランスを欠くことにならないであろうか。もちろん必要であればあえて避けるべきではないが、本来破綻主義の延長上にあると見るべき面接交渉権が法文上必要となるまでに、わが国の離婚事情が自由化しているかという問題もある。[10] 実務の現状は必ずしもそれを歓迎しない面もあるようであり、[11] 時期尚早ではないかという見方もできる。

(3) 中間報告の多彩な問題提起は、氏の問題を除くと、ほとんどが学説の視点から取り出された改革案を中心としており、特に実社会の要求に呼応する性質のものではないと見うけられる。また学界・実務界に向けてなされた意見聴取は、当然のことながら法律家の立場からの評価・判断を求めているわけであり、世論を探るという意味での調査は念頭におかれていない。しかし、世論調査の視点は、今後の立法に不可欠であり、今回の法改正の構想はとりわけその重要性を示唆するのはなかろうか。そこでわたくしは、少なくとも慣行となっているこの種の意見聴取を、アンケート形式に分析、編成しなおして実施することをとりあえず提案したいと考える。

たとえば冒頭の婚姻年齢を例にとるならば、まず社会学的な側面から、婚姻の低年齢化、あるいは高年齢化の現象が事実としてみられるのかどうか正確に確認されるべきであり、その上に立って婚姻年齢の変更という対応が必要であるかを問うことになる。男女を同一年齢とすべきかは、区別の背景にある生物学的事実、社会的要請をどう見るかが前提となり、その点への質問と回答に基づいて、平等の原則をここにも持ち込むべきかの判断が求められるべきである。こうしてこの問題だけでも五つ六つのアンケート項目が作成されることになり、回答は必然的に単純明快となる。このような調査が前提となるならば、法改正の必然性をより説得力あるかたちで確定することができ、また立法が社会の変動に即応してゆくための態勢を組織化することができるわけである。

実は今回の中間報告に対しても、〈家族と法〉学会を通じてアンケート形式の意見収集が行われている。しかし、前述のように中間報告の論点整理は学説整理型のものであり、その内容はかなり包括的である。また、現状維持型のa案に対して改革志向的なb案ないしb、c案が対置されてはいるが、改革案そのものが十分に具体化されていないため、回答には多くの疑問、留保が付かざるをえない。択一的な回答を求めるならば、結果としては、改革志向か現状維持かという法律家全体の意識調査に終わるのではなかろうか。

したがって、右の学界向けの意見聴取において回答者の性別、年齢、出身学部、職域配分が質問事項とされていることは、法改正の適否を探るという点で果たしていかなる意義が期待されているのか疑問である。結局のところ回答者の学問的立場が問われているのであるが、これは性別、年齢等と本来無縁であるか、仮にあったとしても、それを調査することはこの場合の目的に対してほとんど無関係とみるべきであろう。回答者である家族法研究者が法学部出身であるか否かを区別するのは何のためであろうか。弁護士や家庭裁判所家事調停委員が区別されるのは、現場からの要請を把握する趣旨であろうから、婚姻関係のいくつかの質問に関してはある程度目的を達しうるかもしれない。しかし、それにしても、得られた回答が実務に内在する必要性を指摘しているのか、回答者自身の思考の結果を反映するものであるかは必ずしも明確ではなかろう。適切に対象を限定し、目的に即した質問が作成されることにより、この点は大幅に克服されるはずである。

立法のためのアンケート調査は、このように法律家を対象とするものに限られず、広くかつ直接に世論に向けてなされることが理想的であるにちがいない。それは社会のニーズを反映した法制度を組織するという意味で民主主義の要請を満たすとともに、実効性のある社会統制のための当然の前提であると言えよう。[12] 恐らくわが国の社会では、そこまで法と社会の結びつきが求められては来なかったのであるが、今回の動きのように幅広い民法の見直しが目ざされるのであれば、立法の視点が社会そのものに向けられることは不可欠であろう。市民の生活意識に重要な影響を及ぼす氏の改革において、とりわけこの要請は本質的なものである。別氏制導入の当否を含めて、統計資料に十分配慮したきめ細かい判断方式が、この問題にまず試みられるべきであり、それによって立法技術自体をより洗練されたものとなしうるはずである。さらには、この機会にアンケートの技術がクローズアップされ、研究されることを期待したい。

（1） 滝沢聿代「改正養子法の展望」成城法学二七号一三一頁以下参照。
（2） 前注一（2）に引用したもののほかに、「フランスの判例から見た夫婦の氏――夫婦別氏制の展望」成城法学三四号四三頁以下〔本書一一五頁収録〕、「夫婦別氏の理論的根拠――ドイツ法から学ぶ」判例タイムズ七六〇号四頁以下参照〔本書二七一頁収録〕。
（3） あえて中間報告（論点整理）というかたちをとり、各界の意見を聴く趣旨であるとされる。しかし、論点の多くはそれぞれの専門家だけが適切な議論をなしうる性質のものが多く、いわゆる世論調査であればまた別の取り組み方が必要であろうと考えられる。問題提起の方向づけが明確な場合に議論はいっそう実り多くなるはずである。
（4） 折りしも、非嫡出子の相続分を嫡出子のそれの二分の一と定める民法九〇〇条四号ただし書の規定は、憲法違反であるとする東京高決平成五年六月二三日が新聞に報道されたところである（朝日新聞平成五年六月二三日夕刊参照）。また、合憲性を肯定した判決として、東京高決平成三年三月二九日判例タイムズ七六四号一三三頁以下参照。
（5） 婚姻によって女性が氏を改める不都合を避ける目的で、法律上の婚姻を回避する現象がみられ、そのために非嫡出子が増加していると指摘されている。女性の自立が背景にある点でも、両者は共通性のある問題である。

(6) ただし、後者の問題については、広島高判平成三年一一月二八日判例タイムズ七七四号一二三頁以下が、民法七三三条の合憲性を争ったはじめての裁判例として注目されている。今後このような訴訟がふえることは予想されよう。

(7) たとえば、富岡恵美子「婚姻の要件」判例タイムズ八一三号四四頁以下参照。わたくし自身も当初の意見は、いずれについても男女同一の取り扱いを志向するb案支持であった。後述のように本稿では若干これを改めている。民法七三三条に関する憲法学者の議論にこの傾向が強いのは当然であろう。

(8) 岡光・前掲論文戸籍六〇四号五頁参照。

(9) ただし、フランスでも共通財産制の改革に伴い、別産制の特約は後退の傾向にあるとされ、また世界的にも衰退の傾向が指摘されている(Ph. Malaurie et L. Aynès, Droit civil, Les régimes matrimoniaux, 1988, p. 334 et s.)。わが国の別産制にもそれ程積極的な意味があるわけではなく、むしろ夫婦財産制の不備を象徴するにすぎない。法定財産制としての共通財産制を導入することは、今後の課題の一つであろう。伊藤・前掲論文ジュリスト一〇一九号五六頁以下がこの点を強調される。

(10) たとえばフランス法の場合には、面接交渉権の背景として、離婚後の共同親権行使あるいは共同監護を原則とするような一九八七年法以降の法的状況がある。

(11) 家族法実務研究会「離婚法の現代的課題」判例タイムズ八一三号二七頁以下参照。

(12) もちろんアンケート調査が自動的に立法の方向を示すわけでなく、解釈、判断、選択、決断というかたちでのリーダーシップが要求される。大村敦志「フランス家族法改革と立法学」法学協会雑誌一一〇巻一号一五六頁以下には、フランスの立法における法社会学的調査のあり方が論じられている。

三　各論点に対する私見の対応

右のような一般論を踏まえて、以下には各論点に対する当面の私見を要約する(1)。当然のことながら、質問によってはもう少し情報を得て再考すれば異なる回答に導かれるであろうかという類のものもある。そこで、とりあえずの対応としては、回答の前提として何を知ることが必要であるかを極力明示しつつ、問題を考える場合にわたくしが重要と考える要素を指摘することができたらと考える。

第一　婚姻の成立に関する問題点

1　婚姻の要件

(1)　婚姻年齢について

ここでは婚姻の要件の側面から、まず婚姻年齢平等化の当否が問われている。夫婦別氏制導入の必要性が男女平等の要請故であるとするならば、同じ発想はここでも婚姻年齢の均一化を志向するはずであり、現にわたくしも当初は男女共に一八歳以上とするｂ意見に賛成した。不要な区別が差別につながる恐れは十分警戒されて然るべきである。しかし、よく考えれば女性の方が早く婚姻できることは優遇されているとも言えるであろう。フランス民法典は依然この区別を残しているのであるが（フランス民法一四四条）、その根拠として女性の成熟年齢が高いという生理的事実、[(2)]結婚生活に必要な社会的経験、判断力の有無を考慮するほか、人口政策的要素も含まれると指摘されている。わが国の議論には、成年年齢との一致や男女平等などの形式的な合理性を追求する傾向が顕著であるが、[(3)]制度の背景には、婚姻を個人及び人類社会にとっての極めて本質的な要請とみる深い哲学があるように思われる。すなわち、できるだけ早く、できるだけ長く婚姻が認められる必要があるのではなかろうか。したがって、右の生理的、社会的な成長の差異が果たして明確な事実であるのか、社会状況の変動がそれらに変化をもたらしているのかどうかを、説得力あるかたちで検証することが改革の前提であると考えられる。

すなわち、改革か現状維持かという問題は、機械的な平等論で単純に割り切れるものではない。伝統への配慮はここでも不可欠であり、改革する必然性がないならば、現状を維持すべきであって、それが法というものの考え方であると言えよう。中間報告ｂ案が親権者の同意又は家庭裁判所の許可を条件に満一六歳以上の婚姻を認めるのは、一律一八歳にするべく婚姻能力を独自に設定することへの配慮である。この結果、男女ともに（とりわけ男性は）従来より婚姻年齢が低くなるのであるが、果たして現実的であろうか。婚姻年齢の一般的な上昇傾向への対応[4]、低年齢の婚姻を避けるという今回の改正の趣旨[5]はどう生かされているのか、若年層の性的早熟というもう一方の現象を前に、個人の自由への安易な介入とならないか等を考えてみる必要がある。

加えて、b案が一八歳以上の未成年者に親権者の同意を得ない婚姻を認める点を疑問としたい。親権のコントロールを受けるべきであるが故に未成年者とされているにもかかわらず、親権者の同意なしに婚姻を認めるのは矛盾である。婚姻による成年擬制との関連を考えてみても、事柄は遺言能力や養子縁組の能力とは性質を異にするものと解される。一八歳以上に同意を要しない婚姻をという解決は、実質的には成年年齢の引き下げを志向するものであり、問題は婚姻法の枠内だけに留まらず、より視野の広い目配りが不可欠であることを示している。

(2)　未成年者の婚姻について

未成年者の婚姻に対する父母の同意はいずれか一方から得られればよく、それで未成年者保護の目的に足りるからであると説かれてきた[6]。この従来の解決に、実際上どのような不都合が生じているのか不明である。民法七三七条は父母が共に死亡あるいは所在不明のような例外的状況への対応を明示していないため、フランス民法一五〇条のように祖父母の同意を得る可能性に言及する余地はあろう。理論的にはb案の示す法定代理人の同意、同意がない場合の取消という構成が合理的であり、立法として優れているかと考えられる。成年年齢の引き下げを考える場合にはこの対応が適当であるかもしれない。とはいえその場合にも、婚姻への同意は財産法上の法律行為への同意と本質的に異なる要素を持つのではないかという点への疑問は残る。同意権者が法定代理人ではなく、父母であることの積極的な意味があるのではないかと見たい[7]。

(3) 再婚禁止期間について

離婚率の増加に伴って、再婚禁止期間が現実の不都合と自覚される場合が増えるであろうことは推測できる。問題はこの制度の必要性と合理性にあるが、嫡出推定の制度がある以上推定の重複を避けるための配慮は当然立法のなすべきところであろう。中間報告b案は、現行の六ヵ月を一〇〇日に短縮するものである。短かすぎて待婚期間としての意味をなさないのではないかとの疑問が生じる(8)。フランス民法二二八条二項は、女性が妊娠していないという医者の証明を提出することによってこの期間遵守を免除しており、当然なされるべき適切な配慮である。日本法への必要な改革は、まさにこうした合理的な例外規定を導入することであろうとわたくしは考えている(9)。

2 婚姻の無効及び取消し

(1) 再婚禁止期間違反の取消し

民法七三三条に違反する婚姻が取り消されたとしても、遡及効が認められないため、嫡出推定の重複という問題は残るかもしれない。しかし、問題の生じる危険を減少させることはできるのである。制裁のない禁止規定を置くことは法に対する信頼にかかわる。私見は、前出の民法七三七条(未成年者の婚姻)が制裁を持たない例外規定とされていることを可とするものではなく、社会の実情を考慮して現状維持を是認するにすぎない。バランスの欠如が指摘されるならば、むしろ取消しの導入を検討したい。

(2) 失踪宣告を受けた者の配偶者の再婚と失踪宣告の取消しについて

右の問題に民法三二条一項但し書を適用することは、婚姻を財産法関係と一律に取扱うという形式的な問題以上に、実質的な不都合を生じる。すなわち、悪意の場合には当事者はむしろ後婚の継続を望み、善意の場合にこそ前婚の復活による救済が必要となるかもしれないのに、事柄の性質に相反する結論に導かれるところが疑問である。結局、悪意者への制裁という観点から解決されるべき問題ではないのであり、前婚の復活が望まれるケースは残るとしても、人間性及び婚姻本来のあり方を考慮して、一律に後婚の有効性を認めるb案の妥当性を肯定すべきものと考える。この点は、婚姻制度の基本的枠組みの一端として、理念的な意味で明文化が必要かつ可能であると言えよう。

第二　婚姻の効力に関する問題点

1　夫婦の氏

これに関しては別稿[10]で論じているので言及しない。別稿では祭祀財産の承継との関係には言及しなかったが、別氏制の導入によって、この点に中間報告が指摘するような影響が生じることはないと考える。現行法の考え方は、祭祀財産を氏と結合させ、同じ氏を称する家集団のメンバーが祖先の祭祀を行うものとする。したがって、別氏制の夫婦にとっては、二つの家族の祭祀を承継する可能性こそ生じるかもしれないが、問題の基本的な考え方には何の変更ももたらされないであろう。夫婦別氏が家名承継の手段として注目されている現実を考えるならば、右の状況は十分理解しうるところである。

2　夫婦間の契約取消権

民法七五四条の適用に際して裁判所は、婚姻が破綻状態にあり、離婚を前提として夫婦間の契約がなされたような場合には、当該契約の取消権は認められないという例外的処理を確認した[11]。判例法の具体的妥当性は明らかであるし、また、一方では書面によらない贈与の取消を認める民法五五〇条があり、他方夫婦関係が円満の場合には契約の取消権が問題となる余地もないところから、規定自体の存在意義が問われてきたわけである。廃止論は従来から有力であり[12]、中間報告b意見がそれを代表している。

しかし、夫婦間に取引的契約を想定した場合、その履行を裁判所の力を借りて実現するのは家庭の平和に反するという考え方は、わが国の家族法の考え方によくなじむ。制定過程においても本条は、そのような観点から、特色ある独自の規定として設けられたことを窺いうる。(13) しかも、通常の円満な夫婦関係にとっては民法七五四条は不要であるという廃止論の考え方自体が、いかにも日本的であり、今回目ざされている立法の充実という方向には逆行するようである。今後の社会に予想される自由な夫婦関係において、右の規定の存在意義が見直される余地は十分あるのではなかろうか。もちろん、判例法が確立した例外的ケースの取扱いも妥当なものであり、規定の病理はそこにあった。すなわちここでの課題は、婚姻が破綻しているような状況の下で合理的な理由があってなされた契約は取消権の対象外であるという明文規定を追加し、判例法の解決を立法的に追認することである。その上で、民法七五四条の立法趣旨、その沿革等が再評価されることは十分可能であろう。

第三　夫婦財産制に関する問題点

1　夫婦財産契約

夫婦財産契約を婚姻届出後にも締結し、又変更できるようにすることが問われている。しかし、このような要望が大きいとは考えられず、夫婦財産契約は極めて少数しか締結されていないと従来から指摘されてきた。この現状に問題があるとしても、単に将来への配慮ということから、この時点で拙速な対応をする必要はないであろう。社会のニーズと直結する問題であるだけに、アンケート調査等により時間をかけた方向決定をすべきであると考えると、結局a案に帰着する。しかし、理論的にはb案の合理性は十分肯定され、少なくとも現行法に夫婦財産契約法がある以上、最小限それを変更する自由だけは制度化しておくことが妥当であるかもしれない。とはいえ、どの程度変更の自由を許容しうるか、第三者の保護は登記だけで足りるか等の問題を生じ、また仮に夫婦財産契約の利用が多くなれば、契約の解釈をめぐる問題の頻発が予想され、契約類型の整備という新たな課題を抱えることになろう。他方、現実的にみれば、この制度の将来性に対する法律家の関心故にb案の導入が実現したとしても、実社会に対して与えうる実益は少ないであろうと推測される(14)。

2 法定財産制

夫婦の居住用不動産の処分について

ここでは、夫婦の居住用不動産の処分制限が取り上げられた。婚姻中に夫婦の一方がその名義で共同生活のために取得した財産は、わが国の社会に一般化している法定財産制の下では当然に名義人の個人財産である。この前提の下に配偶者の居住権を保護し、その同意なしになされた処分は取消しうるものとする改正案がb案である。婚姻中に取得された不動産のみが対象とされているところから、個人名義であっても実質的には共通財産であるという理解を前提とするものであろう。

家族の居住に法的保護が与えられることはもちろん望ましい。しかし、わが国の現実において夫婦の一方（多くの場合は夫）が家族の住居を処分したことに対して、他方に取消権を行使させる必要性がどこまであるかは疑問である。通常は事実上の同意が与えられているはずであり、同意のない処分がなされるような状況の下で仮に取消権が行使されたとしても、そのことが家族にとって救済となる状況は少ないように推測される（準禁治産者の処分ではないのである）。これに対してはもちろん、フランス法がb案のような方向で家族の住居に対する周到な保護規定をおいている趣旨をどう解するかが問われるであろう(15)。

第一に、フランス法においては、法定財産制の原則が共通財産制である。夫婦の共通財産は共同管理に服しつつも、夫婦のそれぞれによる単独の管理行為は認められるという前提があり（フランス民法一四二一条）、その上に立って民法典は、配偶者個人、共通財産、債権者を含む第三者という諸観点から、交錯する利益に配慮するための詳細な規定をおいている。家族の住宅に対する保護自体は別産制の夫婦に対しても適用されるのであるが、その背後にある考え方には当然共通財産制の発想があると解される。またフランス社会における夫婦財産制の重要性故に、取引に際して第三者が夫婦財産制に配慮する必要、その慣行等もわが国の事情とは比較にならない。つまり、フランス法の考え方を導入するための法的基盤がわが国では欠けている。第二に、フランス法における家族の住宅の保護は、それを規定する条文の位置から明らかであるように、(16)婚姻共同生活の保護という目的に奉仕するものである。これに対し、中間報告の改正案は、後得財産の共有性という観点からの立法となっており、目的と手段の齟齬故に、制度自体が中途半端なものとなることは否めない。(17)夫婦財産制の構想にまで遡った検討が不可欠であり、中間報告の限りでは現状を維持するａ案とならざるをえない。

第四　離婚に関する問題点

1　協議上の離婚

(1)　協議離婚後の親子の面接交渉について

親子関係は基本的に血縁という自然の関係に根ざすものであるから、父母の離婚後においても、親権の所在とは別に親子の法的関係は存続する。この点は従来から家族法の当然の前提であったが、離婚が有責主義を中心とする時代には、その立場が権利というかたちで確認される必要は少ないと考えられる。子に対する面接交渉権という考え方は、やはり破綻主義離婚を前提とする発想であると見たい。(18)したがって、最高裁昭和六二年九月二日大法廷判決（民集四一巻六号一四二三頁）を契機として、ようやく破綻主義離婚への方向づけが明確になったわが国の離婚法においても、面接交渉権を明文化するための基盤があると解され、事柄の性質上もそのような対応は望ましいと考えられる。

問題は、わが国の離婚の現実において、果たして面接交渉権を明文化する必要があるのかどうかであり[19]、さらにはそれによって離婚後の当事者関係あるいは子の福祉にどのような利益あるいは不都合がもたらされるかである。立法に際しては、この点の具体的な確認が不可欠である。加えて、離婚後における親権の共同行使の可能性、子の養育料の支払い義務等、同レベルの細かな規定の必要性は、面接交渉以外にも種々ありうるところ、当面ひとり右の問題だけに明文規定がおかれるならば、全体とのバランスを欠くのではないかという疑問が生じる。あえてそれを行うならば、それはまさに社会的要請がその点に顕著に現れたという理由によってのみ正当化されるべきであろう。

(2) 財産分与制度の内容について

現行の民法七六六条は、財産分与が当事者の協議によりなされるか、又は家庭裁判所の処分によることを定めるのみであり、その内容に関しては専ら裁判所の裁量に委ねている。こうした規定の仕方は、とりわけ家族法、相続法の領域におけるわが国の民法典のいわば流儀であって、社会そのものが法的コントロールに服するという考え方に十分なじんでいないところでは、必然的にこのような法規制のあり方がとられることになると言えよう。しかし、中間報告のa案が指摘するように、その枠内で蓄積された裁判実務の成果が、財産分与の具体的方法や基準に関して明確かつ妥当なルールを打ち出すまでに至っているとするならば、これを立法のかたちで明文化することは当然望ましい。ただし、右の状況があると言えるのかどうかが第一の問題である。a、b案はこの点の認識において相対立するように見うけられ、b案は新たな基準の導入を目ざすものと解される。

財産形成における夫婦双方の寄与度を考慮して、離婚時における清算の基準を定めるb案の考え方は、基本的には後得財産の共有性を示唆するものであり、むしろ夫婦財産制の出発点に立ち戻って対応を検討するべきではないかと考えられる。また寄与度を原則として二分の一ずつとする提案は、家庭にある妻に対して機械的に夫と対等な経済的地位を与えるというわが国で一般的に好まれる考え方に立脚するものであろうが、明確な理論的裏付けを欠くと言わざるをえない。夫婦それぞれの給与収入が直ちに共通財産を構成するかについては、フランス法の下でも議論がある。[20] ましてわが国のような別産制の体制の下で、本来多様であるべき寄与度という観点から一律に二分の一という原則を立てることは余りにも安易である。家族法の将来を考えるならば、その根底には常に明確な個人主義の基盤がなければならないはずである。

別に提案されている離婚配偶者への補償請求の制度は、もちろん導入が望ましいとしても、現状の社会の下でどこまで実効性があるかという疑問とともに、規定の整備には相当の準備を要するであろうことが予想される。

(3) 財産分与の方法について

財産分与の実効的解決手段として、①定期金の支払義務を負わせる、②清算調整の目的で裁判所により当事者の一方から相手方に対する債務負担の命令ができるようにする、という二つの提案が示されている。いずれもその目ざす方向自体に異論はないであろう。ただし、このように実施面での強行性が確保される場合には、財産分与の基準及び内容自体が十分に妥当かつ合理的であることを当然の前提とすべきであり、現状に関してはこの点に疑問が残る。実務の蓄積を待つならば、このようなかたちでの問題提起ではなく、ごく自然にこれらの規定の立法化が実現されるべき時期は到来するのではなかろうか。

(4) 協議離婚に関するその他の事項について

①協議離婚時の離婚意思の真正を確保する手段を設けること、②離婚後の子の養育費用の分担義務を明示すること、の二つが意見として提示され、このような規定を置くことの当否が問われているようである。いずれも制度のあり方として望ましい方向には違いない。①については、民法七六五条で当事者の出頭を離婚届出受理の要件とすることが最も妥当と考えられるが、戸籍吏の資格、当事者の確認の方法、違反の場合の効力等に新たな議論を生じることが予想される。他方、均衡上婚姻届についても同様の配慮が必要となるであろう。②の点も当然肯定されて然るべき

である。ただ、養育費用の分担義務といっても当事者の状況に応じて常に絶対のものとはならないであろうし、単に一般的抽象的な宣言にとどまるのであれば意義は少ない。面接交渉権の規定の仕方等とあわせ、離婚法の再構成という観点から取り組まれるべき課題と見たい。

2　裁判上の離婚

離婚原因について

裁判上の離婚原因を規定する民法七七〇条に改善の余地があることは夙に別稿で論じた。(21) その趣旨は、第一に、民法七七〇条一項一号から四号までのうち、一、二号は有責主義の離婚原因、三、四号は破綻主義のそれを例示するものと解されるのに対し、従来から一般的破綻主義の規定とみられてきた五号の「その他婚姻を継続し難い重大な理由があるとき」は、四号までの例示をうけてそれらを一般化するものであり、必ずしも明確な破綻主義の規定ではないという指摘にあった。そこで、右の五号に改めて夫婦の別居による婚姻の実体そのものの消滅を明文化し、その前提の上に立って、民法七七〇条二項を苛酷条項に準ずる規定として活用することが妥当ではないかと提案している。(22) 中間報告b案は右と同趣旨の考え方をとっている。ただ規定の仕方において、「一定期間の別居（例えば五年以上）」を離婚原因として明示するものとし、私案よりさらに破綻主義を一歩前進させるかたちになっている。ただし、苛酷条項には明確な対応がなされていない。

b案の構想は、規定のあり方として言うまでもなく現行のものより論理的である。ただ、この場合には、有責主義の離婚原因を一般的なかたちで明示し、現行七七〇条一項一、二号以外にも有責主義離婚がありうることを確認する必要がある。また、このように離婚原因の性質を明確に区別することは、必然的に離婚効果の差異を伴うべきではないかという問題に発展する。他方、裁量的棄却を認める七七〇条二項との関係でも、離婚原因の性質に応じた取扱いの相違が不可欠となり、有責主義離婚に対しては現行法のようなかたちでの裁量的棄却を否定するか、厳格に制限することが望ましいはずである（その限りでは、b案が妥当）。したがって、現行の裁量的棄却の規定は、破綻主義に対する苛酷条項として再構成される方向でクローズアップされるべきであろう[23]。

しかし、右の議論はあくまでも民法七七〇条の全面的改正を念頭におくものであり、中間報告b案が提案するような当面の手直しは、必ずしも必要とは考えられない。第一に、わが国の現状の下で一定期間の別居を当然に離婚原因とすることは、離婚の抑止に対する法的歯止めを大幅に緩める結果になるため、社会的に許容されないのではないかという危惧が生じる。別居期間が一〇年程度であればあるいは実際的であるかもしれないが、そのような規定をおくことは逆に破綻主義の運用を阻害する。結局、判例の動きに注目しながら改革の時期を見極める必要があり、改正に際しては、協議離婚のあり方をも視野に収め、離婚効果に周到な配慮を加えて、離婚法を全面的に再構成することが適当となる。その際には、裁判離婚手続に関する問題提起として指摘された、五つの論点をあわせて検討の対象に含めうるはずである[24]。

最後に、現行の民法七七〇条二項による裁量的棄却にもう一度言及するならば、有責離婚に対する裁量的棄却が、当事者の人権の観点からみて極めて危険であることは明らかであるから、最大限の抑制的運用が求められなければならない。他方、破綻離婚に対しては、この規定に苛酷条項的機能を果たさせることにより、ある程度条文の存在意義を認めてゆくことができるため、その方向での運用を目ざすことが当面の課題と解される。条文の表現をより適切なかたちに改める余地もあろうが、その程度の修正であるならば、あえて法改正をするまでもないと考える。

（1）中間報告（論点整理）の内容自体はよく知られているところであるため、単に回答のみを記しつつ、本稿だけで独立して理解して頂けるような記述に努めた。

（2）Ph. Malaurie et L. Aynès, op. cit., La famille, 1987, n° 151.

（3）上野雅和・新版注釈民法㉑一九四頁以下、富岡・前掲論文判例タイムズ八一三号四四頁以下参照。
（4）野田・前掲論文民事研修四三一号一四頁参照。
（5）岡光・前掲論文戸籍六〇四号四頁参照。
（6）大原長和・新版注釈民法㉑二三七頁以下参照。
（7）たとえば形式的な資格よりも家族としての愛情を重視するという考え方はないか、なぜ一方のみの同意で足りるのか等に沿革を踏まえた説明が求められるであろう。
（8）単に推定の重複だけの問題であれば一〇〇日間で足りると従来から指摘されている（上野・新版注釈民法㉑二〇九頁参照）。しかし、理論と実際の齟齬はあろうし、心理的な要素が考慮されても当然ではなかろうか。また、一〇〇日とした場合の父の確定には、かなり困難が伴うようである（久武綾子「婚姻及び離婚制度の見直し審議に関する中間報告（論点整理）を読んで——再婚禁止期間（七三三条関係）について」戸籍時報四二三号五九頁参照）。
（9）解釈による緩和は従来から行われているが限界はある。広島高判平成三年判決（前註二（6）参照）は、医師の証明による除外を認めないことを直ちに不合理ではないと論じているが、安易な正当化ではなかろうか。
（10）滝沢・前掲論文成城法学三四号四三頁以下参照。
（11）最判昭和三三年三月六日民集一二巻三号四一四頁、最判昭和四二年二月二日民集二一巻一号八八頁参照。
（12）昭和三〇年の中川高男・注釈民法㉑三八五頁参照。昭和三〇年の法制審議会仮決定も削除を明示したとされる。
（13）フランス民法に由来する本条の立法経過（中川・注釈民法㉑三八三頁以下参照）をたどると、ローマ法・フランス法の考え方が、明らかに日本的な発想によって拡大的に導入された事情を明確に読み取ることができる。
（14）昭和三〇年の仮決定、昭和五〇年の中間報告は、いずれもこの制度の削除を提案したと指摘されている。伊藤・前掲論文ジュリスト一〇一九号五五頁、中川・前掲論文ジュリスト一〇一九号八四頁参照。しかし、削除よりも規定の改良をという方向自体は賛成である。
（15）高橋朋子「夫婦の居住用不動産の処分の制限について——フランス法の例」判例タイムズ八一三号五一頁以下はこの点に答えた資料である。
（16）フランス民法二一五条三項参照。一項は夫婦の共同生活の義務を定める規定である。
（17）高橋・前掲論文判例タイムズ八一三号五四頁、伊藤・前掲論文ジュリスト一〇一九号五八頁がその問題点を具体的に指摘される。

(18) フランス民法でも面接交渉権の規定は一九七五年七月一一日の法律ではじめて導入された(二八八条参照)。旧規定の下での判例法の確認と言われるが、離婚の増加現象と無関係ではなかろう。
(19) 実務からの要請が強くはないことについて、家族法実務研究会・座談会「離婚法の現代的課題」判例タイムズ八一三号三二頁以下参照。
(20) Malaurie et Aynès, op. cit., Les régimes matrimoniaux, n° 334 et s.
(21) 滝沢聿代「有責配偶者の離婚と今後の課題」判例タイムズ六八〇号一九頁以下参照。
(22) 滝沢・前掲論文判例タイムズ六八〇号三五頁以下参照。
(23) ただし、破綻主義の歯止めとしての苛酷条項はそもそも理論的に矛盾を含み、フランス法の下でも実際の適用例が極めて少ないことを既に指摘した。滝沢・前掲論文判例タイムズ六八〇号二五頁以下参照。
(24) 裁判離婚を家庭裁判所の管轄とする、離婚訴訟に家庭裁判所調査官を活用する、離婚訴訟手続きの過程を家庭裁判所へ移送・結合させる、養育料の支払い・財産分与に履行確保の措置を導入する、訴訟上の和解による離婚を導入するが、列挙された五点である。いずれも実際的な改革案であるが、具体化には多くの準備を要するのではなかろうか。

四　結び

一九九二年一一月にこの中間報告がニュースとなった際、新聞は専ら夫婦別氏の実現に第一歩が踏み出されたという観点からこれを報道した。それまでの社会情勢から見て、極めてもっともな受け止め方であったと言えよう。しかし、中間報告の中味は、検討してきたように極めて多彩な論点を含み、まともにこれらの改革に取り組むならば、婚姻法の枠を超えて、戦後の家族法・相続法改正を練り直すところまで行かざるをえないかと見うけられる。その場合のテーマは、それぞれの問題領域において必然的により詳細かつ具体的な条文を求めることになり、従来法外の解決に委ねられてきたもの、あるいは裁判官の裁量に依らしめてきたものを、できるだけ立法の領域に取り込み、リーガルな解決を目ざすことが課題となると考えられる。そのことは当然わが国の社会のあり方に本質的な影響を及ぼすであろうし、また、もちろんそれが望ましい方向であると言えよう。法制審議会は、そのような広い視野に立って、根本的な改革に取り組む姿勢を継続されるべきであろう。

しかしながら、前述のように、当面の中間報告に取り上げられた論点の多くは、法改正への社会的必然性という面でも、改正のための裏づけとなる研究の点でも、具体的な立法の技術においてもかなり不十分なものである。総花的な議論は、それ自体興味深いであろうが、成果としてどれだけの立法への結実が可能となるか、いかなる対応が最善のものであるのかは、極めて見通しの難しい問題である。そこで、さしあたっては、立法の具体化に向けて改革の焦点を絞る作業が何よりも重要であり、ここでは、学問的観点から今後さらに議論を深めるべき問題と、社会的要請に即して直ちに妥当な対応が可能な問題とを選別することが重要と考えた。後者との関連では、確定しうる判例法のルールを成文化するという立法のあり方を、できるだけ尊重したつもりである。

右のような理解の下に、わたくしは、まず今回の法改正への主たるエネルギーが氏の問題に向けられることを期待しつつ見守りたい。中間報告はそこでも具体的な方向づけを全く打ち出してはいないのであるが、その論点整理は周到で最も充実しており、立法のテクニックとして誤りのない選択が求められるだけである。(1) この問題に関する多くの論稿は無駄に書かれたわけではなかったし、必然性があればこそ書かれたとも言えよう。改革を遠い将来に見送るような時代にわたくしどもがいるわけでもない。

他には、これと並んで条文化への距離が近い問題として、再婚禁止期間の適用除外例を明文化すること、失踪宣告におけるb案の明文化、夫婦間の契約取消権に関して判例法に即した例外規定を追加すること等を提言した。いずれも現行の制度を肯定した上で、立法の不十分を補完する趣旨の改革となる。とりわけそのうちの二例は、条文の不備がプラクティカルなかたちでその病理を見せているケースにあたると言えよう。(2)

離婚法に関しては、十分な準備の上に別途全体の再構成を目ざすことが望ましく、夫婦財産制、婚姻の要件についても、改革案の内容は未だ立法化に機の熟したものと見ることができなかった。立法は法解釈のような制約を持たないため、単なる提案であれば千差万別の考え方が出てきても不思議ではない。それだけに、社会の現実に法をどう対応させるかという厳しい視点が必要であり、それぞれの論点の学問的な興味深さはまた別の問題であると見なければならない。

（1）ただし、中間報告は戸籍の問題の処理に取り組んでいない。今後の検討が望まれるところである。

（2）失踪宣告と婚姻の関係は、問題自体が抽象的、理念的な性質のものであり、専ら理論的な対応が可能ないわば例外的なケースと考えられる。

〔成城法学四四号（一九九三年）〕

民法改正要綱試案の問題点

一　序

「婚姻及び離婚制度の見直し審議に関する中間報告」が出されてから一年半余りを経たこの七月に、法制審議会身分法小委員会の議論の成果が要綱試案のかたちで再び世に問われることになった。この度の民法改正に関心を寄せて発言してきたわたくしとしては、私見の立場からこの要綱試案にさらに検討を加え、よりよい法改正の実現にいくらかでも寄与することができたらと考え、この極めてトピカルなテーマをあえてくり返し論じるものである。

私見の大筋については既に別稿で明らかにしたが[1]、その際いくつかの改革は不要あるいは時期尚早ではないかと見てきた。基本的な考え方はそこでの議論と変っていない。しかし、今やより具体化されてきた改正案の意図をできるだけ前向きに受け止める必要があり、これをいかによりよく定着させるかという考察を試みる一方、再考を要すると考えられるいくつかの論点を指摘することが不可欠である。本稿が今後の検証と条文づくりのための議論に一つの指針となり得ればと考えている[2]。

問題点を概括するならば、要綱試案は大胆に改革を志向し、個人の自由と平等を追求して意欲的ではあるが、それらの改革のすべてがはたして日本社会の現状に即したものであるかには疑問が残る。わが国においては、家族生活はとりわけ法の関与を余り要しない領域である故に、あるいはまた個々の提案が法的関心の少ないマージナルな問題である故に、このような法改正が容易に実現しうるのであるとすれば、新法はその結果改正前にまさる多くの問題を抱えることになり、実務の裁量に委ねられる領域はますます広がるかと推測される。また、試案のように現行規定の断片的な手直しに終ることなく、理論構成と立法技術にもう少し考察を深め、必要な細部に立法の責任が果たされるべきではないかとわたくしは考えた。そこで、以下では、法務省民事局参事官室より出された要綱試案および試案の説明[3]にしたがって、順次個々の改革案を取り上げつつ、試案の改良の可能性を論じることにしたい。

（1）滝沢聿代「法制審議会民法部会の中間報告について——考察と提言」成城法学四四号六一頁以下参照〔本書三二八頁収録〕。

（2）また改正手続とは別にもこの種の考察が意義を持つことはあろうと期するものである。

（3）法務省民事局参事官室「婚姻制度等に関する民法改正要綱試案及び試案の説明」家裁月報四六巻七号一二〇頁以下参照。なお、多くの調査資料が試案の説明中に含まれていることもあって、本稿では文献の引用にあまり意を用いていない。

二　婚姻最低年齢の取扱い

1　婚姻の要件に関し、試案の第一に取り上げられた婚姻最低年齢の問題に関しては、現行民法七三一条による男一八歳、女一六歳という婚姻適齢を男女とも一八歳とする改革案が提示されている。しかし、単純に形式的平等を取り込むだけの目的で改正が強行されることには少なからぬ危惧が伴う。

比較法的には、この点に同様の解決をとるドイツ法、イギリス法などのあり方がとりあえず念頭におかれたと推測される。しかし、たとえばドイツ法は、成年年齢を一八歳とすること、一六歳以上の未成年者に対しても配偶者が成年であるという条件の下に婚姻の可能性を開いていること、法定代理人の同意制度を含むこと等において[1]、この度の改正案とは本質的に異なる制度となっていることが注目されなければならない。明らかにドイツ民法の優れて論理的な性格が、この問題における男女の取扱いの区別という伝統的思考を払拭し、先端的な男女平等に到達させたと考えられる。同様のドイツ法的特色は、離婚法においては破綻離婚を徹底させるとともに、婚姻の余後効ともいうべき完璧な離婚配偶者保護の制度をつくり上げているのであり、わが国の考え方との落差は大きいと言えよう。男女一律一八歳の点だけを安易に参照することはできない。また、同様の解決を採る諸外国のほとんどが成年年齢を一八歳としていることも看過しえないはずである。婚姻適齢の問題が成年年齢と切り離して論じえないことは、中間報告以来の議論でも十分自覚されてきたのであるから、改正案の対応はいかにも拙速ではなかろうか。

伝統的な規定のあり方は、たとえばフランス法に維持されているが（男一八歳、女一五歳）、それが差別ではないと論じられていることは言うまでもない。男女の身体的生理、人口政策的配慮等のほかに、身体的成長の相違から生じる心理的要素に区別の根拠があるとの指摘も見られる[2]。すなわち、婚姻を望む気持が女の方により早く生じるということであり、それは出産し子を育てるという身体的能力、人間的欲求と密接に結びついているはずである。この意味で、婚姻適齢への権利は人権そのものであると言えよう。もちろん、法における平等的取扱いは重要な課題であるから、これを優先させて法文上男女の婚姻適齢を同一にすることには十分意義がある。その場合には例外規定による調整がやはり必要であろう。例外規定を持たず婚姻年齢を男女一律とする場合には、一四歳、一六歳のように低い年齢に抑えることが一般的傾向と見うる。(3)事柄は一握りの例外への対応をどうするかであるが、この制度の中に表現されるべきであるのは単純に平等の問題だけではないと見うる。

しかし、今回の改正案が選択したのは何よりも男女平等のシンボル的規定をつくることであった。婚姻、離婚法の大幅な見直しによって「結婚が変わる、家族が変わる」(4)という期待とともにもてはやされた法改正から何か目新しいものを導き出すならば、実害の少ない婚姻適齢の平等化が注目されることは十分理解できる。(5)しかし、一六、一七歳の婚姻例が年間三〇〇〇件近くあり、改正は必ずしも望ましくないとする実務家の意見をあえて斥けてまで、形式的な平等を追求する必要が果たしてあるのかという疑問は当然生じる。

要綱試案の説明は、高校進学率の高まりを指摘し、婚姻年齢に高校教育終了程度の社会的、経済的成熟を要求することが適当であるとする。しかし、婚姻適齢の制度自体がそもそも少数者の例外的状況を念頭に置いた理念的な内容のものである。高校を終了したら誰でも婚姻をしようと考えるわけではない。他方、義務教育のみで学校教育を終える者は依然存在し、これらの者にこそ婚姻適齢の規定が意味を持つ可能性は高い。加えて、高校進学率の高さの実態に含まれる病理に思いを至すならば、安易な現状肯定から導かれる改正案の裏づけの貧しさに不安を覚えるのはわたくしだけではないであろう。高校教育終了程度の社会的、経済的成熟を要求するとはどのような意味であろうか。まさか義務教育を終了しただけの社会的地位、経済力では婚姻能力に疑問があるという趣旨ではなかろう。

改正案はむしろ端的に、婚姻適齢を一律一八歳とする諸国の例に倣いたいと説くべきであった。それは確かに今日的な男女平等の一つの表現であり、民法典にこれが謳われる意義は少なくないであろう。しかし、改革を求めるならば、同時に二〇歳という成年年齢の高さに他国との矛盾を見るべきであり、社会的、経済的成熟度を考慮した婚姻適齢であるにもかかわらず、父母の同意を要件とせざるをえない現行法の構造が、一律一八歳の持つ現代的意義を自由や独立とは逆の方向に印象づける結果となることを憂慮すべきではないかと考える。また仮にこの改正案がわが国の社会情勢をほどほどに反映した現実的なものであるとしても、民法典のとりわけ婚姻適齢のような規定は、長期の時間的流れを視野に収めた人口政策的配慮に裏づけられる必要があるため、一八歳未満に法的婚姻を全く否定する政策は、婚姻適齢を比較的高くし（男二二歳、女二〇歳）、一人っ子政策によって人口抑制をはかる中国法のような方向に接近するものと理解しなければならない。それは明らかに婚姻の自由に対する抑制を意味するであろうから、当面の法改正の推進に期待を寄せるわが国のフェミニズムの立場が、名を取り実を捨てるような今回の改革案に果たして賛同しうるであろうかという点も疑問である。

男女平等が民法典の理想であることに疑いはない。社会の体質とともに家族法の構造そのものをこの方向に向けることが、今後一貫した課題となることも確かであろう。それにしても法改正には、理念とともに法技術的な制約がある。婚姻適齢の男女差は、生物学的な男女差を肯定した規定の仕方であるため、最後までそれが民法典に残されても合理的であると言い得るのであり、現状では民法七三一条に手を加えないことがよりバランスのとれた問題処理であると考える。

2　しかし、今この時期に、七三一条の改正を平等への契機とする必要があるとするならば、せめて一六歳以上一八歳以下の婚姻を一律に家庭裁判所の許可にかからしめる対応が望ましいのではないかと提案したい。未成年養子に関する民法七九八条と同様の手続であり、ここでも許可の基準が明確でないことは批判されているけれども、だからといってその許可制度が不要であるとは言えないであろう。家庭裁判所の許可を得てまで婚姻を希望する当事者は、おそらく相当の必要性があってそこに至ったのであろうから、本人の真意が確認され、特段の障害がなければ裁判官の良識によって許可すればすむことである。[6]

こうして未成年婚を父母の同意を要するものと家庭裁判所の許可を要するものとに二分し、男女平等を建前としつつ現状に対処することが可能となる。もちろん家庭裁判所の仕事は増えるのであるが、法改正をするならば、それに伴う実務的手当が配慮されることは当然の前提と解してもよいであろう。いずれ成年年齢が引き下げられる時期が来た際には、未成年婚を一律に父母もしくは法定代理人の同意に委ねるか、または家庭裁判所の許可にかからしめるかを問い直すことになり、改正後の実績によって判断することができる。その意味では過渡的な対応と見ておきたい。

（1） G. Beitzke, Familienrecht, 23 Auf., S. 39f.
（2） G. Cornu, Droit civil, La famille, 3e éd., n°180.
（3） たとえば、イギリス（一六歳）、イタリア（一六歳）、スペイン（一四歳）等。試案の説明および岡光民雄「『婚姻及び離婚制度の見直し審議に関する中間報告（論点整理）』について」戸籍六〇四号五頁参照。
（4） この種の表題による今回の法改正への論評がかなり見うけられ、またそうでなくても「新しい婚姻法・家族法」が期待を込めて語られているようである。要綱試案の現実が果たしてそれに相応しいかは疑問であろう。それ以上に、期待にできるだけ応えようとするために、せっかくそれなりの均整を保っている現行法の体系が無用にゆがめられることを民法典のために惜しみたいと考える。
（5） 野田愛子「法制審議会身分法小委員会における婚姻・離婚法改正の審議について(上)」戸籍時報四一九号二一頁参照。
（6） 問題となるのは父母の同意の有無である。同意があることがもちろん望ましいが、不適当な反対の可能性も十分ありうるので、家庭裁判所が諸般の事情を踏まえて客観的に許可を与えることになる。現行制度よりは婚姻がしにくくはなるであろう。

三　再婚禁止期間の短縮

1　要綱試案は、民法七三三条について、再婚禁止期間（待婚期間）を現行の六カ月から一〇〇日に短縮する改正案をまとめている。広島高裁平成三年一一月二八日判決（判例タイムズ七七四号一二三頁、判例時報一四〇六号三頁）は、まさに今回の民法改正の動きに歩調を合わせたような注目に値する登場であったため、本判決の評釈を中心にこの問題については多くの論評が書かれることになった。(1) その結果、家族法の体系書の一隅で批判されていた民法七三三条の問題点は、今や白日の下で告発されている印象を受ける。

全体の論調から見て、試案のような改革案が出されるのはやむを得ない必然の成り行きのようである。学説の多数は、嫡出推定の重複を避ける目的のためには一〇〇日ないし一〇一日で十分であると一貫して主張しているからである。我妻説もまた、「待婚期間の規定は、十分な根拠がなく、立法論として非難されている」とし、廃止論であった。(2) しかし、それならば、他の諸点で立法の模範となってきた今日のドイツ法やフランス法がそれぞれ一〇カ月、三〇〇日という長い待婚期間を依然堅持していることをどう解すればよいのであろうか。まさか日本の学説が指摘するような問題に蒙昧であるわけではなかろう。おそらくそこには、宗教的背景を伴った婚姻倫理の伝統という拘束があるかと推測される。(3)

思うに、ドイツ法、フランス法において一〇カ月ないしそれに準ずる期間を待婚期間としているのは、その数字から明らかであるように、婚姻解消前に懐胎された子があった場合には出産を終えてから再婚すべきであると考えるからであろう。すなわち、父性推定の重複を避け、単純に前婚、後婚のいずれの父の子であるかを決定できればよいというものではなく、前婚の子を懐胎したままで再婚することは望ましくないという倫理的規範を主体とするものと解さざるを得ない。わが国では明治民法以来これが六カ月に短縮されているため、右の論理を貫徹するには不十分であるが、しかしこれだけの期間を置けば妊娠の有無が外形的にも明確になるという意味で、再婚に対するいわば個人的、社会的潔癖さを表現し得ていると言えよう。この制度を全く廃止するのであれば、イギリス法のような父の決定方法に関する独自の規定を新たに創設しなければならないが、いずれがわが国の伝統にかなうであろうか。[4]

問題は、わが国の場合、当面の規定について現実に即した運用を確保するための立法上の手当がこれまで全くなされてこなかった点にある。戸籍実務のレベルでは、民法七三三条二項の例外規定に準じて、実質的に待婚の必要が認められないケースを除外例とすることが慣行的に定着しているようである。しかし、その種の法の実態は一般には容易に知られないため、七三三条一項の原則だけがいかにも不合理な規範として批難の対象となる。また、立法の裏づけのない判断であれば、例外的処理における取扱いの不均衡、消極性等による限界はやむを得ないところであり、現に妊娠していないという医師の証明によって待婚期間を免れることは許されていなかった。仮にこの取扱いが肯定されていたとするならば、先の広島高裁平成三年判決は現われなかったであろうことは確かである。[5][6]

2　それ故、法改正の課題は、右の例外的取扱いの可能性を明確に整理して条文化することであり、たとえば民法七三三条に次のような第三項をつけ加えることが考えられる。「再婚の時点において、前婚の夫との間に懐胎の可能性がない状態が六カ月以上継続していたことを客観的に証明した場合及び妊娠していないことを医師が証明する書面を提出した場合も前項と同様である」。すなわち、ここでは一項の禁止規定は適用されないことになる。このような規定を設けても解釈による補充は当然必要となり、取扱手続に新たな煩雑さが生じる可能性はあろう。しかし、右の例外規定は、現行民法七七三条の父を定める訴えの手続に代わり得る面を持つのであり、十分合理的かつ現実的であると考えられる。

さて、右の私案においては、まず前段との関係で、「客観的な証明」をどのように行うかが問われるはずである。

離婚調停や離婚訴訟の過程でこれが明らかにされる場合には、その事実を裁判官が証明することが可能であろう。死別や協議離婚の場合にも、右に準じて家庭裁判所の裁判官が同様の事実を確認し証明する手続によることができるはずである。実際には、後婚の夫の子を懐胎しているため後段の医師の証明によることができない場合の問題となるであろうが、そのような状況の下で求められているのは、待婚期間の解除であると同時に、前夫の子ではなく後夫の子と推定される（少なくとも明白な事実上の推定を得る）ための手続でもある。

他方、再婚禁止期間を試案のように仮に一〇〇日に短縮したとしても、回避されるのは法文上の形式的な推定の重複だけであるから、事実に反する推定がなされたケースはすべて、これも問題の多い民法七七四条の嫡出否認の訴えに持ち込まれることになる。同条の規定は、訴えの提起をなし得る者を夫以外に拡大し、機能的には結局七七三条の父を定める訴えに近い内容のものに改変されざるを得ないのではなかろうか。またその場合には、現行の七七三条を削除する必要が生じるであろう。いずれにしても待婚期間の短縮は、必然的に別個の対応による問題解決の提案を含まざるを得ないのであるが、試案はこれらの点に余りに不用意である。

後段の証明に関しては、医者の証明への信頼度に疑問が投じられるかもしれない。しかし、その種の懐疑には捉われるべきではないと考える。

とはいえ、右のように柔軟に例外の可能性を肯定するのであれば、再婚禁止期間を置くことに一体何の意味があるのか、なぜ一〇〇日間に短縮することが適当ではないのかと、なお問われるかもしれない。それは結局、民法の婚姻の理念をどう捉え、立法に何を表現するかの問題であろう。ドイツ法、フランス法などより短縮されているとはいえ、現行民法七三三条の六カ月の期間は西欧法につながる明治民法以来のわが国の伝統であり、いわば国民的倫理となり得るものではなかろうか。婚姻は長期にわたる深い人間関係を予定する制度であるから、前婚と後婚の間に六カ月程度の時間的空白が置かれることは、原則的に見ればそれほど重大な拘束ではない。また、その空白の必要性は子の出生の可能性に根拠を置く故に、女性だけに対する拘束となることも合理的である(7)。ただ、あえて再婚を急ぐ必要がある場合には、熟慮を示す手続を経ることによって拘束を離脱できるわけであり、それを否定するまでの実質的必要性はない。

学説は、現代医学の水準が高まり、懐胎、出産についての社会一般の知識、意識の変化がある故に明治期の規定にこだわるべきではなく、嫡出推定の重複を避けるに足る合理的な期間、すなわち一〇〇日間が妥当な待婚期間であるとする(8)。試案はまさにこれを実現するものであるが、実は同様の現代的状況故に民法七七二条の父の推定規定自体が時代遅れの内容となっている。これに文言上のつじつまだけを合わせるのは、待婚期間の形式的形骸化以上のものではなく、七三三条は伝統的な制度としてはもはや意味をなさなくなるのである(9)。待婚期間は、極めて緩やかにではあるが婚姻の理念の一端を画し、かつ実質的に機能しうる制度であり、それ故にこそ今日まで生き延びてきたと考えられる。当面の課題はそれをよりよく生かすための現実的手当にあると理解されることを期待したい。

(1)　本稿では、とりあえず、辻村みよ子「解説」法学教室一四六号八六頁のほか、一審判決に対して書かれたものとして、犬伏由子「批評」判例時報一三八八号一九二頁、久貴忠彦「再婚禁止期間をめぐって」ジュリスト九八一号三六頁以下、独自の研究として君塚正臣「再婚禁止期間の合憲性(一)(二・完)」民商一〇九巻二号二六〇頁以下、三号四七〇頁以下を参照した。

(2)　我妻栄・親族法(法律学全集)三一頁参照。論旨の基本には中川善之助教授の批判説があると見うる。また、取消し得べき婚姻とする制裁は無意味なので、事前チェックだけにすべきであるとされるが、制裁は必要であり、少なくとも建前論として取消の警告的機能はあると言えよう。

(3)　待婚期間を設けないで親子関係法を活用する解決はより自由主義的であり、イギリス婚姻法はそのような特色を示すようである(なお、後註七(1)参照)。他方、わが国で伝統的に廃止論が顕著であった背景には、中川説(中川善之助・親族法(上)一七二頁以下等参照)の影響が大きいと見うる(福地陽子「再婚の制限」家族法大系Ⅱ四〇頁以下参照)。中川説は父権思想の残滓を強調されるほか、法律婚が十分社会に浸透していなかった当時の社会事情を踏まえて、婚姻法における事実の尊重を説かれる観点から問題を論じられた。しかし、事実婚による違反を阻止し得ないから規定が無意味であると論じるならば、同様の批判は多くの婚姻規範にあてはまることになろう。いずれにしても民法七三三条は相対的にマージナルな規定であるが、例外の証明を活用しつつその今日的機能は今後も十分果たされ得ると考える。

(4) イギリス法では、子が一六歳に達したときに父を選択し得る(福地・前掲論文家族法大系Ⅱ三六頁参照)。わが国では後婚の子と推定する立法論に支持が多いようである(君塚・前掲論文(二・完)民商一〇九巻三号四八三頁註(七四)参照)。しかし、推定による解決は嫡出否認の可能性を含み、待婚期間よりいっそう不完全である。

(5) 出産があった場合には再婚の禁止が解除される規定である。

(6) たとえば、前夫との再婚の場合、悪意の遺棄により三年以上前から音信不通の事実がある場合、六七歳の女性の再婚等。福地・前掲論文家族法大系Ⅱ三八頁、久貴・前掲論文ジュリスト九八一号四〇頁参照。

(7) 憲法上の問題は、再婚禁止期間の目的が科学的、合理的な証明によって代替的に達成される場合にもなお拘束を逃れる道が開かれていないという現行規定の欠陥にあると考える(辻村・前掲解説法学教室一四六号八七頁も同旨と解される)。

(8) 久貴・前掲論文ジュリスト九八一号四一頁参照。通説を代表する見解と言えよう。

(9) 短い期間の制度としては、イスラム法に四カ月の待婚期間が見られるようである。初期ローマ法に存在した類の精神的規定で離婚には適用がないとされている。F. Boulanger, Droit civil de la famille, 2e éd., t. I, n° 144 bis. なお、改正案による一〇〇日の制度は、血統の混乱を避ける問題をすべて民法七七二条の推定規定に移すものであるから、親子関係法の側から同じ問題の解決を図るイギリス法に接近するわけである。しかし、推定が成り立てば足りるわけではないので、本文に論じたように嫡出否認の訴えを拡大し、子が改めて認知を求めうる道を開くような対応が不可欠となるのではなかろうか。

四　夫婦別氏の導入

1　夫婦別氏制の導入に関しては、三案併記が試みられていることもあり、多彩かつ本格的な問題提起がなされる結果となった(1)。わたくし自身の考え方は、既に論じたように、あくまでも現行の民法七五〇条を前提とし、そこに別氏の可能性をつけ加えるという修正を必要かつ十分な改正と見るものである。すなわち、少数者の声を現行法に取り込むことが実現されれば足りるのであり、それにより不十分であった「家」の解体は完成する。またこのようなかたちでの選択的夫婦別氏制は、氏における個人の尊重と意思による氏の決定という二つの基本原則に支えられて、民法と戸籍を貫く体系的な氏の理論を構築するに足りる改革となるであろうと論じたわけである。要綱試案のA案に最も近く、別氏夫婦が例外的少数であるという発想を免れていないが、法改正は漸進的に現実に対処するものであり、必要以上に過去と断絶すべきではないしまたそれは望ましくないと考えている。

これに対し、試案B案は、氏における個人主義と意思主義を可能な限り追求するものであり、その限りで論理的に一貫した主張を持ちかつ魅力的である。将来における氏の制度がこの案の目標に近いところに定着する可能性は十分あるかもしれない。しかし、氏の制度の本質は、B案に示唆されているほど自由意思に密着するものではなく、多かれ少なかれ秩序維持の手段としての側面を含むものである。もちろん、国ごとに氏のあり方の固有の特色は見られ、一概には論じえないとしても、わが国の氏の制度がその伝統から見て、またとりわけ氏の種類が極めて多数かつ多彩であるという特質に鑑みて、相当程度の統制とこれを裏づける理論を必要とする事情は無視しえない。この観点から、夫婦同氏を原則として維持することによる呼称秩序の安定を少なくとも当面は捨てることができないし、当然のことながら法は改正を望まない多くの人々のためにもあることを考慮しなければならないわけである。自己の同一性にこだわり別氏を選ぶ夫婦は、法の認める自由を享受するのであるから、例外ないし少数派であることを恐れる必要はないしまた恐れるべきでもないと考える。

C案は、別氏制を拒み現行制度の維持にこだわる立場から、可能な最小限の譲歩を模索するというかたちで案出された。試案に整理されたその構想は、呼称の変更という考え方を持ち込むことで極めて巧妙に目的を達成しており、現実的であると同時に理論的にも明快であるように見受けられる。しかし、戸籍処理の必要上生じた民法上の氏と呼称上の氏という区別は、廃棄されるべき無意味な観念的区別であるという認識が既に学説における共通の了解事項となっている。将来性のないこの理論に依存することは到底改革とはなり得ないし、氏の理論に混迷を深めるばかりであろう。

2 こうして課題は、A案を如何に理論構成し使用に耐えるものとするかであることが明らかである。要綱試案のA案に含まれる最大の問題点は、別氏夫婦の氏の承継にかかわる。A案は、「別氏夫婦の子は、父母の婚姻中は、自己と氏を異にする父又は母の氏を称することができない」とし、そのような氏の変更が家族や子の利益の観点から必要とされる事態を想定しがたいと説明している。しかし、B案において「別氏夫婦の子は、その出生時における父母の協議により定められた父又は母の氏を称する」とされたのは何故であろうか。明らかに、父母の双方において自己の氏を子に伝える利益と権利があると考えられたからであろう。このことはB案にのみ固有の問題であるはずがない。氏は親から子へと伝承される性質のものであるから、氏における個人のアイデンティティを尊重することは、必然的にその固有の氏を子に伝える権利の問題に発展する。フランス法の問題状況はまさにここに生じたわけである。

すなわち、既に指摘したように(2)、フランス法は伝統的に夫婦同氏を定める規定を持たなかったため、婚姻後にも夫婦が固有の氏を持つ状況が続き、ただ慣習によって妻は夫の氏で呼ばれるものと解されていた。学説はこの状況に対し、妻が夫の氏に対する使用権を持つという理論的把握を与えている。このような法体制の下では、女性の自立が自己の固有の氏への権利を自覚させるとともに、ごく自然に夫婦別氏は実現され得たのであり、その限りではフランス法には何ら理論上の問題はなかった。しかし、子の氏に関しては、民法典以前からの強固な慣習法により、「嫡出子は父の氏を称する」という規範が一貫して肯定されていたのである。したがってフランスの女性の闘いは、自己の氏を子に伝え、子とともに同じ氏を称して生活する権利に向けられてきたし、その改革への努力は既に一定の成果を見ている(3)。夫婦別氏制の導入は、子による氏の承継（子に氏を伝える権利）まで視野に収めなければ不安全な改革に終わり、早晩問題を再燃させることになるのは明らかである。

それ故わたくしは、私案の試みの中では、子の氏を婚姻時に定められた夫婦の一方の氏としつつ、婚姻中子は必要に応じて父母の一方から他方の氏に変更することができるものとした(4)。周知のようにこの種の氏の変更は、現行の民法七九一条の中で幅広く活用されており、新たな変更のパターンをさらに追加することに格別の障害は見られない。民法七九一条は、家庭裁判所の許可により氏の変更が認められる場合と、戸籍法上の届出だけにより得る場合とを含むが、呼称秩序の維持を優先させるならば、前者の類型による変更とすることがより適当であろうか。

右の点に関しては、試案の説明が、「父母の婚姻中、子が父又は母のいずれの氏を称することが適当であるか、家庭裁判所において判断する合理的・客観的基準を見出すことが困難である」と論じている。しかし、単純にいずれの氏が子にとってふさわしいかという類の判断をするわけではない。出生時に子が取得した父母の一方の氏が他方の氏に変更されるのであるから、変更の正当な理由、多くの場合には子に氏を伝えることを希望する父または母の真意と子の承諾、さらには子にとって格別の不利益がないことの確認がなされれば足りると言えよう。この場合、原則として子の氏は父母のいずれか一方の氏にまとめることがA案の方針であるが、事情により――すなわち、たとえば四人の子のうちの二人が一緒に父の氏から母の氏に移ることを子等自身が特に希望するようなケースにおいて――、結局は別氏夫婦にそれぞれの氏を称する複数の子が併存するタイプの家庭が誕生することを肯定するわけである。それならば何故B案ではないのかを、さらにつけ加えるべきであろうか。

3　まず第一に、別氏を選択し、複数の子はすべて夫の氏を称している夫婦において、妻が子に氏を伝える必要性を感じないのであれば子の氏は変更は生じないのであり、その限りで呼称秩序は原則どおり維持される。また、母の氏へと後発的な変更をする子が一人だけである可能性は極めて高いであろうから、その場合には子はすべて同一の氏を称するという原則に極力近い形態を維持することができる。もちろん、別氏夫婦は常に各自の氏を称する子を持つべきであるという前提に立つならば、子の出生の度ごとに順番に父母の氏を与える、あるいは称させる氏を父母の協議で決めるというB案が適当となるかもしれない。ただ、氏の制度の伝統を全く崩してまであえてそれを原則化して推奨する必要はないと見るわけであり、その理由は何故A案を取るのかを先に論じた際に言及した趣旨と重なる。

右のように、別氏夫婦の子の氏の決め方のテクニックに関しては、A案、B案それぞれの原則と各試案が採用している子の氏の扱いとが必然的に直結するわけではないことを確認する必要がある。この点は、夫婦の氏を婚姻後に変更するテクニックについても同様である。B案の問題点はむしろその固有の考え方の中にあり、氏に対する個人の権利を最大限に尊重する結果、行き過ぎを生じていることが自覚されるべきであろうと考える。たとえば、「子は、成年に達した時から二年以内に、家庭裁判所の許可を得ないで、戸籍法の定めるところにより届け出ることによって、成年に達した時に称していた氏と異なる父又は母の氏を称することができるものとする」という点である。すなわち、成人後に父または母の氏を選び直す権利を認めるわけであり、ここには子の氏は本来子が自分で選ぶべきものという考え方がある。果たしてそうであろうか。

子はどの親から生まれるかを選ぶことはできないと同様に、出生時にいかなる氏と名を取得するかに選択権を持つことはあり得ない[5]。このことは同氏夫婦の子においては制度上も明確であり、子の氏を決定するのは父母の合意のみである。別氏の場合には父母の氏の間で選択の余地が生じるが、そこで考慮されるべきであるのは父母それぞれの子に氏を伝え得る権利であり、子自身の氏の選択権ではない。もちろん子が成長して婚姻すれば同様にその氏を子に伝える権利を持つわけであり、氏の権利とは、本来出生により取得した時点から当該の氏それ自身に対して認められるものである。したがって、子が取得した氏が法定代理人の権限によって変更されたような場合には、子に本来の氏への回復権を与えることは合理的である。民法七九一条四項はその趣旨の規定である。しかし、試案B案に見られる前述のような変更権は、氏の同一性ないし不変性を尊重して夫婦別氏を原則とするというB案本来の考え方とも矛盾する。英米法に見られるような一般的な氏の変更の自由は、また別の問題である。

このように、氏における立法の技術は、伝統と社会の意識を踏まえた政策的な呼称秩序の枠組と個人の自由意思への配慮との間で、いかに調和ある衡量を図るかが基本となる。人格の要素とも言える氏である故に、その制度に思いを至せば至すほど、できるだけ多くの自由を取り込むことが望ましいと考えられても当然であろう。しかし、氏の改革よりも優先する重要事項は社会に山積している。この種の問題に過度の期待を持つことなく、漸進的な対応を可とすべきであろう。

4　最後につけ加えなければならないのは、養子の氏の問題である。昭和六二年の改正により導入された配偶者がある者の単独縁組が、夫婦別氏の可能性を前提としてはじめて有意義な制度となりうることは既に指摘した(6)。それ故別氏制を取り込む改革においては、この点への対応が見落されてはならない。

すなわち、現行民法八一〇条但書は、婚姻によって氏を改めた者が単独縁組（民法七九六条参照）をして養子となった場合には、夫婦同氏の原則が優先するため養子は養親の氏を称しないものとした。これを改めて、夫婦別氏になることを認める配慮が不可欠であろう。理論的には養親子同氏の原則があるため、また実質的には氏に対する国民感情を考慮して、縁組においては氏が重要な要素となり得ることを肯定した制度づくりが必要であったところ、別氏制の導入でそれがはじめて可能になるわけである。「氏の尊重」を基本に据えた今回の法改正の必然的課題とも言えよう。同様にして八一〇条但書によれば、婚姻によって氏を改めなかった者が単独縁組をする場合には、当然に養親の氏を称する結果、縁組をしない配偶者にも氏の変更が強制されることになる。もちろん縁組に対する同意というかたちで当事者の意思を確認した上での変更であるが、ここでも夫婦別氏への移行を可能とすることが合理的である。

その他には、別氏夫婦が共同縁組によって養子となる場合の問題がある。養親夫婦が同氏である場合はもちろん、別氏である場合にも（A案を前提として）、共同縁組の効果として別氏夫婦は同氏夫婦に移行することを原則的に確認する必要があろう。これに対し、単独縁組であれば、いずれの場合にも縁組をした養子の氏だけが変更されるのであるから、煩雑のように見えるわりには事柄は明快である。

　他方、離縁の場合の復氏は民法八一六条一項の定めるところであり、単独離縁であれば当該の養子だけが復氏する。これに対し、たとえばA案の下で別氏夫婦と共同縁組した成年養子夫婦は、養父母の一方の氏を当然に称するのであるが、氏を与えた養親と離縁し、かつ他方の養親と縁組を継続する場合には、特別の配慮が必要となろう。試案は、現行民法八一六条一項ただし書の規定に倣ってこの場合を、「養子は、別氏夫婦のいずれとも離縁した場合に限り、縁組前の氏に復するものとする」と処理したが、直ちに復氏させるかあるいは縁組を継続する養親の氏に当然に変更させるべきものと考えられる。

　現行民法八一六条が予想するケースでは、養父母は同氏であるから、一方と離縁しても他方の氏を継続する必要があるわけで、同条一項但書はこれを確認する趣旨の規定と考えられる。しかるに養親夫婦が別氏のケースでは、養子が氏を与えた養親と離縁した場合には、養子が復氏してもしなくても養親子が氏を同じくしない状況が生じる。そこで当然に復氏させても新たに養親子間の同氏を確保するために、民法七九一条一項にしたがって子の氏の変更をする必要が生じるかもしれない。しかし、単独離縁が生じるのは成年養子との間に限られるわけであり（民法七九五条参照）、この場合には養子が他方の養親の氏への再度の変更を必要としない可能性も高い。養親の方も、子に氏を与えないという前提の下で別氏の婚姻をしているわけである。したがって、あえて離縁までした養親の氏を継続させるより端的に復氏とすることがはるかに状況にかなっていると言えよう。いずれにしても試案の考え方は、氏にこだわる故に婚姻後も別氏を選択した夫婦にとっては受け容れがたい解決となるのではなかろうか。

　ただし、右のように離縁復氏の原則だけを適用する場合には、現行民法八一〇条ただし書の場合と同様の例外として、氏を異にする養親子関係が肯定されることを確認しなければならない。このようないわば細部に生じた法的処理のひずみが望ましくないとすれば、ここにも養親子同氏の基本原則を適用して当然に縁組を継続する養親の氏を取得させることも考えられる。いずれにしても、縁組と氏は必ずしも絶対に密着したものではないわけで、政策的配慮による工夫の余地はさまざまに残されるはずである。とりわけ成年養子においては、フランス民法典の単純養子のように氏の同一を伴わない縁組の可能性を認めることが一つの課題となる。わが国の場合にその必要があるかどうか、今後検討の余地があろう。

夫婦別氏制の導入は、氏における個人の権利を尊重する趣旨の改革であるため、氏を従たる要素と見て比較的軽視してきた従来の規定や取扱例は、法改正に伴って改めて一つ一つの妥当性を検討され直す必要が生じている。右に取り上げた養子の氏の問題はその典型例の一つである。

（1）滝沢聿代「選択的夫婦別氏制——その意義と課題」成城法学四三号一頁以下参照〔本書二九七頁収録〕。

（2）滝沢聿代「最近のフランスにおける氏の諸問題」日仏法学一四号一一頁以下参照〔本書二四一頁収録〕。

（3）滝沢・前掲論文日仏法学一四号三六頁以下参照。

（4）滝沢・前掲論文成城法学四三号一二頁参照。そこでは戸籍法上の届出による変更を予想したが、家庭裁判所の許可を要するとしてもよいであろう（滝沢聿代「フランスの判例からみた夫婦の氏——夫婦別氏制への展望」成城法学三四号一三六頁以下〔本書二一九頁収録〕ではこの立場をとっている）。いずれかの選択には十分な詰めをしていないが、呼称秩序を重んじるならば後者、手続の煩雑を避けるためには前者が望ましいことになる。

（5）この点は親の命名権に典型的に示される。氏は父母のいずれかの範囲において法が与えるのに対し、名は親に命名権がある。最近の「悪魔ちゃん」命名事件（東京家八王子支審判平成六年一月三一日判例時報一四八六号五六頁参照）においては、命名の自由を擁護する声が高かったが、事柄の性質上子の利益と社会一般への配慮がその自由の限界を画することは当然であろう。

（6）滝沢聿代「改正養子法の展望」成城法学二七号一五六頁以下参照。

五　夫婦間の契約取消権

1　要綱試案は、民法七五四条が定める夫婦間の契約取消権の制度を廃止すると提案している。同条文は、昭和三〇年の法制審議会民法部会身分法小委員会の仮決定により既に削除が提案されており、学説においても一貫して批判の対象となってきたものである。

その理由は、第一には比較法的考察から導かれる。すなわち、夫婦間の契約取消権を認めない立法例が多く、ローマ法からフランス法に承継された夫婦間の贈与の禁止を制度化するフランス法系諸国の立法が見られるだけであると指摘されている(1)。わが国の民法七五四条は、フランス法の影響を受けつつも、独自の配慮の下に、当初の明治民法の規定以来取消権をすべての契約に及ぼすという構想をとった。この意味で、明確な沿革的裏付けを欠くことに疑問が投じられたわけである。第二には、本条適用の結果が不合理な病理を生み出したという事情がある。民法七五四条を文言どおりに適用した大審院判決（昭和一九年）は、夫が妻に財産分与の約束をして協議離婚届に署名させ、届書の提出前にその契約を取り消したという事例において取消を有効とし、学説の批判を受けたのであるが(2)、同種の事案はたびたび判例に登場することになる。その結果、判例法により、本条は正常な婚姻関係を前提とするものであって、婚姻が実質的に破綻している状況の下では適用されないというルールが確立されたことは周知のところである(3)。わたくしとしては、この判例法による修正を条文中に取り込むかたちで改正が行われることが最も適当ではないかと考え、中間報告に対するコメントとした(4)。その趣旨を詳論したい。

2　民法七五四条成立の背景に継受法として見た場合の問題があるとしても、民法起草者が、わが国の家庭生活の実態を考慮し、夫婦間の契約はしばしば情に流されたり力関係によって歪曲されるおそれがあると危惧したことはそれなりに肯定できる。起草者は相当な比較法的知識の上に立って、「法は家庭に入らない」という日本的考え方をここに表現しようとしたわけであり、一つの立法政策として評価することができよう。(5)

実際、右の考え方は、多かれ少なかれ婚姻関係の一面の真理を表現していることは確かで、たとえばイギリス法においても、夫婦間の契約は通常、道徳的義務以上に法的義務を予想するものではないから、履行の強制になじまないというルールが確認されている。(6) しかも、イギリス法と同様に自然債務と扱う立法テクニックがわが国のような取消権よりも優れているという保証もない。またフランス民法一五九九条が夫婦間の売買を原則的に禁止していることは、贈与の撤回可能性が売買の名目によって回避されないためであると論じられているけれども、(7) 根底においては、わが民法七五四条の立法時に考えられたと同様の夫婦関係の独自性が考慮されていることを見落しえない。こうして、フランス法の規定を拡大的に取り込んだ民法七五四条は、とりわけ夫婦の財産関係を法的にコントロールするという発想に極めて乏しいわが国の婚姻法の体質と相まって、日本法的調和をもたらす独得の規定となったと解することができる。

学説の批判は、前述のような本条適用上の病理が判例の中に確認される過程で出てきた議論であるから、規定本来の積極的意義がそれほど重要性を持たないとなれば、削除の主張がなされることも不思議ではない。しかし、実際の立法となればまた別の配慮を要するわけである。削除によりわが婚姻法は一つのシンボル的規定を失うのであるが、これに代わる新たな立法的対応を未だ予測もしえない状況の下で、速断を惜しむ理由は十分あるのではなかろうか。試案の説明は、夫婦間の契約を財産法の一般法理に委ねるとする。裁判所はおそらく契約の成立を極めて厳格に認定し、また極力和解を勧めるかたちで争いに対応することになるかと考えられるが、いずれにしても婚姻関係なかんずく夫婦の財産関係に緊張を持ち込む効果は伴うであろう。夫婦の独立、平等はもちろん望ましいにちがいない。しかし、それでもなお夫婦関係が一般の取引関係とは異なる要素を含むことは明らかであり、法は結局どのようなかたちかでこの領域に固有の配慮を持ち込まざるをえないはずである。

そうであるならば民法七五四条を削除せずに、その病理だけを修正することをまず考えるべきではなかろうか。たとえば同条に二項を加え、「婚姻関係が実質的に破綻している場合には、前項の規定を適用しない」とするならば、最高裁の判断を立法により追認することができ、立法当初の理念をより現実に即したかたちで規範化する結果となる。七五四条が仮に将来的には削除されるべき規定であったとしても、その時期はむしろ夫婦財産制の改革と歩調を合わせることが望ましく、規定が存続している限りは、保守的ながらもそこには婚姻に対する一定の法の配慮が明示されるわけであるから、その意義を軽視するべきではないと考える。

現行規定が存続する場合の原則論の機能は、夫婦間の契約が任意に履行されて問題を生じなければもちろん無関係である。取消の必要を生じた場合に、通常は無能力者等の限られた例以外に許されることのないやり直しが夫婦間である故に可能となるのは、契約の相手方に対する寛大さを法が要請するからと解することができよう。取消が婚姻関係を破綻させるほど深刻な事態となるならば、結局、例外規定が働いて取消は不可能となるのであるが、七五四条を削除して取消権が存在しなくなっても、そのような状況では合意解除が望まれるであろうから、結局、紛争が生じる可能性において変わりはないはずである。

(1) 神谷笑子「夫婦間の契約」契約法大系Ⅰ一〇七頁以下参照。
(2) 神谷・前掲論文契約法大系Ⅰ一一五頁以下参照。
(3) 大判昭和一九年一〇月五日民集二三巻五七九頁、最判昭和四二年二月二日民集二一巻一号八八頁参照。
(4) 滝沢・前掲論文成城法学四四号七二頁参照。
(5) 神谷・前掲論文契約法大系Ⅰ一一二頁以下に紹介されている梅博士の立法理由は、フランス法において贈与の取消権を有償契約一般に拡大適用する学説判例が行われていると論じている。疑問であるが、仮に誤解であったとしても、そのような解決を是とする趣旨は理解できる。

（6） 神谷・前掲論文契約法大系Ⅰ一〇九頁参照。
（7） Ph. Malaurie, Droit civil, La famille, 1987, n° 902.

六　協議離婚と親子の面接交渉

離婚法の領域においては、まず子の監護権者の決定に関する民法七六六条の規定の中で、親子の面接交渉の可能性に言及することが予想されている。破綻主義離婚が一般化するとともに、離婚後の親子関係を監護権とは別に継続させるための配慮が必要となることは、理論的にも必然性があると考えられる。面接交渉の問題がまさにそれであるが、それと同様の観点から、監護権者でない者の子に対する扶養義務に注目することができるであろう。これらの権利義務を明確にしつつ父母の子に対する責任を確認し、子の養育に必要十分な体制をつくることが、破綻主義離婚を認める前提条件となる。

これに対し現行民法七六六条は、わが国の民法典の規定の一般的特徴を示して、極めて概括的なかたちで離婚後の子への対応を条文化している。したがって問題の面接交渉も、同条一項に言う「(子の監護をすべき者) その他監護について必要な事項」の中に当然に含まれうる趣旨であり、子の扶養料の支払いについても同様である。[1] しかも、七六六条は本来協議離婚に関する規定であるから、すべてを「協議で定める」こととし、副次的に「家庭裁判所が定める」場合を想定する規定となっている。裁判離婚にもこの規定が準用されるわけである。

すなわち、民法七六六条は、離婚配偶者間の権利義務を具体的に確認する規定には本来なりえない構造を持っており、一～三項までのやや冗漫な規定の形式を見ると、試案が提案するように協議の対象としての面接交渉をそこに取り込むかたちでの修正は、条文のあり方としても不自然になる上、内容的にもそれほど大きな意義を示しえないようである。しかし、法文が少しでもリーガルなかたちに改良されることは、一般論としては望ましいわけであるから、バランスのとれたかたちで例示を補うことはそれだけでも前進と見なければならない。そこで、「子の監護をすべき者の決定、親子の面接交渉の方法、子の扶養料の支払その他監護についての必要な事項は、その協議でこれを定める」のように、他の要素（子の扶養料の支払）を加えて条文づくりをすることを提案しておきたい(2)。その上で面接交渉だけに焦点を絞り、現行七六六条一項の末尾に追加するかあるいは独立の規定を補うかたちで、「親子の面接交渉の方法に関しては、子の心身の発達のための利益が最大限に尊重されなければならない」とつけ加える修正が有意義であろう。かくしてわれわれは面接交渉に言及する民法典を持つことができるのであり、この問題への関心を高め、より行き届いた離婚手続が可能となるはずである。

しかしながら面接交渉の真の問題は、離婚配偶者に対してこの権利を法的に確認し、欧米的な離婚家族の交流を正面から肯定することができるか、また妥当であるかという点にある。この意味では、紹介されている韓国民法の簡潔な条文(3)の中に望ましい一つの典型的な立法例を見ることができる。もちろん、イギリス法のように面接交渉権を子の権利と捉える考え方も可能であろう。しかし、当面民法典の規定の仕方は子の権利を中心とした体系とはなっていないので、親の権利の側から問題を扱っても子の立場に配慮することは十分できるとせざるをえない。親権そのものが権利であると同時に義務と論じられる事情もあるわけである。結局立法にあたっては、要は現実の諸条件を踏まえて、何を選択するかに明確な理念を持つことであり、そもそも立法をするかしないか自体についても同様のことが言えるはずである。

これに対して今回の法改正は、面接交渉を協議離婚の規定の枠内で取り扱っており、問題は結局「当事者の協議に委ね」られるのであるから、立法はこの問題にほとんど責任を取ることなく介入しているわけである。わが国の離婚の実態が必ずしも面接交渉の権利化を要求している状況にはないとの指摘にもかかわらず、この問題に関する比較法的情報と関心だけが先行した結果の姑息な対応ではなかろうか。このような基盤の上に先端的な破綻離婚主義が導入されることは危惧されて当然であり、その意味をくり返し問い直してみる必要があろう。離婚法の真の課題は、実は問題の多い協議離婚そのものに根本的な手直しを加えることにあり、実質はほとんど無法の状態に近いとも言うべきこの離婚制度に最低限度の法的統制を加えることであると考えられる。(4) そのような幅広い問題提起は既に中間報告に見られるのであるから、今回の改正の動きを拙速に終らせることなく、離婚法の飛躍につなげたいと切望するものである。

(1) 前者の点については、最決昭和五九年七月六日判例時報一一三一号七九頁があり、後者に関しては、我妻・前掲書一四六頁参照。

(2) 子の扶養料(養育費)支払義務の根拠は、解釈上民法七六〇条、七六六条に求められているが、その重要性に鑑みてこれを独立の規定として明文化すべきであるという指摘は一貫してなされてきた。我妻・前掲書一四六頁、山脇貞司「養育費支払義務の履行確保」ジュリスト八五八号三四頁以下等参照。

(3) 試案の説明資料によれば、韓国民法八三七条の二は次のような規定である。「①子を直接養育しない父母の一方は、面接交渉権を有する。②家庭法院は、子の福祉のため必要なときは、当事者の請求により、面接交渉権を制限し、又は排除することができる。」

(4) 改革の方向の一端は、たとえば我妻・前掲書一二八頁註(3)、植木とみ子「わが国の離婚の実情と問題点」ジュリスト八五八号三三頁等に見うる。また、イギリス法の下では、離婚問題の私的処理が最近の動向であるという紹介が注目されるが(南方暁・シンポジウム〈離婚原因と離婚給付〉報告「イギリス」家族〈社会と法〉五号一二五頁以下参照)、そこでも離婚に対する最小限度の公的関与ないし私的援助が制度化されているようであり、わが国の協議離婚を向けるべき方向が看取されるであろう。

七　財産分与の規定のあり方

１　財産分与に関する民法七六八条の改正案は、前述の七六六条の場合と同様に、現行規定が極めて概括的、抽象的な表現によっているところを、具体的な例示を補ってより内容の分りやすい条文に改良するという類のものであり、かくして法文がよりリーガルになるという限りでは、不十分ではあっても前向きな改革として肯定することができる。ここでの問題は、その具体化の中味が必ずしも従来の学説、実務の延長上になく、新たな理念の導入が念頭におかれている点にある。

まず、現行の七六八条一項の規定には、財産分与の目的を明示する趣旨で「離婚に伴う当事者間の財産上の衡平を図るため」という文言を追加することが提案されている。フランス法の補償給付の考え方を反映するものという説明が見られる。離婚給付はその性質上離婚原因と関連づけられてはじめて的確な理論構成が可能となるのであるが、後述するように要綱試案は離婚原因を破綻主義に集約させており、この点はイギリス法あるいはドイツ法に倣った立法と見ることができる。他方、破綻離婚の効果は、ドイツ法においてもフランス法においても扶養義務の継続である点が注目される。婚姻の解消を容易にする代わりに前婚に対する責任を引き受けさせるという破綻主義の本質が、そこに表現されているわけである(1)。これに対しこのたびの試案は、離婚配偶者間で「衡平を図るため」財産を分割し合うという考え方で破綻離婚の後始末をしており、イギリス法的なクリーン・ブレイクの考え方に近いと言えるが、衡平の原点はフランス法的な補償に求められている。

フランス法の補償給付は、確かに離婚給付の中核をなしており、また将来的にも中心的役割を果たすことが期待されている(2)。しかし、現行法の下では損害賠償、扶養定期金と併存し、他方夫婦財産の清算は完全に別個の規範に服するのであるから、それだけで離婚後の財産処理を包括しうるものでは決してない。いずれにしても「衡平」というような曖昧な表現で離婚後の財産処理を概括することは、「別れる時には半分ずつ」といった安易な期待を抱かせる点で危険であり、そうでないならば、実質的には何の意味も持ちえない気休めの手直しにすぎないのではなかろうか。補償給付を導入するならば、まず伝統的な財産分与の手続内容を明確にした上で、さらに「婚姻の解消が夫婦各自の生活条件にもたらす不均衡を可能な限り償うための給付」というフランス民法二七〇条の表現に準じて、補償給付の定義規定を設けることが本来であろう。

試案は、補償給付的な「衡平」を大枠としつつも、これまでの実務と学説に従って、財産分与の内容に婚姻の解消による夫婦の財産関係の清算、離婚後の扶養ないし補償、離婚慰謝料が含まれることを前提としている。(3) 当然の対応であり、改正に際して民法七六八条一項に盛り込まれるべきであるのは、まさに右の三ないし四要素を明示的に確認する規定であったとわたくしは考える。立法がより自信を持つならば、これらの財産分与の内容区分をそれぞれ別個の請求権として明文化し、請求の要件や算定の基準等を明らかにすることが理想的であるかもしれない。当面の目的は財産分与をより積極的に機能させるためによりよい法的基盤をつくることにあるからである。しかし、試案はこの点に十分な自覚を示すことなく、「補償給付的考え方」の導入に関心が流れ、伝統的な財産分与の諸要素と補償給付との関連を混乱させていると見うけられる。

補償給付の概念自体は、その導入が有意義であることに異論はないであろう。実際、わが国の離婚給付は、従来から定期金形式になじまず一括支払を中心に処理されてきたのであるから、まさにフランス法の補償給付が目ざした改革を先取りしてきた現状があるわけである。しかし、わが国においては、離婚に伴って生じる生活条件の不均衡を補償するという趣旨の給付が自覚的に行われることはなかった。それは清算、損害賠償、扶養といった観点から離婚配偶者間の財産関係が十分検討された上での調整となるべきだからであり、そうでなければ新たに導入される「衡平」

は、いかにも日本的な恩恵的財産分与を正当化するだけに終るにちがいない。いずれにしても、理論的には補償の理念の導入により、離婚給付の中味はほぼ完璧に充実するはずであり、今後は「解決金」といった和解的給付の余地を残す必要がなくなるであろう。

したがって、民法七六八条一項の改訂に際しては、離婚扶養と補償給付をそれぞれ独立させ、他の二つの要素とあわせて財産分与の内容を四種とした上で、これらを一～四号にまとめて「衡平」に代えることが最善であると考え、当面次のように提案したい。

七六八条　①協議上の離婚をした者の一方は、相手方に対して次に掲げるそれぞれの名目の下で、必要な財産の分与を請求することができる。ただし、総額の算定においては相殺を妨げない。

一　婚姻中に夫婦が協力して形成した財産の清算

二　離婚の責任を一方的に負う配偶者に対する物質的又は精神的損害の賠償請求

三　離婚後の扶養を必要とする場合の扶養料

四　離婚が夫婦の生活条件に生じさせる不均衡を補償するための給付

もちろん、ここでは従来どおり一個の財産分与請求権のみがあることを前提としている。右に対応する離婚原因の取扱いに関しては後述したい。

2　民法七六八条一項を右のように具体化するならば、試案が提案している同条三項の改正がより意義を持ちうるであろう。三項では、財産分与の額および方法を定めるに際して考慮されるべき「一切の事情」を具体的に列挙するという改革が予想されている(4)。しかも、試案の説明によれば、列挙される具体的要素のそれぞれは、一項との関連で既に論じた三ないし四種の請求名目のどれかに対応するべく選択されており、当然慰謝料も念頭に置かれている。そうであればいっそう、実務と学説の到達点を明文化するという先の解決の妥当性が明らかであると言えよう。

慰謝料的要素の算定にあたって考慮される事情は、「婚姻中の共同生活の維持についての各当事者の協力の態様及び程度」と表現されている。しかしこれは明らかに慰謝料以外のものにはなりえず、それ故考慮されるべきであるのは「離婚に対する責任」(5)であると考える。明確な表現を避け、曖昧な処理をあえて可能にしておくという考え方も理解できなくはないが、そのような安易さに妥協することは実務に本来以上の負担を課し、かつ社会一般の法に対する信頼をそこなうと見なければならない。とは言え、「離婚に対する責任」を財産分与に反映させるならば、離婚原因を破綻主義に集約させることとは矛盾するであろう。この点を要綱試案がどう考えたかは必ずしも明確ではない。離婚慰謝料が従来どおり財産分与中に含まれるという試案の説明は何を意味するのであろうか。いずれにしても問題は離婚原因の構成にあり、民法七七〇条の改正を次に論じなければならない。

(1) もっともイギリス法は、クリーン・ブレイクという考え方によって離婚後には夫婦の経済的関係を残さない体制をとるようであり(南方・前掲論文家族〈社会と法〉五号一三四頁参照)、破綻主義の本質という理解が適当であるかという疑問も残る。離婚法を最も深く支配するのは宗教的要素であるとカルボニエは論じているので(J・カルボニエ/北村一郎訳「フランス離婚法改革を通して見た法と社会との関係」日仏法学一五号七四頁参照)、フランスについてはカトリックの影響を考えるべきであろうが、ドイツ法においては理論体系の要請が考慮されているかと考えられる。

(2) 婚姻的扶助義務の離婚後への延長という思想を認めうるとわたくしは指摘した(滝沢聿代「有責配偶者の離婚と今後の課題」判例タイムズ六八〇号二四頁参照)。補償給付の理念は衡平か責任かという議論がフランスでも見られることを、犬伏由子・シンポジウム〈離婚原因と離婚給付〉報告「フランス」家族〈社会と法〉五号二六頁が指摘される。しかし、フランスで将来性を期待されているのは、主としてはこれが扶養定期金に代わる離婚給付の一時金による解決を可能にするという実務的側面の故である。現実には、一括処理が困難なケースが多く、また給付金の算定方法、夫婦財産制の清算との関連等の問題もあって、今後の運用に多くが委ねられていることが報告されている(とりあえず犬伏・前掲論文家族〈社会と法〉五号二五頁以下参照)。

(3) 試案の説明参照。

(4) 現行民法七六八条の規定を便宜上ここに明示しておく。

①協議上の離婚をした者の一方は、相手方に対して財産の分与を請求することができる。
②前項の規定による財産の分与について、当事者間に協議が調わないとき、又は協議をすることができないときは、当事者は、家庭裁判所に対して協議に代わる処分を請求することができる。但し、離婚の時から二年を経過したときは、この限りでない。
③前項の場合には、家庭裁判所は、当事者双方がその協力によって得た財産の額その他一切の事情を考慮して、分与をさせるべきかどうか並びに分与の額及び方法を定める。

右の傍線部分を、「当事者双方がその協力によって取得し又は維持した財産の額並びにその取得又は維持についての各当事者の寄与の程度、婚姻の期間、婚姻中の生活の水準、婚姻中の共同生活の維持についての各当事者の協力の態様及び程度、各当事者の年齢、心身の状況、職業、収入及び稼働能力その他の一切の事情」と書き直すことが試案の提案である。

(5) 「離婚に対する責任の割合」とすることも可能であろう。

八　離婚原因の構成

1　要綱試案は、裁判上の離婚原因を定める民法七七〇条一項に新たな項目をつけ加え、「夫婦が五年以上継続して共同生活をしていないとき」に離婚請求権を認めている。これにより破綻主義の論理は貫徹され、それとの関連から、同条二項が苛酷条項の規定として再構成されることになった。理論的にはこのような条文の手直しが適切であることは既に確認されていたのであるが[(1)]、しかし、それが早くも現実の改正案となったことに驚きを禁じえないのは何故であろうか。

まず第一に、判例との関係である。有責配偶者の離婚請求を否定する判例法の壁がようやく取り払われて七年目である。その間破綻を認める前提となるべき別居期間は短縮の一途をたどってきたとは言え、最高裁判決の限界は八年程度に収まっており、(2) 有責配偶者からの請求は依然厳しい判断の下にあった。また、離婚が認められたケースにおいては、有責配偶者にも財産分与請求権があるかが論じられる一方、有責行為に対しては慰謝料請求が認められている。(3) このように離婚裁判は依然有責配偶者からの離婚請求を中心とし、緩和されたとは言え、有責性への非難が離婚への歯止めとなってきたわけである。わが国の一般的な婚姻観は、このようにいわば出口である離婚を通じて典型的に表現されてきたと言えよう。さらには離婚給付に誠意を示すことを離婚の条件とする判例の方向も合理的であり、(4) これがより明確なかたちで定着してゆくことが期待された。すなわち、当面の枠内では、新たな判例法は十分適切に機能していたと見うるのである。(5)

もちろん、九〇パーセントを占める協議離婚の簡単さとのアンバランスという問題はあるかもしれない。しかし、協議が成立しないケースは結局難しいこじれた事例であって、合意によりえない法的解決が質的に異なるものとなることは許容すべきであろう。裁判所の側から見るならば、多少増加したとしても数的に決して負担とはならない離婚訴訟にあえて機械的な迅速さを導入する必要はないはずである。国民の人生観、価値観の変化は確かに離婚率の上昇に示されている。しかしながら、ここまで徹底した破綻主義を求める声が顕著であったとは見うけられない。法は離婚の抑止を目ざすことはあっても、離婚を促し、離婚件数を増やすために配慮する必要は全くないのではなかろうか。民法上の婚姻は終生のものとしてあるからである。この種の立法の必要性については、とりわけ明確な理由が示されるべきであろう。

離婚訴訟において有責性を問題にすると、プライバシーの暴き合いになるという指摘は、確かに重要である。それにしても、過度にわたらないような制度的配慮があれば、(6) ある程度プライバシーが問われ、責任の所在が求められることは訴訟の本質によるものであり、必要以上に恐れるべきではないと考えられる。

破綻主義の理念をどう受け止め、離婚配偶者間にいかなるかたちで衡平をもたらすかは、まさに現代の家族法の課題であるから、欧米諸国の立法に注目しつつ必要な対応を選択してゆくことが、基本的には望ましいわけである。ただその場合にも、家族法の法構造、社会状況、制度上の問題等の影響により、国ごとに法的表現の差異が生じることを十分考慮する必要があろう。この意味では、協議離婚制度を中心とするわが国の離婚法のあり方は独自のものであり、これを問い直すことが実は離婚法の真の課題であると考えられる。現状では、九〇パーセントの協議離婚の実態はいわば法外に置かれているわけであり、さらに今回の試案のように裁判離婚をこれに右へならえさせるならば、立法は「五年間の別居」のルールだけを残して離婚法から手を引く結果となろう。極言すれば、一切は調停や財産分与の訴訟における裁量という実務のレベルに委ねられるからである。このように見れば、離婚法の改正は、氏の問題などよりはるかに高度な法技術的対応を必要とするはずであり、安易な対応を避けて根本的な改革が練られるべきであろうとわたくしは考えた。

2　しかし、今ここに示された改正試案の方向を肯定し、破綻主義を可能な限り完成度の高いものとすることを目ざすならば、以下のような手直しが必要不可欠ではないかと考えられる。

まず、破綻主義の下では離婚給付の問題がクローズアップされ、とりわけ無責の妻の経済的救済が重要となることは、たびたび指摘されてきたところである。そこで、破綻離婚の効果として当然に離婚給付が伴うよう制度化するべく、裁判上の離婚と民法七六八条を結合し、離婚裁判の中で職権により財産分与を行えるようにする必要があろう。(7)後述のように有責離婚を残す場合には、損害賠償を含めた財産分与を同時に行うことにもなろうが、ここでも当事者の申立に任せるよりははるかに事柄の性質にかなった解決となるはずである。規定の形式としては、要綱試案による民法七七〇条一項の後に、「裁判所は、前項各号により離婚判決をなす場合には、第七六八条の請求があったものと看做し、財産分与についても判断しなければならない。ただし、財産分与請求の権利者がその行使を望まないときは、この限りでない」とつけ加えるようなかたちが考えられる。これにより、離婚裁判は手続的により煩雑になるであろうが、破綻主義を制度化することは、本来法の責任においてそれだけの煩雑さを引き受けることを意味するべきものである。離婚の後始末を補償給付に期待する試案の意図は、右のようなかたちではじめて実現可能となると考えられる。

3　離婚原因の具体的構成においても、試案は現行規定の曖昧な性格に引きずられて、理論的明確さに達しえていない。とりわけ、現行民法七七〇条一項一、二号の有責離婚原因の取扱いは不当であり、破綻主義を徹底させるという試案の構想に従うならば当然削除すべきであろう。しかし、伝統的な離婚原因が国民感情に定着しているという視点に立ち、現行規定を生かすのであるならば、破綻離婚とは別に一、二号の有責離婚がありうることを明確にし、離婚責任の観念を生かした問題処理の余地を残しておくことがむしろ望ましいはずである。前述のように有責性への非難は、わが国の離婚の枠組の中で、離婚に対する唯一の法的歯止めとなってきたわけである。(8) 破綻主義の理論が、その裏面として婚姻の義務を再確認するところまで十分詰められていないわが国の現状において、法が離婚責任を全く不問とするならば、離婚法は限りなく無節操になるだけではなかろうか。(9)

試案は、七七〇条一項一、二号の有責離婚原因の上に破綻の要件を加重し、それによりすべてを破綻離婚に取り込む立法形式を目ざすようである。しかし、周知のように右の二つの離婚原因については、現行法の下でも二項の離婚阻却の規定が適用される結果、裁判官の婚姻観の押しつけによって当事者の離婚の権利が害されることが危惧され、批判されてきたものである。破綻の要件を加重することは、まさにこれと同様の結果を導くことになると言えないであろうか。離婚原因たる「不貞な行為」や「悪意の遺棄」、とりわけ前者は時代とともに行為態様や評価にある程度の変化を生じるかもしれないが、それでも裁判所が当該事実を認定し、無責配偶者が離婚を望む以上、それは絶対的離婚原因である。言うまでもなく婚姻における貞節義務、扶助協力義務に対応するものとして規定されているこれらの離婚原因が、それ自体として尊重される法的状況はわが国の伝統には欠けていたと言わざるをえないであろう。当然そこには女性の弱い立場が反映されているわけである。絶対的有責離婚原因を確認することは、わが国の離婚法にとって、破綻主義の導入に劣らない今日的意義を持ちうると見たい。

しかも、先に七六八条に関して指摘したとおり、試案は財産分与の内容に従来どおり慰謝料を残すことを予想しているのであるから、有責主義を残さないのであれば、そのこと自体も離婚原因の建前とは矛盾している。諸般の状況に鑑みれば、七七〇条一項一、二号の有責離婚原因を残しつつ、破綻離婚を併存させる現行規定のあり方を維持し、これを理論的に明確にすることこそが今回の改正の課題であろうと考えられる。またそれは破綻主義の徹底とも十分両立しうるのである。

次の問題は、「五年間の別居」を破綻離婚原因に加えるかどうかである。積極、消極、両者の評価が考えられるが、理論的には破綻主義の到達点を画する規範となる故に、導入は結局は時期ないし程度（年数）の問題と見るべきであろう。したがって、アンケート等により社会的支持が確認されるならばこの方向に踏み切ることは可能であろうと考える。ただし、その場合には、試案七七〇条一項六号の「その他婚姻関係が回復の見込みがない程度に破綻しているとき」を削除することが適当である。試案の説明は、二、三年でも破綻が確実のケースもあるので、その場合の救済はこの六号による趣旨と論じているが、離婚を求める人々にそこまで細かな手当をするべきではなく、またその必要もない。破綻離婚であれば一律に五年間待つべきものであり、そうでなければ「五年間の別居」を破綻の客観的基準とした意義が失われるであろう。

破綻離婚の徹底に伴い、財産分与の裁判を離婚判決と同時に行うとしても別に行うとしても、その中で慰謝料請求をどう扱うかが解釈上の一つの問題として残される。ドイツ法もフランス法も破綻離婚の効果を扶助義務の継続と構成しているが、要綱試案は前述のようにほぼ従来どおりの財産分与制度に依存しているため、破綻の責任を個別的に問う議論が当然予想されていると見うるからである。ここでも、破綻の理論を貫くならば、この場合には慰謝料ないし損害賠償請求はなしえないことを明示する必要があろう。しかしながら、現状では、実務においてもまた社会一般にも離婚責任の観念を全くなくすることには抵抗があると見うけられる。前述のように、破綻主義の貫徹と並行して絶対的離婚原因としての有責離婚を残すならば、右の状況を補うことができるわけである。のみならず、破綻主義の一般化により有責配偶者に対して離婚を拒む意味がなくなってくると、改めて有責離婚制度の存在が注目されることは十分予想できるのであり、(10)仮に活用されなくても理論上の存在意義を評価することができると考える。

4　右のように考えるならば、七七〇条二項に予定されている改正後の苛酷条項の規定が、同条一項四号以下の破綻離婚原因にのみ適用されるものとなることは明らかである。(11)苛酷条項については研究も多数見られ、多くをここに語る必要はないが、極めて例外的に適用されることが本来であり、離婚阻却による調整に期待することはそもそも破綻主義と矛盾することを確認しておく必要がある。離婚原因の規定においてあえて言えば必要以上に離婚自由を制度化しながら、七七〇条二項による調整機能に期待して立法が肯定されるという事態になるならば、立法の結果は離婚法にますます混迷をもたらすばかりとなるであろう。また細かな問題であるが、右の観点からは条文の形式にも厳しい抑制が必要であり、試案のように離婚が「社会的に苛酷」という表現を取り込むことは、破綻主義の理念にも反し不適当と言うべきである。

(1)　滝沢・前掲論文判例タイムズ六八〇号三五頁参照。そこでは現行規定の解釈論の観点から、民法七七〇条一項五号を独立した破綻主義の規定と捉え（立法論としてはこれを試案が提案するような期間を含む規定に書き換え）、同条二項を苛酷条項として機能させることを提案した。
(2)　最判平成元年三月二八日判例タイムズ六九九号一七八頁参照。
(3)　東京高判平成三年七月一六日判例タイムズ七九五号二三七頁参照。
(4)　滝沢・前掲論文判例タイムズ六八〇号三二頁以下参照。
(5)　有責配偶者の離婚請求を肯定した最大判昭和六二年九月二日民集四一巻六号一四二三頁は、単に民法七七〇条一項五号の解釈に際して法文にはないルールが加えられていたものを判例変更によって条文に忠実に戻したにすぎず、直ちに法改正につながる必然性を含むものではないと指摘している。滝沢・前掲論文成城法学四四号六五頁参照。

(6) たとえば昭和六二年以前の判例法が緩和される過程で、離婚を争う夫婦間の有責性を比較するという判断方法が見られたが(具体例について、高橋忠次郎・婚姻法における意思と事実の交錯一九六頁以下参照)、本文の観点からは極めて不適当であろう。結局、判断基準を明確にする配慮が必要と考えられる。

(7) 最高裁昭和六二年九月二日大法廷判決においては、人事訴訟法一五条一項による財産分与の附帯申立を離婚請求者にも認めて、離婚判決と同一の主文中で相手方配偶者に対する財産分与の給付を命ずることができるようにするという補足意見の提案が見られた。これに対しては、釈明権の行使に依存せざるをえないという批判がなされているが、今や立法によってこの問題を解決できるわけである。なお、滝沢・前掲論文判例タイムズ六八〇号三三頁においても、このような問題解決の必要性を論じた。

(8) この点との関連で、有責離婚を置かず破綻離婚主義を徹底させたドイツ法において、離婚給付の決定に有責主義が復活せざるをえない状況があるという指摘が注目される(本沢巳代子・シンポジウム〈離婚原因と離婚給付〉報告「西ドイツ」家族〈社会と法〉五号六四頁参照。

(9) ただし、イギリス法に見られるクリーン・ブレイクという考え方は、有責性を不問とする方向に定着しつつあると指摘されており(南方・前掲論文家族〈社会と法〉五号一四〇頁参照)、ドイツ、フランス法との相違の生じる所以が明らかにされるべきであろうと考える。比較法的にわが国の状況により近いところを参照しうるからである。

(10) 有責離婚と破綻離婚を併存させているフランス法の下では、同意離婚(わが国の協議離婚に近いもの)と有責離婚がほぼ半数ずつ、破綻離婚は全体の一パーセントという数字が報告されている(犬伏・前掲論文家族〈社会と法〉五号二一頁参照)。フランス法の破綻離婚が離婚請求者に厳しい制度となっている事情もあろうが、有責離婚の占める比率は、その今日的存在意義を語ると見ることができよう。

(11) 現行民法七七〇条二項は、有責主義と破綻主義を問わず絶対的離婚原因を緩和する規定と解されてきた。理論的曖昧さを残したわが国独自の離婚原因規定の問題点については、滝沢・前掲論文判例タイムズ六八〇号二四頁以下に論じた。今回の試案は、そこで指摘した問題点を増幅する構成をもっており、その上に新たに置かれる苛酷条項は、そもそも本来の苛酷条項とは呼びえない性質のものとしかなりえないし、濫用の危険は大きいであろうと考えられる。

九　非嫡出子の相続分

要綱試案は、中間報告には見られなかった非嫡出子の相続分の改正を新たに取り上げており、民法九〇〇条四号ただし書に規定される非嫡出子の差別的取扱いを廃止して、改めてその相続分を嫡出子と同等にすることを提示した。同規定を違憲として注目を浴びた東京高裁平成五年六月二三日決定に従ったものであり(1)、極めて迅速な対応である。そもそも今回の法改正が目ざした見直しの目的およびその規模から言えば、右の問題は当初から視野に含められて当然であったと言えよう。しかし、見直しの対象とされていない相続法の領域に含まれるといった形式的な除外理由を措いても、非嫡出子の相続分に関する現行規定への批判は、学説においてさえそれほど顕著ではなかったし、法務省による昭和五四年の改革の試みは、世論調査の結果を考慮して見送られたことが報告されている(2)。高裁の判断も分れている状況(3)の下で、今回の九〇〇条一項四号の改正案は、言うならばかなりの飛躍的英断である。

とはいえ、右の問題に関する限り、平等の理念が結局は法文をそこに到達させるべきであることが、理念的、理論的に明白である。それ故、差別の解消を目ざす外国法の動向についても、単純にその結論だけを参照しうる性質のものと言えよう(4)。他方、実務面から見ても、わが国では形骸的な養子縁組が一律に民法八〇九条の適用を受けて嫡出子と同様に取り扱われる相続法の現状に鑑みれば、寄与分による調整を期待すべきであるという試案の説明は十分合理的であると考えられる。フランス的に姦生子を区別する議論はわが国の社会感情に合わないであろうし、世論の承認があれば端的に平等の実現が可能かつ望ましいと見たい。寄与分制度に多くを期待することは最善ではないが、例外的救済を許さない相続法の規定である故に、理念を優先させることが重要と言うべきであろう。

(1) 家裁月報四五巻六号一〇四頁、判例タイムズ八二三号一二二頁、判例時報一四六五号五五頁参照。
(2) 試案の説明参照。その背後に、わが国では非嫡出子の出生数が少なく近年では全体の一パーセント前後にとどまっていたことが問題の顕在化を妨げた事情があると指摘されている。加藤一郎「非嫡出子の相続分について」ジュリスト一〇四二号六四頁参照。
(3) 東京高決平成三年三月二九日判例タイムズ七六四号一三三頁は合憲の判断をしており、特別抗告されている。前出平成五年決定との結論の違いは、当然のことながら事案の性質に由来するようである。すなわち、後者の原告にはより同情に値する事情が認められる。
(4) とは言え、非嫡出子を姦生子とそうでないものとに分け、前者との関連では依然として婚姻家族への配慮を捨てていないフランス法の考え方(フランス民法三三四条三項参照)は参考に値すると言えよう。民法九〇〇条四号の違憲性も限定的に肯定する余地があることは、先の平成五年決定の抗告理由中にも指摘されている。

一〇 結び

個別に取り上げなかった改正がもう一点ある。失踪宣告後の再婚が前婚を確定的に解消させるという規定の新設であり、これを非嫡出子の相続分における平等の導入と同趣旨の、理念的な意味での改革として肯定することができる。本質的な問題であるため、民法三二条において直接的に言及することがより望ましいのではなかろうか。現行の一項規定の後に、「前項の規定にかかわらず、失踪宣告後に配偶者が再婚した場合には、前婚は解消する」という二項をつけ加えることが最も適当であり、試案の対応ではその後始末にすぎないものとなるように見うけられる。財産法、身分法といった枠組に過度に拘泥する必要はなく、現に解釈論のレベルでは、この問題に三二条一項後段を援用する議論が見られたことを想起すべきであろう。

夫婦財産制への介入が見送られたのは、問題をこれ以上複雑にしないという意味で最善であった。

今回の民法改正に関しては、中心が夫婦別氏制の導入にあるという認識は一般に争いないところと見受けられ、わたくし自身もこの点に焦点をあてて問題を考えてきた。(1) 夫婦別氏制の導入は、わが国の氏の制度の伝統と学説、実務の双方において氏が相対的に軽視されてきた従来の議論の傾向から見るとき、(2) 極めて突出した大胆な改革案であるような印象を与えても不思議ではなく、そうした受け止め方は多かれ少なかれごく最近まで続いてきたと言えよう。それ故、大幅な婚姻法の見直しは、氏の改革だけが先走ることを避ける趣旨であるかと理解する余地もあった。しかし、たとえばドイツ法と日本法は氏に関して同一の問題状況にあり、ドイツ法が一歩先に別氏制の導入に踏み切った(3)というような単純な見方をすることは疑問であり、そこにはわが国だけに固有の改革への必然性があることを十分認識する必要がある。

一つはもちろん、残されていた「家」制度解体の最後の後始末という意義にあり、身分登録の手続にすぎない戸籍と違って氏は実体的に個人の人格に深い影響力を持つ故に、現行の氏の制度の欠陥に対して社会そのものの中から看過しえないプロテストが生じたわけである。民法学の領域においても、「家」を否定する論理がその遺産である氏を否定させるかたちで長い間わが国の氏を抑圧してきたのであり、その復権のために、少なくとも制度の一端において氏が基本的に個人のものであることを確認し直す必要があった。(4)

しかし、ドイツ法の氏においては、このような個人主義への契機は既に早期から複合氏の慣習を通して確立されていたのであり、婚氏（夫の氏）に婚姻前の氏を付加するという固有の解決方法によって、別氏制への端緒は、既に一九五七年の男女同権法以来法的なものとなっている。(5) 別氏制への要請は、確かに両国の歴史的、社会的背景の中にある共通の要素に由来するとしても、わが国においてより深刻であって当然であり、わが国の社会や女性一般が西欧並みにあるいはそれ以上に進歩的であることを意味するものではないとわたくしは解している。

右の観点から、今回の民法改正案が各所で世界的な家族法改革の潮流の最先端を極めて大胆に取り込もうとしていることに、敬意を感じつつも同時に危惧をも禁じえないのである。もともとわが国の家族法は、協議離婚制度に象徴されるような非法的側面を多く含んでおり、それは法的伝統に欠ける社会の体質を反映すると同時に、立法技術の未成熟による規定の不備をも反映するものと解される。よりよい家族法をつくるということは、そうした非法的な状況を社会の現実に合わせつつよりリーガルなものにしてゆくことであり、規定を充実させ家庭裁判所の後見的関与を増やす方法は必然的であろうと考えられる。[6] このようにして社会のあり方そのものをリーガルにすることこそが家族法改革の真の課題ではないかと考えるわけである。今回の婚姻法見直しの動きが、このような趣旨で理論的、法技術的考察を深める方向に発展するならば、それこそが法改正のプロセスからの最大の収穫であり、既に見られる各種の提案等の学問的成果を一時的な関心に終らせるべきではなかろう。

なお、要綱試案のそれぞれの提案の当否に関しては、アンケートや世論調査の試みが準備されているようである。夫婦別氏の導入以外にも世論調査を考慮することが望ましい問題は確かに多い。ただ、専門的な立法技術の適否は、必ずしもその種の統計的判断によってなされうるわけではなく、多くの場合世論調査（場合によってはアンケート調査）[7]は、単に提示された解決が社会に受け容れられるかどうかを知る手段となるにすぎないことも確認しておくべきであろう。

（1） 滝沢・前掲論文成城法学四四号六二頁以下参照。
（2） 滝沢・前掲論文成城法学四三号九頁参照。
（3） 夫婦別氏制を部分的に導入した一九九三年のドイツ民法典改正に関しては、斉藤純子「夫婦別姓を認める民法典改正」（海外法律事情・ドイツ）ジュリスト一〇三八号一七九頁参照。
（4） 選択的夫婦別氏制の意義はこの点にあり、たとえ現行民法七五〇条の規定を原則とするかたちの修正であっても、意思による選択の可能性を介在させることによって、夫婦同氏制は現代的な合理性を回復しうると考える。
（5） 富田哲「西ドイツにおける氏（Familienname）の規制（1）」名大法政論集一〇六号三三七頁参照。

（6） しかし、離婚、認知等の重要な人事訴訟事件はやはり訴訟手続により処理されるべきであり、家庭裁判所の職権主義が家族法を権威によって侵食し、閉ざされたものとすることは警戒すべきであろう。この意味で、近時関心が持たれている人事訴訟事件の家庭裁判所への移管問題は（沼辺愛一「人事訴訟の家庭裁判所への移管」家族〈社会と法〉八号一頁以下参照）、家庭裁判所が訴訟手続能力を整備するというかたちで克服されることが望ましいと考える。

（7） カルボニエ／北村訳・前掲論文日仏法学一五号七六頁参照。〔法律時報六六巻一二号（一九九四年）、六七巻一号（一九九五年）〕

大学教員の通姓（旧姓）を名のる権利

〔東京地裁平成五年一一月一九日判決、昭和六三年(ワ)一六六四八号、判例時報一四八六号二一頁、判例タイムズ八三五号五八頁〕

一　はじめに

本判決は、夫婦別氏制を導入する民法改正の動きが注目されている中で、改革派の支援を受け、かつジャーナリズムにも度々取り上げられてきたいわゆる夫婦別姓訴訟の第一審判決である。夫婦別氏を求めるこのような真摯な闘いをただ傍観しているだけではなく、それに関心を寄せて敬意を表することは、わたくしの立場からは義務であるようにも感じられ、取り上げさせて頂いた。研究会のメンバーのご意見を伺いつつ、判決に対して公平な検討を試みることによって、このユニークな、新しい権利を求める訴訟のために努力された関係者に報いたいと考えるものである。

訴訟は、氏名権侵害妨害排除請求および国賠法一条に基づく損害賠償請求として争われている。そこで論点としては、まず現行法の下で氏名権一般をどう捉えるかが問題となり、とりわけ事案との関係で、この権利をどう構成することが差止ないし損害賠償請求につながるかを検討し直してみる必要がある。また、差止請求権は氏名権自体から当然に生じ得るか、いかなる性質の侵害に対してかを論じ、他方国賠法の枠内で不法行為が成立するための要件を確認しなければならない。後者の判断に際してはじめて、別氏制導入の立法が進行しつつある状況は原告の権利保護に影響を与えうるかを考察する余地があると言えよう。このように民法七五〇条の夫婦同氏制の下で、全く省みられることのなかった氏を変更させられる者の不利益を指摘し、これを氏名権の主張と理論構成した本訴は、法改正実現の後に当然生じるであろう氏名権の議論を先取りして問題提起していると評価することもできるはずである。

二　事実の概要と判旨

(1)　原告Xは、昭和五七年四月に国立図書館情報大学（以下、「図情大」とする）助教授に就任し、その後教授に昇進して同大学に勤務している国家公務員である。Xの氏名は、昭和四一年の婚姻に際して夫の氏を称したため、戸籍上は渡邉禮子となっているが、実生活においては結婚後も旧姓を使用し、関口礼子として研究、教育活動を含めた社会生活を行ってきた。すなわち、図情大以前には、昭和五〇年から五七年まで私立岐阜教育大学助教授であったが、そこではXの氏名は渡辺礼子又は渡辺（関口）礼子と表示され、文部省（現文科省）の科学研究費補助金請求に関しても「関口礼子」によって登録、受領した事実がある。またその間に京都大学教育学部に非常勤講師として勤務した際は、発令、給与振込等は戸籍名によってなされたものの、授業関係はすべて「関口礼子」の表示によって行われた。さらに、昭和五四年に筑波大学社会科学系非常勤講師として集中講義を行ったことがあり、その際には、辞令をはじめ授業、単位認定、給与の全てにおいて「関口礼子」と表示された（この点に関し、研究会の報告後に、文部省は就任当初にコンピュータに打ち込まれた氏名で全て処理する方針であるからXのケースには取扱いの誤りがあったとのご教示を受けた。もしそうであれば、Xに誤った期待を抱かせた事実に対する責任を論じる余地もあろうが、判決の評価に直接影響を与えると見なくても差支えなかろうと考えた）。

図情大への就職にあたっては、同大学設立準備委員長に旧姓の使用について予め承諾を得ていたとXは主張している。しかし、大学事務局との関係では、就任手続の前後を通じ一貫して旧姓使用に厳しい状況があり、Xは多くの書面手続を戸籍名ないし旧姓と戸籍名の併用によってなさざるを得なかった。Xが大学に対して度々旧姓の使用を申し入れるので、昭和六二年被告Yら（大学学長、事務局長、庶務課長）は文部省に相談した上で、Xの氏名表記に関する取扱基準を定めた文書を作成し、その中で、ⓐ戸籍名のみで表示するもの、ⓑ戸籍名に（関口礼子）を添えて表示できるもの、ⓒ関口礼子で表示できるものの三種を区別し、以後これに従ってX関係の文書を作成してきた。しかし、右文書はXの同意を得たものではなく、しかもXの希望どおりに「関口礼子」のみで表記できるのは研究成果の発表に限られるため、氏名表記をめぐるXとの抗争はいっそう深刻にならざるを得なかった。その結果Xは、茨城大学非常勤講師の職を失う他、図情大内では人事面で不利益な扱いを受けたり、また経済的には、研究用の物品購入費、アルバイターの謝金、出張費等々につき書類の決裁がなされないため自ら立替払を余儀なくされる、給与の支払を供託される等の困難な状況に立ち至っている。

そこでXは、Y_1（国）、Y_2（学長）、Y_3（事務局長）、Y_4（庶務課長）に対して、①「関口礼子」の表記を使用することを請求する（氏名権侵害妨害排除請求）とともに、②Xが蒙った物質的、精神的損害の賠償を求めて本訴を提起した。

⑵　判旨は、①②の請求を概括して、まず公法上の任用関係を論じ、学長には大学の人事、大学行政権の行使につき一定の裁量関係が認められ、教職員は取扱いが不当であれば人事院に適当な行政措置を要求することができると指摘した。ついで、氏名の表示方法も勤務条件の一つに該当するとし、大学行政権の行使方法に民事訴訟が関与できるかは別として、少なくともそれが「一般の市民法秩序と直接関係を有する場合にはその限りにおいて司法審査の対象

となるものであり、権限の行使といえども、裁量権の範囲を逸脱し、または、その濫用があった場合には、違法をもたらすものと解するのが相当である」と論じている。その上で、右の観点から、Xが主張する一連の侵害行為について違法性の有無を個別的に検討した結果、いずれにおいてもYらの行為は違法ではないとした。
「したがって、XのY1に対する本件差止（義務づけ）請求については、事柄の性質上司法審査の及ばないものであるから、その余の点について論じるまでもなく、いずれも不適法として却下を免れず、また、XのYらに対する本件損害賠償請求についても、X主張に係る前記一連の侵害事実がいずれも憲法に違反したり、著作権法に違反するものではないうえ、世界人権宣言及び国際人権規約B規約に違反するものではなく、国家賠償法の適用上違法と認めることもできない」と結論づけている。

三　本訴訟の問題点

Xの主張する侵害行為は、請求の趣旨において特定されているものだけで一七項目に及ぶ。それらを大別すると研究活動関係、教育活動関係、その他となるが、他方、問題となる氏名表示が直接国に対してなされる場合と図情大学内で処理される文書の場合と、国以外の対外関係における場合とを区別することが可能である。したがって、Yらが主として後者の観点から、前述したⓐⓑⓒの分類による氏名の取扱いに関する文書を作成し、Xの要求に対応しようとしたことは、基本的には是認することができる。問題はⓐⓑⓒのうちどの範囲まで旧姓ないし通姓の自由を認めることができるかであろう。

呼称秩序は法の規制の下にあるが、その規制の態様には当然ながら国ごとに独自性が見られる。わが国においては民法上の氏の原則に基づき氏を中心とする戸籍編製がなされているために、法律上の氏の重要性が相対的に高く、かつ氏の変更に対してもかなり厳格な規制が加えられている。しかし、右の事情にもかかわらず、「家」制度の伝統を超える氏の理論が確立され得なかったために、個人の氏の権利というレベルにおいては、学説、実務の双方がこれを十分尊重する基盤を持ちえず、個人の氏に対する氏名権が確立されるにはほど遠い現実があったと見なければならない。このような状況の下で、本件が問題提起した旧姓ないし通姓さらに広くは通称名使用の自由は、社会の暗黙の了解に支えられて、数少ない事例においてではあるとしても、呼称秩序の中に定着してきたと考えられる。とは言え、法律上の氏の権利でさえ必ずしも明確ではないのであるから（実務上自己の氏を承継させる権利は全く否定されている点等につき、滝沢聿代「夫婦別氏の理論的根拠」判例タイムズ七五〇号四頁参照（本書二七一頁収録））、ひとたび本件のような紛争が生じると、通姓の権利がいかに儚いものであるかは、本訴訟が典型的にそれを示している。

実際、Xが主張するような通称名の自由が法的保護に値する権利であるかに関しては、研究会でもあまり積極的な意見は見られなかった。このことは、日照権や環境権さらには名誉権や肖像権の保護が、不法行為法を通して盛んに試みられてきた事情と対比するならば確かに疑問とせざるを得ない。それを、日本法の中で氏の権利が特殊に歪曲されてきた歴史の反映と見ることは、必ずしも誇張ではないであろう。

さらに、右の事情は、とりわけ本訴の構成の拙さによって強調されていると見なければならない。すなわち、本訴におけるXの主張は、公務員としての職業活動一切を旧姓によって行おうとするものであり、その論理には法律上の氏の存在自体を否定するような自己決定権の尊重が見られる（その根拠として、憲法、著作権法、世界人権宣言、国際人権規約等違反が主張された）。この種の主張において、妥協は限りなく妥協の論理を呼ぶという危惧も理解できなくはないが、現行法秩序の枠組を基本的に尊重し、少なくとも公務員人事記録において旧姓を使用する主張を控え、また文部省が最近かっこ書きによる通称の表示を認める取扱いに改めていることを考慮して、科学研究費補助金関係の表示は図情大の取扱文書ⓐに従うかたちで請求の趣旨を構成したならば、訴訟はもう少し実り多いものになり得たのではないかと惜しむものである。また前述した文部省の対応の齟齬についても事前の確認を要したであろうし、多くの侵害行為の事実が立証不十分のために否定されている点も反省の余地があろう。

しかし、Yらにおいては、Xが婚姻後も旧姓によって研究教育活動を続けており、就任後もそれを希望していることを十分承知で採用しながら、Xのために可能な特別措置を開く努力をほとんどせず、文部省担当係長の一般論ないし原則論的回答に専ら依拠して、Xにペンネーム以上の通称の権利を認めない取扱いを強行したわけである。この状況は、図情大が新設大学であったという事情と無関係ではなく、厳格な文書による確認を必要とする設立手続の過程に取り込まれて、Xは心ならずも戸籍名を頻用せざるを得ず、他方Yらは文部省の監督に極度に神経を使わざるを得ない余裕のない状況があったため、起るべくして起った紛争と見ることができる。その中でXの大学教員としての人格が不当に侵害されている事実は推認し得るし、教授会の席札に戸籍名を強いる等の行為は（事実認定で否定されているが）、典型的な不法行為の域に達していると言えよう。

四　氏名権の構成と差止・損害賠償請求

(1)　本訴における氏名権は、戸籍名、通姓を問わず、一定期間使用を続けて特定の個人の識別機能を有するに至った氏名はすべて人格権の対象となるという論理で主張されている。その延長として、婚姻によっても氏名を変えずに旧姓を維持する権利が生じると論じ、これを氏名保持権と呼んでその侵害の排除を請求する。すなわち、あえて婚姻による氏の変更を無視して、旧姓を一貫して使用する権利があると論じている。これは適当ではなく、Xが主張しうるのは戸籍名とは別に使用を許されるべき通姓の権利であり、その限りで当然に一定の限界があることを確認することが議論の出発点である。

もちろん、戸籍名のレベルにおける氏名権の主張も可能である。すなわちその場合には、氏が人格権の一内容として法律上保護されるものである故に（大森政輔「氏名権論」講座現代家族法第一巻二六頁、最判昭和六三年二月一六日民集四二巻二号二七頁参照）、立法が本人の意思に反した氏の変更を強制することは許されず、民法七五〇条の規定は憲法一三条違反であると論じることが可能であろう。同様の主張は既に否定されているけれども（岐阜家審平成元年六月二三日家月四一巻九号一一六頁参照）、この点は民法改正を視野に据えて、くり返し主張されるに値する議論であり、氏名権が人格権として確認されるならば、憲法違反の結論は、政策論は別として、理論的には当然肯定されなければならないであろうと考えられる。しかし、わが国の氏に関する限り、建前としての人格権は未だ端緒についたばかりであり、「氏は戸籍上個人を特定するための符号に過ぎない」（平賀健太「夫婦の氏　親子の氏」戸籍六〇五号八頁参照）といった見解も一部には根強く、実体としての氏名権は憲法違反を支えるには未だ薄弱と言わざるを得ないかもしれない。

このような状況の下でも、限られた範囲ではあるが、通姓（通称名）の使用は日本社会の中に定着しており、本来の氏名権に準ずる人格権としての保護がここにも認められるべきであることは明らかであろう（通称を保護するイタリア民法の規定につき、川井健「氏名権の侵害」現代損害賠償法講座2二二五頁参照）。研究教育者であるXの立場においては、図情大の作成した前記取扱文書ⓐⓑⓒの区分のうち、少なくともⓑ段階まではXに旧姓の使用を認めることができ、二〇年余りに及ぶ通姓使用の実績に鑑みても、Xに対するその程度の柔軟な対応は大学社会の慣行に適うと言えよう。前述のように判旨は、氏名の表示を勤務条件の一つとし、大学行政権の裁量権がこれに及ぶという前提を肯定するのであるから、右の観点から裁量権の行使に違法があるという結論を引き出すことは容易なはずである。

なお、保護の対象が通称名一般か旧姓かを区別する必要はないかとの研究会のご指摘があった。通称名の権利は正当な理由と継続の事実に基づいて生じると考え、特に区別が必要とは見なかったが、旧姓の場合には正当な理由の裏づけが容易であること、継続が必ずしも長期にわたらない場合にも当事者の意思を尊重する余地がある点で異なると見たい（秋山仁美・評釈・ひろば四七巻四号五八頁以下も同旨）。

(2)　さて、Yらの行為に違法性が認められる場合、Xの請求するような差止はどのような理論的根拠で可能となるであろうか。判旨は、大学行政権の濫用があった場合は違法性をもたらし、その行為は市民法秩序の下で司法審査の対象となると論じている。すなわち、不法行為となる場合には国賠法の下で差止請求が可能であると論じるものであろう。しかるに、結論的には濫用を否定したため、差止は、「事柄の性質上司法審査の及ぼないものである」として却下された。いかにも不自然であり、実質的に審議したのであるから棄却と論じるべきであろう。本件における大学行政権の濫用は、前述のように裁量権の適切な行使がなされなかった点にあると考えられるが、判旨にはそもそものような問題把握が見られないため、論旨が成り立っていないのである。

氏名権妨害排除を求める差止は、不法行為に基づくほか、物権的請求権に準じる妨害排除請求の道があると論じられている（幾代通・不法行為二九四頁以下参照）。両者の区別は議論を要するテーマであるが、ここでは立ち入らない。いずれにしても、従来この種の請求が裁判上肯定されているのは、氏名冒用のケースに限られるようである（岡山地判昭和三八年三月二六日下民集一四巻三号四七三頁、大阪高判昭和四六年四月一三日判例時報六四七号五七頁）。氏名には専用権があるので、他人がこれを用いれば直ちに氏名権の侵害となり、差止・損害賠償請求が可能である。ただ、内縁の妻が夫の氏を称するとか非嫡出子が通称として父の氏を称する場合のように、正当の事由があるならば氏名権侵害を生じないとされる（川井・前掲書二一七頁以下参照）。違法性がないからであろう。

これに対して本件の事案においては、自己の氏名の使用自体が妨害されるという独自のかたちで問題が生じており、確かに従来の例とは類型的に異なっている。しかし、もちろんその種のかたちの侵害は当然起り得るものであるから、たとえば一九四二年のイタリア民法七条は、氏名の使用権を争われた場合と氏名冒用の場合をあわせて、差止と損害賠償請求を認める規定となっている（川井・前掲書二一五頁参照）。むしろ本件の場合には、保護の対象となるべき氏名権の存在自体がまず確認されなければならない点に特殊性を見るべきであろう。

Xが法律上の氏について氏名権を主張する場合には、前述のように民法七五〇条の違憲性を主張し、「関口礼子」に氏名権が認められた上ではじめて、Yらの行為を氏名権侵害と争い、人格権に基づく妨害排除を請求することができる。他方、通姓の権利を中心に争う場合には、通姓がそもそも氏名権の対象となるかを論じなければならない。この種の議論は従来少なかったが（ペンネームに関する東京地判昭和三九年九月二九日判例時報三九六号一三頁がわずかに注目される）、しかし、ペンネームの他にも純然たる通称名が社会生活に定着している例は少数ながらあるわけであり、その場合にはこれが戸籍名に準じて人格権の対象となることに異論はないであろう。ただし、通称名に関しては、それが法的に保護されうる範囲を明確にする必要があり、これを社会生活の分野毎の慣行ないし具体的事実に基づいて立証しなければならない。事案においては大学社会の慣行が検討の対象となり、とりわけ前述したような昨今の社会情勢の下で、右の点に柔軟な対応がなされている事情は容易に確認できるのではなかろうか。大学行政権の裁量権は当然右の状況に呼応すべきものと考えられる。

氏名権が肯定される場合には、人格権に基づく侵害行為の差止請求が認められた多くの事例に準じる扱いが可能であろうが、この点にも立ち入る余裕がない。事案においては、差止の結果通称名によるXの文書が決裁されれば足りるわけである。判旨は、Yらの故意過失を論じ、不法行為に基づく差止を検討するものと解されるが、その判断の枠組は妥当と考えられる。

⑶　本件紛争の結果Xは、当然大学から給付を受けるべき職務上の出費を立替払し、他方Yらの行為によって精神的苦痛を受ける等、物質的、精神的損害を蒙っていることは明らかである。不法行為の成立を論じるに際しては、前述のように被侵害利益である氏名権の確認が重要であるとともに、Yらの行為の違法性が一つの論点となるであろう。判旨は文部省への問合せ、取扱文書の作成等によりYらは十分免責されると見るようであるが、安易な評価と考

える。Xは研究教育職として、大学によりその人格をそれに相応しい状況で保護されるべき地位にあり、他方YらはXの職務遂行に必要な環境整備に取り組むべき職分にある。就任当初からの事情に鑑みて、YらにはXの通姓使用の希望に可能な限り協力すべき社会的義務があると言わなければならないし、またその義務を十分遂行しうる法的前提がある。Xの行為の評価についてはここでは省きたい。

五　結び

右のように本判決は、通称名というかたちでの旧姓使用の権利が主張された点において、また従来見られたような氏名冒用ではなく氏名の使用権そのものの侵害が争われている点において、新しいタイプの紛争類型となっている。有意義な訴訟であるが、理論構成が不適当であるため結果的に当然得られるべき成果を失っていると考えられる。当事者は、進行中の民法改正を視野に入れて世論を喚起する意図をも持たれるようである（関口千恵子「インタビュー〈関口礼子氏に聞く〉」法セミ四七一号三頁参照）。その一般的効果を否定するものではないが、人格権としての通称名あるいは旧姓の権利を引き出すことができてもよかったのであり、そのようなかたちで判例の問題提起が立法に発展してゆくという方向が一般的にも望ましいと考えられる。

【追記】
脱稿後、二宮周平・評釈・判例タイムズ八五五号五一頁以下、内野正幸・批評・判評四二九号三九頁以下（判例時報一五〇三号）に接した。

〔ジュリスト一〇五九号（一九九五年）〕

選択的夫婦別氏制とその課題

一　序

民法改正要綱試案は、注目されてきた夫婦別氏制の導入に関して、三案併記のかたちで改正の方向を探っている。わたくし自身は、早い時期から試案A案に最も近い原則同氏による立法の試みを提案してきたため、(1) これを迂遠と感じないわけではない。しかし、可能な最良の改正案を探るという意味では、非常に進歩的かつ意欲的なB案と逆に極めて保守的なC案とがあわせて検討の対象とされたことを、むしろあるべき検証のプロセスと受け止め、前向きに参照したいと考える。

既に報じられているようにドイツ法は、一九九三年の立法によって、民法典を改正し夫婦別氏を認めるという改革を一足先に実現している。(2) その改正過程の議論においても、婚姻による氏の変更を認めず完全別氏制を採用するという緑の党の提案を一方の極に、対極に伝統的な婚氏制の維持を強く主張する与党・キリスト教民主同盟の提案が見られ、中間に位置づけられる選択的別氏制の立場からも、その立法技術をめぐって実にさまざまな角度から多彩な案が出されたようである。(3) 西欧の氏においては、二つの氏をハイフンで結ぶ二重氏ないし複合氏の伝統があるため、これらの扱いをめぐってわが国以上に問題処理の複雑さが生じるわけであるが、その点を除けば、今回の改正案に定着するまでのドイツの議論は、そのままわが国における問題解決に十分参照されてよいはずである。ドイツの新法は、結局以下のような内容のものとなった。

①夫婦は原則として同氏とし、合意によって夫又は妻のいずれかの氏を婚氏（家族氏）とする。②婚氏について合意できない場合には夫婦別氏を認める。③婚姻後五年以内に婚氏を定めれば、婚姻締結時に遡って効力を認められる。④すでに婚姻している夫婦は一年間の経過期間中に氏の変更を行うことができる。⑤婚氏に婚姻前の氏を付加するかたちでの二重氏も認められる。⑥別氏の場合の子の氏は、出生後一ヶ月以内に父又は母の氏から合意によって定める。⑦合意ができない場合は、後見裁判所が子の氏を決定する。これらの結論と比較しながら、ここではまず要綱試案の三案のうちのA案を基本構想として選択する理由を明らかにし、ついでこれを具体的に立法化する場合に必要となる修正と補充の試みを論じたいと考える。

それに先立って、あるいは別氏制の導入それ自体について意義ないし必要性を明確にしておくことが適当であるかもしれない。しかし、この点は既にくり返し論じているし、(4) そもそも今回の民法改正の主たるテーマが氏の改革にあることは、一九八〇年代からの別氏制導入への議論の盛り上りによって十分知られるところでもあり、改めて立ち入らなくてもよいであろう。法改正に抵抗があるとすれば、長年自明の現実として慣れ親しんだ一枚岩的な夫婦同氏・親子同氏のルールに異質なものを取り込むことへの心理的な拒絶反応であり、それが氏による戸籍編成原理の重要性、家庭の一体性への危機、子の氏の取り扱いの難しさ等を格別の障害と感じさせるからにちがいない。一つ一つに反論することはもはや省いた上で、ここでは、選択的夫婦別氏制に道を開くという前提を肯定するならば、ドイツ民法の場合と同様にわが国においても、あるべき立法の形態がそれなりの必然性ある論理によって導き出されることを確認してみたい。改革後の多様性ある氏のあり方に含まれる自由に不安を見出すかどうか、まさに一人一人の精神のあり方が問われているとも言えるわけである。いずれにしても、そこに少数者の真摯な要望があることだけは確かであり、法がこれに目をつぶって改正を怠るならば、事実婚の増加というかたちで報いを受けざるを得ないことになる。その徴候は既に十分認められるのではなかろうか。

（1）滝沢聿代「フランスの判例からみた夫婦の氏――夫婦別氏制の展望」成城法学三四号一三五頁以下参照〔本書一二五頁収録〕。
（2）斉藤純子「海外法律情報・ドイツ・夫婦別姓を認める民法典改正」ジュリスト一〇三八号一七九頁参照。新法の内容もこれによっている。
（3）床谷文雄「ドイツにおける夫婦の氏の新展開――SPD九一年改正草案」民商一〇五巻三号四一三頁以下参照。
（4）滝沢・前掲論文成城法学三四号一一九頁以下、同「選択的夫婦別氏制――その意義と課題」成城法学四三号四頁以下参照〔本書二九七頁収録〕。

二　基本構想の選択

要綱試案A案の要点は、次のようにまとめることができる。①夫婦は婚姻の際に定めるところに従い、夫又は妻の氏を称する（民法七五〇条）。②夫婦がそれぞれ婚姻前の氏を称することもできる。③婚姻の際に、夫又は妻の氏から子が称する氏を定める。④別氏夫婦は婚姻後夫婦同氏となるための届出をすることができる。⑤別氏夫婦の子は、父母の婚姻中は自己と氏を異にする父又は母の氏を称することができない。⑥すでに婚姻して氏を改めている者は、新法施行後一年以内に婚姻前の氏に戻ることができる。

B案は次のような特徴を示している。①夫婦別氏を原則とする。②婚姻の際の合意により夫婦同氏とすることも認める。③別氏夫婦の子の氏は、出生時に父母が協議して両者の氏のいずれかに決める。④子は成年に達した時から二年以内に、出生時に称さなかった父母のいずれかの氏を称することができる。

この他にC案があり、現行法どおりの夫婦同氏を維持しつつ、婚姻前の氏を自己の呼称として戸籍に記載し、使用することができるとする。氏を編成原理とする現行の戸籍制度を損わずに実質的な夫婦別氏を可能にしようとする巧妙な解決と言えよう。しかし、民法上の氏と呼称上の氏という二重処理が廃棄されるべき無用の観念論であることは、既に十分明らかにされている(1)。呼称上の氏が本来の法律上の氏そのものであり、いわゆる民法上の氏が単に夫婦親子同一戸籍を作成する手段でしかないという状況の下で、あるべき夫婦別氏制をもう一歩進めて戸籍に部分的解体を持ち込むことは、氏の実体的把握のために不可欠であり、また戸籍制度そのもののためにも将来的な展望を開く結果となるはずである(2)。すなわち、C案は彌縫策である故に問題の真の解決とはならないのである。

そこで、A、B案の比較考察に焦点をあてることになる。広い意味で選択的夫婦別氏制と呼び得るものの中にも、条文のつくり方との関係では、理論上以下の三つのタイプが可能と予想される。ⓐ原則を同氏とする。ⓑ原則を別氏とする。ⓒいずれが原則かを明示しない表現とする。ⓐはA案、ⓑはB案に対応すると見得る。しかし、B案はⓒであるとの考え方も示されており(3)、立法表現としてⓑⓒを区別することは難しいようである。いずれにしても、過去との断絶を避け、秩序の維持という全体的利益に配慮するならば、ⓐを採らざるを得ないのではなかろうか。統計的に見て七・六パーセントとも指摘される別氏希望者の数に鑑みても(4)、これが社会的に公平な対応であるかと考えられる。

ドイツ法がⓐによる立法を行ったことは前述した。ドイツ法と違ってわが国の場合には、別氏制は「家」制度の残滓の払拭という積極的意義を含む点に独自の面があると見るべきかもしれない。この観点に立てばⓑこそが抜本的な対策となろう。しかし、法改正の意図はもはや「家」の否定にはなく、夫婦同氏は今日的な意味での家族の一体性の原点という機能に重点が移っていると考えられる。この同氏の原則にそれなりの評価を与えて法的に再確認することが適当であり、かつ必要十分な改正と言えるのではなかろうか。この場合には、ドイツ法における改正のあり方を妥当性の裏づけとして援用することもできるわけである。

先のⓑⓒを立法上区別し難いのは、別氏の原則はあえて条文化する意義がないからであり、婚姻前の本来の状態は別氏であるため、立法による同氏への積極的な配慮がなければ必然的に別氏制が行われるからと考えられる。したがって、試案B案のように仮に民法七五〇条を書き改め、「夫婦は、婚姻の際に定めるところに従い、夫又は妻の氏を称することができる。」と規定するならば、そこには当然別氏の原則が確認されていると見るべきであろう。また逆にそうでないとするならば、この種の社会の秩序にかかわる基本的問題に立法が全く指針を示さず、もっぱら当事者の任意的な選択に委ねるという態度が疑問とされるのではなかろうか(5)。同氏に対する別氏の位置づけには、男女の平等のような理念的な要請はなく、政策的な配慮により得るものであり、呼称秩序に無用の動揺を与えないことを優先させるべきであろう。

右のような観点から私見は、現行民法七五〇条に別氏の可能性を認める二項を追加するかたちでの立法形式を最善と考えてきた。それでも選択的別氏制であることに変わりはない(6)。

(1) 滝沢・前掲論文成城法学四三号一九頁以下、床谷文雄「夫婦別氏制と戸籍制度の再検討(二)」民商一〇一巻三号三五二頁以下等参照。

(2) 将来の個人籍への移行を見据えて、異氏別戸籍により夫婦別氏を戸籍に取り込む私案とともに、氏を同じくする夫婦・親子間では、当事者の意思により戸籍を選択させる、分籍の可能性を広げる等の改革を提案している。滝沢・前掲論文成城法学四三号一八頁以下参照。

(3) 唄孝一「選択的夫婦別氏制のあり方」ジュリスト一〇五七号六頁以下参照。

(4) 数字は、大森政輔「夫婦別姓選択制について(3)」戸籍時報四〇五号一二頁に紹介されている平成三年の読売新聞世論調査の結果である。増加してもそれ程大きな変化はないであろう。

（5）　氏の権利は個人にとっては人格権として保護の対象となるが、それがすべてではない。フランス法で民事警察制度（institution de police civile）と論じられる制度的側面があることは否定し得ないであろう。

（6）　選択の自由は法的には完全に保障されているからであり、加藤一郎教授が主張されるところ（朝日新聞一〇月二一日付論壇「夫婦別姓案の原則・例外の真意」参照）もこの趣旨と解される。しかし、条文の書き方が選択者に与える心理的影響を考慮に含めるならば、唄教授が指摘されるように（前註(3)参照）、やはり原則と例外の違いはあり、しかもA、B案両者についてそれがあると見るべきである。したがって、この限りで要綱試案を報じたマスコミの解説は妥当であると考える。

三　子の氏の決定方法

基本枠の選定の問題に結論を出した上で、次に確認しなければならない重要事項は子の氏の決定手続きである。前述したA案の③とB案の③が選択肢となり、ドイツ法は後者によっていることを先に指摘した。にもかかわらず、私見がAの③によるべきであると考えるのは、協議による決定が不調の場合に裁判所の後見に期待するという考え方はわが国の体制になじまず、その種の配慮なしに協議に委ねることは、残される不安定な要素故に立法の技術として不十分とせざるを得ないからである。婚姻時に予め子の出生を予定して子の氏の決定をしなければならないことには、抵抗があるかもしれない。しかし、子を持たないという条件付きの婚姻は建て前上あり得ないわけであるから、あえて人権問題を論じるまでもないであろう。(1)協議によることがより事柄の本質にかなった方法であることは肯定したい。しかし、現実論としては、現行の民法七五〇条二項に別氏の規定を設け、一項に言う夫婦の氏の決定をする代わりに子の氏の決定を義務づけるかたちで立法をすることが、技術的に最も抵抗が少なくかつ呼称秩序の安定に資すると見るべきであろう。

A案の⑤によれば、別氏夫婦の子が父母の婚姻中にその一方の氏から他方の氏へと氏を変更する可能性は否定される。それ故わたくしは、この点に要綱試案の最も重要な検討課題があることを指摘した。(2) すなわち、夫婦が別氏を称し得るということは、各自が出生時の氏を変更せずに使用し続け得ることであると同時に、それぞれの氏を子に伝え得る権利を含むものでなくてはならないと考えるわけである。この点はフランス法の展開から得られる教訓であり、(3) また夫婦の平等という視点から当然に導かれる結論でもある。

右の問題を子の氏の変更というかたちで解決するために、少なくとも現行民法七九一条の規定中に、「父母が別氏を称する場合には、子は、家庭裁判所の許可を得て、戸籍法の定めるところにより届け出ることによって、氏を異にする父又は母の氏を称することができる。」というような一項を加えるべきであろうと考えている。試案の説明は氏の伝承という点への対応を不要と見ているが、A案のままであれば、この点が法改正後の新たな問題となることには十分な必然性がある。

もちろん、右のような氏の変更がなされた場合には、現行の七九一条四項によって子は改めて成年に達した後に復氏できるわけである。届出だけによる簡便な変更を認めると、濫用の危険――子の意思を無視した変更、変更の頻発など――が憂慮されるため、七九一条一項にならって変更を家庭裁判所の許可にかからしめた。したがって、子の同意、実生活における不利益の有無、将来の変動の可能性、正当な理由（父母の希望を可とする）等を考慮して許可が与えられることになり、安易な変更を抑えて呼称秩序を安定させる結果ともなるであろう。しかし、親子間の問題であるから、届出のみによる変更の簡便さにも捨て難いメリットはあるし、将来的にはB案の③のような解決に帰着する可能性をも否定するものではない。

右の点を除けば、試案のA案は、婚姻中別氏から同氏への転換を認める点も、既婚の夫婦に対して法改正後の氏の変更を許容する点も妥当であり、いずれについてもドイツの立法が同様の対応を選択していることを確認しうる。なお、ドイツ法が別氏から同氏への変更期間を婚姻後五年以内に限っている点は注目に値する。婚姻生活が相当以上に定着した後は氏の転換を認めない方が望ましいことは確かである。

(1) 小池信行「『婚姻制度等に関する民法改正要綱試案』について」戸籍時報四五〇号二七頁以下に詳細な正当化の試みが見られる。
(2) 滝沢聿代「民法改正要綱試案の問題点(上)」法律時報六六巻一二号七六頁以下参照〔本書三五二頁収録〕。
(3) 滝沢聿代「最近のフランスにおける氏の諸問題」日仏法学一四号一一頁以下参照〔本書二四一頁収録〕。

四　養子の氏の問題

要綱試案における養子の氏の取扱いには、A・B案における子の氏の決定方法の相違が当然反映される。それ故A案の下では、養子も婚姻時に父母が定めた子の氏を称するのに対し、B案においては縁組時の協議によって氏が決定される。試案において協議は、未成年者の場合には父母の、成年養子であれば本人を含めた当事者のそれを予想している。しかし、区別の基準は縁組能力に置く方がより適切ではなかろうか。いずれにしてもここでは、先の議論の延長としてA案を前提としつつ、必要な考察を追加することになろう(1)。

その場合、別氏夫婦の養子は予め決定された子の氏を称するとしても、養子側もまた別氏夫婦になれば問題は複雑である。民法七九六条但書により配偶者とともに縁組をする場合には、もはや夫婦別氏を継続する余地はなく、共に養親の氏を取得して同氏に移行すると解され、この結論は肯定することができる。共同縁組の当事者にまであえて別氏の可能性を認めて事柄を複雑にする必要はないからである。氏の変更を望まない場合には、七九六条本文により配偶者の同意を得て単独縁組をすればよいであろう。将来の課題としては、とりわけ成年養子に関して、氏の変更を伴わない縁組の可能性を認めることが必要になるかと予想される。(2) しかし当面は、民法八一〇条の養親子同氏に立脚しつつ、少なくとも夫婦別氏をこの領域においても可能とするような配慮を導入しなければならない。要綱試案のこの点の不備を、次のように補うことが適当ではなかろうか。

第一点は、八一〇条但書の取扱いである。昭和六二年の法改正によって単独縁組が認められたため、縁組制度の側からは既に夫婦別氏の導入に十分耐えられる枠組が用意されていたわけである。にもかかわらず、同氏の原則を貫徹するために、同規定は、婚姻中は八一〇条よりも七五〇条が優先することを確認せざるを得なかった。すなわち、婚姻により氏を改めた者は単独縁組をしても養親の氏を称することができず、逆に婚姻により氏を改めなかった者が単独縁組した場合には、その配偶者は縁組をしないにもかかわらず養親の氏を称さなければならないのが現行法である。これらのケースに夫婦別氏の可能性を認めることは、縁組と氏が密着している法の現状の下では当然の課題とすべきであろう。そこで、現行の八一〇条但書を削除し、次のような二項の規定に置きかえることが適当と考えられる。もっとも、これは但書を削除した後に当然生じる結果を確認する規定となるにすぎない。

八一〇条二項「氏を同じくする配偶者の一方が単独で縁組をした場合には、前項の氏の変更をすることにより配偶者と氏を異にする。」

第二としては、右の延長として離縁にかかわる八一六条但書を取り上げなければならない。この離縁復氏の例外を定める規定によるならば、別氏夫婦の一方とだけ離縁した養子の氏は変更を要しないため、子に氏を与えた配偶者と離縁した場合にも子はその氏を継続することになる。要綱試案の説明は、養父母の婚姻時における子の氏の定めの作用を重く見るとして右の結果を肯定した。しかし、氏における主体性を尊重して別氏を選択した夫婦への対応として適当であろうかという疑問が生じる。そこで、わたくしとしては現行の八一六条但書を削除し、(3) 同条一、二項の間に、次のような二つの規定を追加することを提案してみたい。

八一六条二項「前項の場合において、養親が別氏を称しているときは、養子は、戸籍法の定めるところにより届け出ることによって、縁組を継続する養親の氏を称することができる。」

現行の七九一条一項と同一範疇の規定であるが、家庭裁判所の許可を要しない点で異なると言えよう。

八一六条三項「配偶者とともに縁組をした夫婦の一方が、単独で離縁をした場合には、配偶者と氏を異にする。」

これも離縁復氏の当然の結果と言えるのであり、確認のための規定である。

右の私案は、別氏制が養子の氏に及ぼす影響を必要最小限の範囲で検討した結果にすぎないが、その限りでも縁組中に養子が必ずしも養親と氏を同じくしない場合は生じてきている。現行の八一〇条但書、八一六条但書が既にそのような問題処理をしていることの延長と言えるのであるが、一般論としても縁組と氏の結合をある程度緩かにすることは望ましいと言えよう。それを踏まえて右のように新たな氏のルールを確認してゆくことは、今回の法改正で実現しないとしても、新法成立後の新たな課題となるはずである。

(1) 養子の氏に関しては、ここでは滝沢・前掲論文(上)法律時報六六巻一二号七八頁以下に論じたところを若干具体化の方向に進めている。

(2) フランス法の単純養子がこれを認めている。

(3) 削除しても、同氏夫婦の一方とだけ離縁した場合にはなお復氏しない必然性があるので、現行法の下での同条但書は確認のための規定にすぎないと解される。

五　法改正後への展望

選択的別氏制が導入された後の法的、社会的影響をどのように推測するかは、別氏制導入の意義をどう評価するかと重なっている。

まず、氏そのものの理論においては、前述した縁組との関係のみならず、氏の取得変更をめぐるさまざまな側面で、人格権としての氏の権利の尊重という観点から従来のルールを再確認し、必要な修正を加えてゆく必要が生じるであろう。大きな変更はないかもしれないが、それでも個人の氏に対する愛着を「家名」の歴史に結びつけて否定することなく、より前向きに保護してゆく道は開けるであろう。また子供の少ない社会において、別氏制が氏の承継を助ける機能を果すことをあえて否定する必要はないと考える。

戸籍の領域においては、同氏同戸籍の原則を継続するにしても二氏一戸籍を肯定するにしても、伝統的なシステムの修正を迫られるため、この機会に戸籍のためだけの氏の変更という観念論を廃棄し、戸籍編成原理をより実体的な観点から把握するべく、新たなルールが確認されなければならない。別氏論者から提案されている個人籍は戸籍のコンピュータ化とともに可能になるかもしれないが、少なくとも当面は現行のシステムにあまり支障を生じないよう、必要な範囲での改良と修正にとどめることが望ましいはずである。

社会的な影響も少なくないであろう。当面の改革の推進者であった女性——その中には事実上の別氏実践者も含まれる——の中から経過措置による別氏選択者がどの程度出るか予測は難しいが、これはいずれにしても少数例外的存在に近いものであるにちがいない。むしろ、新法後に婚姻をする人々にどの程度別氏制が選択されるかが改革の意義を端的に語るわけであり、ここでは立法のテクニックがある程度選択の動向を左右することは否定し難い。もちろん法の側から特に別氏制を推進する必要はないのであるから、同氏の原則の下に呼称秩序を維持することが当面望ましいことは先にも指摘した。

別氏制が女性の職業活動を容易にし、婚姻の自由を拡大することは確かである。しかしそれ以上に、別氏の夫婦又はその家庭が混在する社会となることによって、一般のものの考え方に及ぼされるにちがいないある種の文化的影響に注目したいと考える。すなわち氏にまつわる拭い難い「家」の意識故に、今日なお人々の家族的行動様式は、しばしば「家」主義の枠内でしか語り得ないものとなっているのが現状ではないかと考えられる。夫婦の住居の決定、世代間の同居あるいは介護の問題のみならず愛情のあり方までがしばしば「家」意識によって正当化されたり、反発の対象となったりしている現実がある。(1) これに対し、別氏制の下でならば、同じ行動様式が真の人間的愛情又は社会的ニーズに基づくものであることを明確に表現しうるであろう。すなわち、人々の「家」意識を個人主義の言葉に置きかえることが可能となる。このようにして、別氏夫婦ないし家族の行動様式が日本社会に新しい家族文化を生みかつ確認せしめることは十分期待できるのであり、さらに言えば、このような現象こそがよりよい民主主義の基盤となる社会につながるものと考えられる。

(1) 二において、「家」の否定はもはや法改正の理由になり得ないと論じていることと矛盾するかもしれない。別氏制導入を求める動きの背景に「家」意識への抵抗があることは重要な事実であるが、A案により克服できる程度のものと見るわけである。

〔法律のひろば四八巻二号（一九九五年）〕

参考文献一覧

以下には一九五〇年代以降に発表された関連文献を年代順に列挙した。世論調査や統計関係は除いており、多少の遺漏があるとしても、拙稿の他に如何に多彩な議論がなされて来たかを辿ることができ、夫婦別姓問題の歴史を概観できるであろう。
大田英雄「氏について」家庭裁判月報五号(一九五一年)
我妻　栄「家と氏と戸籍」身分法と戸籍(帝国判例法規出版、一九五三年)
平賀健太「戸籍制度について」身分法と戸籍(帝国判例法規出版、一九五三年)
大田武男「婚姻・離婚と氏の問題――ドイツの場合を中心として」身分法と戸籍(帝国判例法規出版、一九五三年)
唄　孝一・氏の変更(上)(下)(法律学体系第二部・法学理論篇)(日本評論新社、一九五五年、一九五六年)〔本書は一九九二年に一冊本として刊行。日本評論社〕
唄　孝一「戦後の民法改正過程における氏」同・家族制度の研究下(一九五七年)
木村健助「フランス法における氏名(1)～(5)」関西大学法学論集六巻四号、七巻一号、七巻五号、八巻二号、九巻一号(一九五七年～一九六〇年)
唄　孝一「氏をどう考えるか(1)～(3)」戸籍一一〇号、一一一号、一一二号(一九五八年)
岩佐節郎「氏の同一性」家族法大系Ⅰ(有斐閣、一九五九年)
加藤一郎「男女の同権」家族法大系Ⅰ(有斐閣、一九五九年)
清水兼男「夫婦と氏」家族法大系Ⅱ(有斐閣、一九五九年)
唄　孝一「ドイツにおける夫婦の氏」都立大学創立一〇周年記念論集(一九六〇年)
木村健助「Pseudonyme(芸名・筆名など)について」愛知学院大学法学研究八巻一号(一九六五年)
山田卓生「結婚による改姓強制――夫婦は同姓でなければならないか」法律時報六一巻五号(一九八一年)
金城清子「氏と戸籍――国籍法改正にともなう戸籍法改正と夫婦別氏への展望」自由と正義三五巻六号(一九八四年)
久武綾子「これからの氏を考える――夫婦別氏の提案に関して」法学セミナー増刊三一号(一九八五年)

井上治代・女の「姓」(なまえ)を返して(創元社、一九八六年)
富田　哲「西ドイツにおける氏の規制(1)〜(3完)」名古屋大学法政論集(一九八五〜一九八六年)
星野澄子「夫婦別氏」自由と正義三七巻五号(一九八六年)
池田しげ子「夫婦別氏について」自由と正義三七巻五号(一九八六年)
井戸田博史・「家」に探る苗字となまえ(雄山閣出版、一九八六年)
星野澄子・夫婦別姓時代――氏名とわたしの自然な関係(青木書店、一九八七年)
広渡清吾『「夫婦別姓時代」』の解析」時の法令一三三九号(一九八八年)
大関嘉造「民法第七五〇条改正論と戸籍実務(一)〜(九完)」戸籍時報三七九号〜四一六号(一九八八年〜一九八九年)
榊原富士子「広がる夫婦別姓」法学セミナー四一六号(一九八九年)
福島瑞穂＝福沢恵子＝榊原富士子・楽しくやろう夫婦別姓――これからの結婚必携(明石書店、一九八九年)
加藤一郎他「〈座談会〉夫婦別姓の検討課題」ジュリスト九三六号(一九八九年)
東京弁護士会「選択的夫婦別氏制採用に関する意見書」戸籍時報三七二号(一九八九年)
床谷文雄「夫婦別氏制と戸籍制度の再検討」民商法雑誌一〇一巻二＝三号(一九八九年)
東京弁護士会＝女性の権利に関する委員会編・これからの選択　夫婦別姓(日本評論社、一九九〇年)
澤田省三・夫婦別氏論と戸籍問題(ぎょうせい、一九九〇年)
床谷文雄「ドイツにおける夫婦の氏の新展開――SPD九一年改正草案」民商法雑誌一〇五巻三号(一九九一年)
小川秀樹「ドイツ連邦裁判所における夫婦の氏に関する違憲決定について」戸籍五八一号(一九九一年)
南野　聡「諸外国における氏制度の調査結果について」戸籍五八四号(一九九一年)
大森政輔「氏名権論」講座現代家族法第一巻(日本評論社、一九九一年)
床谷文雄「夫婦の氏」講座現代家族法第二巻(日本評論社、一九九一年)
田代有嗣「戸籍制度のあり方」講座現代家族法第一巻(日本評論社、一九九一年)
床谷文雄「民法上の氏と戸籍制度(上)(下)――夫婦別氏制のもたらすもの」戸籍時報三九五、三九六号(一九九一年)
大森政輔「夫婦別姓選択制について(1)〜(5)」戸籍時報四〇三号〜四〇七号(一九九一〜一九九二年)
榊原富士子「夫婦別姓と戸籍」ジュリスト一〇〇四号(一九九二年)
榊原富士子・女性と戸籍――夫婦別姓時代に向けて(明石書店、一九九二年)
大森政輔「夫婦別姓選択制私案」判例タイムズ七七二号(一九九二年)

水野紀子「戸籍制度」ジュリスト一〇〇〇号（一九九二年）
房村精一「戸籍の編成と氏㊤㊥㊦」戸籍五八六、五八七、五九〇号（一九九二年）
西　理「離婚による復氏と氏の変更」戸籍五八八号（一九九二年）
二宮周平・家族法改正を考える（日本評論社、一九九三年）
島野穹子「夫婦別姓について」戸籍六〇二号（一九九三年）
大森政輔「講演　ジャパン・アズ・ナンバーワンとしての戸籍制度」戸籍六〇三号（一九九三年）
平賀健太「夫婦の氏　親子の氏」戸籍六〇五号（一九九三年）
澤田省三「夫婦別氏（姓）制と戸籍制度──その基本的視点を考える」戸籍六〇五号（一九九三年）
大宮　隆「夫婦別氏論」駒澤大学北海道教養部研究紀要二八号（一九九三年）
水野紀子「夫婦の氏」戸籍時報四二八号（一九九三年）
辻村みよ子「憲法二四条と夫婦の同権──『夫婦の平等』論再構成の試み」法律時報六五巻一二号（一九九三年）
後藤安子「夫婦別氏選択制と導入をめざして」法学セミナー四六〇号（一九九三年）
斎藤　哲「ドイツ夫婦別姓論議の行方──夫婦別氏制容認の新法制定化」島大法学三七巻一号（一九九三年）
澤田省三「夫婦別氏（姓）制度の課題」法律のひろば四七巻二号（一九九四年）
澤田省三「婚氏続称制度と選択的夫婦別氏（姓）制度について」戸籍六二一号（一九九四年）
高橋朋子「夫婦の氏」東海法学一三号（一九九四年）
秋山仁美「通称名使用をめぐる妨害差止め及び損害賠償請求訴訟の一審判決──東京地裁平成5年11月19日判決」法律のひろば四七巻四号（一九九四年）
内野正幸「国立大教官の旧姓通称使用の権利（東京地判平五・一一・一九）」判例評論四二九号判例時報一五〇三号（一九九四年）
二宮周平「国立大学教員の通称名使用と戸籍上の氏名の強制（東京地判平五・一一・一九）」判例タイムズ八五五号（一九九四年）
犬伏由子「夫婦別姓」民商法雑誌一一一巻四＝五号（一九九五年）
後藤　勇「夫婦別氏論」桐蔭論叢二号（一九九五年）
床谷文雄「選択的夫婦別氏制度案の検討」ジュリスト一〇五九号（一九九五年）
二宮周平「子の氏（名）の変更」民商法雑誌一一四巻四＝五号（一九九六年）

二宮周平＝山中美樹「ドイツの選択的夫婦別氏制度の実態と意識調査」立命館法学二四七号（一九九六年）
澤田省三「選択的夫婦別氏制をめぐって」法律のひろば四九巻六号（一九九六年）
河見　誠「夫婦別氏論議の落とし穴――『夫婦同氏創氏』論の提案」青山学院女子短期大学総合文化研究所紀要四号（一九九六年）
増原啓司「夫婦別氏制批判」中京法学三二巻二号（一九九七年）
井戸田博史「家族と氏(3)夫婦別氏か夫婦別姓か」時の法令一五五四号（一九九七年）
富田　哲・夫婦別姓の法的変遷――ドイツにおける立法化（八朔社、一九九八年）
唄　孝一「選択的夫婦別氏制――その前史と周辺(1)(2)(3完)」ジュリスト一一二七号、一一二八号、一一二九号（一九九八年）
原　優「選択的夫婦別氏制度と戸籍実務について」みんけん五〇〇号（一九九八年）
井戸田博史「江戸時代の妻の氏――夫婦別氏」奈良法学会雑誌一二巻三＝四号（二〇〇〇年）
住田裕子「視点　選択的夫婦別氏制度の導入を望むもの、これを阻むもの」ジュリスト一二二〇号（二〇〇二年）
浜田章作「夫婦別氏制への歩み」鳥取短期大学研究紀要四六号（二〇〇二年）
星野澄子「現代社会の夫婦別姓と名前――戸籍vs身分証書の視点から」歴史評論六三六号（二〇〇三年）
加藤美穂子「中国・韓国の夫妻・親子の姓――妻の姓と夫子の姓との関係」歴史評論六三六号（二〇〇三年）
久武綾子・夫婦別姓――その歴史と背景（世界思想社、二〇〇三年）
唄　孝一「『氏』ないし『氏論議』を論ずる」水野紀子編・家族――ジェンダーと自由と法（東北大学出版会、二〇〇六年）
清水　馨「選択的夫婦別氏制度についての覚書」民事法学への挑戦と新たな構築・鈴木禄弥先生追悼論集（創文社、二〇〇八年）
民法改正を考える会編・よくわかる民法改正――選択的夫婦別姓＆婚外子差別撤廃を求めて（朝陽会、二〇一〇年）
小池信行「選択的夫婦別氏制の論点について」戸籍時報六五四号（二〇一〇年）
関口礼子「少子化と家族制度のはざまで(4)――結婚を成立させる個人の尊厳」書斎の窓五九二号（二〇一〇年）
木幡文徳「家族法改正の課題(2)選択的夫婦別氏論議の隘路」専修大学法学研究所所報四二号（二〇一〇年）
高久泰史「夫婦別氏選択制度の立法論的検討」拓殖大学政治行政研究三号（二〇一一年）
二宮周平「人格権から見た選択的夫婦別氏制度(1)(2)」戸籍時報六八七号、六九〇号（二〇一二、二〇一三年）
林　陽子「女性差別撤廃条約から見た民法七五〇条――夫婦同氏制度」普遍的国際社会への法の挑戦・芹田健太郎先生古稀記念（信山社、二〇一三年）

参考文献

坂本洋子「レポート二〇一三　『世論』は、本当に選択的夫婦別氏制度に反対なのか」時の法令一九二八号（二〇一三年）
伊藤純子「夫婦別氏をめぐる憲法学的考察——平成二六年三月二八日東京高裁判決を手がかりに」法学会雑誌五五巻一号（二〇一四年）
奥野正寛「経済学とその周辺　第六回・通称使用と夫婦別姓」書斎の窓六三八号（二〇一五年）
近藤佳代子「夫婦の氏に関する覚書（1）」宮城教育大学紀要四九巻（二〇一五年）
高橋朋子「夫婦の氏——再論」日本民法学の新たな時代・星野英一先生追悼（二〇一五年）
関口礼子「いそげ夫婦別氏選択制」書斎の窓六四一号（二〇一五年）
坂本洋子「レポート二〇一五　通称使用をめぐる動き——夫婦別姓訴訟大法廷回付を機に考える」時の法令一九七七号（二〇一五年）

判 例 索 引

〈昭和〉

大判昭19・10・5（民集23巻579頁）　**370・372**
最判昭33・3・6（民集12巻3号414頁）　**348**
岡山地判昭38・3・26（下民集14巻3号473頁）　**399**
東京地判昭39・9・29（判例時報396号13頁）　**400**
最判昭42・2・2（民集21巻1号88頁）　**348・372**
福岡高決昭43・12・2（家裁月報21巻4号137頁）　**325**
大阪家審昭44・4・1（判例タイムズ247号330頁）　**274**
大阪高判昭46・4・23（判例時報647号57頁）　**399**
大阪高決昭46・9・3（家裁月報24巻9号161頁）　**325**
最決昭59・7・6（判例時報1131号79頁）　**375**
大阪高決昭59・7・13（判例タイムズ535号222頁）　**274**
最大判昭62・9・2（民集41巻6号1423頁）　**332・343・385・386**
最判昭63・2・16（民集42巻2号27頁）　**17・398**

〈平成〉

最判平元・3・28（判例タイムズ699号178頁）　**385**
岐阜家審平元・6・23（家裁月報41巻9号116頁）　**21・274・398**
東京高決平3・3・29（判例タイムズ764号133頁）　**335・388**
東京高判平3・7・16（判例タイムズ795号237頁）　**385**
広島高判平3・11・28（判例タイムズ774号123頁、判例時報1406号3頁）　**336・348・358**
東京高決平5・6・23（家裁月報45巻6号104頁、判例タイムズ823号122頁、判例時報1465号55頁）　**335・387**
東京地判平5・11・19（判例時報1486号21頁、判例タイムズ835号58頁）　**13・392**
東京家八王子支審判平6・1・31（判例時報1486号56頁）　**369**
東京家審平18・4・25　**21**
東京地判平23・2・24　**29**
東京高判平23・11・24（訟務月報59巻10号2719頁）　**29**
岡山地判平24・10・18（判例時報2181号124頁）　**22**
広島高岡山支判平25・4・26　**29**
東京地判平25・5・29（判例タイムズ1393号81頁、判例時報2196号67頁）　**19**
最決平25・9・4（民集67巻6号1320頁、判例時報2197号10頁）　**20**
最決平25・9・10　**29**
最決平25・12・10（民集67巻9号1847頁、判例時報2210号27頁）　**25・29**
東京高判平26・3・28　**20**
最大判平27・12・16　**102・106**

ふ

へ

ほ

み

き

け

こ

さ

し

事 項 索 引

●著者紹介

滝 沢　聿 代（たきざわ・いつよ）

1940年生まれる。
1963年　お茶の水女子大学英文科卒業。
1968年　東京大学法学部卒業。
1975年　東京大学大学院法学博士。
成城大学法学部教授、法政大学法学部・法科大学院教授を経て
現在、弁護士。

［主な著書］
『物権変動の理論』（有斐閣、1987年）（CD版あり）
『物権変動の理論Ⅱ』（有斐閣、2009年）
『物権法』（三省堂、2013年）
『変動する法社会と法学教育――民法改正・法科大学院』（日本評論社、2013年）

選択的夫婦別氏制　これまでとこれから

2016年5月10日　第1刷発行

著　者　滝　沢　聿　代
発行者　株式会社　三　省　堂
代表者　北口克彦
印刷者　三省堂印刷株式会社
発行所　株式会社　三　省　堂
〒101-8371　東京都千代田区三崎町二丁目22番14号
電話　編集　(03)3230-9411
営業　(03)3230-9412
振替口座　00160-5-54300
http://www.sanseido.co.jp/

Printed in Japan

落丁本・乱丁本はお取替えいたします。　〈夫婦別氏制・432pp.〉

ISBN 978-4-385-32078-6